Outcomes in der perinatalen Versorgung

Yannick Heuß

Outcomes in der perinatalen Versorgung

Einflüsse des Leistungsvolumens und
weiterer Krankenhausspezifika untersucht
anhand deutscher Qualitätsberichte

Bibliografische Information der Deutschen Nationalbibliothek
Die Deutsche Nationalbibliothek verzeichnet diese Publikation
in der Deutschen Nationalbibliografie; detaillierte bibliografische
Daten sind im Internet über http://dnb.d-nb.de abrufbar.

Zugl.: Bayreuth, Univ., Diss., 2020

Umschlagabbildung: © Kaitlin Walsh

Gedruckt auf alterungsbeständigem, säurefreiem Papier.
Druck und Bindung: CPI books GmbH, Leck

D 703
ISBN 978-3-631-82453-5 (Print)
E-ISBN 978-3-631-82776-5 (E-PDF)
E-ISBN 978-3-631-82777-2 (EPUB)
E-ISBN 978-3-631-82778-9 (MOBI)
DOI 10.3726/b17202

© Peter Lang GmbH
Internationaler Verlag der Wissenschaften
Berlin 2020
Alle Rechte vorbehalten.

Peter Lang – Berlin · Bern · Bruxelles · New York ·
Oxford · Warszawa · Wien

Das Werk einschließlich aller seiner Teile ist urheberrechtlich
geschützt. Jede Verwertung außerhalb der engen Grenzen des
Urheberrechtsgesetzes ist ohne Zustimmung des Verlages
unzulässig und strafbar. Das gilt insbesondere für
Vervielfältigungen, Übersetzungen, Mikroverfilmungen und die
Einspeicherung und Verarbeitung in elektronischen Systemen.

Diese Publikation wurde begutachtet.

www.peterlang.com

Inhalt

I   Abkürzungsverzeichnis 11

II Abbildungsverzeichnis 15

III Tabellenverzeichnis 17

1   **Qualitätsinformation als Befähigungsinstrument** 23
   1.1 Zunehmender Qualitätswettbewerb 23
   1.2 Ziele der Arbeit 26
   1.3 Aufbau der Arbeit 28

2   **Der Qualitätsbegriff im Kontext der stationären Krankenhausversorgung** 31
   2.1 Entwicklung des Qualitätsbegriffes 31
   2.2 Donabedians Qualitätsmodell 35
      2.2.1 Grundgedanke und Einordnung 35
      2.2.2 Strukturen 37
      2.2.3 Prozesse 39
      2.2.4 Outcome vs. Output 40
      2.2.5 Kritische Würdigung der Outcome-Perspektive 44
      2.2.6 Zusammenwirken der drei Qualitätsdimensionen ... 46

3   **Qualitätsmessung im Krankenhaus** 49
   3.1 Qualitätsindikatoren als Verfahren der Qualitätsmessung? ... 49
   3.2 Risikoadjustierung 51
      3.2.1 Notwendigkeit und Grenzen 51
      3.2.2 Zeitpunkt der Qualitätsmessung 54

        3.2.3 Übersicht über verwendete Verfahren zur Risikoadjustierung 56
   3.3 Die externe stationäre Qualitätssicherung in Deutschland 60
        3.3.1 Geschichtliche Entwicklung 60
        3.3.2 Aktueller Umfang und gesetzlicher Rahmen 64
   3.4 Wirksamkeit von Qualitätsmessung im Krankenhaus 67
   3.5 Zwischenfazit und Ausblick: Der Wandel im
        Qualitätsverständnis und dessen Implikationen 69

4 **Forschungsstand zu institutionellen Einflussgrößen auf die Outcomes in der perinatalen Versorgung** 75
   4.1 Konzeptioneller Rahmen 75
   4.2 Direkte Volume-Outcome-Beziehung 78
        4.2.1 Krankheitsbildübergreifende Befunde 78
        4.2.2 Befunde in der Perinatalen Versorgung 81
        4.2.3 Volume-Outcome, Morbidität und Failure-to-Rescue 92
        4.2.4 Volume-Outcome-Beziehung im Kontext der Regelungen
              zu Mindestmengen 93
   4.3 Strukturelle und prozessuale Einflüsse auf Outcomes in der
        perinatalen Versorgung (Indirekte Volume-Outcome-Beziehung) 98
        4.3.1 Prozessuale Einflüsse 98
              4.3.1.1 Entschluss-Entwicklungs-Zeit bei einem
                      Notkaiserschnitt 98
              4.3.1.2 Anwesenheit eines Pädiaters bei Frühgeburten 101
              4.3.1.3 Antenatale Kortikosteroidtherapie bei drohender
                      Frühgeburt 101
              4.3.1.4 Geburtsmodus 102
        4.3.2 Strukturelle Einflüsse 103
              4.3.2.1 Level des Perinatalzentrums 103
              4.3.2.2 Personelle Ausstattung 104
              4.3.2.3 Spezialisierung 108
              4.3.2.4 Trägerschaft 108
              4.3.2.5 Wettbewerbskonzentration 109
              4.3.2.6 Akademisches Lehrkrankenhaus 109

4.4 Diskussion: Qualität als mehrdimensionales Konstrukt 110
   4.4.1 Ergänzung des konzeptionellen Rahmens: Transport als weiterer Grund für Volume-Outcome-Effekte 110
   4.4.2 Herausforderungen bei der Interpretation des Forschungsstands und Notwendigkeit einer Interpretation ... 111

5 Hypothesenbildung und Methodik 115
5.1 Präzisierung der Fragestellung 115
5.2 Datenquellen 117
   5.2.1 Externe stationäre Qualitätssicherung 117
   5.2.2 Krankenhaus-Directory 118
5.3 Krankenhäuser als Untersuchungsobjekte 118
5.4 Auswahl der Outcome-Variablen und deren Plausibilisierung 119
   5.4.1 Festlegung der Indikatoren 119
   5.4.2 Plausibilisierung 121
   5.4.3 Berechnung der Konfidenzintervalle nach Wilson 124
5.5 Auswahl der Einflussgrößen und deren Plausibilisierung 125
5.6 Diskussion: Vollständigkeit, Korrektheit und Nützlichkeit der Daten der externen stationären Qualitätssicherung 131
5.7 Hypothesen und statistische Tests 133
   5.7.1 Hypothesen in Bezug auf die Volume-Outcome-Beziehung ... 133
      5.7.1.1 Direkte Volume-Outcome-Beziehung aus Patientensicht 133
      5.7.1.2 Qualitätsergebnisse von kleinsten Leistungserbringern 133
      5.7.1.3 Plausibilisierung der Qualitätsberichte 136
   5.7.2 Hypothesen in Bezug auf die Beziehung zwischen den Strukturen und Prozessen sowie den Outcomes 136
   5.7.3 Hypothesen in Bezug auf die Beziehung zwischen dem Leistungsvolumen sowie den Strukturen und Prozessen 136

6 Ergebnisse 139

6.1 Direkte Volume-Outcome-Beziehung aus Patientensicht 139
6.1.1 Stichprobenbeschreibung 139
6.1.1.1 Kontextuelle Einordnung der Stichprobe 139
6.1.1.2 Verteilung auf Größenklassen 145
6.1.2 Ergebnisbeschreibung für den Leistungsbereich Geburtshilfe 147
6.1.3 Ergebnisinterpretation für den Leistungsbereich Geburtshilfe 150
6.1.4 Ergebnisbeschreibung für den Leistungsbereich Neonatologie 160
6.1.5 Ergebnisinterpretation für den Leistungsbereich Neonatologie 164
6.1.6 Zusammenfassung und Zwischenfazit 171

6.2 Qualitätsergebnisse von kleinsten Leistungserbringern 172
6.2.1 Stichprobenbeschreibung 172
6.2.2 Ergebnisbeschreibung 174
6.2.3 Ergebnisinterpretation 175

6.3 Plausibilisierung der Qualitätsberichte 176

6.4 Beziehung zwischen den Strukturen/Prozessen und den Outcomes 180
6.4.1 Stichprobenbeschreibung 180
6.4.2 Ergebnisse auf Indikatorebene für den Leistungsbereich Geburtshilfe 183
6.4.3 Ergebnisse auf Indikatorebene für den Leistungsbereich Neonatologie 202
6.4.4 Ergebniszusammenfassung auf Ebene der Strukturen und Prozesse 218
6.4.4.1 Einfluss des Behandlungsvolumens 218
6.4.4.2 Einfluss von Prozessmängeln 219
6.4.4.3 Einfluss der Kaiserschnittneigung 220
6.4.4.4 Einfluss des Levels des Perinatalzentrums 220
6.4.4.5 Einfluss der personellen Ausstattung 221
6.4.4.6 Einfluss der Spezialisierung des Hauses 222

6.4.4.7 Einfluss der Trägerschaft 223
6.4.4.8 Einfluss der Wettbewerbskonzentration 223
6.4.4.9 Einfluss des Status als akademisches
Lehrkrankenhaus 224
6.5 Beziehung zwischen dem Leistungsvolumen und den
Strukturen/Prozessen 224
6.5.1 Stichprobenbeschreibung 224
6.5.2 Ergebnisbeschreibung 227
6.5.3 Ergebnisinterpretation 236

7 Konsequenzen unvollständiger Qualitätsinformation 241
7.1 Limitierungen der Erhebung 241
7.2 Selbstbewertung der Güte der Studie 243
7.3 Einordnung der Ergebnisse in den Forschungsstand 246
7.4 Weiterentwicklung der Qualitätsberichterstattung 248
7.5 Politik als wichtigster Adressat von Qualitätsinformationen 251

8 Zusammenfassung 261

9 Literaturverzeichnis 265

10 Rechtsquellenverzeichnis 305

11 Anhang 1: VBA-Code zur Prüfung der Datenkonsistenz
von O/E-Indikatoren 309

12 Anhang 2: Korrigierte O/E-Indikatoren im Vergleich
zum beim G-BA hinterlegten Datenstand 313

I Abkürzungsverzeichnis

Abkürzung	Bedeutung
(E)	Anzahl an erwarteten Fällen
(O)	Anzahl an beobachteten Fällen
/d	pro Tag (per day)
16/1	Leistungsbereich Geburtshilfe im Rahmen der externen stationären Qualitätssicherung
a.F.	aktuelle Fassung
Abw.	Abweichung
Akad.	Akademisch / Akademisches
AOK	Allgemeine Ortskrankenkasse
AQUA-Institut	aQua – Institut für angewandte Qualitätsförderung und Forschung im Gesundheitswesen GmbH
AR	Attributable Risk
ARR	Absolute Risikoreduktion
ASA-Score	Score der American Society of Anesthesiologists zur Einschätzung des allgemeinen Gesundheitszustands eines Patienten
AZ	Aktenzeichen
BMG	Bundesministerium der Gesundheit
BQS	Bundesgeschäftsstelle für Qualitätssicherung gGmbH
BSG	Bundessozialgericht
Bspw.	Beispielsweise
CI	Konfidenzintervall
d. d. Verf.	durch den Verfasser
DeQS-RL	Richtlinie zur datengestützten einrichtungsübergreifenden Qualitätssicherung
df	Degrees of Freedom (Freiheitsgrade)
DIMDI	Deutsches Institut für Medizinische Dokumentation und Information
DIP21	Dokumentations- und Informationssystem für Parlamentarische Vorgänge
DKG	Deutsche Krankenhausgesellschaft
DRG	Diagnosis Related Group (Fallpauschale)
DVD	Digital Versatile Disc
E-E-Zeit	Entscheidungs-Entbindungszeit. Zeit von der Entscheidung zu einer Notsectio bis zur Entbindung des Kindes. Synonym wird der Ausdruck Entschluss-Entwicklungs-Zeit gebraucht.

Abkürzung	Bedeutung
ELBWI	Extremely Low Birthweight Infants (Extrem unreife Frühgeborene mit einem Geburtsgewicht unter 1.000 Gramm)
EPTI	Extremely Pre-Term-Infants (Extrem unreife Frühgeborene mit einem Gestationsalter von üblicherweise unter 27 Wochen p.m.)
E-Rate	Expected-Rate, Erwartete (aufgrund des Risikoprofils geschätzte) Ereignisse in Relation zur Grundgesamtheit
esQS	Externe Stationäre Qualitätssicherung
et al.	et alius/et alii, und ein weiterer/weitere
EU	Europäische Union
exkl.	exklusive
f.	und folgende
g	Gramm
G-BA	Gemeinsamer Bundesausschuss
GebH	Geburtshilfe
GG	Grundgesamtheit
GKV	Gesetzliche Krankenversicherung
GKV-FQWG	GKV-Finanzstruktur- und Qualitäts-Weiterentwicklungsgesetz
GKV-WSG	GKV-Wettbewerbsstärkungsgesetz
GmbH	Gesellschaft mit beschränkter Haftung
HHI	Hirschmann-Herfindahl-Index
HHI 10 km	Hirschmann-Herfindahl-Index mit einem Umkreis von 10 Kilometern
HSMR	Hospital Standardized Mortality Ratio
Hüft-TEP	Totalendoprothese des Hüftgelenks
i. d. F. v.	in der Fassung vom
ICHOM	International Consortium for Health Outcomes Measurement
IfSGuaÄndG	Gesetz zur Änderung des Infektionsschutzgesetzes und weiterer Gesetze
IK-Nummer	Institutionskennzeichen
InEK	Institut für das Entgeltsystem im Krankenhaus
Inkl.	Inklusive
IQTIG	Institut für Qualitätssicherung und Transparenz im Gesundheitswesen
IQWiG	Institut für Qualität und Wirtschaftlichkeit im Gesundheitswesen
IVH	Intraventrikuläre Hämorrhagie (Hirnblutung)
KHEntgG	Krankenhausentgeltgesetz
KHG	Krankenhausfinanzierungsgesetz
KHSG	Krankenhausstrukturgesetz
KHStatV	Krankenhausstatistikverordnung

Abkürzung	Bedeutung
Knie-TEP	Totalendoprothese des Kniegelenks
Koeffiz.	Koeffizient
MDK	Medizinischer Dienst der Krankenversicherung
Mm-R	Mindestmengenregelung
MS	Microsoft
n. F.	neue/zum Abgabedatum gültige Fassung
NEO	Leistungsbereich Neonatologie im Rahmen der externen stationären Qualitätssicherung
NICU	Neonatal intensive care unit (Intensivstation für Neugeborene)
NNIS	National Nosocomial Infections Surveillance
NNT	Number Needed to Threat
NRW	Nordrhein-Westfalen
NTI	Near Term Infants (Frühgeborene nahe dem errechneten Geburtstermin)
O/E-Indikatoren	Indikatoren, deren Ergebnis als O/E-Rate angegeben wird
O/E-Rate	Observed-Rate in Relation zur Expected-Rate
OECD	Organisation für wirtschaftliche Zusammenarbeit und Entwicklung
OPS	Operationen- und Prozedurenschlüssel
O-Rate	Observed-Rate, Beobachtete Ereignisse in Relation zur Grundgesamtheit
p.a.	per annum
p. m.	post menstruationem
PCI	Koronarangiographie und Perkutane Koronarintervention
Perinatalz.	Perinatalzentrum
PES-NWI	Practice Environment Scale of the Nursing Work Index
PREMs	Patient Reported Expericence Measures
PREs	Patient Reported Experiences
PROMs	Patient Reported Outcome Measures
PROs	Patient Reported Outcomes
PVH	Periventrikuläre Hämorrhagie
Qb	Qualitätsbericht
Qb-R	Regelungen zum Qualitätsbericht der Krankenhäuser
Qesü-RL	Richtlinie zur einrichtungs- und sektorenübergreifenden Qualitätssicherung
QFR-RL	Qualitätssicherungs-Richtlinie Früh- und Reifgeborene
QI	Qualitätsindikator
QM-RL	Qualitätsmanagement-Richtlinie
QS	Qualitätssicherung

Abkürzung	Bedeutung
QSKH-RL	Richtlinie über Maßnahmen der Qualitätssicherung in Krankenhäusern
rd.	rund
Reifgeb.	Reifgeborene
Ref.	Referenzkategorie bei dichotomisierten Variablen im Regressionsmodell
Rn.	Randnummer
RR	Risk Ratio
RRT	Relative Risikoreduktion
RWI	Rheinisch-Westfälisches-Institut für Wirtschaftsforschung
S.	Seite
SER	Standardisierte Ereignisrate
SGB V	Sozialgesetzbuch fünftes Buch
sig.	signifikant/signifikante
Sig.	Signifikanz
SMR	Standardisierte Mortalitätsrate
SSW	Schwangerschaftswoche
Stabw.	Standardabweichung
stand.	standardisiert, standardisierter Effekt
Std.	Standard
STROSA 2	STandardisierte BerichtsROutine für SekundärdatenAnalysen (STROSA), Version 2
unstand.	unstandardisiert, unstandardisierter Effekt
VBA	Visual Basic for Applications
vdek	Verband der Ersatzkassen e. V.
VLBWI	Im Kontext internationaler Studien: Very Low Birthweight Infants (Sehr unreife Frühgeborene mit einem Geburtsgewicht unter 1.500 Gramm) Im Kontext der deutschen Qualitätssicherung: Geburtsgewicht von unter 1.500 Gramm oder Gestationsalter von unter 32 Wochen p.m.
VPTI	Very Pre-Term-Infants (Sehr unreife Frühgeborene mit einem Gestationsalter von üblicherweise unter 30 Wochen p.m.)
VZÄ	Vollzeitäquivalent(e)
WIdO	Wissenschaftliches Institut der AOK
XML	Extensible Markup Language
ZE	Zusatzentgelt

II Abbildungsverzeichnis

Abbildung 1:	Throughput-Modell. Übernahme von Schrappe und Pfaff 2017, S. 15.	36
Abbildung 2:	Einflussgrößen auf Outcomes. Eigene Abbildung in Anlehnung an Veit 2007, S. 176.	52
Abbildung 3:	Zwei Wege der Qualitätsverbesserung durch Public-Reporting. Eigene, übersetzte Darstellung nach Fung et al. 2008 sowie Berwick et al. 2003.	67
Abbildung 4:	Konzeptioneller Rahmen. Eigene Abbildung in starker Anlehnung an Mesman et al. 2015, S. 1056.	75
Abbildung 5:	Verfahren der Datenaufbereitung für O/E-Indikatoren.	121
Abbildung 6:	Angaben in der IQTIG-Bundesauswertung zum Indikator 51181 über Krankenhäuser mit weniger als 20 Fällen.	135
Abbildung 7:	Indikator 51803. O/E-Rate nach Größenklassen.	151
Abbildung 8:	Indikator 52249. O/E-Rate nach Größenklassen.	152
Abbildung 9:	Indikator 51181. O/E-Rate nach Größenklassen.	155
Abbildung 10:	Indikator 51397. O/E-Rate nach Größenklassen.	156
Abbildung 11:	Verlegungseffekte und deren Bereinigung. Eigene Darstellung. Bildquelle: © Can Stock Photo / colematt, IStockphoto.	164
Abbildung 12:	Indikator 50062. O/E-Rate nach Größenklassen.	166
Abbildung 13:	Indikator 51901. O/E-Rate nach Größenklassen.	167
Abbildung 14:	Indikator 51837. O/E-Rate nach Größenklassen.	168
Abbildung 15:	Indikator 50050. O/E-Rate nach Größenklassen.	169
Abbildung 16:	Indikator 50048. O/E-Rate nach Größenklassen.	170
Abbildung 17:	Indikator 50053. O/E-Rate nach Größenklassen.	170
Abbildung 18:	Baumdiagramm zum Indikatorergebnis 51803.	200
Abbildung 19:	Boxplot 10-km-Hirschmann-Index nach Träger von Geburtskliniken.	235
Abbildung 20:	Potenzieller Mediatoreffekt zwischen Leistungsvolumen, Auslastung der Hebammen und Indikatorergebnis.	247

III Tabellenverzeichnis

Tabelle 1:	Bewertung der Studienlage zu Volume-Outcome-Effekten in der perinatalen Versorgung in Abhängigkeit vom jeweiligen Outcome.	91
Tabelle 2:	In die Erhebung eingeschlossene Qualitätsindikatoren mit ausführlicher Indikatorbezeichnung.	120
Tabelle 3:	Ursachen für inkonsistente Daten.	123
Tabelle 4:	Stichprobenbeschreibung zur direkten Volume-Outcome-Beziehung aus Patientensicht: Qualitätsindikatoren-ID und eigene Kurzbezeichnung nach Anzahl der Patienten und Krankenhäuser.	139
Tabelle 5:	Stichprobenbeschreibung zur direkten Volume-Outcome-Beziehung aus Patientensicht: Vergleich der Fallzahlen dieser Studie mit denen der Bundesauswertung des IQTIG.	142
Tabelle 6:	Stichprobenbeschreibung zur direkten Volume-Outcome-Beziehung aus Patientensicht: Vergleich der mittleren Fallzahlen je Indikator (IQTIG-Bundesauswertung und Stichprobe).	143
Tabelle 7:	Stichprobenbeschreibung zur direkten Volume-Outcome-Beziehung aus Patientensicht: Stichprobengröße nach Größenklasse und Qualitätsindikator.	145
Tabelle 8:	Beobachtete (O) und erwartete Fälle (E) in den jeweiligen Indikatoren und Größenklassen im Fachbereich Geburtshilfe.	147
Tabelle 9:	O/E-Rate nach Größenklassen inkl. 95 %-Konfidenzintervall nach Wilson im Fachbereich Geburtshilfe.	148
Tabelle 10:	Zusammenfassung der Kruskal-Wallis-Tests zu Volume-Outcome-Zusammenhängen im Fachbereich Geburtshilfe.	149
Tabelle 11:	Beobachtete und erwartete Fälle in den jeweiligen Indikatoren und Größenklassen im Fachbereich Neonatologie.	161

Tabelle 12:	O/E-Rate nach Größenklassen inkl. 95 %-Konfidenzintervall nach Wilson im Fachbereich Neonatologie.	162
Tabelle 13:	Zusammenfassung der Kruskal-Wallis-Tests zu Volume-Outcome-Zusammenhängen im Fachbereich Neonatologie.	163
Tabelle 14:	Hochgerechnete Kennzahlen von sehr kleinen (< 20 Fälle) und übrigen Häusern nach Qualitätsindikator	173
Tabelle 15:	Gegenüberstellung der hochgerechneten Indikatorergebnisse von Stationen mit einer Fallzahl von weniger als 20 und mehr als 19 Fällen im Leistungsbereich Geburtshilfe.	174
Tabelle 16:	Gegenüberstellung der hochgerechneten Indikatorergebnisse von Stationen mit einer Fallzahl von weniger als 20 und mehr als 19 Fällen im Leistungsbereich Neonatologie.	175
Tabelle 17:	Vergleich der aus den Qualitätsberichten und der IQTIG-Bundesauswertung ableitbaren Aussagen zu kleinsten Leistungserbringern.	177
Tabelle 18:	Simulation von Datenschutzeffekten.	179
Tabelle 19:	Stichprobenbeschreibung zur Beziehung zwischen Strukturen/Prozessen und Outcomes: Qualitätsindikatoren-ID und eigene Kurzbezeichnung nach Anzahl der Patienten und Krankenhäuser.	181
Tabelle 20:	Stichprobenbeschreibung zur Beziehung zwischen Strukturen/Prozessen und Outcomes: Stichprobengröße nach Größenklasse und Qualitätsindikator.	182
Tabelle 21:	Kenngrößen zum Regressionsmodell für den Indikator 52249.	184
Tabelle 22:	Deskriptive Statistik zur Regression des Ergebnisses des Indikators 52249 auf Struktur- und Prozessparameter.	184
Tabelle 23:	Indikator 52249. Regression von Struktur- und Prozessparametern.	186
Tabelle 24:	Korrelation der personellen Ausstattung mit Hebammen (nach System der Anstellung) mit dem Indikator 52249.	190
Tabelle 25:	Kenngrößen zum Regressionsmodell für den Indikator 51181.	190
Tabelle 26:	Deskriptive Statistik zur Regression des Ergebnisses des Indikators 51181 auf Struktur- und Prozessparameter.	191

Tabellenverzeichnis

Tabelle 27:	Regressionskoeffizienten für die Regression des Ergebnisses des Indikators 51181 auf Struktur- und Prozessparameter.	192
Tabelle 28:	Korrelation der personellen Ausstattung mit Hebammen (nach System der Anstellung) mit dem Indikator 51181.	194
Tabelle 29:	Kenngrößen zum Regressionsmodell für den Indikator 51397.	194
Tabelle 30:	Deskriptive Statistik zur Regression des Ergebnisses des Indikators 51397 auf Struktur- und Prozessparameter.	195
Tabelle 31:	Regressionskoeffizienten für die Regression des Ergebnisses des Indikators 51397 auf Struktur- und Prozessparameter.	196
Tabelle 32:	Korrelation der personellen Ausstattung mit Hebammen (nach System der Anstellung) mit dem Indikator 51397.	198
Tabelle 33:	Kenngrößen zum Regressionsmodell für den Indikator 51803.	198
Tabelle 34:	Deskriptive Statistik zur Regression des Ergebnisses des Indikators 51803 auf Struktur- und Prozessparameter.	199
Tabelle 35:	Korrelation der personellen Ausstattung mit Hebammen (nach System der Anstellung) mit dem Indikator 51803.	201
Tabelle 36:	Kenngrößen zum Regressionsmodell für den Indikator 50048.	202
Tabelle 37:	Deskriptive Statistik zur Regression des Ergebnisses des Indikators 50048 auf Struktur- und Prozessparameter.	203
Tabelle 38:	Regressionskoeffizienten für die Regression des Ergebnisses des Indikators 50048 auf Struktur- und Prozessparameter.	204
Tabelle 39:	Kenngrößen zum Regressionsmodell für den Indikator 50050.	205
Tabelle 40:	Deskriptive Statistik zur Regression des Ergebnisses des Indikators 50050 auf Struktur- und Prozessparameter.	205
Tabelle 41:	Regressionskoeffizienten für die Regression des Ergebnisses des Indikators 50050 auf Struktur- und Prozessparameter.	206
Tabelle 42:	Kenngrößen zum Regressionsmodell für den Indikator 50053.	207
Tabelle 43:	Deskriptive Statistik zur Regression des Ergebnisses des Indikators 50053 auf Struktur- und Prozessparameter.	208

Tabelle 44:	Regressionskoeffizienten (gebootstrapped) für die Regression des Ergebnisses des Indikators 50053 auf Struktur- und Prozessparameter.	208
Tabelle 45:	Kenngrößen zum Regressionsmodell für den Indikator 50062.	209
Tabelle 46:	Deskriptive Statistik zur Regression des Ergebnisses des Indikators 50062 auf Struktur- und Prozessparameter.	210
Tabelle 47:	Regressionskoeffizienten für die Regression des Ergebnisses des Indikators 50062 auf Struktur- und Prozessparameter.	211
Tabelle 48:	Kenngrößen zum Regressionsmodell für den Indikator 51119.	212
Tabelle 49:	Deskriptive Statistik zur Regression des Ergebnisses des Indikators 51119 auf Struktur- und Prozessparameter.	212
Tabelle 50:	Regressionskoeffizienten für die Regression des Ergebnisses des Indikators 51119 auf Struktur- und Prozessparameter.	213
Tabelle 51:	Kenngrößen zum Regressionsmodell für den Indikator 51837.	214
Tabelle 52:	Deskriptive Statistik zur Regression des Ergebnisses des Indikators 51837 auf Struktur- und Prozessparameter.	214
Tabelle 53:	Regressionskoeffizienten für die Regression des Ergebnisses des Indikators 51837 auf Struktur- und Prozessparameter.	215
Tabelle 54:	Kenngrößen zum Regressionsmodell für den Indikator 51901.	216
Tabelle 55:	Deskriptive Statistik zur Regression des Ergebnisses des Indikators 51901 auf Struktur- und Prozessparameter.	216
Tabelle 56:	Regressionskoeffizienten für die Regression des Ergebnisses des Indikators 51901 auf Struktur- und Prozessparameter.	217
Tabelle 57:	Zusammenfassende Darstellung der Korrelationen zwischen personeller Ausstattung und dem Indikatorergebnis.	221
Tabelle 58:	Stichprobenbeschreibung für institutionelle Einflussgrößen.	225
Tabelle 59:	Level des Perinatalzentrums und mittlere neonatale sowie geburtshilfliche Fallzahl.	226
Tabelle 60:	Träger und mittlere neonatale sowie geburtshilfliche Fallzahl.	228

Tabellenverzeichnis

Tabelle 61:	Nach Abschluss des Strukturierten Dialoges als auffällig bewerteter Prozessindikator (318, 330, 1058) und Krankenhausgröße.	229
Tabelle 62:	Nach Abschluss des *Strukturierten Dialoges* als auffällig bewerteter Prozessindikator 318 (Anwesenheit Pädiater bei Frühgeburten) und Krankenhausgröße.	230
Tabelle 63:	Nach Abschluss des *Strukturierten Dialoges* als auffällig bewerteter Prozessindikator 330 (Antenatale Kortikosteroidtherapie) und Krankenhausgröße.	230
Tabelle 64:	Nach Abschluss des *Strukturierten Dialoges* als auffällig bewerteter Prozessindikator 1058 (E-E-Zeit über 20 Minuten) und Krankenhausgröße.	231
Tabelle 65:	Level des Perinatalzentrums und mittlere Anzahl an festangestellten Hebammen (Vollzeitäquivalente) sowie Geburten pro Vollzeitäquivalent.	232
Tabelle 66:	Level des Perinatalzentrums und mittlere Anzahl an Beleghebammen (Köpfe) sowie Geburten pro Beleghebamme.	233
Tabelle 67:	Mittleres Leistungsvolumen, differenziert nach Anstellungsart der Hebammen.	234
Tabelle 68:	Hirschmann-Index von Geburtskliniken nach Träger.	235
Tabelle 69:	Gütekriterien für Volume-Outcome-Studien. Eigene Darstellung in starker Anlehnung an Mesman et al. 2015, S. 1057.	244

1 Qualitätsinformation als Befähigungsinstrument

1.1 Zunehmender Qualitätswettbewerb

Die externe Qualitätsberichterstattung ist mittlerweile zu einer Routineaufgabe für die deutschen Krankenhäuser geworden. Bei der Einführung der Qualitätsberichte vor rund 15 Jahren verfolgten die Vertragspartner auf Bundesebene das erklärte Ziel, die Qualität der Leistungen von Krankenhäusern transparent darzustellen und auf diesem Wege den Versicherten und Einweisern eine Entscheidungshilfe an die Hand zu geben.[1]

Aus dem Verfahrensgang lässt sich die zugrundeliegende Intention ableiten: Der Patient soll bis zu einem gewissen Grad diejenige Rolle verlassen, welche ihm bereits aufgrund seiner Nomenklatur inhärent ist. Der die Behandlung geduldig Ertragende soll soweit als möglich befähigt werden, als mündiger Bürger zu agieren, welcher rationale Entscheidungen aufgrund einer breiten Informationsbasis trifft. Die Hoffnung war, dass die Krankenhäuser über die Bereitstellung der Qualitätsberichte gezwungen werden, in einen Qualitätswettbewerb einzusteigen, weil eine aus ökonomischer Sicht des einzelnen Leistungserbringers wünschenswerte Fallzahlausweitung gerade bei elektiven Eingriffen über eine hohe Qualität erreicht werden kann, wenn die Patienten sprichwörtlich mit den Füßen abstimmen. Sofern ein Bürger die Qualitätsberichte nicht versteht, übernimmt der einweisende Arzt die Rolle des Interpretierenden, so die Theorie über eine zentrale Wirkung der Qualitätsberichterstattung.

Obwohl die Qualitätsberichterstattung in Deutschland mittlerweile etwa 15 Jahre alt ist, kann bei aller Zurückhaltung konstatiert werden, dass eine Annäherung an das zuvor beschriebene Ideal kaum breitenwirksam stattgefunden hat.[2] Maßgebliche Gründe sind in den vorliegenden Vorstellungen von Qualität sowie in der Form der Qualitätsberichterstattung zu suchen:

- Qualität wird in Wissenschaft und Praxis regelmäßig als ein komplexes Konstrukt angesehen, wobei eine Bestimmung in Form einer einzigen Maßzahl kaum sinnvoll erscheint.[3]

---

1 Vgl. AOK-Bundesverband et al. 2003, S. 2.
2 Zu einem ähnlichen Ergebnis kommen bspw. auch Romppel und Grande 2014, S. 32. e1.
3 Vgl. hierzu Kapitel 2.1.

- Krankenhausvergleiche, welche auf den Qualitätsberichten beruhen, sind aufgrund des hohen Anteils an Fachbegriffen und der großen Menge an zu interpretierenden Einzel-informationen für Laien schlecht verständlich.[4]
- Selbst Ärzte empfinden die Qualitätsinformationen als wenig hilfreich, sogar dann, wenn sie bereits in aufbereiteter Form vorliegen.[5] In der Praxis nutzen nur etwa 10 % der niedergelassenen Ärzte die Qualitätsberichte für die Patientenberatung.[6]
- Auch wenn Experten Krankenhausvergleichsportale programmieren, kommen diese Plattformen zu inkonsistenten Ranking-Ergebnissen, welche zumindest das Potenzial besitzen, Patienten durch die Verwendung unterschiedlicher Bewertungsalgorithmen zu verunsichern.[7]

In der Konsequenz führt dies dazu, dass der Initiator selbst zum Adressat seiner eigenen Gesetzgebung wird; weil die Patienten es nicht vermögen, ihre Rolle als mündiger Kunde vollumfänglich auszufüllen, erlässt stattdessen der Gesetzgeber Maßnahmen, um die Qualitätsinformationen zu nutzen und auf diese Weise den Qualitätswettbewerb zu fördern. In diesem Kontext sind insbesondere die Neuerungen des Krankenhausstrukturgesetzes zu sehen, welche auch die Herausnahme eines Krankenhauses aus dem Krankenhausplan bei erheblich unzureichender Qualität über einen längeren Zeitraum beinhalten. Als Grundlage für die Feststellung unzureichender Qualität dienen die Indikatoren aus den Qualitätsberichten. Mit diesen planungsrelevanten Qualitätsindikatoren steigt

---

4 Sander et al. 2016 untersuchten die Verständlichkeit von Qualitätsvergleichen anhand computergestützter Textmerkmale, einer Analyse durch Experten und einer Befragung von Probanden. Im Ergebnis kann die Lesbarkeit als eingeschränkt bezeichnet werden. Zudem verstand nur eine Minderheit der Probanden genau, was mit den verwendeten Fachbegriffen gemeint war.
5 Vgl. Emmert et al. 2017a.
6 Die Autoren führten eine telefonische Befragung unter 300 zufällig ausgewählten Einweisern durch. Etwas weniger als die Hälfte der Ärzte kannte die Qualitätsberichte, nur 10 % der Befragten gaben an, diese für die Patientenberatung zu nutzen. Vgl. Hermeling und Geraedts 2013.
7 In einer Studie von Austin et al. 2015 bspw. wurden die Ergebnisse aus vier Bewertungsportalen aus den USA miteinander verglichen. Für jedes Bewertungsportal wurden High- und Low-Performer bestimmt. Kein einziges Krankenhaus wurde in allen Plattformen als High-Performer dargestellt und nur 10 Prozent der Krankenhäuser, welche in einem Portal als High-Performer dargestellt wurden, wurden dies auch auf irgendeiner anderen Plattform. Für Deutschland kommt eine vergleichbare Untersuchung von Emmert et al. 2017b zu ähnlichen Ergebnissen: lediglich rund 43 % der Bewertungen sind über verschiedene Portale hinweg konsistent.

die Komplexität der ohnehin differenzierten Krankenhausfinanzierung weiter, zumal zeitnah auch die praktische Umsetzung von Qualitätszu- und -abschlägen zu erwarten ist.

Würden Krankenhäuser in einem funktionierenden Qualitätswettbewerb stehen, so bedeutete dies, dass Krankenhäuser mit einer unzureichenden Qualität vom Markt verschwinden und sich die Qualität der Leistungserbringung auf diese Weise permanent erhöht. Es ist anzunehmen, dass sich das Ausmaß des Qualitätswettbewerbs in den nächsten Jahren steigern wird. Einerseits wird sich der Qualitätswettbewerb durch im Krankenhausstrukturgesetz verabschiedete Maßnahmen wie die qualitätsorientierte Vergütung und eine qualitätsorientierte Landeskrankenhausplanung vollziehen. Andererseits ist eine steigende Bereitschaft auf Bundesebene in Form des Gemeinsamen Bundesausschusses wahrzunehmen, steuernd in das Leistungsgeschehen einzugreifen, wenn Marktmechanismen versagen. Dies zeigt sich bspw. an der jüngsten Neuauflage der Mindestmengenregelung (Mm-R).[8] Ein Qualitätswettbewerb mit dem Ergebnis einer steigenden Qualität, sei er durch Ordnungspolitik oder über einen Markt realisiert, ist letztlich im Interesse der Solidargemeinschaft, für die das stationäre System existiert.

Aus ökonomischer Perspektive ist also fraglich, ob es bestimmte Typen von Krankenhäusern gibt, für die zu erwarten ist, dass sie bei einem Qualitätswettbewerb in Bedrängnis kommen. Positiv formuliert stellt sich für die Krankenhausträger die Frage, welche Formen von Krankenhäusern zukunftsfähig und profitabel sind. Aus der Perspektive der Patienten interessiert, wie individuelle Wahlentscheidungen getroffen werden sollen. Schließlich sind politische Entscheider gehalten, qualitätsförderliche Strukturen zu schaffen.

Fraglich ist demnach, wo Qualitätsverbesserungspotenziale in der stationären Versorgung zu suchen und welche Hebel damit besonders effektiv sind, um die Qualität der Versorgung zu verbessern. In diesem Kontext warnen Mitglieder der Leopoldina-Akademie in einem aktuellen Thesenpapier,[9] dass in Deutschland eine deutliche Überversorgung mit Krankenhäusern vorherrscht. Auch außerhalb der Fachöffentlichkeit hat diese Publikation Aufmerksamkeit erregt. Die Nachrichtenseite Spiegel-Online bspw. greift die Gedanken der Autoren auf und titelt überspitzt: *„Kleine Krankenhäuser kosten Patientenleben"*.[10] Auch im viel beachteten Aufsatz *The Strategy that will fix health care* von Porter und Lee weisen die Autoren

---

8   Vgl. Kapitel 3.3.2.
9   Vgl. Busse et al. 2016.
10 Bidder und Teevs 2016, o.S.

zu Beginn ihrer Abhandlung darauf hin, dass heimatnahe Leistungsanbieter mit einem sehr breiten Behandlungsspektrum zwar Status Quo, keinesfalls jedoch Idealzustand sind. Vielmehr sollte nach Ansicht der Autoren dazu übergegangen werden, Gesundheitsdienstleistungen stärker zu zentralisieren.[11]

In der Tat sprechen inzwischen zahlreiche Studien dafür, dass eine stärkere Zentralisierung des Gesundheitswesens über die damit einhergehende Erhöhung des Leistungsvolumens zu einer Verbesserung der Ergebnisqualität führen könnte – wohl trotz daraus resultierender längerer Fahrtwege für Patienten und Rettungsdienste.[12] Gleichzeitig ist die Debatte darüber, ob Zusammenhänge zwischen Leistungsvolumen und Qualität bestehen, schon mehrere Jahrzehnte alt; erstmalig wurde der sog. *Volume-Outcome-Effekt* bereits vor rund 40 Jahren beschrieben.[13] Die Volumina bestimmter Prozeduren als Indikator für Qualität zu verwenden, hat den besonderen Reiz, dass diese Information vergleichsweise leicht zugänglich und für Laien unmittelbar eingängig ist.[14] Allerdings besteht auch große Einigkeit darüber, dass die Häufigkeit einer bestimmten Prozedur die Qualität nicht unmittelbar, sondern lediglich mittelbar beeinflusst. Das Leistungsvolumen eignet sich als eine Art Surrogatkennzahl, um tieferliegende Eigenschaften von Leistungserbringern (bspw. Prozesse, Strukturen) sichtbar zu machen, welche ihrerseits die Qualität unmittelbar beeinflussen.[15] Trotzdem liegen aktuell nur sehr wenige Studien vor, die sich mit Mechanismen beschäftigen, welche der Volume-Outcome-Beziehung zugrunde liegen.[16]

1.2 Ziele der Arbeit

Mit der vorliegenden Arbeit soll ein Beitrag zu dieser Debatte geleistet und die Datenlage zum Volume-Outcome-Effekt in Deutschland verbessert werden. Gleichzeitig soll der Frage nachgegangen werden, ob es Struktur- oder Prozessparameter gibt, mit deren Hilfe bessere Ergebnisqualitätsindikatoren erklärt bzw. vorhergesagt werden können, und ob diese Parameter vermehrt in Krankenhäusern mit hohem Leistungsvolumen auftreten. Folgende Fragen stehen dabei im Vordergrund der Arbeit:[17]

---

11 Vgl. Porter und Lee 2013, S. 51.
12 Vgl. hierzu Kapitel 4.2 sowie Hentschker und Mennicken 2015, S. 653–655.
13 Vgl. Luft et al. 1979.
14 Vgl. Halm et al. 2002, S. 511.
15 Vgl. Mesman et al. 2015, S. 1056.
16 Vgl. Mesman et al. 2015, S. 1066.
17 Die ausführliche Darstellung und Operationalisierung der Hypothesen erfolgt im fünften Kapitel, nachdem der Forschungsstand herausgearbeitet wurde.

1. Wie lässt sich der Begriff *Qualität* vor dem Hintergrund des Qualitätsmodells Donabedians definieren?
2. Wie wird der Versuch einer Qualitätsmessung im Allgemeinen und im deutschen Gesundheitswesen im Besonderen unternommen? Welche Herausforderungen ergeben sich dabei? Weshalb ist die Messung von Qualität erstrebenswert?
3. Welche vom Krankenhaus beeinflussbaren Einflussgrößen sind nach dem aktuellen Stand der Literatur mit der Ergebnisqualität in der perinatalen Versorgung assoziiert? Sind diese Einflussgrößen auch in den Qualitätsberichten enthalten?
4. Welche Transformationen der in den Qualitätsberichten enthaltenen Informationen sind notwendig, um den Zusammenhang zwischen Struktur- und Prozesskomponenten sowie der Ergebnisqualität möglichst gut modellieren zu können?
5. Lassen sich Volume-Outcome-Zusammenhänge in der perinatalen Versorgung in den deutschen Qualitätsberichten des Berichtsjahres 2015 finden? Wenn ja, für welche Indikationen bzw. welche Outcomes ist dies der Fall?
6. Lässt sich ein Zusammenhang zwischen der Struktur- und Prozessqualität sowie den Outcomes in der perinatalen Versorgung darstellen?
7. Treten Struktur- und Prozessqualitätsmerkmale, welche die Outcomes (potenziell) begünstigen, besonders häufig in Krankenhäusern mit hohem Leistungsvolumen auf?
8. Welche Schlussfolgerungen ergeben sich für Entscheidungsträger aus den Antworten auf die o.g. Fragen?

Als Datenbasis zur Beantwortung dieser Fragen dienen im Wesentlichen die Krankenhausqualitätsberichte. Die Auswahl erfolgt, weil sie in Forschungsarbeiten vergleichsweise selten als Datenbasis dienen. Somit ist eine Plausibilisierung dieser Datenquelle einerseits möglich und andererseits notwendig, womit auch die Konsistenz der Berichte zu einem sekundären Untersuchungsgegenstand der Arbeit wird. Ferner stellen die Qualitätsberichte dem Leser potenziell ein sehr umfassendes Bild über die Qualität eines Krankenhauses bereit. Es sind neben Angaben zum Leistungsvolumen einzelner Fachbereiche auch umfangreiche Strukturangaben auf Abteilungsebene im B-Teil der Berichte enthalten. Darüber hinaus umfasst der C-Teil bereits risikoadjustierte Qualitätsindikatoren, die sich für eine Sekundärdatenanalyse nutzen lassen. Letztlich ist also die Kernfrage dieser Arbeit, ob sich vom B-Teil der Qualitätsberichte mit seinen Angaben zur Strukturqualität in Verknüpfung mit den Angaben zur Prozessqualität aus dem

C-Teil auf die Ergebnisqualität schließen lässt, die den zentralen Gegenstand des C-Teils darstellt.

Den Untersuchungsgegenstand bildet das perinatale Leistungsgeschehen mit seinen zwei Leistungsbereichen Neonatologie und Geburtshilfe. Diese beiden Leistungsbereiche wurden ausgewählt, weil die vergleichende Qualitätsberichterstattung hier eine sehr lange Tradition in Deutschland hat und sehr konsentierte Qualitätsindikatoren vorliegen, mit denen eine Qualitätsbeurteilung möglich ist.[18] Diese Beurteilung ist mit mehreren Indikatoren je Abteilung durchführbar, sodass eine vergleichsweise umfassende Einschätzung der Qualität einer Abteilung erfolgen kann. Darüber hinaus interessieren diese beiden Leistungsbereiche, weil sie eine enge Verbindung miteinander aufweisen und der eine den anderen de facto bedingt. Ferner ist zumindest der Leistungsbereich der Geburtshilfe in den Fokus des Gemeinsamen Bundesausschusses gerückt, indem ein Teil der Indikatoren zusammen mit Indikatoren aus zwei weiteren Leistungsbereichen planungsrelevant geworden ist.[19] Nicht zuletzt handelt es sich um einen elektiven Teil des Versorgungsgeschehens, bei dem die Patienten Wahlentscheidungen treffen müssen und in den meisten Fällen auch können.

1.3 Aufbau der Arbeit

Die Arbeit gliedert sich in einen theoretischen und einen empirischen Teil. Den Erstgenannten bilden die ersten vier Kapitel, die Kapitel fünf und sechs umfassen den Letztgenannten.

Im zweiten Kapitel sollen zunächst zentrale Begrifflichkeiten definiert werden, die für den Fortgang der Arbeit besondere Relevanz besitzen. Hierzu gehören Qualität im Allgemeinen sowie die Dimensionen von Qualität nach dem Donabedianschen Modell im Besonderen. Darüber hinaus wird mit einer Definition von Krankenhaus der Untersuchungsgegenstand eingegrenzt.

Verfahren der Messung von Qualität sind der zentrale Gegenstand des dritten Kapitels. Es wird der Indikatoren-Ansatz dargestellt sowie die Verfahren der Risikoadjustierung solcher Indikatoren. Darüber hinaus ist die externe stationäre Qualitätssicherung in Deutschland Thema. Den Abschluss des Kapitels

---

18 Tatsächlich ist die perinatale Versorgung derjenige Leistungsbereich, in dem zuerst eine vergleichende Qualitätssicherung vorgenommen wurde. Dies geschah in den 70er Jahren im Rahmen der Münchner Perinatalstudie. Für die Münchner Perinatalstudie vgl. Conrad 1977 bzw. Selbmann 1977 (Langfassung). Für die Geschichte der esQs vgl. Kapitel 3.3.1.
19 Gemeinsamer Bundesausschuss 2016a, S. 1.

bilden eine Abhandlung über die Wirksamkeit von Qualitätssicherung und ein Ausblick auf zukünftige Entwicklungen in diesem Bereich.

Im darauffolgenden vierten Kapitel wird der Forschungsstand zusammengefasst, wie Struktur- und Prozessqualität auf die Ergebnisqualität wirken, wobei ein besonderer Schwerpunkt auf das Leistungsvolumen gelegt wird. Zunächst wird der konzeptionelle Rahmen der Arbeit dargestellt, woraufhin der Einfluss des Leistungsvolumens auf die Ergebnisqualität krankheitsbildübergreifend betrachtet wird. Danach erfolgt eine starke Fokussierung auf das Geschehen in der perinatalen Versorgung. Hier wird zunächst die Studienlage zu Volume-Outcome-Zusammenhängen jüngerer Literatur dargestellt. Daraufhin wird die Studienlage zu weiteren potenziellen Einflussgrößen der Struktur- und Prozesskomponente auf die Ergebnisqualität aufgezeigt.

Eine Operationalisierung der empirischen Fragestellung erfolgt im fünften Kapitel. Hierzu wird zunächst die Fragestellung präzisiert, indem der Forschungsbedarf aus den vorangegangenen Kapiteln zusammengefasst wird. Nach einer Betrachtung der Datenquellen (externe stationäre Qualitätsberichte und Krankenhaus-Directory) werden Outcome-Parameter ausgewählt, mit denen eine Qualitätsbeurteilung möglich ist. Es erfolgt darüber hinaus eine Darstellung, wie die Aufbereitung und Plausibilisierung dieser Indikatoren aus den Qualitätsberichten vonstattengegangen ist. Hiernach erfolgt eine detaillierte Darstellung der potenziellen strukturellen und prozessualen Einflussgrößen auf die Ergebnisqualität sowie deren Plausibilisierung. Nach einer Diskussion über den Umfang der notwendigen Plausibilisierungsmaßnahmen werden die Hypothesen operationalisiert, die im sechsten Kapitel überprüft werden sollen.

Der Aufbau des sechsten Kapitels folgt diesen Hypothesen. In einem ersten Teil sollen Volume-Outcome-Effekte zunächst so gezeigt werden, wie sie sich für Leser von Krankenhausqualitätsberichten darstellen. Diese Darstellung wird anschließend insbesondere mit der IQTIG-Bundesauswertung plausibilisiert. Hieraus wird ein Filterverfahren für die Testung der nächsten Hypothese abgeleitet. In dieser Hypothese geht es um den Einfluss von strukturellen und prozessualen Parametern auf die Ergebnisqualität. Schlussendlich wird im Rahmen der letzten Hypothesen getestet, ob Struktur- und Prozessparameter in einer bestimmten Weise mit dem Leistungsvolumen zusammenhängen.

Die Ergebnisse aus der Empirie werden in einem siebten Kapitel diskutiert. Dies erfolgt hinsichtlich Limitationen, Übereinstimmung mit dem Forschungsstand und Implikationen für zukünftige Entwicklungen.

2 Der Qualitätsbegriff im Kontext der stationären Krankenhausversorgung

2.1 Entwicklung des Qualitätsbegriffes

Der Begriff *Qualität* leitet sich von dem lateinischen Wort *qualitas* ab. Demnach geht es dabei um die Beschaffenheit oder die Eigenschaften eines Objektes. Insbesondere Schrappe weist darauf hin, dass Qualität im alltäglichen Sprachgebrauch oft als ein Gegenpol von Quantität verstanden wird. In diesem Bedeutungszusammenhang sind qualitative Eigenschaften den Sinnen zwar durchaus zugänglich, allerdings nicht quantifizierbar.[20] Auch Donabedian zeigt in seinen einleitenden Gedanken zum Sinngehalt von Qualität auf, dass Qualität häufig als abstrakter, nebulöser Begriff gebraucht und verstanden wird, der sich aufgrund des unterschiedlichen Qualitätsverständnisses verschiedener Individuen einer Objektivierbarkeit zu entziehen scheint.[21] Ein derartiges Alltagsverständnis von Qualität steht damit ganz in der Tradition John Lockes:[22] Der Begriff Qualität zielt auf die sekundäre Qualität im Sinne Lockes ab. Sie ist im Gegensatz zur primären Qualität (bspw. Gestalt, Anzahl) nicht im Gegenstand des Betrachtungsobjektes selbst angelegt, sondern bedarf eines Betrachters, der seine eigenen Ideen hinzufügt.[23]

Somit bekommt der Begriff Qualitätsmessung zunächst oxymoralen Charakter, da eine Quantifizierung von Qualität beinahe unmöglich erscheint. Gleiches gilt für den Begriff Qualitätsmanagement,[24] denn im Geiste Peter Druckers dürfte eine Messung von Qualitätskennzahlen für ein funktionierendes Qualitätsmanagement unerlässlich sein.[25]

---

20 Vgl. Schrappe 2010b, S. 271.
21 Vgl. Donabedian 2003, S. XXXI.
22 Hingewiesen wird hierauf bspw. von Reerink 1990, S. 198.
23 Vgl. Locke 1690, S. 30.
24 Qualitätsmanagement wird gemeinhin als eine Umsetzungsmethode verstanden, die der einrichtungsinternen Optimierung von Bemühungen zur Qualitätssicherung dient. Vgl. Schönig 2008, S. 292, 298.
25 Wer als Urheber des Ausspruchs "If you can't measure it, you can't manage it" anzusehen ist, ist nicht unumstritten. Als Autoren kommen neben Peter Drucker auch Robert Kaplan und Edward Deming in Betracht. Eine Diskussion über die Autorenschaft dieses Zitats findet sich bspw. bei Messner et al. 2007, S. 87.

Ein solches, durch den Rückbezug auf den einzelnen Betrachter stark subjektiviertes Verständnis von Qualität hätte zur Folge, dass jedes Bestreben, eine Qualitätsverbesserung zu erreichen, beinahe zwangsläufig im Sande verlaufen müsste, weil sich subjektive Ideen von Qualität nicht messen lassen.[26] Folgerichtig ist in den inzwischen etablierten Definitionen von Qualität ein Streben danach zu erkennen, die zunächst individuellen Merkmale von Qualität zu objektivieren, indem über ebendiese reflektiert wird. Hieraus werden dann Qualitätsindikatoren entwickelt, welche ihrerseits einer objektiven Betrachtungsweise zugänglich sind und einen Rückschluss auf die Qualität zulassen.

Eine zusammenfassende tabellarische Übersicht über verschiedene Definitionen von Qualität findet sich bspw. bei Schlüchtermann, sehr ausführliche Diskussionen über den Qualitätsbegriff sind bei Sens et al. sowie Reerink zu finden.[27] Zunächst ist bei einer Annäherung an den Qualitätsbegriff festzuhalten, dass der Gesetzgeber keine Definition des Terminus *Qualität* an bedeutender Stelle vornimmt. Eine solche Definition könnte bspw. zu Beginn des Abschnitts zur Sicherung der Qualität der Leistungserbringung (§§ 135–139d SGB V) erfolgen. Stattdessen erfolgt eine Legaldefinition sehr versteckt in der Vorschrift zur Wirtschaftlichkeitsprüfung ärztlicher Leistungen. Demnach ist Qualität als „die Übereinstimmung der Leistungen mit den anerkannten Kriterien für ihre fachgerechte Erbringung"[28] definiert. Diese Definition deckt sich zwar in großen Teilen mit anderen gängigen Definitionen (s.u.), allerdings ist an ihr zu kritisieren, dass sie in der Tradition des Begriffes Qualitätssicherung steht; eine Übereinstimmung mit den anerkannten Kriterien liegt entweder vor oder nicht vor. Demzufolge ist Qualität auch entweder vorhanden oder nicht vorhanden.[29] Die Existenz von Qualität ist jedoch keinesfalls binär. Demzufolge sollte es eine Definition vermögen, graduelle Abstufungen in der Qualitätsbewertung zuzulassen.

Gängig ist darüber hinaus insbesondere die Definition von Juran („Fitness for use"[30]), mit welcher er die Funktionalität in den Mittelpunkt stellt.[31] Obwohl Juran die universelle Einsetzbarkeit dieser Definition sowohl für Güter als auch für den Dienstleistungsbereich betont,[32] ist die Definition so allgemein gehalten, dass kaum

---

26 Vgl. hierzu auch die Gedanken von Donabedian 2003, S. XXXII.
27 Vgl. Schlüchtermann 2016, S. 216, Sens et al. 2018, S. 4–8 sowie Reerink 1990.
28 § 106a Abs. 2 Nr. 3 SGB V. Vgl. hierzu auch Schönig 2008, S. 73.
29 Vgl. hierzu auch Kapitel 3.5.
30 Juran 1989, S. 15.
31 An dieser Definition wird häufig kritisiert, dass darin die Kundenperspektive zu wenig Berücksichtigung findet, bspw. von Haist und Fromm 1991, S. 4–5.
32 Vgl. Juran und Gryna 1993, S. 1.

Ansatzpunkte für eine Operationalisierung dieses Qualitätsverständnisses vorhanden sind. Sehr verbreitet und explizit für das Gesundheitswesen formuliert ist eine Definition, welche Donabedian zugeschrieben[33] wird: „quality of care is the extent to which actual care is in conformity with preset criteria for good care"[34] bzw. „Qualität der Gesundheitsversorgung ist das Ausmaß, in dem die tatsächliche Versorgung mit vorausgesetzten Kriterien für gute Versorgung übereinstimmt."[35] Die besondere Leistung dieser Definition dürfte in der Erkenntnis bestehen, dass die erbrachte Gesundheitsdienstleistung (actual care) in Relation (extent of conformity) zu bestimmten Merkmalen (preset criteria) zu sehen ist. Was dabei unter *good care* verstanden wird, hängt stark von den „kulturellen, gesundheitspolitischen, gesundheitsökonomischen und patientenbezogenen Rahmenbedingungen"[36] ab.

Die wohl am häufigsten in der Praxis verwendete Definition von Qualität dürfte aus der DIN EN ISO 9000 stammen und ist mit dem Sinngehalt der zuvor genannten Begriffsbestimmung im Kern identisch. Allerdings ist diese Definition nicht auf das Gesundheitswesen fokussiert und damit abstrakter und vielseitiger einsetzbar. In der aktuellen Revision der ISO-Norm aus dem Jahre 2015 wird Qualität definiert als „Grad, in dem ein Satz inhärenter Merkmale [...] eines Objekts [...] Anforderungen erfüllt."[37]

Dabei wird der Begriff *Objekt* mit dem Sinngehalt von *Einheit* verwendet, bezeichnet also das, was einzeln betrachtet wird.[38] Damit können sowohl Dienstleistungen als auch Produkte gemeint sein.[39] Im Qualitätsmanagement ist ein Merkmal einer Einheit definiert als „eine kennzeichnende Eigenschaft"[40] der

---

33 In zahlreichen Publikationen wird Donabedian 1966 als Quelle für dieses Zitat angegeben. Der Autor dieser Arbeit kann das genannte Zitat weder in der Publikation aus dem Jahr 1966 noch in einer anderen Arbeit von Donabedian finden. Erstmalig wurde Donabedian dieses Zitat wohl von Reerink 1990 in englischer Sprache zugeschrieben, anschließend in das Deutsche übersetzt. Mittlerweile ist in deutschen Publikationen überwiegend die deutsche Übersetzung zu finden. Unabhängig von der für den Autor dieser Arbeit unklaren Autorenschaft sprechen die weite Verbreitung dieser Definition sowie die inhaltliche Nähe zur DIN EN ISO 9000 für deren Beachtung.
34 Zitiert nach Reerink 1990, S. 200.
35 Deutsche Übersetzung zit. nach Meilweis 2003, S. 29.
36 Sens et al. 2018, S. 5.
37 DIN Deutsches Institut für Normung e. V. 104, S. 39, Auslassungen d. d. Verf.
38 Vgl. Hensen 2016, S. 11.
39 Insofern ist anzunehmen, dass die letzte Überarbeitung der genannten Norm lediglich der besseren Verständlichkeit dient, eine Änderung des Sinngehaltes durch das Einfügen der Worte *eines Objektes* jedoch nicht intendiert war. Dies wird im Vergleich mit den Ausführungen von Sens et al. 2007, S. 3 zur vorherigen Norm deutlich.
40 Hensen 2016, S. 11.

jeweiligen Einheit. Es ist zu unterscheiden zwischen zugeordneten Merkmalen (bspw. Besitzer, Preis), welche abgeändert werden können, und inhärenten Merkmalen, welche sich einer Abänderbarkeit entziehen und damit charakteristisch für das Betrachtungsobjekt sind. Somit sind es die inhärenten Merkmale, welche Auskunft über die Beschaffenheit eines Objektes geben. Sie werden daher auch als Qualitätsmerkmale bezeichnet, wenn sie sich auf die Anforderungen von Dritten beziehen.[41]

Obwohl in der letztgenannten Definition aus der DIN EN ISO 9000 das Gesundheitswesen nicht explizit genannt wird, wird sie als sehr brauchbar im Rahmen dieser Arbeit erachtet, weil sie es vermag, viele Aspekte aus den zuvor erwähnten populären Definitionen zu integrieren. Besonders zu begrüßen ist auch, dass deren zentrales Element der Vergleich zwischen inhärenten Merkmalen und äußerlichen Anforderungen ist, womit Qualität als zunächst subjektives Konstrukt annähernd objektiviert werden kann. Auch ist sie in der Praxis weit verbreitet, weil viele Krankenhäuser ihr Qualitätsmanagement nach der DIN EN ISO 9001 zertifizieren lassen, in welcher auf die Qualitätsdefinition aus der vorherigen Norm zurückgegriffen wird. Daher wird sich im Rahmen dieser Arbeit dieser Definition angeschlossen. Zusammenfassend überführt „Qualität [...] die impliziten Merkmale einer Dienstleistung im Gesundheitswesen dadurch in explizite (d.h. messbare) Merkmale, dass sie gegen vorausgesetzte Anforderungen gespiegelt werden."[42] Somit werden in dieser Definition drei Ebenen angesprochen:

1. Es können graduelle Abstufungen
2. hinsichtlich der Anforderungen Dritter
3. in Bezug auf die Qualitätsmerkmale eines Betrachtungsobjektes getroffen werden.

Sowohl in der Donabedian zugeschriebenen Definition als auch in der Definition aus der DIN EN ISO 9000 wird der Plural verwendet, wenn es um die Kriterien oder Anforderungen an die Dienstleistung geht. Dies impliziert, dass sich Qualität niemals (auch nicht indirekt) über eine einzige Maßzahl bestimmen lässt – es bedarf mehrerer Kenngrößen.[43] Um sich den Anforderungen oder Merkmalen eines Betrachtungsobjektes pragmatisch nähern zu können,

---

41 Vgl. Hensen 2016, S. 12.
42 Schrappe 2015, S. 64, Auslassungen d. d. Verf.
43 Vgl. Haubrock 2018, S. 552.

empfiehlt es sich somit, weitere Differenzierungen vorzunehmen. Üblich sind insbesondere Unterscheidungen nach:[44]

1. Den zehn Dienstleistungsdimensionen nach Parasuraman et al. als Operationalisierung der Qualität von Dienstleistungen im Allgemeinen. Hierzu zählen bspw. die Einhaltung des Leistungsversprechens, der Leistungswille des Anbieters und die Kompetenz des Anbieters.[45]
2. Über-, Unter- und Fehlversorgung. Hierbei wird gegenübergestellt, ob ein Bedarf an einer Gesundheitsleistung vorhanden ist und dieser auch gedeckt wird.[46]
3. Einer Tech- (Technische Qualität) und einer Touch-Dimension (Funktionale Qualität). Diese Unterscheidung geht auf Grönroos zurück, welcher zunächst von *technical quality* (what a costumer gets) und *functional quality* (how he gets it) spricht. Später wird die funktionale Komponente in der Literatur dann als Touch-Dimension bezeichnet.[47]
Eine ähnliche Unterscheidung treffen auch Behar et al., die davon sprechen, dass medizinische Ergebnisqualität und Patientenzufriedenheit als zentrale Definitionsversuche von Qualität zu beobachten sind.[48]
4. Dem Verständnis Donabedians, auf den die Unterscheidung zwischen Ergebnis-, Prozess- und Strukturqualität zurückgeht, welche später zu einem Modell weiterentwickelt wurde.[49]

2.2 Donabedians Qualitätsmodell

2.2.1 Grundgedanke und Einordnung

Wie die obige Aufzählung zeigt, sind in der Vergangenheit zahlreiche neue Konzepte zur Kategorisierung von Versorgungsqualität entwickelt worden. Dennoch ist die klassische Unterteilung von Donabedian noch immer stark verbreitet und geeignet, um die Qualität der Versorgung sichtbar zu machen.[50] Die Unterscheidung nach Donabedian schlägt sich auch in Jasters Definition von Qualitätssicherung nieder. Letztere wird verstanden als „ein Vorgang, der die Qualität von

---

44 Vgl. Schrappe 2010b, S. 273.
45 Vgl. Parasuraman et al. 1985, S. 47.
46 Vgl. Chassin und Galvin 1998, S. 1002–1003.
47 Vgl. Grönroos 1984, S. 38–39.
48 Vgl. Behar et al. 2016, S. 226–227.
49 Vgl. Donabedian 1966, S. 167–170 sowie Donabedian 2003, S. 46–57.
50 Vgl. Ochs et al. 2016, S. 16.

medizinischen Behandlungsmaßnahmen mittels Richtgrößen oder aufgestellten Standards bei einer kontinuierlichen Überprüfung mit Hilfe von externen Kontrollen aufrechterhält. [...] Dieser Vorgang bezieht sich gleichermaßen auf die Struktur-, Prozess-, und die Ergebnisqualität."[51]

Darüber hinaus ist das Modell Donabedians in zahlreichen Rechtsquellen zur Qualitätssicherung verankert, exemplarisch sind § 136 Abs. 1 Nr. 2 SGB V oder § 2 S. 3 QM-RL zu nennen. Donabedian legt bei der Unterscheidung der drei Ebenen Wert auf die Feststellung, dass diese keine Attribute von Qualität sind. Vielmehr handele es ich um Wege, sich der Qualität anzunähern.[52]

Der Grundgedanke Donabedians ähnelt stark dem sog. Throughput-Modell, welches in der Versorgungsforschung zu den am weitesten verbreiteten Rahmenkonzepten zählt.[53] Letztlich ist dieses Modell als eine Weiterentwicklung des Gutenbergschen Transformationsprozesses zu sehen.[54]

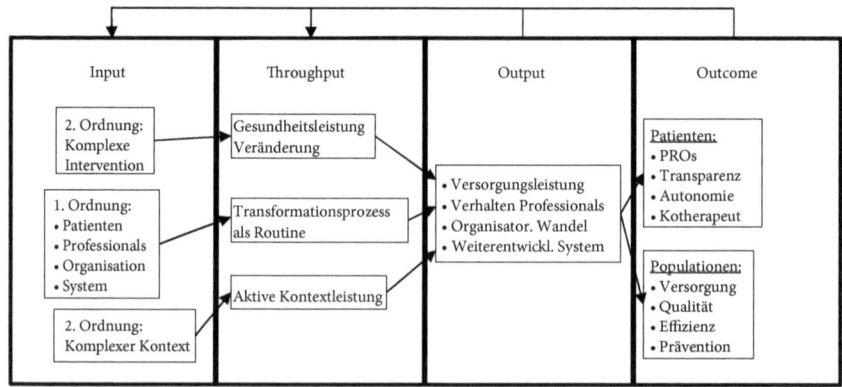

Abbildung 1: Throughput-Modell. Übernahme von Schrappe und Pfaff 2017, S. 15.

Nach dem Throughput-Modell werden die klassischen Inputfaktoren (1. Ordnung) vor dem Hintergrund eines komplexen Kontextes und unter Einwirkung von Interventionen (2. Ordnung) eingesetzt. Der zunächst routinehaft ablaufende Transformationsprozess findet unter dem Einfluss des Zusammenwirkens

---

51 Jaster 1997, S. 35 zit. nach Schönig 2008, S. 317.
52 Vgl. Donabedian 2003, S. 47.
53 Vgl. Baumann et al. 2016, S. 347.
54 Vgl. hierzu Gutenberg 1983.

von Intervention und Kontext statt. Am Ende des Transformationsprozesses stehen Output und Outcome, welche ihrerseits wieder das Potenzial besitzen, Input und Throughput zu verändern. Das Throughput-Modell weist somit deutliche Parallelen zum Qualitätsverständnis Donabedians auf, die im Folgenden herausgearbeitet werden.

2.2.2 Strukturen

Die Input-Faktoren im Throughput-Modell (siehe Abbildung 1) entsprechen im Qualitätsverständnis von Donabedian den Strukturen. Verschiedene Strukturen können sich hinsichtlich ihrer Qualität unterscheiden, weswegen Donabedian von Strukturqualität spricht. Andere Autoren verwenden den Begriff Potenzialqualität[55] – letztlich handelt es sich bei Potenzial- und Strukturqualität um synonyme Begriffe. Mit Strukturen meint Donabedian die Bedingungen, unter denen die Gesundheitsdienstleistung erbracht wird. Als Beispiele nennt er materielle (bauliche Gegebenheiten und technische Ausstattung) und personelle Ressourcen (Anzahl, Qualifikation und Vielfalt der Mitarbeiter) sowie organisationale Besonderheiten (bspw. Aufbauorganisation, Status als Lehrkrankenhaus, Möglichkeit von Supervisionen oder die Vergütungssystematik).[56] Somit weist schon Donabedian darauf hin, dass materielle und personelle Ressourcen bereits auf Input- bzw. Strukturebene nicht für sich allein betrachtet werden können, sondern weiteren Spezifika gegenüberstehen, welche in der Versorgungsforschung am ehesten den Inputfaktoren zweiter Ordnung entsprechen dürften. So ist es bspw. für den auf den Input folgenden Throughput elementar, unter welchen komplexen Kontextfaktoren (bspw. Behandlung in einem Tumorzentrum) bzw. unter welchen komplexen Interventionen dieser erbracht wird. Wird bspw. auf Inputebene eine Checkliste zur Erhöhung der Patientensicherheit eingesetzt, dürfte dies den Throughput und letztlich den Outcome erheblich beeinflussen, insbesondere wenn dadurch Patientenverwechslungen ausgeschlossen werden können.[57]

Fraglich ist, wo das Leistungsvolumen im Modell Donabedians einzuordnen ist. Das IQTIG sieht es als wesentliches Charakteristikum der Strukturqualität an, dass diese nicht von den Einflüssen einzelner Behandlungsfälle abhängig ist.[58] Demzufolge ist das Leistungsvolumen am ehesten zur Strukturkomponente

---

55 Vgl. bspw. Eichhorn und Oswald 2017, S. 124–128.
56 Vgl. Donabedian 2003, S. 46.
57 Vgl. Schrappe und Pfaff 2017, S. 21.
58 Vgl. IQTIG 2017, S. 154.

zu zählen, weil es zwar eo ipso von den Fällen abhängig ist, in seiner Gesamtheit jedoch nicht von den Charakteristika einzelner Fälle abhängig und daher auch keine Risikoadjustierung dieser Komponente notwendig ist. Am Leistungsvolumen zeigt sich jedoch auch, dass sich gewisse Behandlungsaspekte nicht widerspruchsfrei in das Modell von Donabedian einordnen lassen.[59] Im Throughput-Modell entspricht das Leistungsvolumen am ehesten einem Inputfaktor zweiter Ordnung.

Die Begriffe Volume und Leistungsvolumen werden im weiteren Verlauf synonym verwendet. Sie sagen aus, wie häufig eine bestimmte Prozedur oder auch ein Zusammenschluss von artverwandten Prozeduren, welche zu der Behandlung eines bestimmten klinischen Erscheinungsbildes gehören,[60] pro Zeiteinheit durchgeführt wurden. Sofern nicht anders angegeben, bezieht sich diese Kennzahl immer auf das Leistungsvolumen einer Station (sog. *Ward Volume*). Darüber hinaus wird das Leistungsgeschehen eines Krankenhauses dem Begriff *Hospital Volume* zugeordnet.[61]

Von diesen beiden Kennzahlen auf organisationaler Ebene ist das sog. *Surgical Volume* auf individueller Ebene abzugrenzen. Letzteres bezeichnet die Häufigkeit der Leistungserbringung einer bestimmten Prozedur[62] durch eine bestimmte Person. In der Regel ist diese Person ein Arzt, im Einzelfall ist es aber auch durchaus denkbar, dass eine bestimmte Prozedur von dem Mitarbeiter einer anderen Berufsgruppe als einem Arzt durchgeführt wird. Beispielsweise dürften bei einer Entbindung regelmäßig überwiegend Hebammen oder Entbindungspfleger Erbringer der Kernleistung sein.[63]

---

59 Beispielsweise ist es bei der Rate an nosokomialen Infektionen oder an Rückverlegungen auf die Intensivstation nicht eindeutig zu beantworten, ob es sich um Ergebnis- oder Prozessparameter handelt. Für weitere Beispiele vgl. bspw. Schrappe 2015, S. 97.
60 Beispielsweise lässt der Dokumentationsbogen des IQTIG im Fach Geburtshilfe mehrere Prozeduren zu, insbesondere die OPS 9-260 (normale Geburt), 9-261 (Risikogeburt ohne operativen Eingriff) und 5-740.X (Kaiserschnitt). Vgl. IQTIG 2016g, S. 5. All diese Prozeduren sind zusammen mit weiteren ähnlichen Prozeduren einer Entbindung zuzurechnen. Die exakten Algorithmen zur Bestimmung des Volumes der für diese Arbeit relevanten Leistungsbereiche (inkl. aller Ein- oder Ausschlusskriterien) sind unter AQUA-Institut 2014a und AQUA-Institut 2014b abrufbar.
61 In Kapitel 5.3 wird definiert, wie ein einzelnes Krankenhaus bestimmt wird (bspw. in einem Konzerngefüge).
62 Vgl. hierzu analog Fußnote 60.
63 Um einen besseren Lesefluss zu gewährleisten, wird im folgenden Verlauf verkürzend immer von Hebammen gesprochen. Die Verwendung dieses Begriffs schließt männliche Entbindungspfleger ebenfalls ein.

Sofern ein Krankenhaus einen bestimmten Leistungsbereich lediglich auf einer einzigen Organisationseinheit erbringt, sind Hospital und Ward Volume identisch (Regelfall). In einigen Krankenhäusern kommt es vor, dass eine Fachabteilung mehrfach vorhanden ist. In diesem Falle ist das Hospital Volume die Summe aller Ward Volumes. Im Rahmen dieser Arbeit wird das Hospital bzw. Ward Volume aus dem Qualitätsbericht des Krankenhauses ausgelesen. Hierbei kommt das Datenfeld *Grundgesamtheit* zum Einsatz, welches beim jeweilgen Qualitätsindikator ausgewiesen wurde.[64]

2.2.3 Prozesse

In der Literatur finden sich zahlreiche Begriffsbestimmungen dazu, was unter einem Prozess zu verstehen ist.[65] Donabedian versteht unter Prozessen „Aktivitäten, welche in ihrer Gesamtheit die Gesundheitsdienstleistung bilden."[66] Diese Definition steht kaum im Widerspruch zur Definition von Eichhorn, der Prozesse als Abfolgen von Aktivitäten des Krankenhausleistungsgeschehens versteht, „die dadurch in einem logischen inneren Zusammenhang stehen, dass sie im Ergebnis zu einer Leistung führen, die vom Patienten nachgefragt wird."[67] Im weiteren Verlauf dieser Arbeit wird der Begriff Prozess stets in diesem Verständnis gebraucht.

Der Prozess entspricht somit dem Throughput, also der Transformation der Inputfaktoren. Hier kommt die Gesundheitsleistung als Wirkbestandteil der Versorgung zum Einsatz. Zusammen mit den Interventionen und dem Kontext bildet sie ein komplexes System (vgl. Abbildung 1 auf Seite 11). Kennzeichnend für die Gesundheitsdienstleistung ist, dass ihr eine Theorie zugrunde liegt, sie behandlungsspezifisch ist und als ursächlich für den möglichen Erfolg angesehen wird.[68] Darüber hinaus handelt es sich bei einer solchen stets um eine bilateral personenbezogene Dienstleistung, bei der sowohl Leistungsnehmer als auch -geber als Personen (in Abgrenzung zu Objekten) auftreten.[69]

---

64 Vgl. Gemeinsamer Bundesausschuss 2016d, S. 162. Zur Bestimmung des Volumes vgl. Fußnote 60.
65 Übersichten finden sich bspw. bei Becker et al. 2012, S. 6–8 (Begriffsbestimmungen für allgemeine betriebswirtschaftliche Prozesse) oder Zapp und Dorenkamp 2002, S. 24–32 (speziell für das Gesundheitswesen).
66 Eigene Übersetzung aus dem Englischen von Donabedian 2003, S. 46.
67 Eichhorn 1997, S. 140 zit. nach Schubert 2013, S. 41.
68 Vgl. Paterson und Dieppe 2005, S. 1202.
69 Vgl. Corsten 1985, S. 196.

2.2.4 Outcome vs. Output

Einzelne Akteure haben schon vor über 250 Jahren damit begonnen, die Outcomes der Krankenhausversorgung zu untersuchen: Bereits im Jahre 1754 veröffentlichte das Pennsylvania Hospital Daten zu seinen Outcomes, gruppiert nach Diagnosen.[70] Die wohl erste prominente Protagonistin, welche systematische Vergleiche von Outcomes angestellt hat, dürfte Florence Nightingale (1820–1910) gewesen sein. In ihrem im Jahre 1863 erschienenen Buch *Notes on Hospitals* verglich sie die Mortalitätsraten von 106 englischen Krankenhäusern und zeigte sich bestürzt, dass die Krankenhaussterblichkeit bei bis zu 90,8 % lag. Sie stellte daher die provokante Frage, ob Patienten nicht eine bessere Genesungschance gehabt hätten, wären sie zu Hause betreut worden.[71] Dass Nightingale bereits zu einem solch frühen Zeitpunkt Outcomes verschiedener Krankenhäuser miteinander verglich, ist beachtlich, denn die Qualitätsberichterstattung in Deutschland oder anderen Industrienationen ist vergleichsweise jung[72] und noch recht lange nach Nightingale wurde Prozessen und Strukturen die zentrale Bedeutung bei der Bewertung der Versorgungsqualität beigemessen. Mittlerweile befindet sich allerdings die Ergebnisqualität im Fokus[73] – dass sich das Interesse in der Fachwelt von Strukturen und Prozessen hin zu einer Bewertung von Outcomes entwickelt, wurde in der Literatur vermehrt Ende der 1970er Jahre beschrieben.[74] Uneinigkeit herrscht jedoch weiterhin über die Frage, was unter Ergebnisqualität zu verstehen ist und – als notwendige Folge – wie diese gemessen werden kann.[75]

Dem Sinngehalt des Begriffes Outcome kann sich zunächst am ehesten angenähert werden, indem unter Zuhilfenahme des in Abbildung 1 dargelegten Throughput-Modells eine Abgrenzung vom Output erfolgt. Letzterer bezeichnet das unmittelbare Resultat der Leistungserstellung, wohingegen der Begriff Outcome dessen längerfristige Wirkung meint.[76] So wäre bspw. bei einer Fraktur ein

---

70 Vgl. Lansky 1998, S. 40.
71 Vgl. Iezzoni 2013b, S. 8–9.
72 Vgl. hierzu Kapitel 3.3.
73 Dass Ergebnisqualitätsindikatoren in der Qualitätssicherung den Vorzug erhalten, wird bspw. auch von Schrappe 2015, S. 68 konstatiert. Gleichzeitig sieht er Prozessindikatoren als überlegen an, weil diese präventiv statt reaktiv wirken, in geringerem Maße risikoadjustiert werden müssen und nicht dem Problem kleiner Gruppengrößen (und damit der Benachteiligung kleinerer Leistungsanbieter) unterliegen. Vgl. Schrappe 2015, S. 96–102.
74 Vgl. Williamson und Wilson 1978, S. 5.
75 Vgl. Behar et al. 2016, S. 226–227.
76 Für eine ausführliche Abgrenzung zwischen Output und Outcome im Kontext von personenbezogenen sozialen Dienstleistungen vgl. bspw. Becker 2017, S. 27–30.

Gipsverband ein gängiger Output, wohingegen aus der Outcome-Perspektive eher der wieder arbeitsfähige Patient mit einem geheilten Knochen interessiert. Der Input wird somit in Leistungen transformiert (Output), welche ihrerseits ein Ergebnis haben (Outcome).[77] Am letztgenannten Beispiel zeigt sich, dass Outcomes stets indikationsspezifisch erhoben werden müssen – beim Krankheitsbild Diabetes mellitus bspw. ist die Funktionsfähigkeit der Knochen regelmäßig unproblematisch.

Darüber hinaus wird mit dem Begriff Outcome stets die Wirkung auf Patienten oder Populationen angesprochen. Auf Ebene des Patienten entfaltet sich der Outcome regelmäßig auf körperlicher (bspw. Mortalitätsrate), psychischer (bspw. empfundene Lebensqualität) und sozialer Ebene (bspw. Teilhabe). Darüber hinaus kann ein Outcome grundsätzlich in einem geänderten Verhalten resultieren (bspw. Lebensstil) und auch kulturelle sowie spirituelle Aspekte umfassen.[78] Auf der Ebene von Populationen wirken primär solche Behandlungs- oder Präventionsmethoden, welche zwar den einzelnen Patienten individuell appliziert werden, ihre intendierte Wirkung jedoch erst auf Ebene von Populationen entfalten (bspw. Impfungen).[79]

Die Begriffe *Ergebnisqualität* und *Outcome* liegen somit inhaltlich äußerst nahe beieinander. Von vielen Autoren erfolgt eine synonyme Verwendung der beiden Begriffe.[80] Auch Donabedian verwendet in den englischsprachigen Originalarbeiten den Begriff Outcome, wenn er Ergebnisqualität meint.[81] Er versteht darunter „Veränderungen (gleichsam erwünschte und nicht erwünschte) bei Personen und Populationen, welche dem Gesundheitswesen zugerechnet werden können."[82] Inhaltlicher Kern der beiden Begriffe ist demnach die Veränderung des Gesundheitszustandes der Patienten. Schrappe und Pfaff postulieren hingegen, Ergebnisqualität und Outcome nicht synonym zu verwenden, weil dem Begriff Ergebnisqualität der Bezug auf die Alltagsversorgung fehle (damit also bspw. auch die Wirksamkeit einer Methode im Rahmen von kontrollierten klinischen Studien gemeint sein könnte). Dieser Ergänzung wird sich im Rahmen dieser Arbeit angeschlossen.

Ferner definieren Schrappe und Pfaff den Begriff *Outcome* im Kontext der Versorgungsforschung jedoch weiter als es im Rahmen dieser Arbeit geschieht,

---

77 Vgl. Schrappe und Pfaff 2017, S. 14.
78 Vgl. Schrappe und Pfaff 2017, S. 26–27.
79 Vgl. ebd.
80 Vgl. bspw. Eichhorn und Oswald 2017, S. 124–128.
81 Vgl. Donabedian 2003, S. 47–49.
82 Eigene Übersetzung aus dem Englischen von Donabedian 2003, S. 46.

denn sie zählen auch solche patientenrelevanten Endpunkte zum Outcome, welche nach Donabedians Modell eher der Prozessqualität zugeordnet werden würden (bspw. Komplikationen).[83] Eine weitere Abweichung gegenüber den genannten Autoren besteht darin, dass die Termini *Ergebnisqualität* und *Outcome* im Rahmen dieser Arbeit synonym verwendet werden, wobei die genannte Präzisierung erfolgt, dass stets auf die Alltagsversorgung Bezug genommen wird.

Gleichzeitig erfolgt in der vorliegenden Dissertation eine Beschränkung auf bestimmte Parameter, sodass im Ergebnis nicht alle Outcomes einbezogen werden, welche in der Literatur als solche benannt werden: Outcomes, welche erst nach der Entlassung erhoben werden können, werden ebenso wenig einbezogen wie sog. weiche Outcomes. Kennzeichnend für weiche Outcomes ist es, dass diese subjektive Empfindungen aus Sicht der Patienten darstellen (bspw. Grad der Übelkeit oder empfundene Lebensqualität).[84] Als Synonym für *weiche Endpunkte* oder auch *weiche Outcomes* wird häufig der Ausdruck *Patient Reported Outcome Measures (PROMs)* genannt. Ein typisches Beispiel für einen von Patienten berichteten Outcome wäre der Schmerz auf einer Skala von 1–10. Eng verwandt sind die sog. *Patient Reported Experience Measures (PREMs)*, mit denen bspw. die erlebte Qualität der Kommunikation oder die tatsächlichen Wartezeiten beschrieben werden können. Mit PREMs wird jedoch eher die Qualität der Prozesse gemessen als die des Ergebnisses. Weder PROMs noch PREMs werden als Outcomes im Sinne dieser Arbeit herangezogen, obwohl zumindest PROMs nach der getroffenen Definition Outcomes sind. In der Ärzteschaft bestanden lange Zeit standespolitische Widerstände gegen das Erheben von PROMs. Inzwischen kann es als gesichert gelten, dass diese künftig eine wichtigere Rolle als Datenquelle spielen werden, da entsprechende gesetzliche Vorbereitungen zu deren stärkerer Berücksichtigung getroffen werden und auch Widerstände im Gemeinsamen Bundesausschuss aufgegeben wurden.[85]

Stattdessen erfolgt im Rahmen dieser Arbeit eine Eingrenzung auf während der Dauer des stationären Aufenthaltes erfasste harte Endpunkte. Dies bedeutet im Einzelnen:

---

83 Vgl. Schrappe und Pfaff 2017, S. 12–13.
84 Vgl. Schlüchtermann 2016, S. 51.
85 Als gesetzliche Grundlagen sind bspw. § 299 Abs. 4 SGB V i. V. m. § 136b Abs. 1 Nr. 3 SGB V sowie Deutscher Bundestag 2016, S. 111 zu nennen.
    Zu den standespolitischen Widerständen und dem Wandel in der Haltung des Gemeinsamen Bundesausschusses vgl. Klakow-Franck 2018, S. 16.

- Während der Dauer des Aufenthaltes erfasst: Etwaige Follow-Up-Erhebungen nach Entlassung des Patienten finden keine Berücksichtigung im Rahmen dieser Arbeit.
- Stationärer Aufenthalt: Teilstationäre oder ambulante Fälle fließen nicht in diese Studie ein. Vielmehr muss ein vollstationärer Aufenthalt in einem Krankenhaus im Sinne dieser Arbeit vorliegen.[86]
- Harte Endpunkte: Konstitutiv für harte Endpunkte ist es, dass diese mit hoher Objektivität von einem Arzt beurteilt und gemessen werden können (bspw. Kaiserschnitte, Azidosen oder Dammrisse dritten/vierten Grades).[87]

Ein solcher harter Outcome mit der wohl größten praktischen Bedeutung dürfte die bereits erwähnte In-Hospital-Mortalität sein. Die hohe Wichtigkeit erklärt sich nicht nur mit der maximal verheerenden Wirkung für die betroffenen Patienten. Auch indirekt ist diese Kennzahl wichtig, weil Fachabteilungen mit einer vergleichsweise hohen Mortalitätsrate in der Regel auch eine höhere Rate von Komplikationen aufweisen, welche nicht zum Tod geführt haben.[88] Ferner ist die Mortalität eine Kennzahl, welche eindeutig bestimmt werden kann und als vergleichsweise robust gegenüber dem Kodierverhalten der Leistungserbringer gilt.[89] Allerdings gibt es auch zahlreiche Leistungsbereiche, bei denen Todesfälle (zumindest während der Krankenhausbehandlung) keine qualitätsrelevante Rolle spielen, weil die Mortalität üblicherweise nicht mit der bestimmten Krankheit oder Behandlung einhergeht. Daher werden andere Endpunkte als die Mortalität notwendig, um die Qualität einer Leistung beurteilen zu können. Beispielsweise beträgt die Fünf-Jahres-Überlebensrate bei Prostatakrebs rund 90 %, weswegen Patienten in diesem Bereich neben dem Überleben regelmäßig auch ein besonderes Interesse daran haben, dass keine sexuelle Funktionsstörung oder Inkontinenz auftritt.[90] Auch forderte bereits Nightingale, sich nicht nur auf Mortalitätsraten zu beschränken, sondern auch andere Parameter heranzuziehen, welche eher die erfolgreiche Rekonvaleszenz in den Mittelpunkt rücken: „If the function of a hospital were to kill the sick, statistical comparisons of this nature would be admissible."[91]

---

86 Zur Definition eines Krankenhauses dieser Arbeit vgl. Abschnitt 5.3.
87 Vgl. Schlüchtermann 2016, S. 51. Siehe hier auch den Hinweis auf Surrogat-Endpunkte (bspw. Blutdruck), welche zwar objektiv messbar sind, jedoch lediglich prädiktorische Funktion erfüllen und somit als Ersatz für harte Endpunkte herangezogen werden.
88 Vgl. Porter und Guth 2012, S. 238.
89 AOK-Bundesverband et al. 2007, S. 7.
90 Vgl. Porter und Lee 2013, S. 87.
91 Nightingale 1863, S. 4.

Es ist anzunehmen, dass Nightingale auch die aktuelle Qualitätsberichterstattung kritisieren würde, denn neben der Mortalität werden zu einem sehr hohen Anteil andere unerwünschte Ereignisse (bspw. Azidosen oder Dekubitalulcera) als Indikatoren der Ergebnisqualität herangezogen.[92] Fraglich bleibt demnach, ob die Funktion eines Krankenhauses in der Vermeidung unerwünschter Ereignisse liegt. Hohe Ergebnisqualität wäre in diesem Fall kaum mehr als hohe Patientensicherheit, welche regelmäßig als die Abwesenheit unerwünschter Ereignisse definiert wird.[93] Tatsächlich umfasst die in der Literatur weiter gefasste Outcome-Perspektive deutlich mehr als nur die Abwesenheit unerwünschter Ereignisse.[94] Trotzdem besteht ein sehr hoher Anteil des Ergebnisteils der deutschen Qualitätsberichte aus Indikatoren, die sich auf unerwünschte Ereignisse beziehen, bei manchen Leistungsbereichen finden sich sogar ausschließlich solche Indikatoren.[95]

2.2.5 Kritische Würdigung der Outcome-Perspektive

Fraglich ist nun, ob sich die Qualitätsberichterstattung auf Struktur-, Prozess- oder Ergebnisqualitätsindikatoren fokussieren sollte. Für die Struktur- und Prozessperspektive spricht, dass Outcomedaten deutlich später als Struktur- oder Prozessparameter zur Verfügung stehen und unerwünschte Ereignisse, die zur Beurteilung der Ergebnisqualität dienen, häufig bei einem einzelnen Leistungserbringer zu selten auftreten, um eine statistisch eindeutige Beurteilung der Qualität zu ermöglichen (sog. Fallzahl-Prävalenz-Problem).[96] Darüber hinaus erscheint die hohe Bedeutung unerwünschter Ereignisse generell fraglich (s.o.). Trotz der diskussionswürdigen aktuellen Fokussierung auf unerwünschte Ereignisse ist die Messung von Outcomes den anderen beiden Perspektiven von Donabedian im Grundsatz überlegen, was einerseits damit zu begründen ist, dass Patienten und die Solidargemeinschaft gleichermaßen eo ipso ein großes

---

92 Eine Fokussierung auf unerwünschte Ereignisse dürfte wohl in der Vergangenheit erfolgt sein, weil diese noch während des Krankenhausaufenthaltes messbar sind. Für die Messung von Langzeiteffekten wäre die Zusammenführung der Krankenhausakten mit Daten weiterer Akteure notwendig. Vgl. hierzu Kapitel 3.2.2. Mit der sog. Outcome-Hierarchie wird bspw. von Porter ein alternatives Konzept vorgeschlagen, mit welchem der gesamte Prozess der Rekonvaleszenz in den Mittelpunkt rückt. Vgl. Porter 2010b.
93 Vgl. bspw. Kohn et al. 2000, S. 58.
94 Vgl. bspw. Porter 2010a, S. 2479.
95 Vgl. Doebler und Geraedts 2018, S. 13.
96 Vgl. Khan 2014, S. 74.

Interesse an einer hohen Ergebnisqualität haben;[97] zum anderen weisen bspw. Porter und Guth darauf hin, dass die Alternative zur Messung von Outcomes wäre, die Prozessqualität primär über den Grad der Leitlinientreue zu untersuchen. Leitlinien vermögen es jedoch nicht, alle denkbaren Behandlungsaspekte oder Patientenvariationen zu berücksichtigen. Darüber hinaus kann eine falsch verstandene Leitlinientreue zum Ausbleiben von Prozessinnovationen führen.[98] Beide Argumente sprechen deutlich für die Vorteile der Outcome-Perspektive. Auch das Bundessozialgericht bezeichnete die Ergebnisqualität unlängst als die einzig maßgebliche Dimension der Qualität, die bei der Bewertung von Volume-Outcome-Effekten herangezogen werden und damit letztlich in Mindestmengenregelungen münden darf. Struktur- und Prozessqualität werden hingegen explizit als nicht maßgeblich bezeichnet.[99] Insofern ist es kaum verwunderlich, dass auch das IQTIG die patientenorientierte Ergebnisqualität als primäres Objekt der Qualitätssicherung begreift und Prozess- und Strukturqualität nur dann einbezieht, wenn sie dem Patientennutzen mittelbar dienlich sind.[100] Es ist also für die Messung der Ergebnisqualität elementar, die Kausalkette zu beschreiben, welche zur Ergebnisqualität führt, um die genannten mittelbaren Effekte aufzeigen zu können.[101]

Gleichzeitig bestehen beim Outcome-Ansatz nicht unerhebliche methodische Schwierigkeiten. Boyce fasst zusammen, dass Messungen von Outcomes nicht nur dem häufig angeführten Problem der Risikoadjustierung[102] und der oft fragwürdigen Zurechenbarkeit ausgesetzt sind. Vielmehr seien darüber hinaus folgende Schwachpunkte zu konstatieren:

1. Da gewisse Outcomes nur selten zu beobachten sind, eignen sich diese aufgrund der zu geringen statistischen Power nicht für Vergleichsanalysen.
2. Es kann durch die Betrachtung der Outcome-Kenngrößen kaum eine Aussage darüber getroffen werden, weshalb gewisse Outcomes vergleichsweise gut bzw. schlecht sind.

---

97 Eine andere Ansicht wird bspw. von Schrappe 2015, S. 96–102, vertreten.
98 Auch der Gesetzgeber schreibt Leitlinien eine hohe Bedeutung zu. Der erste Entwurf zum GKV-Reformgesetz 2000 sah gar eine Verpflichtung der Krankenhäuser auf die Beachtung von Leitlinien vor. Im Rahmen des Gesetzgebungsverfahrens wurde von diesem Vorhaben aufgrund ungeklärter Fragen, welche die Entwicklung und Anwendung der Leitlinien betroffen haben, abgerückt. Schönig 2008, S. 298.
99 Vgl. BSG-Urteil AZ.: B 1 KR 15/15 R, Rn. 28.
100 Vgl. IQTIG 2017, S. 27.
101 Vgl. Porter und Guth 2012, S. 44–45.
102 Vgl. hierzu Kapitel 3.2.

3. Einige Outcomes sind erst sehr spät nach der Behandlung nachzuweisen. Der optimale Messzeitpunkt bleibt also fraglich.[103]
4. Patienten sind durchaus auch daran interessiert, gute Strukturen und Prozesse vorzufinden.[104] Dies trifft insbesondere für den Bereich der Geburtshilfe zu. Patientinnen scheint bei einer Bewertung der Qualität eines Hauses v.a. die Qualität der Kommunikation mit den Beteiligten zu interessieren sowie das Gefühl, individuell betreut und gut angeleitet zu werden, insbesondere im Stillprozess und bei der Organisation der Nachsorge. Die Ergebnisqualität spielt bei einer freien Qualitätsbewertung von Patientinnen eher eine untergeordnete Rolle.[105]

2.2.6 Zusammenwirken der drei Qualitätsdimensionen

Donabedian geht von einem Einfluss der Strukturen auf die Prozesse aus, wobei Letztere ihrerseits die Ergebnisse beeinflussen. Gleichzeitig trifft er die Feststellung, dass der Zusammenhang keinesfalls als rein linear interpretiert werden darf, sondern dass stattdessen weitere Einflussgrößen eine Auswirkung auf die Ergebnisse bzw. Strukturen haben: Gute Strukturen verbessern lediglich die Wahrscheinlichkeit, dass gute Prozesse vorzufinden sind, was wiederum die Wahrscheinlichkeit für positive Outcomes erhöht. Gleichzeitig bestehen zahlreiche Rückbezüge zwischen den einzelnen Ebenen und die Grenzen sind oft nicht eindeutig benennbar.[106] Aufzeigen lässt sich dies bspw. an der Vergütungssystematik. Im Grundsatz stellt diese einen Inputfaktor dar, der durch bestimmte Anreize den Throughput beeinflusst. Werden auf Ebene des Ergebnisses unerwünschte Begleiterscheinungen festgestellt (bspw. Unterfinanzierung und daraus resultierende Unterversorgung eines bestimmten Krankheitsbildes oder einer bestimmten Population) wird dieser Missstand mit einer hohen Wahrscheinlichkeit zeitverzögert in einer Weiterentwicklung der Vergütungssystematik münden. Das Vergütungssystem ist in diesem Beispiel somit Output und Input gleichermaßen. Derartige Rückbezüge, welche bereits von Donabedian erkannt wurden, werden im Throughput-Modell durch Pfeile repräsentiert. Hinsichtlich des genannten Beispiels ist es üblich,

---

103 Vgl. hierzu Kapitel 3.2.2.
104 Vgl. Boyce 1996, S. 103.
105 Vgl. Maurer et al. 2016.
106 Vgl. Donabedian 2003, S. 47–51.

die Systemebene vereinfachend als unabhängige Größe anzusehen und damit der Inputebene zuzuschreiben.[107]

Besonders bemerkenswert ist eine weitere Feststellung Donabedians zum Zusammenwirken der verschiedenen Ebenen: Er geht davon aus, dass sich große strukturelle Unterschiede auch auf die Outcomes auswirken. Über die Auswirkungen von lediglich graduellen Unterschieden in den Strukturen ließe sich hingegen nur mutmaßen.[108] Damit negiert er implizit einen messbaren Einfluss der Strukturqualität auf die Outcomes in Krankenhäusern in hochentwickelten Industrienationen.

Diese Argumentation wirkt zunächst unmittelbar eingängig, weil in letzterem Fall insbesondere der Einfluss der Prozesskomponente als Störvariable zu groß werden würde; beispielsweise hätte die jüngste Ebola-Epidemie in Ländern mit einem modernen Gesundheitswesen vermutlich nicht solch verheerende Folgen gehabt wie in den westafrikanischen Ländern. Dagegen dürfte ein im Vergleich zur Konkurrenz leicht geringerer Personalschlüssel in deutschen Krankenhäusern durch gute Prozessorganisation mühelos zu kompensieren sein. Auch aus systemischer Sicht ist darauf hinzuweisen, dass die Zusammenhänge zwischen den verschiedenen Ebenen keinesfalls als linear zu interpretieren sind.

Allerdings wurde mittlerweile in mehreren Studien nachgewiesen, dass Qualitätsunterschiede in den Outcomes auch über bestimmte Unterschiede in den Strukturen erklärt werden können.[109] Vermutlich wurden derartige Effekte auch erst vergleichsweise spät nachgewiesen, weil kleine Unterschiede erst bei großen Datenmengen signifikant werden und zu den Lebzeiten Donabedians die Datenbeschaffung deutlich schwieriger gewesen sein dürfte. Gleichzeitig überzeugt die Argumentation Donabedians, denn bei lediglich graduellen Unterschieden in den Strukturen dürfte ein messbarer Einfluss auf die Outcomes kaum zu erwarten sein, weswegen in Studien zum Zusammenwirken der verschiedenen Ebenen stets versucht werden sollte, auch die Prozesskomponente so gut wie möglich zu berücksichtigen.[110]

Fleßa und Greiner fassen den Zusammenhang der drei Komponenten treffend zusammen: „Eine hohe Strukturqualität [ist] eine notwendige, aber nicht hinreichende Voraussetzung für eine gute Prozessqualität, die wiederum eine

---

107 Vgl. Schrappe und Pfaff 2017, S. 26.
108 Vgl. ebd.
109 Vgl. hierzu Kapitel 4.3.
110 Vgl. Kapitel 5.5 für eine tiefergehende Diskussion, wie die Prozesskomponente im Rahmen dieser Arbeit Berücksichtigung finden kann bzw. sollte.

notwendige, aber nicht hinreichende Voraussetzung für eine gute Ergebnisqualität ist."[111] Insofern rät Donabedian dazu, alle drei Ebenen gemeinsam zu betrachten. Damit sollen einerseits die Ursachen für Qualitätsmängel besser sichtbar und andererseits die Zusammenhänge der drei Ebenen besser verstanden werden.[112]

---

111 Fleßa und Greiner 2013, S. 21, Ergänzung d.d. Verf.
112 Vgl. Donabedian 2003, S. 56–57.

3 Qualitätsmessung im Krankenhaus

3.1 Qualitätsindikatoren als Verfahren der Qualitätsmessung?

Ein Schwangerschaftstest ist ein Indikator, dessen Ziel es ist, eine Schwangerschaft korrekt vorherzusagen. Wie der Name bereits impliziert (lat. *indicare* = anzeigen), geben Indikatoren stets einen Hinweis darauf, ob das Indikatorziel vorhanden bzw. eingetreten ist oder nicht. Ein positiver Schwangerschaftstest ist ein deutliches Anzeichen einer Schwangerschaft, bestätigt diese aufgrund potenzieller Messfehler jedoch noch nicht hinreichend. Eine vergleichbare Funktion haben Qualitätsindikatoren; das Indikatorziel ist es, Qualitätsprobleme vorauszusehen, womit jedoch noch keine zweifelsfreie Identifikation von Qualitätsproblemen stattfindet. Sie sind, analog zum vorherrschenden Qualitätsverständnis, als ein Konstrukt zu verstehen, mit dem bei vertretbarem Messaufwand eine explizite Darstellung der Versorgungsqualität ermöglicht werden kann.[113] Somit sind Indikatoren ein indirektes Maß für Qualität.[114]

Fraglich ist, wie eine solche indirekte Verbindung hergestellt werden kann. Wenn Qualität der Grad ist, in dem die inhärenten Merkmale einer Einheit Anforderungen erfüllen, so gilt es letztlich, diese Anforderungen zu spezifizieren.[115] Das IQTIG nutzt hierbei den Weg, in einem Zwischenschritt zunächst mehrere, sich nicht überlappende Qualitätsaspekte zu definieren, welche dann ihrerseits in Merkmale überführt werden. Die Merkmale „formulieren konkrete, legitime Anforderungen an die medizinische Versorgung für einen spezifischen Aspekt, anhand derer die Versorgungsqualität beurteilt werden kann. Auf Basis dieser Qualitätsmerkmale erfolgt die Entwicklung von Qualitätsindikatoren."[116] Als Beispiel führt das IQTIG den Qualitätsaspekt *Patienteninformation* an. Konkretisierte Merkmale dieses Aspektes könnten *Informationen über den Untersuchungsgrund* und *Informationen über andere Behandlungsmöglichkeiten* sein. Erst die Aspekte implizieren konkrete Anforderungen – im vorliegenden Fall, dass die Patienten über andere Behandlungsmöglichkeiten und den Grund der Untersuchung aufgeklärt sein sollen.[117]

---

113 Vgl. Schrappe 2010a, S. 33.
114 Vgl. Schrappe 2015, S. 19.
115 Vgl. Färber 2004, S. 9.
116 IQTIG 2017, S. 37.
117 Vgl. IQTIG 2017, S. 37.

Dass die Qualitätsindikatoren einen Hinweis auf die Güte der Qualität geben, darf nicht darüber hinwegtäuschen, dass damit keine Messung von Qualität im engeren Sinne, also im Verständnis einer perfekten Quantifizierbarkeit, erreicht wird. Gleichzeitig unterstellt der Gesetzgeber offenbar eine solche Möglichkeit der Qualitätsmessung mittels Indikatoren, auch im Rahmen dieser Arbeit wird im weiteren Verlauf verkürzend von Qualitätsmessung gesprochen.[118] Ursprünglich wurden die Qualitätsindikatoren jedoch entwickelt, um die Aufmerksamkeit der jeweiligen Leistungserbringer auf potenzielle Qualitätsprobleme lenken und dadurch weitere Nachforschungen im internen Qualitätsmanagement auslösen zu können.[119] Insbesondere Schrappe weist darauf hin, dass diese Grundannahme für die Konzeption der Qualitätsindikatoren nach sich zieht, dass Indikatoren eine hohe Sensitivität aufweisen müssen. Es sollen also möglichst alle Qualitätsmängel erkannt werden, wobei in Kauf genommen wird, dass die Indikatoren im Zweifelsfall einmal zu viel einen Ausschlag geben. Es wird somit unter Inkaufnahme eines hohen Alpha-Fehlers eine Beta-Fehler-Rate nahe Null angestrebt. Anders ausgedrückt geht die hohe Sensitivität der Indikatoren zulasten der Spezifität. Zeigt ein Qualitätsindikator einen Ausschlag, bedarf es also eines Interpreten, der weitere Nachforschungen anstellt, ob ein etwaiger Qualitätsmangel vorliegt und wenn ja, wo dessen Ursache zu suchen ist. Diese Rolle wird dem internen Qualitätsmanagement zuteil, ggf. wird dieses von Landesstellen für Qualitätssicherung im Rahmen des *Strukturierten Dialoges* unterstützt.

Das interne Qualitätsmanagement ist somit der primäre Adressat der im Erfassungsjahr 2015 praktizierten Qualitätsberichterstattung, welcher die Qualitätsindikatoren zu interpretieren hat. Dennoch greift es zu kurz, nur die einzelnen Leistungserbringer als Zielgruppen der Qualitätsberichterstattung zu begreifen, denn es gibt zahlreiche Akteure im Gesundheitswesen, welche ein Interesse an einer hohen Qualität der Gesundheitsversorgung insgesamt haben (bspw. politische Entscheider, Finanziers, Zuweiser). Daher leuchtet es ein, die Ergebnisse der Qualitätsindikatoren einer breiten Öffentlichkeit zugänglich zu machen und den verschiedenen Anspruchsgruppen damit ein Urteil über die Qualität der Leistungserbringung zu ermöglichen.[120] Dies schließt einen krankenhausübergreifenden Vergleich der Qualitätsindikatoren ein. Für einen solchen Vergleich ist es notwendig, dass die Qualitätsindikatoren valide und reliabel

---

118 Vgl. § 137a Abs. 3 Nr. 1 SGB V.
119 Vgl. Joint Commission on Accreditation of Healthcare Organizations 1990 zit. nach Deutsches Netzwerk Versorgungsforschung 2016, S. 10.
120 Vgl. Hensen 2016, S. 401–403.

sind. Reliabilität liegt vor, wenn die Ergebnisse stabil sind, wenn die Erhebungen bspw. von verschiedenen Personen vorgenommen werden. Valide ist ein Indikator hingegen dann, wenn er Qualitätsdefizite zuverlässig erkennt.[121]

3.2 Risikoadjustierung

3.2.1 Notwendigkeit und Grenzen

Wie bereits erwähnt, findet eine zunehmende Fokussierung auf die Ergebnisqualität statt.[122] Bei trägerübergreifenden Vergleichen besteht aber auch die latente Gefahr, dass diese Vergleiche unfair ausfallen, da die Patienten unterschiedliche Risikofaktoren (bspw. Alter, Komorbiditäten) aufweisen und sich diese Risikofaktoren ungleich auf die verschiedenen Leistungserbringer verteilen. Gerade die Validität von Ergebnisqualitätsindikatoren wäre in letzterem Fall besonders niedrig, weil sie keine Auskunft über die tatsächlich vorherrschende Qualität eines Leistungserbringers, sondern über die Risikostruktur geben würden. Darüber hinaus besteht bei Ergebnisindikatoren stets die Gefahr des *Gamings*, was bedeutet, dass Leistungserbringer sich gezielt auf gesündere Patienten fokussieren, um ihre Qualitätsergebnisse positiv zu beeinflussen.[123] Aus den genannten Gründen müssen Ergebnisqualitätsindikatoren in der Regel risikoadjustiert werden, damit die unterschiedliche Verteilung der individuellen Patientenrisiken statistisch bereinigt wird.[124] Folgerichtig werden unter dem Begriff Risikoadjustierung „datenanalytische Verfahren subsumiert, die bei der Auswertung von Qualitätsindikatoren Unterschiede in der Zusammensetzung der Patientengruppen zwischen den verschiedenen Leistungserbringern berücksichtigen."[125] Eine Risikoadjustierung von Struktur- und Prozessindikatoren ist meist nicht notwendig.[126]

---

121 Vgl. hierzu auch IQTIG 2017, S. 120–121.
122 Vgl. Kapitel 2.2.4.
123 Vgl. bspw. Porter und Guth 2012, S. 49.
124 Vgl. Veit 2007, S. 175.
125 IQTIG 2017, S. 154.
126 Das Deutsche Netzwerk für Versorgungsforschung merkt an, dass zum Teil auch Struktur- oder Prozessindikatoren einer Risikoadjustierung bedürfen. Vgl. Deutsches Netzwerk Versorgungsforschung 2016, S. 12. So wurde bspw. im Jahre 2016 für US-amerikanische Krankenhäuser diskutiert, inwiefern beim Prozessindikator Wiederaufnahme (Readmission) eine Risikoadjustierung nach sozioökonomischen Faktoren und Patientenrisiken vorzunehmen ist. Vgl. hierzu bspw. Glance et al. 2016.

Doch es sind nicht nur die Patientenrisiken, welche einen Einfluss auf das Behandlungsergebnis haben, wie Abbildung 2 verdeutlicht und worauf insbesondere Veit hinweist: Ziel der Qualitätsmessung ist es stets, denjenigen Effekt ausfindig zu machen, welchen unterschiedliche Behandlungen des Patienten auf den Outcome haben. Dieser Effekt ist jedoch zunächst nicht eindeutig zu erkennen, weil neben den individuellen Patientenrisiken auch zufällige Effekte einen verzerrenden Einfluss haben. Letztere werden in der Qualitätsberichterstattung kontrolliert, indem Konfidenzintervalle angegeben werden, sofern dies statistisch sinnvoll ist.

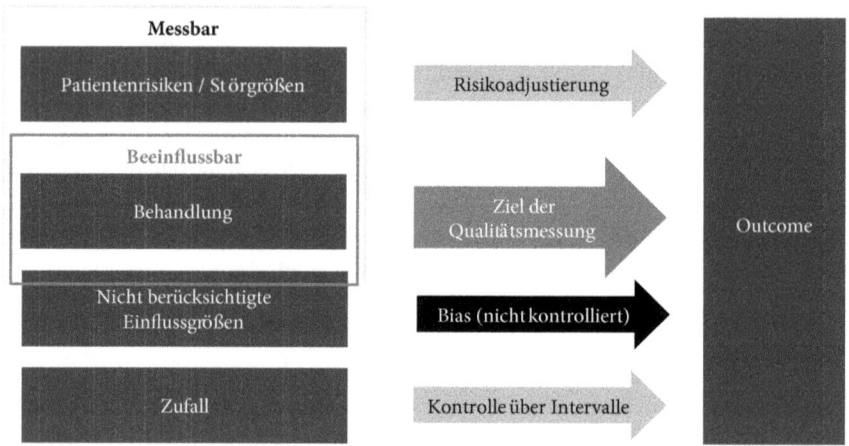

Abbildung 2: Einflussgrößen auf Outcomes. Eigene Abbildung in Anlehnung an Veit 2007, S. 176.

Darüber hinaus wirken jedoch auch weitere Einflussgrößen auf die Outcomes, welche nicht in den Risikoadjustierungsmodellen berücksichtigt werden. Zu hinterfragen ist, ob diese bekannt, messbar und beeinflussbar sind. Unbekannte Einflussgrößen sind per definitionem nicht messbar und können daher auch nicht in die Qualitätsbetrachtung einfließen. Beeinflussbar, aber nicht eindeutig messbar könnte bspw. die Qualität der ambulanten Versorgung oder die Motivation der eigenen Belegschaft sein.

Im Grundsatz fließen Einflussgrößen in die Risikoadjustierung ein, wenn sie bekannt, messbar und nicht durch den Leistungserbringer beeinflussbar sind (bspw. Alter des Patienten).[127] Dennoch kann es sein, dass derartige Faktoren im

---

127 Vgl. Becker et al. 2016, S. 955.

Rahmen der Risikoadjustierung nicht verwendet werden, weil bei diesen Einflussgrößen entweder der Messaufwand zu hoch ist (bspw. Konzentration von Umweltgiften in der Atemluft) oder eine Erhebung die Sensitivität des Qualitätsindikators stark einschränken würde und damit die Wahrscheinlichkeit für eine falsch-negativ-Erkennung (β-Fehler) erhöht wäre.[128] Somit zieht eine Senkung der Sensitivität des Qualitätsindikators durch die Nichtberücksichtigung weiterer Einflussfaktoren zwangsläufig nach sich, dass sich die Wahrscheinlichkeit für eine falsch-positiv-Erkennung (α-Fehler) erhöht. Dies kann gerade für einzelne Krankenhäuser mit einer geringen Fallzahl nachteilig wirken, denn diese sind zufälligen (bzw. nicht erfassten) Einflussgrößen stärker ausgeliefert. Eine solche Benachteiligung kann jedoch im *Strukturierten Dialog* erkannt und benannt werden.[129] Als Ergebnis des Dialogs kann dann vermerkt werden, dass sich das Ergebnis des Qualitätsindikators durch Einzelfälle erklärt.[130] Auch schützen nicht nur die Konfidenzintervalle, sondern auch die Referenzbereiche das individuelle Krankenhaus indirekt davor, dass Qualitätsergebnisse aufgrund seltener Einflussfaktoren, welche das Krankenhaus nicht zu vertreten hat, negativ ausfallen.[131] In der Analyse im Rahmen des empirischen Teils dieser Arbeit wird als einzelne Betrachtungseinheit nicht das einzelne Krankenhaus betrachtet, sondern es werden in Größenklassen zusammengefasste Gruppen von Leistungserbringern verwendet, was dazu führt, dass Zufallseffekte bzw. individuelle Störgrößen aufgrund der dann höheren Fallzahl von vergleichsweise untergeordneter Bedeutung sind.[132]

Aus Abbildung 2 lassen sich ebenfalls die Grenzen der Risikoadjustierung herleiten: Es ist schlechterdings unmöglich, eine vollständige Risikoadjustierung nach allen möglichen Einflussgrößen durchzuführen. Es bleiben zu jedem Zeitpunkt Residualgrößen zurück, welche entweder unbekannt oder nicht messbar sind. Inwiefern der Zufall keinen Einfluss mehr hat, wenn alle denkbaren Einflussgrößen bekannt und messbar wären, bleibt letztlich als philosophische Frage offen.

Einer validen Bestimmung des Effekts einer Behandlung steht ferner im Wege, dass sich der Grad der Adhärenz zwischen den verschiedenen Patienten unterscheidet.[133] Ob sich Patienten adhärent verhalten, ist von individuellen

---

128 Vgl. Veit 2007, S. 176.
129 Vgl. Veit 2007, S. 176.
130 Vgl. Gemeinsamer Bundesausschuss 2016e, S. 38–39.
131 Vgl. Veit 2007, S. 176.
132 Vgl. Kapitel 5.4.3.
133 Adhärenz wird häufig synonym mit dem Begriff Compliance verwendet. Ersterer Ausdruck scheint sich jedoch durchzusetzen. Mit diesem soll betont werden, dass Arzt und Patient gleichberechtigt sind und kein Über-Unterordnungsverhältnis

Faktoren abhängig und damit wenig beeinflussbar. Überdies ist die Erhebung des Grades der Adhärenz nur schwer messbar.[134] Insbesondere in der perinatalen Versorgung ergibt sich bezüglich des Einflusses der Adhärenz die Besonderheit, dass einige unerwünschte Ereignisse (insb. Kaiserschnitte, Frühgeburtlichkeit, niedriges Geburtsgewicht, maternale Hämorrhagien) zwar intra- oder postpartal auftreten, jedoch durch das antenatale Verhalten der Patientinnen (bspw. durch das Besuchen eines Geburtsvorbereitungskurses oder die Einnahme von Eisen-Folsäure-Präparaten) in Teilen vermieden werden können.[135] Die antenatale Versorgung fällt jedoch regelhaft nicht in den Verantwortungsbereich desjenigen stationären Anbieters, der die Geburt betreut.

Aus den genannten Gründen wird auch insbesondere von Seiten der Leistungserbringer stark angezweifelt, inwiefern es Risikoadjustierungsmodelle vermögen, eine Diagnose der Versorgungsqualität über Qualitätsindikatoren zu ermöglichen. Es wird darauf hingewiesen, dass Qualitätssicherung aufgrund der Beschränkungen der Risikoadjustierung vielmehr als ein Screeningverfahren verstanden werden soll, um die Aufmerksamkeit des internen Qualitätsmanagements auf die Bereiche zu lenken, welche einer weitergehenden Analyse bedürfen.[136]

3.2.2 Zeitpunkt der Qualitätsmessung

Iezzoni weist darauf hin, dass der Zeitpunkt der Messung eines Outcomes im Wesentlichen davon abhängt, um welchen Outcome es sich handelt und welchen Risiken bei diesem speziellen Outcome zu begegnen ist. Um zu illustrieren, weshalb der Messzeitpunkt elementar für die Aussagekraft eines Indikators ist, sei als plakatives Beispiel in Anspielung auf die *lange Frist* von Keynes angeführt, dass das Mortalitätsrisiko eines jeden Neugeborenen nach einer Spontangeburt im Krankenhaus bei 100 Prozent liegt, wenn der Zeitpunkt der Messung nur weit genug in der Ferne liegt.[137] In Bezug auf die im für diese Arbeit relevanten Erfassungsjahr 2015 verwendeten Indikatoren gilt regelmäßig, dass die Daten noch während der Dauer des Krankenhausaufenthaltes erhoben wurden – eine

---

angenommen werden kann, in dem der Arzt einen Behandlungsplan festlegt, den der Patient zu befolgen hat, indem er sich *compliant* verhält. Für eine Begriffsdefinition vgl. bspw. Weltgesundheitsorganisation 2003, S. 3–4.
134 Vgl. ebd., S. 4–5.
135 Vgl. Chen et al. 2018., Akibu et al. 2018 sowie Rogozińska et al. 2017.
136 Vgl. Becker et al. 2016, S. 958.
137 Vgl. Iezzoni 2013a, S. 18.

Messung nach der Entlassung des Patienten fand nur bei sehr wenigen veröffentlichungspflichtigen Indikatoren statt.[138] Dass der Zeitpunkt der Qualitätsmessung bei Einführung der Qualitätsberichterstattung möglichst nahe an den Behandlungszeitpunkt gelegt wurde, kann aus praktischen Gründen nachvollzogen werden, denn dann sind Vergleiche zwischen verschiedenen Klinika noch recht fair, weil die Risiken, denen ein Patient in einem geschützten stationären Setting ausgesetzt ist, durch das Krankenhaus beeinflusst werden können. Somit ist die Zurechenbarkeit des Ergebnisses zum Krankenhaus recht stark gegeben, weil Störfaktoren (bspw. Adhärenz, zufällige Effekte auf die Gesundheit des Patienten) noch vergleichsweise gut kontrollierbar sind. Darüber hinaus muss keine Zusammenführung von potenziell sensiblen patientenidentifizierenden Daten erfolgen, wenn das Krankenhaus nur den eigenen Datenbestand nutzt bzw. an die auswertenden Stellen weitergibt. Den Datenschutz betreffende Bedenken gegen eine Institution, die Zugriff auf Krankheitsverläufe aller Patienten hat, konnte somit begegnet werden. Ferner entspricht der Zeitpunkt der Erhebung auch dem Berichtsjahr, womit Qualitätsprobleme vergleichsweise zügig sicht- und damit behebbar werden.

Jedoch ist dieser starke sektorale Fokus in der Literatur nicht unumstritten. So fordern bspw. Porter und Lee, Messungen von Outcomes sollten die gesamte Behandlungskette entlang erfolgen, nicht auf einzelne Sektoren begrenzt sein und den Gesundheitsstatus auch dann erfassen, wenn die Behandlung im engeren Sinne bereits abgeschlossen ist.[139] Die Argumentation ist einleuchtend, denn bspw. lässt sich nach einer Hüft-TEP während des akutstationären Zeitraums nicht beurteilen, ob und ggf. nach welcher Zeit der Patient wieder arbeitsfähig ist. Auch für viele weitere Behandlungen bzw. Krankheitsbilder ist es sinnvoll und notwendig, Qualitätsparameter noch möglichst spät nach der Krankenhausbehandlung zu erheben.[140]

Doch der Messzeitpunkt ist auch aufgrund des sog. Hawthorne-Effekts kritisch zu hinterfragen. Dieser besagt, dass Personen ihr Verhalten ändern, wenn sie um ihre Beobachtung wissen.[141] Präziser ist wohl ein Verhalten zu erwarten,

---

138 Beispielsweise wird bei Leber- und Nierentransplantationen im Rahmen einer Follow-Up-Abfrage erhoben, wie viele Patienten ein Jahr nach der Transplantation noch am Leben sind.
139 Vgl. Porter und Lee 2013, S. 57. Siehe dort auch weitere Ausführungen zur von den Autoren postulierten Outcome-Hierarchie, welche jedoch einer sektorenübergreifenden Messung bedarf.
140 Eine stärkere Nutzung von Krankenkassendaten wurde schon vor einigen Jahren bspw. von Mansky et al. 2012 gefordert.
141 Vgl. hierzu bspw. Myers 2014, S. 795.

welches einem sog. *Teaching to the test* nahekommt.[142] Es wird für die Leistungserbringer der Anreiz gesetzt, medizinische Verfahren anzuwenden (bspw. im Rahmen von klinischen Behandlungspfaden), durch welche die Ergebnisse der Qualitätsindikatoren des eigenen Hauses optimiert werden, womit in der langen Frist jedoch nicht die bestmögliche Qualität für den Patienten erreicht wird. Die Messung der Inhouse-Mortalität als Qualitätsindikator könnte bspw. den Anreiz setzen, schwerkranke Patienten im Zweifel zum Sterben nach Hause zu entlassen, um die eigene Qualitätsberichterstattung zu optimieren.[143]

Die Daten für die im Rahmen dieser Arbeit verwendeten Indikatoren wurden jedoch stets während des stationären Aufenthaltes erhoben. Dass der Messzeitpunkt spätestens bei der Entlassung angesetzt wird, ist zunächst einleuchtend, denn während der Patient noch stationär verweilt, sind die Risiken, denen er in diesem geschützten Setting ausgesetzt ist, wesentlich stärker kontrollierbar. Perspektivisch sind sektorenübergreifende Messungen der Ergebnisqualität entlang des Behandlungsprozesses zu fordern.[144]

3.2.3 Übersicht über verwendete Verfahren zur Risikoadjustierung

Zur Risikoadjustierung finden in den deutschen Qualitätsberichten momentan im Wesentlichen drei Verfahren Anwendung:[145]

1. Bildung von Schichten mit ähnlicher Risikopopulation (Stratifizierung)
2. Additive Scores
3. Regressionsmodelle

Im für diese Arbeit relevanten Erfassungsjahr 2015 waren 91 der 351 verpflichtend zu veröffentlichenden Indikatoren (entspricht 25,9 %) risikoadjustiert, wobei die Adjustierung bei 50 Indikatoren (entspricht 54,9 % der risikoadjustierten Indikatoren) über Regressionsmodelle erfolgte. 47 der 50 Regressionsmodelle waren logistisch (94,0 %). In zwei Fällen erfolgte eine Poisson-Regression und in einem Fall eine lineare Regression. Bei 36 Indikatoren erfolgte die Risikoadjustierung über eine Stratifizierung (entspricht 39,6 % der risikoadjustierten Indikatoren) und bei fünf über additive Scores (entspricht 5,5 % der risikoadjustierten

---

142 Vgl. Lester et al. 2011 zit. nach Schrappe 2015, S. 87–88.
143 Diese These untersuchten Forscher der Yale-University für US-amerikanische Patienten mit Zustand nach Myokardinfarkten. Die These ließ sich empirisch jedoch nicht belegen. Vgl. Bucholz et al. 2016.
144 Vgl. Kapitel 3.5.
145 Vgl. AQUA-Institut 2015, S. 122 sowie IQTIG 2017, S. 155.

Indikatoren).[146] Im Zeitverlauf zeigt sich, dass die Bedeutung additiver Scores eher abnimmt, wohingegen Regressionsmodelle sich zunehmend als Methodik der Wahl etablieren, sofern eine Stratifizierung als nicht ausreichend erscheint.[147]

Da die Risikoadjustierung mittels logistischer Regression im Rahmen dieser Arbeit eine exponierte Rolle einnimmt, wird auf die übrigen Verfahren nur kurz eingegangen.

Stratifizierung

Strata sind definiert als Untergruppen einer Patientenpopulation, die in sich bezüglich der vorhandenen Patientenrisiken annähernd homogen sind. Die Ergebnisse eines Indikators werden dann getrennt für jedes Stratum berechnet. Beispielsweise wird bei der Berechnung der In-Hospital-Mortalität bei einem isolierten koronarchirurgischen Eingriff unterschieden, ob der Eingriff elektiv (Anteil der verstorbenen Patienten in Höhe von rd. 1,9 %) oder als Notfalleingriff (Anteil an verstorbenen Patienten rd. 8,8 %) erfolgte. Diese Methode stößt jedoch an ihre Grenzen, wenn mehrere Risikofaktoren zu berücksichtigen sind.[148]

Additive Scores

Additive Scores vermögen das Überwinden eben dieser Grenze. Liegt ein Risikofaktor vor, so führt dieser zu einem gewissen Punktwert und erhöht damit den gesamten Score und damit das Risikoprofil des Patienten. Das Vorliegen mehrerer Risikofaktoren steigert den Punktwert entsprechend. Auch ist denkbar, dass sich verschiedene Scoring-Systeme miteinander kombinieren lassen. Bspw. fließt insbesondere die Höhe des Scores der American Society of Anesthesiologists (ASA-Score), welcher den allgemeinen Gesundheitszustand eines Patienten auf einer Skala von 1 (gesund) bis 6 (hirntot) beschreibt, in die Risikoklasse nach NNIS (National Nosocomial Infections Surveillance) ein, welche als Risikoadjustierungsverfahren beim Qualitätsindikator 2280 (Postoperative Mediastinitis) verwendet wird.[149] Bei diesem Indikator werden nur Patienten mit der Risikoklasse nach NNIS von 0 oder 1 einbezogen. Das Beispiel zeigt, dass additive Scores ebenfalls als Kriterien zur Bildung von Strata verwendet werden können und die Grenze zwischen diesen beiden Risikoadjustierungsverfahren fließend verläuft. Letztlich sind additive Scores häufig eine Vereinfachung von komplexeren

---

146 Vgl. IQTIG 2016j, S. 7.
147 Deutlich wird dies bspw. bei einem Vergleich der aktuellen (Vgl. IQTIG 2016j, S. 7) Methodik mit der vor fünf Jahren verwendeten (Vgl. AQUA-Institut 2012, S. 164).
148 Vgl. IQTIG 2017, S. 128.
149 Vgl. IQTIG 2016c, S. 7–8.

Modellen, die häufig auf der multiplen logistischen Regression beruhen, sodass auch die Grenze zur Regressionsanalyse keinesfalls als starr einzuschätzen ist.[150]

Binäre logistische Regressionsmodelle
Der erste Schritt der Risikoadjustierung durch die binäre logistische Regression besteht darin, für jeden Patienten, welcher in einem Krankenhaus im einschlägigen Leistungsbereich behandelt wurde, die Wahrscheinlichkeit zu berechnen, dass bei diesem ein kritischer Outcome auftritt.

Binär bedeutet in diesem Kontext, dass der Outcome ein dichotomes unerwünschtes Ereignis ist, also entweder auftritt oder nicht, wobei keine Abstufungen zwischen den beiden Polen möglich sind. Als Beispiel sei das Versterben im Krankenhaus genannt. Die Wahrscheinlichkeit des Auftretens kann anhand des Risikoprofils des Patienten mithilfe eines Regressionsmodells geschätzt werden. Dabei baut das binäre Regressionsmodell auf dem Modell der linearen Regression auf, worauf Ash et al. hinweisen:[151]

$$VORHERSAGE_i = a + \sum_{j=1}^{J} b_j X_{ij}$$

Dabei ist die VORHERSAGE der erwartete Outcome für eine kontinuierliche Variable (bspw. Dauer, bis die Arbeitsfähigkeit wieder vorhanden ist) für den i-ten Patienten, welcher die Merkmale X_{ij} in Bezug auf die insgesamt J Prädiktoren aufweist. Die Modellkonstante wird durch a symbolisiert, die einzelnen Prädiktoren des Outcomes als b.

Im Vergleich zu diesem linearen Modell wird mit der logistischen Regression zunächst der Logarithmus der Wahrscheinlichkeit eines dichotomen Ereignisses A geschätzt. Dies erfolgt mit der bekannten Formel der mehrfaktoriellen linearen Regression. Dieser Vorhersagewert wird dann als Logit-Link verwendet und in die untenstehende Formel eingesetzt, welche den Vorhersagewert in eine Wahrscheinlichkeit p (also einen Wert zwischen 0 und 1) transponiert.

$$p(Y)_i = \frac{e^{(VORHERSAGE_i)}}{1 + e^{(VORHERSAGE_i)}}$$

Es wird deutlich, dass die logistische Regression lediglich eine Erweiterung der linearen Mehrfachregression darstellt, denn die o.g. Schätzung aus der linearen Regression wird in diesem Modell als der natürliche Logarithmus weiterverwendet.

---

150 Vgl. BQS 2005, S. 274.
151 In starker Anlehnung an Ash et al. 2013, S. 342–343.

Auf diese Weise wird für jeden Patienten die Wahrscheinlichkeit geschätzt, dass das unerwünschte Ereignis Y auftritt. Die Summe aller Einzelwahrscheinlichkeiten individueller Patienten wird in den Qualitätsberichten für jedes Krankenhaus aufsummiert. Über dieses Vorgehen berechnet sich die Anzahl an erwarteten Ereignissen für jedes Krankenhaus.

In einem nächsten Schritt wird die vorhergesagte Anzahl (E als Abkürzung für Expected) mit der tatsächlich eingetretenen Anzahl an unerwünschten Ereignissen (O für Observed) verglichen. Ash et al. weisen darauf hin, dass es zwei grundsätzliche Möglichkeiten für einen solchen Vergleich gibt. Die eine beruht auf der Subtraktion, die andere auf der Division. Beide sind mit Vorteilen und Nachteilen behaftet: Zunächst ist es denkbar, die Rate der beobachteten Ereignisse von der Rate der erwarteten Ereignisse zu subtrahieren (sog. absolute Risikoreduktion (ARR)).[152] Eine andere Möglichkeit besteht darin, die Rate der beobachteten Ereignisse in ein Verhältnis zu der Rate an erwarteten Ereignissen zu setzen. Dass keine Berechnungsmethode der anderen per se überlegen ist, soll folgendes Beispiel von Ash et al. verdeutlichen:

- Krankenhaus A habe 100 Fälle (Grundgesamtheit = GG). Geschätzt wurde ein einziger Todesfall als unerwünschtes Ereignis. Beobachtet wurden jedoch zwei Todesfälle. Werden die beiden Raten mittels absoluter Risikoreduktion miteinander verglichen, erhält man ein Ergebnis in Höhe von O – E = 2% – 1% = 1% an unerwünschten Ereignissen, welche nicht erklärt werden können.
- Krankenhaus B habe ebenfalls 100 Fälle. 40 Todesfälle sind geschätzt und 50 beobachtet worden. Werden die beiden Raten über die Bildung eines Verhältnisses miteinander verglichen ($\frac{50}{100}$ / $\frac{40}{100}$ = $\frac{0.5}{0.4}$ = 1,25), so beträgt die O/E-Rate in diesem Fall 1,25, weil die Rate der beobachteten Todesfälle um 25 % höher ausfällt als die Rate an erwarteten Todesfällen.

Bei einem Austausch der beiden Berechnungsverfahren wird deutlich, dass die Ausschläge der beiden Methodiken unterschiedlich stark ausfallen:

---

152 Einige Quellen sprechen statt von der absoluten Risikoreduktion auch vom sog. *Attributable Risk* (AR), vgl. bspw. Herkner und Müllner 2011, S. 40–41. Beide Werte berechnen sich auf identische Weise, weswegen eine synonyme Verwendung der beiden Begriffe zulässig ist.
Denkbar wäre es ebenfalls, die *relative Risikoreduktion* (RRR) oder die *Number Needed to threat* (NNT) zu berechnen. Da dies im Rahmen der externen Qualitätssicherung jedoch unüblich ist, wird für eine Darstellung der verschiedenen Berechnungsmethoden auf ebd. verwiesen.

- Wird die absolute Risikoreduktion für das Krankenhaus B berechnet, erhält es einen Wert von 10 % (50 % − 40 %). Krankenhaus B schneidet damit nach dieser Kenngröße zehnmal schlechter ab als Krankenhaus A (10 % vs. 1 %).
- Wird für Krankenhaus A hingegen die O/E-Rate berechnet, erhält es einen Wert von 2 ($\frac{O}{GG} / \frac{E}{GG} = \frac{2\%}{1\%} = 2$), das Krankenhaus B behält sein Ergebnis von 1,25 (s.o.). Das Ergebnis des Krankenhauses B ist somit deutlich besser als das des Krankenhauses A.

Nach der absoluten Risikoreduktion wäre somit das Ergebnis des Krankenhauses A deutlich besser als das des Krankenhauses B, bei der Bildung der O/E-Rate ist das Ergebnis exakt gegenteilig zu interpretieren, denn Krankenhaus B schneidet besser ab als Krankenhaus A. Welches Verfahren das objektiv richtige ist, bleibt offen und die entsprechende Festlegung somit eine politische.[153]

In den deutschen Qualitätsberichten wurde die Festlegung getroffen, dass der Vergleich durch die Bildung einer Verhältniskennzahl, also durch die O/E-Rate, erfolgt.[154] Im Kontext der Qualitätssicherung wird regelmäßig von Standardisierten Ereignisraten (SER) oder Standardisierten Mortalitäts- bzw. Morbiditätsraten (SMR) gesprochen, wobei die beiden Begriffe letztlich Synonyme darstellen, wenn Mortalität oder Morbidität als Ereignisse zusammengefasst werden.

Dieses Vorgehen hat tendenziell zur Folge, dass kleinere Krankenhäuser einer größeren Gefahr der Benachteiligung ausgesetzt sind, weil bei kleineren Fallzahlen Einzelfälle prozentual stärker ins Gewicht fallen. Die Bildung eines Verhältnisses in Form der O/E-Rate erscheint jedoch trotzdem überlegen, weil der Qualitätsindikator deutlich besser interpretiert werden kann, wenn er auf die Zahl 1 normiert ist: Bei einem Wert von bspw. 1,25 ist die Rate an beobachteten Ereignissen 25 % größer als die Rate an erwarteten Ereignissen. Bei einem Wert von bspw. 0,9 ist die beobachtete Rate um 10 % kleiner als die erwartete.[155]

3.3 Die externe stationäre Qualitätssicherung in Deutschland
3.3.1 Geschichtliche Entwicklung

In den 1960er Jahren wurden erstmalig Statistiken im deutschsprachigen Raum publiziert, welche zeigen sollten, dass die Mortalität von Neugeborenen im Münchner Raum höher war als in anderen Regionen Deutschlands. Diese

---

153 Vgl. Ash et al. 2013, S. 342–345.
154 Vgl. hierzu die Rechenregeln des IQTIG in den jeweiligen Leistungsbereichen.
155 Vgl. hierzu bspw. auch die Interpretationshinweise in IQTIG 2016j, S. 189 oder Heller 2014, S. 167–168.

Studien zielten v.a. auf Belegabteilungen und fanden große mediale Beachtung, weswegen Münchner Kinderkliniken in den 1970er Jahren damit begannen, eigene Statistiken zu erheben. Durch diese zeigte sich bald, dass ergänzende anamnestische Daten zur Interpretation der Versorgungsqualität notwendig sind. Niedergelassene Ärzte bzw. Belegärzte initiierten daraufhin informelle Dialoge zwischen Ärzten aus den Fachbereichen Pädiatrie und Geburtshilfe.[156] Es zeigt sich, dass Qualitätssicherung zu dieser Zeit als Aufgabe der ärztlichen Selbstverwaltung wahrgenommen wurde, wobei die ärztlichen Strukturen durch Kammern stark fragmentiert waren. Diese Fragmentierung geht zurück auf ein Verständnis von Gesundheitsversorgung als Teil der staatlichen Daseinsvorsorge, die originär Ländersache ist.[157]

Gleichzeitig gilt die Münchner Perinatalstudie (1975 bis 1977) als „Geburtsstunde der externen stationären Qualitätssicherung in Deutschland"[158], auf welche bald weitere Projekte in anderen Leistungsbereichen folgten.[159] Konstitutiv für die externe stationäre Qualitätssicherung ist, dass Qualitätsanforderungen bzw. Kriterien für die Qualitätsmessung außerhalb der Krankenhäuser definiert und auch überprüft werden.[160] Der Begriff *externe Qualitätssicherung* ist insofern etwas irreführend, da Qualität sich kaum von außen beeinflussen lässt. Die Verfahren der externen Qualitätssicherung können aber dazu beitragen, Versorgungsdefizite und Qualitätsprobleme zu erkennen und die Einrichtungen bei der Problemanalyse und Qualitätsverbesserung zu unterstützen.

Um die Jahrtausendwende herum wurden die Aktivitäten zur Qualitätssicherung im Rahmen der gemeinsamen Selbstverwaltung gebündelt. Hintergrund dieser Aktivitäten zur Zentralisierung war der sich zu diesem Zeitpunkt ankündigende Politikwechsel weg von einer Kostendämpfungspolitik hin zu mehr Wettbewerb zwischen den Krankenhäusern.[161] Damit dieser ökonomische Wettbewerb nicht in einem reinen Kostenwettbewerb zu Lasten der Patientensicherheit mündet (insbesondere nicht medizinisch indizierte Mengenausweitungen und verfrühte Entlassungen wurden befürchtet), sollte der wirtschaftliche Wettbewerbsdruck von einem politisch angestoßenen Qualitätswettbewerb begleitet werden: Die Idee bestand darin, dass rational agierende, informierte Patienten (ggf. beraten durch einen einweisenden Arzt aus dem ambulanten Sektor) die

---

156 Vgl. Kreienberg und Ludwig 2011, S. 32.
157 Vgl. Klakow-Franck 2018, S. 3–4 sowie Leber und Scheller-Kreinsen 2018, S. 102–103.
158 IQTIG 2017, S. 23.
159 Für die Münchner Perinatalstudie vgl. Conrad 1977 bzw. Selbmann 1977 (Langfassung).
160 Vgl. Hensen 2016, S. 410.
161 Vgl. Klakow-Franck 2018, S. 4–5.

externe Qualitätsberichterstattung für qualitätsbasierte Wahlentscheidungen nutzen.[162] Auch wurde argumentiert, mithilfe der Qualitätsberichterstattung solle „das system- und rollenimmanente Machtgefälle zwischen Leistungserbringer und Nutzer reduziert werden und der Patient mit mehr entscheidungsrelevanter Sachkenntnis und Marktmacht ausgestattet werden."[163] Als Grundlage dieses Patientenbildes kann die Rational-Choice-Theorie gesehen werden.[164]

In einer ersten Erprobungsphase hatte die Veröffentlichung der Ergebnisse dieses neuen Public-Reporting-Ansatzes zunächst institutionsintern zu erfolgen. Anschließend hatte die Bundesgeschäftsstelle für Qualitätssicherung GmbH (BQS) jährliche Berichte zu veröffentlichen. Die BQS war zuvor von den Selbstverwaltungspartnern in Form einer GmbH gegründet worden. Mit dem zum 23.04.2002 in Kraft getretenen Fallpauschalengesetz wurde § 137 Abs. 1 S. 3 Nr. 6 in das SGB V eingefügt, woraufhin Krankenhäuser nun selbst einen Qualitätsbericht zu publizieren hatten. Der Bericht sollte zunächst alle zwei Jahre, erstmalig im Jahre 2005 (mit Datenstand des Jahres 2004), erscheinen. Zum 01.01.2013 wurde der Turnus dahingehend verändert, dass die Qualitätsberichte jährlich veröffentlicht werden müssen.[165]

Bereits mit dem GKV-Wettbewerbsstärkungsgesetz wurden die gesetzlichen Regelungen zum 01.07.2008 dergestalt modifiziert, dass der Qualitätsbericht nach einem standardisierten Datensatzformat erstellt werden muss.[166] In dieser Neuordnung sieht Schrappe den Schritt zu einem echten Public-Reporting-Ansatz, durch den auch Externe die Qualitätsergebnisse einer Einrichtung zuordnen können.[167] Ferner wurde zu dieser Zeit mit dem Institut für angewandte Qualitätsförderung und Forschung im Gesundheitswesen (AQUA-Institut) gemäß dem neu eingefügten § 137a SGB V eine fachlich unabhängige Institution im Rahmen einer europaweiten Ausschreibung beauftragt, (möglichst sektorenübergreifende) Indikatoren/Instrumente zur Messung der Versorgungsqualität zu entwickeln und die Qualitätsergebnisse allgemeinverständlich zu veröffentlichen.[168] Dabei besaß das AQUA-Institut niemals normsetzende Kompetenz,

---

162 Vgl. ebd, AOK-Bundesverband et al. 2003, S. 2, Heller 2014, S. 164 sowie Thomas et al. 2016, S. 256–257.
163 Hensen 2014, S. 175.
164 Vgl. Schrappe und Pfaff 2017, S. 24.
165 Vgl. Art. 3 Nr. 4b IfSGuaÄndG.
166 Vgl. Art. 1 Nr. 110 GKV-WSG.
167 Vgl. Schrappe 2015, S. 182. Zu definitorischen Fragen des Public-Reporting-Ansatzes vgl. ebd.
168 Vgl. Art. 1 Nr. 111 GKV-WSG.

sondern erarbeitete lediglich Vorschläge für Richtlinien, welche dann vom Gemeinsamen Bundesausschuss erlassen wurden.[169] Diesem wurde ebenfalls zum 01.01.2008 eine neue Struktur gegeben, die dem stärkeren Fokus auf sektorenübergreifende Versorgung Rechnung tragen sollte.[170]

Mit dem GKV-Finanzstruktur- und Qualitäts-Weiterentwicklungsgesetz (GKV-FQWG) wurde § 137a SGB V erneut abgeändert.[171] Der Gemeinsame Bundesausschuss wurde beauftragt, eine Stiftung des Privatrechts zu gründen, welche Trägerin eines fachlich unabhängigen und wissenschaftlichen Institutes für Qualitätssicherung und Transparenz im Gesundheitswesen ist. Das gleichnamige Institut (IQTIG) wurde im Januar des Jahres 2015 gegründet und hat die Verantwortungsbereiche des AQUA-Instituts übernommen. Ziel war es, die Zuständigkeit für die Qualitätssicherung nicht mehr europaweit ausschreiben zu müssen und stattdessen eine Dauerlösung zu implementieren. Die Organisationsform ähnelt dabei sehr dem bereits zuvor gegründeten und im Bereich der Nutzenbewertung von Arzneimitteln etablierten Institut für Qualität und Wirtschaftlichkeit im Gesundheitswesen (IQWiG), insbesondere weil das Institut in Form einer Stiftung organisiert ist, welche von den Trägerorganisationen des Gemeinsamen Bundesausschusses gegründet wurde.[172]

Das aktuellste und weitreichendste Änderungsgesetz für die Krankenhausversorgung ist das Krankenhausstrukturgesetz, welches in weiten Teilen am 01.01.2016 in Kraft getreten ist. Der Gesetzgeber hat damit eine sog. *Qualitätsoffensive Krankenhaus* angestoßen. Als Zeichen der hohen Bedeutung, die der Qualität beigemessen wird, wurden die in § 1 Abs. 1 KHG genannten Zielvorstellungen der Krankenhausversorgung um das Ziel einer *qualitativ hochwertigen* Versorgung ergänzt.[173] Der Gesetzgeber hat damit einen echten Paradigmenwechsel vollzogen: Public-Reporting wird nicht mehr nur ausschließlich als Informationsinstrument gesehen, welches einen Qualitätswettbewerb auslöst. Vielmehr hat sich die Erkenntnis durchgesetzt, dass der intendierte Qualitätswettbewerb kaum funktioniert hat, weil Patienten diese Informationen nur wenig nutzen und auch kaum verstehen.[174] Anstelle der Patienten wird nun der

---

169 Vgl. Deutscher Bundestag 2007, S. 47–48.
170 Vgl. Schönig 2008, S. 325–326.
171 Vgl. Art. 1 Nr. 7 GKV-FQWG.
172 Vgl. § 139a Abs. 1 SGB V mit § 137a Abs. 1 SGB V für die Zuständigkeiten und Organisationsform des IQWiG. Zum Übergang der Kompetenzen auf das IQTIG vgl. Klakow-Franck 2018, S. 6–7.
173 Vgl. Art. 1 Nr. 1 KHSG sowie Goedereis und Bracht 2017, S. 471.
174 Zur Verständlichkeit deutscher Qualitätsberichte vgl. Sander et al. 2016.

Gesetzgeber ordnend aktiv. Ausgehend von den Informationen der externen stationären Qualitätssicherung werden nun Qualitätsdaten auch als Steuerungsinstrument genutzt, um auf das Versorgungsgeschehen einwirken zu können.[175] Die Steuerungswirkung vollzieht sich dabei auf beiden Ebenen der Dualistischen Versorgung: Sowohl die landeskrankenhausplanerischen Maßnahmen als auch die Betriebskostenfinanzierung sollen um Qualitätsaspekte ergänzt werden.[176] Die Rolle des IQTIG wurde damit ebenso deutlich aufgewertet wie die der externen stationären Qualitätssicherung. Mit dem KHSG ist die Qualitätssicherung von einem reinen Informationsinstrument zu einem Instrument für die qualitätsorientierte Versorgungssteuerung geworden, welches unmittelbare Konsequenzen für die Krankenhäuser hat. Potenziell reichen die Auswirkungen von einer höheren Vergütung bis hin zu einem indirekten Entzug der Kassenzulassung über die Herausnahme aus dem Landeskrankenhausplan. Dies zeigt, dass qualitätsorientierte Versorgungssteuerung in sehr wesentlichen Teilen auch qualitätsorientierte Marktbereinigung meint.[177] Inwiefern diese Marktbereinigung jedoch tatsächlich zu beobachten sein wird, ist angesichts der vielen Bundesländer, welche die Nichtanwendung der Planungsrelevanten Qualitätsindikatoren erklärt haben (s.u.), fraglich.

3.3.2 Aktueller Umfang und gesetzlicher Rahmen

Als Rechtsquellen dienen im Bereich der externen stationären Qualitätssicherung aktuell im Wesentlichen Richtlinien und Regelungen des Gemeinsamen Bundesausschusses. Es finden sich zahlreiche Bestimmungen im SGB V, mit denen der G-BA zum Erlassen von Regelungen beauftragt und ermächtigt wird.[178] Als wichtigste dieser Regelungen des G-BA sind die folgenden zu nennen:

- Die **Richtlinie über Maßnahmen der Qualitätssicherung in Krankenhäusern (QSKH-RL)** enthält diejenigen verpflichtenden Maßnahmen, welche die Krankenhäuser nach § 135a SGB V durchzuführen haben. Dazu gehört auch die externe stationäre Qualitätssicherung, wobei in der QSKH-RL im

---

175 Vgl. Klakow-Franck 2018, S. 6–16.
176 Vgl. § 5 Abs. 3a-3c KHEntgG (Betriebskostenfinanzierung) sowie § 6 Abs. 1a KHG i. V. m. § 136c Abs. 1–2 SGB V (Landeskrankenhausplanung).
177 Vgl. die Rede von Klakow-Franck zur Eröffnung der 9. Qualitätssicherungskonferenz des G-BA. Das Manuskript ist unter Klakow-Franck 2017 abrufbar.
178 Die wichtigsten Normen für die externe Qualitätssicherung dürften §§ 92 Nr. 13, 136 und 136b SGB V sein.

Wesentlichen die Dokumentation der Leistungen, der Datenfluss an die Bundes- und Landesstellen für Qualitätssicherung und das Dialogverfahren mit ebendiesen geregelt sind.
- Nach Ende eines Erfassungsjahres greifen die **Regelungen zum Qualitätsbericht der Krankenhäuser (Qb-R)**. In den zugehörigen Normen sind die Inhalte, der Umfang und das Datenformat der durch die Krankenhäuser zu erstellenden und zu veröffentlichenden strukturierten Qualitätsberichte kodifiziert. Basis des wichtigsten sog. C-1 Teils (bundeseinheitlich verpflichtend zu veröffentlichende Indikatoren) sind die zuvor unterjährig erhobenen Qualitätsdaten.
- Analog der QSKH-RL enthielt die **Richtlinie zur einrichtungs- und sektorenübergreifenden Qualitätssicherung (Qesü-RL)** Bestimmungen zur sektorenübergreifenden Qualitätssicherung. Da Daten leistungserbringerübergreifend erhoben werden mussten, nimmt das Datenflussverfahren einen hohen Stellenwert ein. Per 01.01.2019 ist die Qesü-RL in ihrer bisherigen Form außer Kraft gesetzt worden und in der neuen Rahmenrichtlinie zur datengestützten Qualitätssicherung aufgegangen. Im für diese Arbeit relevanten Datenjahr 2015 hatte die Richtlinie allerdings alleinige Geltungskraft.
- Indirekt wirken auch die **Mindestmengen-Regelungen (Mm-R)** auf die externe stationäre Qualitätssicherung in Deutschland, denn Krankenhäuser müssen die Umsetzung der Regelungen zu Mindestmengen je Leistungsbereich, die der Kern dieser Rechtsquelle sind, in ihrem Qualitätsbericht darstellen. Die Mm-R wurde unlängst grundlegend überarbeitet, sodass Krankenhäuser nun prospektiv darlegen müssen, dass sie die Mindestmenge im nächsten Jahr erreichen werden, ansonsten besteht kein Vergütungsanspruch.[179]
- Nach den neueren Bestimmungen des KHSG ist ein Teil der Indikatoren nach QSKH-RL als relevant für die Landeskrankenhausplanung eingestuft worden. Weisen Krankenhäuser nicht nur vorübergehend in einem erheblichen Maße unzureichende Qualität im Sinne dieser Indikatoren auf, so ist die Aufnahme in den Landeskrankenhausplan zu widerrufen. Verfahrensdetails sind in der **Richtlinie zu planungsrelevanten Qualitätsindikatoren (plan. QI-RL)** zu finden. Bundesländer können jedoch beschließen, die Regelungen nicht anzuwenden. Entsprechende Regelungen haben die Mehrzahl der Länder erlassen.[180]
- Das sog. *Stufenkonzept der perinatologischen Versorgung* ist in der **Qualitätssicherungs-Richtlinie Früh- und Reifgeborene (QFR-RL)** verankert.

---

179 Zu den übrigen Neuerungen vgl. Gemeinsamer Bundesausschuss 2017b.
180 Vgl. Fahlenbrach und Poppinga 2019, S. 35.

Kriterien der Strukturqualität werden in Stufen abgebildet (von IV = Geburtsklinik bis I = Perinatalzentrum Level I), bei bestimmten Krankheitsbildern oder Geburtsmodi soll die Zuweisung in eine entsprechend hohe Versorgungsstufe erfolgen.
- Da die Richtlinien zur Qualitätssicherung stark fragmentiert sind, hat der G-BA mit Wirkung zum 01.01.2019 eine Rahmenrichtlinie zur datengestützten Qualitätssicherung beschlossen (**DeQS-RL**). Zunächst werden nur Cholezystektomien erfasst, perspektivisch ist jedoch geplant, die vielfältigen sektorübergreifenden und sektorspezifischen Richtlinien (insb. die QSKH-RL und die Qesü-RL) unter dem Dach dieser Richtlinie zusammenzufassen.
- Ein ähnliches Ziel verfolgt der G-BA auch mit der **Qualitätsförderungs- und Durchsetzungs-Richtlinie (QFD-RL)**, die Mitte April des Jahres 2019 erlassen wurde. Die Richtlinie soll den Rahmen eines gestuften Systems von Konsequenzen bilden, die sich aus der Nichteinhaltung von Qualitätsanforderungen ergeben werden. Die Richtlinie bildet damit den Überbau für zahlreiche Regelungen, bspw. die genannte Mindestmengenregelung oder die Regelung zu den Qualitätsberichten der Krankenhäuser.[181] Im für diese Arbeit relevanten Erfassungsjahr 2015 hatte die Richtlinie noch keine Gültigkeit.

Sofern die Richtlinien die Qualitätsberichte der Krankenhäuser betreffen, obliegt die Umsetzung im Wesentlichen dem IQTIG. Im für diese Arbeit relevanten Erfassungsjahr 2015 umfasste der Qualitätsbericht eines Krankenhauses drei Teile:[182]

- Im Teil A finden sich allgemeine Informationen über das Krankenhaus (bspw. Trägerschaft, Bettenanzahl).
- Struktur- und Leistungsdaten der Organisationseinheiten/Fachabteilungen sind im Teil B enthalten (bspw. Diagnosen und Prozeduren, Personalausstattung je Berufsgruppe).
- Der Teil C umfasst nun die Qualitätssicherung im engeren Sinne. Hier sind die Ergebnisse der Qualitätsindikatoren in 25 Leistungsbereichen (bspw. Herztransplantation, Neonatologie) aufgelistet. Das IQTIG misst das Erreichen von Qualitätszielen in diesen Leistungsbereichen mithilfe von 351 Qualitätsindikatoren.[183] Kern des C-Teils ist der sog. Teil C-1, in dem die bundesweit einheitlich zu veröffentlichenden Qualitätsindikatoren gelistet werden. Im Jahre 2015 bestand eine solche Verpflichtung bei 233 Qualitätsindikatoren, sofern

---

181 Gemeinsamer Bundesausschuss 2019b, S. 1.
182 Vgl. Gemeinsamer Bundesausschuss 2016c, S. 5–12.
183 Vgl. IQTIG 2016j, S. 7.

Leistungen im entsprechenden Leistungsbereich erbracht wurden.[184] Eine Veröffentlichungspflicht der Indikatorergebnisse besteht jedoch nicht, sofern der Schutz von Patientendaten gegen die Veröffentlichung spricht. Solches wird bspw. bei O/E-Indikatoren angenommen, wenn die Fallzahl (Grundgesamtheit oder beobachtete Ereignisse) im Bereich von einem bis drei Fällen liegt.[185]

3.4 Wirksamkeit von Qualitätsmessung im Krankenhaus

Die Darstellungen aus dem vorangegangenen Kapitel zeigen, dass die Messung von Qualität und die anschließende Veröffentlichung von Kennzahlen sowohl für die einzelnen Leistungserbringer als auch für die beteiligten Institutionen auf Bundes- und Landesebene einen erheblichen Aufwand darstellen. Eine solche Messung von Qualität ist eine notwendige, aber nicht hinreichende Bedingung, um zu einer Qualitätsverbesserung zu gelangen. Fraglich ist demnach, auf welchem Wege ein Public-Reporting zu einer Qualitätsverbesserung führen kann. Von Baerwick et al. wurde ein konzeptioneller Rahmen entwickelt, der verdeutlichen soll, welche Pfade hierzu zur Verfügung stehen. Dieser ist in einer deutschen Version in Abbildung 3 dargestellt:[186]

Abbildung 3: Zwei Wege der Qualitätsverbesserung durch Public-Reporting. Eigene, übersetzte Darstellung nach Fung et al. 2008 sowie Berwick et al. 2003.

---

184 Vgl. ebd. sowie IQTIG 2016h, S. 7.
185 Vgl. Gemeinsamer Bundesausschuss 2016b, S. 5.
186 Vgl. Berwick et al. 2003.

Die Veröffentlichung von Daten zieht zunächst einen Wissensgewinn nach sich. Diesen können potenziell die Patienten nutzen, um eine selbstbestimmte und qualitätsgetriebene Auswahlentscheidung zu treffen. Diese *Abstimmung mit den Füßen* könnte schlussendlich dazu führen, dass Anbieter mit einer unzureichenden Qualität gänzlich vom Markt verschwinden. Die Möglichkeit, die Auswahlentscheidung der Patienten im eigenen Sinne beeinflussen zu können, motiviert die Leistungserbringer, ihre Prozesse und Strukturen zu hinterfragen und hierdurch die eigene Qualität zu verbessern. Darüber hinaus kann bereits der Wissensgewinn durch die Veröffentlichung dazu führen, dass die Verantwortlichen in den Krankenhäusern motiviert werden, die Qualität ihres Hauses zu verbessern. Schließlich führen diese beiden Wege dazu, dass sich Qualität verbessert, was sich in höherer Effektivität, Patientensicherheit und -zentrierung, aber auch in unerwünschten Effekten zeigen kann, wenn bewusst auf bestimmte Indikatorverbesserungen hingearbeitet wird, andere, nicht veröffentlichte, Qualitätsaspekte jedoch vernachlässigt werden.

Fung et al. sind in einem systematischen Review der Frage nachgegangen, welcher der beiden Pfade eher zu wirken scheint. Tatsächlich scheint die Veröffentlichung von Qualitätsergebnissen auch Maßnahmen zur Qualitätsverbesserung auf Ebene der einzelnen Leistungserbringer zu stimulieren – entsprechende Aktivitäten sind nachweisbar. Inwiefern diese Aktivitäten jedoch auch eine messbar verbesserte Qualität nach sich ziehen, bleibt unklar und ist kaum untersucht.[187] In einer Studie von Kraska et al. finden sich jedoch Hinweise auf einen solchen Effekt. Die Autoren konnten für das deutsche Gesundheitswesen zeigen, dass bei allen Qualitätsindikatoren über den Zeitverlauf Qualitätsverbesserungen erreicht werden, besonders jedoch dann, wenn die Indikatoren berichtspflichtig im Rahmen des Qualitätsberichts werden.[188]

Die Autoren des systematischen Reviews kommen jedoch auch zu dem Schluss, dass die Studienlage nicht den Eindruck erweckt, dass das Public-Reporting die Auswahlentscheidung der Patienten zugunsten oder zuungunsten einzelner Krankenhäuser beeinflusst.[189] Nach einem neueren systematischen Review von Metcalfe et al. mit ähnlicher Fragestellung kann diese Aussage auch weiterhin für gültig gehalten werden, denn die Autoren resümieren: „*Public*

---

187 Vgl. Fung et al. 2008, S. 113–119.
188 Vgl. Kraska et al. 2016. Auch im systematischen Review von Metcalfe et al. wird davon gesprochen, dass es schwache Hinweise darauf gibt, dass das Publizieren von Qualitätsinformationen die Outcomes von Patienten verbessert. Vgl. Metcalfe et al. 2018, S. 113–114.
189 Vgl. Fung et al. 2008.

release of performance data may lead to little or no difference in healthcare choices."[190] Für deutsche Qualitätsberichte liegen ähnliche Befunde vor, die zeigen, dass der Gedanke, Veröffentlichungen von Qualitätsinformationen würden bewusste Wahlentscheidungen nach sich ziehen, oftmals Theorie bleibt: Lediglich 21 % der einweisenden Ärzte nutzen Qualitätsberichte für Zuweisungsentscheidungen und die meisten Patienten verstehen die veröffentlichten Qualitätsinformationen erst gar nicht, weswegen vielen von ihnen wohl die Basis für eine Wahlentscheidung fehlen dürfte.[191] Ein weiterer systematischer Review stützt diesen Befund. Auch im Bereich der Geburtshilfe wurde eine Studie unter Federführung der Harvard Medical School veröffentlicht, welche die Interpretation nahelegt, dass werdende Mütter kaum eine Verbindung herstellen zwischen der veröffentlichten Qualität eines Krankenhauses und derjenigen Qualität, welche sie in ihrem eigenen Behandlungsfall erwarten. Ist bspw. die Kaiserschnittrate in einem Krankenhaus erhöht, erklären sich dies die Patientinnen mit den medizinischen Umständen der anderen Geburten (die jedoch über die Risikoadjustierung berücksichtigt werden) und gehen davon aus, dass sie den Verlauf der eigenen Geburt vollständig unter Kontrolle haben und sich damit den Einflüssen des Krankenhauses entziehen. Die Autoren des genannten systematischen Reviews führen weiter aus, dass das Qualitätskonzept in öffentlichen Qualitätsvergleichen kaum mit dem der Patientinnen übereinstimmt. Wo sich werdende Mütter eher für die Qualität eines einzelnen Arztes oder einer bestimmten Hebamme interessieren, sind Instrumente des Public-Reportings oft auf Krankenhausebene aggregiert und enthalten oft überwiegend Vergleiche von unerwünschten Ereignissen mit geringer Prävalenz, welche die Patientinnen in Kauf zu nehmen bereit sind.[192]

3.5 Zwischenfazit und Ausblick: Der Wandel im Qualitätsverständnis und dessen Implikationen

Die mittlerweile stellvertretende Leiterin des IQTIG, Klakow-Franck, formulierte in ihrer vorherigen Funktion als unparteiisches und für Qualitätssicherung zuständiges Mitglied des G-BA folgende Zielvorstellung für die planungsrelevanten Qualitätsindikatoren: „Die weiter zu entwickelnde Methodik soll eine differenziertere, über die Feststellung einer unzureichenden Qualität hinausgehende

---

190 Metcalfe et al. 2018, S. 113–114.
191 Vgl. Emmert et al. 2017a sowie Sander et al. 2017. Zu ähnlichen Ergebnissen kommen auch die Studien von Totten et al. 2012 sowie Schlesinger et al. 2015.
192 Vgl. Gourevitch et al. 2017.

Qualitätsbeurteilung ermöglichen. Zudem muss beantwortet werden, welche Anforderungen an diese Indikatoren zu stellen sind, damit sie in der Zusammenschau die Bewertung der Versorgungsqualität einer Fachabteilung ermöglichen."[193] In dieser Äußerung lassen sich zwei wesentliche Trends erkennen, welche aus einer Veränderung des Qualitätsverständnisses resultieren:

Zunächst ist zu erwarten, dass sich der Fokus von der Sicherung hin zur Verbesserung der Qualität verschiebt. Qualitätssicherung gilt als vergleichsweise altes Konzept in der Tradition des Automobilherstellers Ford.[194] In dieser Firma fand am Ende der Produktion eines jeden Autos eine Endabnahme statt, in der bewertet wurde, ob das Produkt das Werk verlassen und an den Kunden ausgeliefert werden durfte. Qualitätssicherung hat somit einen binären Charakter; ein Produkt oder eine Dienstleistung ist entweder auslieferungswürdig oder zu beanstanden, Abstufungen dazwischen existieren schlechterdings nicht. Dieses Verständnis schlägt sich auch in der derzeitigen Konzeption der Qualitätsindikatoren nieder. Über Referenzbereiche werden die Ergebnisse eines Krankenhauses als nicht auffällig oder aber als auffällig identifiziert, was wiederum einen *Strukturierten Dialog* nach sich ziehen kann.[195] Darüber hinaus gilt ein Krankenhaus als auffällig, sofern ein Sentinel-Event beobachtet wurde, also ein besonders schwerwiegendes Ereignis aufgetreten ist. Es gibt somit in der derzeitigen Qualitätssicherung und in der derzeitigen Form der Qualitätsmessung kein besser oder schlechter, sondern nur ein auffällig bzw. nicht auffällig. Innerhalb auffälliger oder nicht auffälliger Krankenhäuser findet keine weitere Differenzierung statt. Damit Qualität künftig verbessert statt nur gesichert werden kann, bedarf es der Neuentwicklung bzw. Anpassung von Qualitätsindikatoren. Die neuen Indikatoren müssen es vermögen, Krankenhäuser nach unzureichender, hervorragender und gewöhnlicher Qualität zu diskriminieren, damit Qualitätszuschläge bzw. -abschläge erhoben (bzw. nicht erhoben) werden können. Hierzu wurden in § 17b Abs. 1a Nr. 3 KHG durch das KHSG erstmalig die Begriffe *außerordentlich gute* sowie *unzureichende* Qualität gesetzlich eingeführt. Dieser Ansatz ist in der von einem Verständnis der Qualitätssicherung geprägten

---

193 Gemeinsamer Bundesausschuss 2017c, S. 1.
194 Das dargestellte Konzept von Ford ist streng genommen lediglich eine Qualitätskontrolle. Qualitätssicherung umfasst auch Aspekte der Qualitätsplanung, hat einen beginnenden Fokus auf Prozesse und umfasst darüber hinaus systematische Konzepte, um Qualitätsdefizite zu mindern. Für eine detaillierte Darstellung der Entwicklung des Qualitätswesens vgl. Hensen 2016, S. 31–36 sowie Schönig 2008, S. 292–293.
195 Vgl. Gemeinsamer Bundesausschuss 2016b, S. 12.

Systematik durchaus neu.[196] Entsprechend hat auch das IQTIG sein Verständnis von Qualitätssicherung im neuesten Methodenpapier grundlegend überarbeitet und definiert nun nicht nur die Erfüllung von Mindestanforderungen als Ziel der Qualitätssicherung, sondern auch das Anstoßen von Verbesserungsmaßnahmen zur Erreichung von bestmöglicher Qualität.[197] Dieser Ansatz bricht komplett mit dem bisher etablierten Verständnis von Qualitätssicherung.

Ferner problematisiert Klakow-Franck, dass die Qualitätsindikatoren derzeit tendenziell getrennt voneinander zu betrachten sind; die Qualität einer Fachabteilung lässt sich noch nicht bewerten bzw. messen, indem alle Indikatoren des entsprechenden Bereiches in einer Art Gesamtschau gewürdigt werden.[198] Qualität ist somit momentan (noch) nicht die Summe aller Qualitätsindikatoren. Einerseits mag der Status Quo systemtheoretisch überzeugen, denn ein System ist größer als die Summe seiner Einzelteile.[199] Andererseits ist Qualität ohnehin nicht mehr als ein theoretisches Konstrukt, weswegen die entsprechenden Bestrebungen seitens des G-BA, das Qualitätsverständnis in diese Richtung hin weiterzuentwickeln, begrüßt werden können. Die Bestrebungen zur Weiterentwicklung des Qualitätsverständnisses sind darüber hinaus folgerichtig, da die abschließende Bewertung der Leistung einer Abteilung als eine zweite hinreichende Bedingung für Vergütungszuschläge bzw. -abschläge sowie für Entscheidungen in der Landeskrankenhausplanung gesehen werden kann. Obgleich diese Vorhaben wünschenswert und überfällig erscheinen, wird es notwendig, die Anforderungen an das Gesundheitswesen noch stärker als bisher zu konsentieren. Selbst wenn ein solcher Konsens hergestellt sein sollte, bleiben die bekannten Herausforderungen bestehen, insbesondere hinsichtlich der Risikoadjustierung.

Darüber hinaus ist aus den genannten Gründen das derzeitig deutlich erkennbare Bestreben in Deutschland zu begrüßen, eine sektorenübergreifende Qualitätsberichterstattung zu etablieren. So begann bspw. bereits im Erfassungsjahr 2011 die Erprobung von Follow-Up-Erhebungen nach Entlassung aus dem Krankenhaus im Rahmen der QSKH-RL. Spätestens seit diesem Zeitpunkt ist ein Paradigmenwechsel hin zu einer sektorenübergreifenden Qualitätssicherung zu erkennen. So überarbeitete der Gesetzgeber im Rahmen des

---

196 Vgl. hierzu auch die Diskussion in IQTIG 2019.
197 Vgl. IQTIG 2019, S. 28.
198 Eine andere Ansicht wird bspw. von Obermöller und Gruhl 2018, S. 24–25 vertreten. Vgl. hierzu auch Kapitel 4.3.1.
199 Vgl. Aristoteles 2014, VII 10, 1041b.

Krankenhausstrukturgesetzes unlängst zahlreiche Bestimmungen zur Qualitätssicherung. In diesem Kontext ist der mit Wirkung vom 01.01.2016 neu eingefügte § 136d SGB V von besonderer Relevanz, durch den der G-BA beauftragt wird, Empfehlungen für eine sektorenübergreifende Qualitätssicherung zu erarbeiten. Es ist somit zu erwarten, dass künftig neben den bislang vorherrschenden kurzfristigen Indikatoren mit starker sektoraler Trennung zunehmend langfristige Ergebnisindikatoren entwickelt werden, für die dann eine sektorenübergreifende Erfassung erfolgt. Allerdings greift das Verständnis des G-BA von sektorenübergreifender Qualitätssicherung noch zu kurz: Auf der einen Seite ist es zwar erfreulich, dass Qualitätsdaten mithilfe patientenidentifizierender Merkmale im Rahmen der Qesü-RL zusammengeführt werden. Auf der anderen Seite sieht der G-BA den zentralen Gewinn der sektorenübergreifenden Qualitätssicherung darin, einen „Vergleich gleichartiger Leistungen sowie deren Ergebnisse über verschiedene Einrichtungen hinweg"[200] zu ermöglichen. Mit diesem Verständnis ist bestenfalls ein sektorenübergreifender Vergleich der verschiedenen Leistungserbringer (bspw. Vergleich der Qualität von stationär und ambulant durchgeführten Koronarangiographien) möglich. Nicht von diesem Verständnis gedeckt ist eine trägerübergreifende Messung der Ergebnisqualität entlang der Behandlungskette, welche auf der Basis von Krankheitsbildern (wie etwa Diabetes mellitus) beruht. Vorherrschend ist jedoch auch nach der Qesü-RL eine Orientierung an der Intervention (bspw. Perkutane Koronarintervention).

Somit kann, anders als es der Name vermuten lässt, die Weiterentwicklung der QSKH-RL als fortschrittlicher gewertet werden als die neuere Qesü-RL, denn in Ersterer werden langfristige Qualitätsergebnisse eines Leistungserbringers gemessen. Trotzdem ist anzunehmen, dass auch unter Berücksichtigung der Neuerung der bereits von Nightingale kritisierte Fokus auf unerwünschte Ereignisse und Prozeduren noch einige Zeit erhalten bleibt. So interessiert etwa beim Leistungsbereich Geburtshilfe die Sterblichkeit des Neugeborenen bei Risikogeburten durchaus, allerdings sind für die deutliche Mehrzahl der überlebenden Mütter und Neugeborenen primär andere Ergebnisparameter relevant. Insbesondere erhebt das International Consortium for Health Outcomes Measurement (ICHOM) auch Indikatoren, welche abschließend erst nach dem stationären Aufenthalt (bis zu sechs Monaten nach der Entbindung) und ggf. nur von den Betroffenen erhoben werden können (PROMs), bspw. eine postpartale Inkontinenz oder die Zufriedenheit mit dem Stillen.[201] In diese Richtung

---

200 Gemeinsamer Bundesausschuss 2013, S. 3.
201 Für das detaillierte Konzept vgl. ICHOM 2017.

sollte sich die deutsche Qualitätsberichterstattung weiterentwickeln. Es sollten Outcomes erhoben werden, welche indikationsbezogen, trägerübergreifend und langfristig gemessen werden, wobei der Fokus nicht nur auf unerwünschten Ereignissen liegt.[202]

Dass sich das Investment in die Weiterentwicklung der Versorgungsqualität (und damit deren Messverfahren) lohnen dürfte, steht außer Frage. Die Orientierung des Gesetzgebers hin zu mehr Wettbewerb im Gesundheitswesen durch Einführung eines fallpauschalierten Systems ist im Grundsatz zu begrüßen. Da in diesem System jedoch nicht medizinisch indizierte Mengenausweitungen für die Leistungserbringer lukrativ sind und Qualitätsaspekte im DRG-System im engeren Sinne fehlen, bedarf es zusätzlicher Maßnahmen zur Qualitätsverbesserung.[203] Die Ansätze des Gesetzgebers zur Induzierung eines Qualitätswettbewerbes durch die Steuerung informierter Patienten können weitestgehend als gescheitert gelten.[204]

Insgesamt sind im vergangenen Jahrzehnt durch gesetzgeberische Aktivitäten solche Maßnahmen auf Seiten der Krankenhausbetreiber angestoßen worden, die zu einer Ausweitung des Leistungsvolumens oder zu einer Effizienzsteigerung, ausgedrückt in einer Senkung der Verweildauer, geführt haben. Als Gegenentwicklung hierzu ist es nur folgerichtig, die Stellschraube der Qualität für die Krankenhausregulierung stärker in den Fokus zu rücken und das Qualitätsverständnis weg von einer Qualitätssicherung hin zu einer patientenzentrierten Qualitätsverbesserung weiterzuentwickeln. Dabei ist abzusehen, dass der Gesetzgeber neben der medizinischen Ergebnisqualität künftig auch Aspekte der Pflegequalität stärker in den Fokus rücken wird, um mit dem DRG-System verbundene Fehlanreize zu korrigieren.[205]

---

202 Vgl. hierzu auch die sog. Outcome-Hierarchie, dargestellt in Porter 2010b.
203 Vgl. hierzu bspw. auch Schlüchtermann 2016, S. 6–7.
204 Es liegen lediglich Hinweise vor, dass in Märkten mit hoher Wettbewerbskonzentration neuartige Techniken (bspw. OP-Roboter) frühzeitig angeschafft werden. Vgl. hierzu Kapitel 4.3.2.5.
205 Vgl. Leber 2018, S. 225.

4 Forschungsstand zu institutionellen Einflussgrößen auf die Outcomes in der perinatalen Versorgung

4.1 Konzeptioneller Rahmen

Halm et al. haben einen konzeptionellen Rahmen entwickelt,[206] der in leicht abgeänderter Form auch in dem wohl aktuellsten systematischen Review zu Volume-Outcome-Effekten Berücksichtigung findet.[207] Der konzeptionelle Rahmen aus letztgenanntem Review soll auch dieser Arbeit zugrunde gelegt werden:

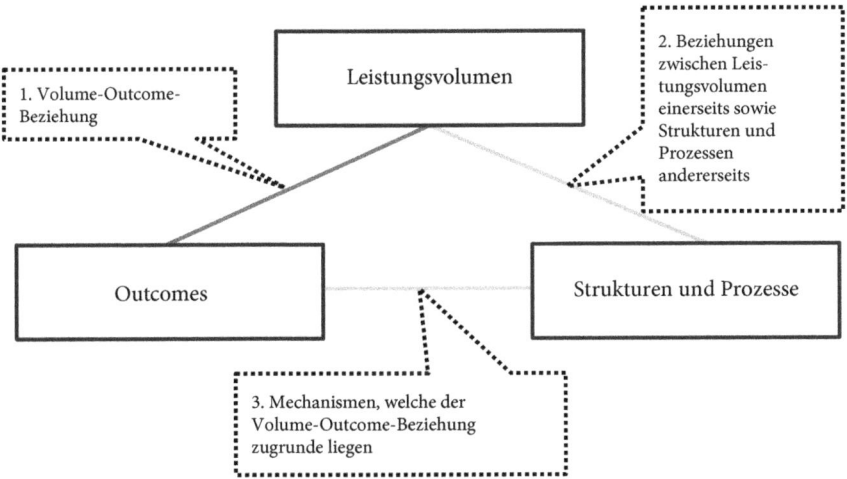

Abbildung 4: Konzeptioneller Rahmen. Eigene Abbildung in starker Anlehnung an Mesman et al. 2015, S. 1056.

Es wird erkennbar, dass drei Beziehungen bestehen, die sich wechselseitig bedingen:

1. Mit der Volume-Outcome-Beziehung wird beschrieben, inwiefern Krankenhäuser, Stationen und/oder einzelne Ärzte mit höherem Leistungsvolumen eine höhere Qualität erbringen.

---

206 Vgl. Halm et al. 2002.
207 Vgl. Mesman et al. 2015, S. 1056.

2. Darüber hinaus ist es fraglich, ob ein höheres Leistungsvolumen auch mit veränderten Strukturen und/oder Prozessen einhergeht.
3. Ferner könnten diese Strukturen und Prozesse ihrerseits wieder mit den Outcomes zusammenhängen.[208]

Somit könnte der fett gedruckte Teil des Dreiecks als direkte, der mager gedruckte Teil des Dreiecks als indirekte Volume-Outcome-Beziehung bezeichnet werden. Das Leistungsvolumen beeinflusst die Outcomes, allerdings über den Umweg der Strukturen und Prozesse. Darüber hinaus ist es ebenfalls wahrscheinlich, dass gewisse Strukturen oder Prozesse die Outcomes beeinflussen, jedoch nicht gesondert mit dem Leistungsvolumen korrelieren. Im Rahmen dieser Arbeit werden das Leistungsvolumen sowie Strukturen und Prozesse, welche in einem potenziellen Zusammenhang mit den Outcomes in der perinatalen Versorgung stehen, als institutionelle Einflussgrößen bezeichnet. Damit soll zum Ausdruck gebracht werden, dass diese auf Krankenhausebene zumindest langfristig beeinflussbar sind.[209]

Zur Erklärung des Volume-Outcome-Effekts werden üblicherweise zwei Ansätze herangezogen, welche konträre Erklärungsrichtungen aufweisen:[210]

1. **Übung macht den Meister (Practice-Makes-Perfect)**: Ärzte (und auch Krankenhäuser auf institutioneller Ebene) bilden effektivere Fähigkeiten aus, wenn sie eine größere Anzahl an Patienten behandeln; ein großes Leistungsvolumen zieht eine hohe Qualität nach sich.
Letztlich lässt sich diese Idee auf Adam Smith zurückführen, der die Vorzüge von Arbeitsteilung am Beispiel einer Stecknadelfabrik illustriert hat.[211] Auf Ebene des einzelnen Behandelnden ist ein Übungseffekt praktisch unumstritten und gerade bei operativen Prozeduren für zahlreiche Krankheitsbilder nachgewiesen.[212] Allerdings ist anzumerken, dass sich viele Untersuchungen zu Volume-Outcome-Effekten auf die Fallzahlen im gesamten Krankenhaus

---

208 Vgl. Donabedian 1966, S. 167–170 sowie Donabedian 2003, S. 46–57. Siehe hierzu auch Kapitel 2.2.
209 Insbesondere das Leistungsvolumen ist vom einzelnen Klinikum nur bedingt steuerbar. Neben dem bloßen Vorhandensein oder Fehlen von Schwangeren oder Neugeborenen versucht der Gesetzgeber mit einer nicht medizinisch indizierten Leistungsausweitung entgegenzuwirken, insb. durch den Fixkostendegressionsabschlag.
210 Nach Halm et al. 2002, S. 511.
211 Vgl. Smith und Recktenwald 2013, S. 9–16.
212 Vgl. Huckman und Zinner 2008, Archampong et al. 2012, Markar et al. 2012.

Konzeptioneller Rahmen

beschränken[213] und auch Mindestmengenregelungen in Deutschland zumindest im stationären Sektor stets institutionell greifen.[214] Dies ist bspw. angebracht, wenn die besonderen Anforderungen bei einer Behandlung in dem Können des ganzen Teams liegen, welches seine Leistung über einen längeren Zeitraum abrufen muss.[215] Auf institutioneller Ebene ist es jedoch weit weniger offensichtlich, weswegen nun genau das Behandlungsvolumen einen Einfluss auf die Ergebnisqualität haben sollte. Hier kommt vermutlich insbesondere die sog. Failure-to-rescue-Problematik zum Tragen, die sehr wesentlich durch die Strukturen des Krankenhauses bedingt wird:

In neueren Untersuchungen konnte gezeigt werden, dass Unterschiede in den Komplikationsraten bei komplexen Krankheitsbildern in Häusern mit verschiedenen Größenklassen bestehen, der Übungseffekt auf Ebene des Operateurs jedoch tendenziell überschätzt wird.[216] Wenn aber eine Komplikation erst einmal aufgetreten ist, unterscheiden sich die Mortalitätsraten zwischen Krankenhäusern mit niedrigem und hohem Leistungsvolumen erheblich. Wird eine bestimmte Leistung nur selten erbracht, ist die Wahrscheinlichkeit hoch, dass der diensthabende Arzt oder die diensthabende Pflegekraft auf den nachsorgenden Stationen die entsprechende Komplikation zum ersten Mal erkennen und behandeln muss. Darüber hinaus ist bei kleineren Krankenhäusern auf Intensivstationen oft kein ärztlicher Präsenzdienst vorhanden, weswegen dort auch schwerwiegende Komplikationen spät oder gar nicht erkannt werden.[217] Ggf. muss zur Differenzialdiagnostik eine apparative Ausstattung vor Ort vorhanden sein, die in kleinen Krankenhäusern mit einer höheren Wahrscheinlichkeit fehlt, weil die hierzu notwendigen Anschaffungs- und Vorhaltekosten einen entsprechenden Mindestumsatz erfordern. So haben bspw. über 32 % der nach Landesrecht geförderten Krankenhäuser keinen Computertomographen, der Anteil bei den kleinen Häusern ist

---

213 Vgl. beispielsweise die Auflistung bei Mesman et al. 2015, S. 1060–1063.
214 Vgl. Schlüchtermann 2016, S. 223–224.
  Im Rahmen von Zertifizierungen wird auch im stationären Sektor eine Mindestmenge in Bezug auf einzelne Ärzte durchgesetzt (bspw. bei Koloskopien). Allerdings sind solche Zertifizierungen nicht obligat. Ein Nicht-Erreichen der Mindestmenge führt lediglich zum Verlust des Zertifikats, nicht jedoch zum Leistungsausschluss.
215 Vgl. Urteil des Bundessozialgerichts vom 18.12.2012, Az. B 1 KR 34/12 R, Rn. 50.
216 Vgl. Ghaferi et al. 2011, Mansky und Nimptsch 2018, Krautz et al. 2018, Kofahl 2012, S. 76–79.
217 Vgl. ebd.

überproportional.[218] Somit besagt die Practice-Makes-Perfect-Hypothese, dass das Behandlungsvolumen sich mittels besserer Strukturen und Prozesse positiv auf das Ergebnis auswirkt.
2. **Selektive Zuweisungspraxis (Selective Referral)**: Bessere Ärzte und Krankenhäuser erhalten eine größere Anzahl an Patienten zugewiesen. Hohe Qualität führt zu einem größeren Leistungsvolumen.
So sprechen etwa die Ergebnisse von Tsai et al. dafür, dass viele Volume-Outcome-Effekte auf eine selektive Zuweisungspraxis zurückzuführen sind. Die Autoren merken an, dass v.a. Studien, bei denen die Risikoadjustierung auf administrativen Daten beruht, tendenziell dazu neigen, fälschlicherweise die Practice-Makes-Perfect-Hypothese zu stützen, wohingegen die beobachteten Effekte eher mit selektiven Zuweisungen erklärt werden können.[219]

Welche der beiden Theorien zutreffend ist, bleibt nach wie vor offen. Vermutlich sind beide Effekte wirksam. Hentschker und Mennicken weisen darauf hin, dass in vielen der vorherrschenden Studiendesigns implizit die Hypothese vertreten wird, dass das Leistungsvolumen kausal für den Outcome verantwortlich ist (Practice-Makes-Perfect-Hypothese), obwohl eine solche kausale Richtung nicht zwingend notwendig ist. Es wäre auch denkbar, dass ein besserer Outcome zu einem höheren Leistungsvolumen führt (Selective-Referral-Hypothese).[220] Der Umstand, dass die Wirkmechanismen von Volume-Outcome weiter unklar bleiben, wird in zahlreichen Studien kritisiert, Mesman et al. fassen prägnant zusammen: „after decades of research, only a few studies focus on the circumstances under which volume and outcome show a positive association as well as the underlying mechanisms."[221] Dieser Satz bezieht sich auf vergangene Dekaden, ist selbst mehrere Jahre alt und wird noch immer in den aktuellsten Studien zitiert.[222]

4.2 Direkte Volume-Outcome-Beziehung
4.2.1 Krankheitsbildübergreifende Befunde

Mittlerweile kann es wohl als sehr wahrscheinlich gelten, dass von einem Leistungserbringer (i. d. R. einem Arzt) oder in einem Krankenhaus mit hohem

---

218 Vgl. Statistisches Bundesamt 2018, S. 58–59.
219 Vgl. Tsai et al. 2006, S. 252.
220 Vgl. Hentschker und Mennicken 2014, S. 4.
221 Mesman et al. 2015, S. 1066.
222 Vgl. Kuntz et al. 2019, S. 4.

Leistungsvolumen bessere Outcomes erbracht werden als von Personen oder Häusern mit einem geringen Leistungsvolumen. Diese Aussage ist vermutlich für viele Krankheitsbilder gültig:

In mehreren systematischen Reviews fanden sich für zahlreiche Indikationen deutliche Hinweise darauf, dass Leistungsvolumen und Outcomes positiv miteinander korrelieren.[223] Studien, in denen der genannte Effekt nicht zu beobachten war, sind vorhanden, jedoch vergleichsweise selten.[224] Bei Hochrisikoeingriffen ist der Zusammenhang zwischen Volume und Outcome besonders stark ausgeprägt.[225] Als solche gelten insbesondere Ösophagektomien, Pankreasresektionen und chirurgische Behandlungen von Bauchaortenaneurysmen. Darüber hinaus ist der Volume-Outcome-Effekt auch bei der Behandlung von AIDS und in der Kinderkardiologie vergleichsweise deutlich nachzuweisen.[226]

Bei den genannten Reviews ist allerdings auffällig, dass die einbezogenen Studien fast ausschließlich auf US-amerikanischen Daten beruhen. So fußt der jüngste Review bspw. auf insgesamt 27 Arbeiten, wobei in 26 dieser Artikel auf Datenbanken aus den USA[227] und in einem Artikel auf Daten aus den Niederlanden[228] zurückgegriffen wird. Empirische Evidenz für den Volume-Outcome-Effekt gibt es unter Einhaltung der Einschlusskriterien für die systematischen Reviews somit primär für die USA. Dies ist in Anbetracht der Vergleichbarkeit des dortigen Leistungsniveaus mit dem hiesigen zunächst unschädlich. Jedoch haben zahlreiche dieser Studien aus den USA den Nachteil, dass sie auf bestimmte Patientengruppen beschränkt sind – im Regelfall werden Daten von Medicare-Patienten verwendet.[229] Es kann nicht ausgeschlossen werden, dass

---

223 Als wohl wichtigste Studien, in welchen der Volume-Outcome-Effekt krankheitsübergreifend bestätigt wird, sind Luft et al. 1979, Halm et al. 2002, Gandjour et al. 2003 sowie Mesman et al. 2015 zu nennen.
224 Beispielsweise beruht der aktuelle Review von Mesman et al. auf 27 verschiedenen Studien, von denen in 22 eine Volume-Outcome-Beziehung beschrieben wurde. Vgl. Mesman et al. 2015, S. 1058.
225 Vgl. Hollenbeck et al. 2007a, S. 2095.
226 Vgl. Halm et al. 2002, S. 514–516.
227 Vgl. Arkin et al. 2014; Joynt et al. 2013; Shaw et al. 2013; Chen et al. 2012; Freeman et al. 2012; Kurlansky et al. 2012; Chung et al. 2011; Auerbach et al. 2010a; Auerbach et al. 2010b; Bozic et al. 2010; Chung et al. 2010; Hickey et al. 2010; Mercado et al. 2010; Ross et al. 2010; Auerbach et al. 2009; Joseph et al. 2009; Park et al. 2009; Billingsley et al. 2008; Billingsley et al. 2007; Hollenbeck et al. 2007a; Hollenbeck et al. 2007b; Birkmeyer et al. 2006; Dickstein et al. 2006; Elting et al. 2005; Solomon et al. 2002; Thiemann et al. 1999.
228 Vgl. Vernooij et al. 2009.
229 Vgl. Hentschker und Mennicken 2015, S. 646.

hier ein gewisses Bias auftritt, weil Medicare-Patienten im Vergleich zur Grundgesamtheit evtl. spezielle Präferenzen hinsichtlich heimatnaher Versorgung aufweisen oder etwa eine andere Komorbiditätsrate besitzen.[230]

Geschehnisse im deutschen Gesundheitswesen fanden im genannten jüngsten systematischen Review keine Berücksichtigung.[231] Für die deutsche Krankenhausversorgung gibt es insgesamt vergleichsweise wenige empirische Studien. Erfreulicherweise scheinen sich jedoch in der neuesten Zeit positive Veränderungen anzubahnen:

So wurde im Jahre 2016 durch das RWI untersucht, inwiefern in hiesigen Krankenhäusern ein Volume-Outcome-Effekt bei Indikationen zu beobachten ist, für die eine gesetzliche Mindestmengen-Regelung besteht. Hierzu wurde auf administrative Daten (sog. § 21-Datensatz) der Jahre 2005–2007 zurückgegriffen und als zentraler Outcome die Krankenhaussterblichkeit berücksichtigt. Im Ergebnis können die bestehenden Mindestmengenregelungen und damit auch die Volume-Outcome-Beziehung in Deutschland zum Teil unterstützt werden. Bei komplexen Eingriffen am Pankreas, der Speiseröhre sowie bei der Knie-TEP ist der negative Zusammenhang zwischen Leistungsvolumen und Mortalität fast durchgängig nachweisbar. Bei Transplantationen (Leber, Niere und Stammzellen) sowie Koronararterien-Bypässen ist dieser Zusammenhang nicht festzustellen. Die Autoren weisen ferner darauf hin, dass die Kausalität der Volume-Outcome-Beziehung weiterhin fraglich bleibt.[232]

Unlängst wurde eine Beobachtungsstudie von Nimptsch und Mansky veröffentlicht, welche den Zusammenhang zwischen Mortalität und Krankenhausvolumen zum Gegenstand hatte. Als Datenbasis wurden die DRG-Statistiken der Jahre 2009 bis 2014 verwendet. Bei allen vier untersuchten elektiven kardiologischen und thorakalen Krankheitsbildern konnte ein solcher Effekt nachgewiesen werden, ferner bei drei von vier elektiv vaskulären Operationen sowie bei drei

---

230 Hinweise, die für diese Vermutung sprechen, finden sich bspw. bei Arkin et al. 2014, S. 144–146. Die Autoren haben herausgefunden, dass Selbstzahler gegenüber Medicare-Patienten ein um 54 % vermindertes Risiko aufweisen, an einem Aortenklappenersatz zu versterben.
231 Vgl. Mesman et al. 2015.
232 Vgl. Hentschker et al. 2016, S. 7–9. Auch eine neuere Untersuchung der Beratungsgesellschaft MedAdvisors kann als ein Hinweis gesehen werden, dass der Volume-Outcome-Effekt in Bezug auf die Krankenhausletalität in Deutschland vorhanden ist. Demnach weisen alle Uniklinika eine geringere Krankenhausletalität auf als in risikoadjustierten Modellen erwartet. Dies traf allerdings auch bei vielen Fachklinika zu (Vgl. Bartels 2016, S. 35), die naturgemäß ein hohes Leistungsvolumen aufweisen.

von fünf elektiv chirurgischen Eingriffen mit niedrigem Risiko des Versterbens. Auch bei vier von sechs Notfallindikationen wurde ein Volume-Outcome-Zusammenhang für deutsche Häuser festgestellt. Besonders bemerkenswert ist an dieser Studie die Erkenntnis, dass die Sterblichkeit in Krankenhäusern erhöht ist, wenn diese die Mindestmengenvorgaben nicht einhalten. Zugleich weist eine beteiligte Autorin darauf hin, dass ein vergleichsweise hoher Anteil an Menschen in Krankenhäusern versorgt wird, welche die Mindestmengenregelungen nicht einhalten.[233]

Zusammenfassend lässt sich feststellen, dass die Existenz der Volume-Outcome Beziehung zwar v.a. in den USA als hinreichend belegt gelten kann, in Deutschland jedoch nur vergleichsweise wenige Untersuchungen existieren, welche diese Beziehung thematisieren. Letztere haben oftmals Hochrisikoeingriffe zum Gegenstand und/oder verwenden die Mortalität als zentralen Outcome.[234]

4.2.2 Befunde in der Perinatalen Versorgung

Vorreiter in der Darstellung perinataler Volume-Outcome-Zusammenhänge waren abermals Forscher aus den USA. Auslöser der Untersuchungen war die Beobachtung, dass die Mortalitätsrate in der perinatalen Versorgung des Staates Kalifornien in den 1970er Jahren enorm gesunken war, wobei die Autoren dies auf eine Zunahme von Schnittentbindungen bei Frühgeborenen einerseits und auf die Etablierung von Intensivstationen für Neugeborene andererseits zurückführten.[235] Es folgten weitere Studien für New York City und den Staat Washington, die einen ähnlichen Effekt für sehr unreife Frühgeborene zeigen konnten, wenn sie in Perinatalzentren hohen Levels versorgt wurden, die naturgemäß ein höheres Leistungsvolumen aufweisen.[236]

Die Diskussion über einen Volume-Outcome-Zusammenhang im Bereich der deutschen neonatalen Versorgung ist insbesondere auf eine Studie von Heller et al. aus dem Jahre 2002 zurückzuführen. Als Datenbasis dieser Untersuchung wurde die Perinatalerhebung des Bundeslandes Hessen verwendet. Der Kern der Fragestellung bestand darin, ob ein Volume-Outcome-Effekt auch bei

---

233 Vgl. Nimptsch und Mansky 2017, S. 3–16 sowie Deutsches Ärzteblatt 2016.
234 Ein tiefergehender Überblick über den internationalen und deutschen Forschungsstand zur Volume-Outcome-Beziehung findet sich bspw. bei Hentschker et al. 2016, S. 23–32.
235 Vgl. Williams und Chen 1982.
236 Vgl. Paneth et al. 1987 sowie Powell et al. 1995.

Geburten mit vergleichsweise niedrigem Risikoprofil festgestellt werden kann und daraus abgeleitet eine noch stärkere Regionalisierung des perinatalen Leistungsgeschehens insgesamt erfolgen sollte. In der Tat waren risikoadjustierte Mortalitätsraten in kleinen Krankenhäusern (unter 500 Geburten p.a.) mehr als dreimal höher als in vergleichsweise großen Klinika mit über 1.500 Geburten pro Jahr (Odds-Ratio: 3,48).[237] Zeitweise fand die genannte Studie von Heller et al. auch internationale Berücksichtigung. So wurde bspw. von Phibbs diskutiert, inwiefern auch eine Zentralisierung von Geburten ohne besonderes Risikoprofil erfolgen sollte.[238] In der darauffolgenden Zeit verschob sich der Fokus des Interesses jedoch erneut auf die Mortalität als Outcome einerseits und die Betrachtung von risikobehafteten Geburten (insb. sehr kleine Neugeborene mit einem Geburtsgewicht von unter 1.500 Gramm (VLBWI)) als Untersuchungsgegenstand andererseits.

Poets et al. zeigten in ihrer Übersichtsarbeit aus dem Jahre 2004 anhand von Studien aus verschiedenen Ländern, dass auch bei regulären Reifgeborenen ein erhöhtes Mortalitätsrisiko bei einem Behandlungsvolumen von unter 500 Geburten p.a. (zwei- bis dreifach erhöht) sowie unter 1.000 Geburten pro Jahr (Erhöhung der Mortalität um 40 bis 80 %) besteht. Für Frühgeborene wurde die Vermutung, dass Behandlungsvolumen und Mortalität zusammenhängen, ebenfalls gestützt. Schließlich forderten die Autoren, dass Entbindungen nur noch in Krankenhäusern mit über 1.000 Geburten erfolgen sollten und VLBWI nur noch in Perinatalzentren mit mindestens 36 bis 50 entsprechenden Fällen p.a. behandelt werden sollten.[239] Die Aussagen der Studie wurden im Folgejahr mit einer Studie von Bartels et al. gestützt, in der eine höhere Mortalität von VLBWI in kleineren Einrichtungen unter 36 VLBWI-Behandlungen p.a. und mit Ausnahme des Atemnotsyndroms auch eine erhöhte schwere Morbidität (schwere Hirnblutungen, Periventrikuläre Leukomalazie) gezeigt werden konnte.[240]

Ebenfalls von Bartels et al. wurde im Jahre 2006 eine Studie für das Bundesland Niedersachsen publiziert, welche ebensolche Volume-Outcome-Effekte zum Thema hatte. Stratifiziert nach dem Gestationsalter wurde ein signifikanter Zusammenhang zwischen den Mortalitätsraten und der Größe der NICU sowie der Geburtenanzahl des Krankenhauses insgesamt festgestellt. Die Autoren verwendeten Daten der Qualitätssicherung des Bundeslandes Niedersachsen und definierten

---

237 Vgl. Heller et al. 2002.
238 Vgl. Phibbs 2002.
239 Vgl. Poets et al. 2004.
240 Vgl. Bartels et al. 2005.

eine NICU mit einem Behandlungsvolumen von unter 36 sehr unreifen Frühgeborenen (VLBWI) als kleine Einrichtung.[241] Eine Mindestanzahl von 36 VLBWI p.a. wurde in zahlreichen Positionspapieren, insb. von Patientenvertretern, aufgegriffen, als der G-BA über Mindestmengen in der Neonatologie diskutierte.[242]

Ebenfalls im Jahr 2007 wurde von Hummler et al. eine ähnliche Untersuchung für das Bundesland Baden-Württemberg auf Basis der dortigen Perinatalerhebung durchgeführt. Die Autoren forderten eine stärkere Zentralisierung der Versorgung sehr unreifer Frühgeborener in Baden-Württemberg, da sie eine signifikant erhöhte Mortalität und Morbidität (bezogen auf höhergradige Hirnblutungen und Periventrikuläre Leukomalazie) außerhalb der fünf größten Perinatalzentren des Bundeslandes feststellen konnten. Es wurde ebenfalls für eine Mindestmenge von mindestens 36 VLBWI pro Jahr plädiert.[243]

Einen besonderen Meilenstein dürfte eine Studie aus dem Jahre 2007 darstellen, in welcher erstmalig für Gesamtdeutschland Volume-Outcome-Effekte mit Routinedaten untersucht wurden. Nachgewiesen werden konnte eine erhöhte Mortalität bei der Behandlung von VLBWI in kleineren Einrichtungen, unabhängig vom genaueren Zuschnitt des Quantils.[244] Eine ähnliche Untersuchung wurde unter Verwendung von Daten aus NRW publiziert, hier konnte eine höhere Mortalität in Einrichtungen mit einem Behandlungsvolumen von unter 50 VPTI gezeigt werden.[245] Phibbs konnte ebenfalls im Jahre 2007 sogar einen Volume-Outcome-Effekt auf die Mortalität oberhalb einer Schwelle von 100 VLBWI p.a. zeigen.[246] Im gleichen Jahr wurde von Obladen ein Literaturbericht über Mindestmengen in der Versorgung von VLBWI veröffentlicht. Der Autor bezeichnet das Erreichen einer Mindestmenge hierin als eine notwendige Voraussetzung für gute Ergebnisse (bezogen auf die Vermeidung von Mortalität und Hirnblutungen) bei VLBWI und plädiert für die Einführung einer Mindestmenge zwischen 35 und 50 entsprechenden Fällen p.a. Gleichzeitig weist er daraufhin, dass es sich nicht um einen rein linearen Trend handelt, denn es liegen aus einigen Studien Hinweise darauf vor, dass sich die Ergebnisse verschlechtern, wenn das Klinikum ein zu großes Behandlungsvolumen besitzt.[247]

---

241 Vgl. Bartels et al. 2006.
242 Vgl. hierzu auch Kapitel 4.2.3.
243 Vgl. Hummler et al. 2006.
244 Die Vorarbeiten sind unter Heller 2005 zu finden, die finale Arbeit ist erschienen unter Heller et al. 2007.
245 Vgl. Teig et al. 2007.
246 Vgl. Phibbs et al. 2007.
247 Vgl. Obladen 2007.

Insbesondere die genannten Publikationen veranlassten den G-BA, die Einführung einer Mindestmenge zu der Behandlung von sehr kleinen Frühgeborenen zu prüfen. Es wurde das IQWiG beauftragt, einen Bericht zur „Beschreibung des Zusammenhangs zwischen der Zahl der behandelten Früh- und Neugeborenen mit sehr geringem Geburtsgewicht und der Ergebnisqualität"[248] vorzulegen. Auch in diesem Gutachten wurden nach Analyse von zwölf Veröffentlichungen deutliche Hinweise zugunsten einer geringeren Mortalität gesehen, obgleich die Autoren auch darauf hinweisen, dass sich kein einheitliches Bild zeige und eine abschließende Beurteilung im Bereich der Morbidität ebenso wenig erfolgen kann wie die Ermittlung eines validen Schwellenwertes, unterhalb dessen Krankenhäusern eine Versorgung von Frühgeborenen untersagt werden sollte.[249]

Chung et al. untersuchten im Jahre 2010, inwiefern das Level des Perinatalzentrums und das Behandlungsvolumen bei der Versorgung von VLBWI im Bundesstaat Kalifornien Einflussgrößen auf die Mortalität sind. Anlass waren Zentralisierungen des perinatalen Leistungsgeschehens, die zuvor stattgefunden hatten. Als wichtigste Erkenntnis stellten sie fest, dass das Behandlungsvolumen ein besserer Prädiktor ist als das Level des Zentrums: Krankenhäuser unter einem Behandlungsvolumen von 100 sehr kleinen Frühgeborenen p.a. zeigen signifikant erhöhte Mortalitätsraten, wohingegen der Effekt hinsichtlich des Levels der Klinik zwar monoton im Sinne eines Volume-Outcome-Effekts, jedoch nicht signifikant ausfällt.[250] Trotter et al. konnten dieses Ergebnis für das Land Baden-Württemberg und die Erfassungsjahre 2004 bis 2008 in einer im Jahre 2010 erschienenen Studie nur zum Teil bestätigen. Sie fanden einen Volume-Outcome-Effekt bei Frühgeborenen mit einem Geburtsgewicht von unter 750 Gramm oder einem Gestationsalter >= 26 p.m., nicht jedoch bei Frühgeborenen mit höherem Gewicht oder Gestationsalter.[251] Im gleichen Jahr konnten Wright et al. mit amerikanischen Daten zeigen, dass bei peripartalen Hysterektomien die Mortalität in High Volume Krankenhäusern signifikant vermindert ist.[252]

Im Jahre 2012 publizierten Kutschmann et al. eine Studie zur Versorgung von VLBWI, beruhend auf Angaben aus der externen stationären Qualitätssicherung. Sie konnten hierfür auf Daten auf Patientenebene aus zahlreichen

---

248 Institut für Qualität und Wirtschaftlichkeit im Gesundheitswesen 2008, S. 1.
249 Vgl. ebd.
250 Vgl. Chung et al. 2010.
251 Vgl. Trotter und Pohlandt 2010.
252 Vgl. Wright et al. 2010.

Bundesländern zugreifen. Auch in dieser Studie zeigte sich eine erhöhte Mortalität in Häusern mit einem Behandlungsvolumen von unter 30 Fällen pro Jahr. Allerdings vertreten die Autoren die Ansicht, dass daraus gerade nicht abgeleitet werden könne, dass die Politik über das Leistungsvolumen steuernd in das Versorgungsgeschehen eingreifen sollte, weil die Varianz innerhalb der verschiedenen Größenklassen zu groß sei und es einer Mindestmenge daher an einer ausreichenden Diskriminationsfähigkeit fehle.[253]

Daneben ist im Jahre 2012 von Kyser et al. eine auf US-amerikanischen Daten basierende Studie erschienen, in welcher der Zusammenhang zwischen maternalen Komplikationen (Hämorrhagien, Infektionen, Operationen, Thrombosen, Mortalität, Dammrissen) bei Geburten mit niedrigem Risikoprofil und dem Leistungsvolumen thematisiert wurde. Unabhängig vom Geburtsmodus waren im kleinsten Quartil die Komplikationsraten erhöht.[254]

Pyykönen et al. untersuchten im Jahre 2013 ebenfalls die maternale Morbidität anhand finnischer Daten mit dem Fokus auf anale Sphinkterrupturen. Zwar zeigte sich eine signifikante Erhöhung der entsprechenden Ereignisraten in kleinen Einrichtungen im Vergleich zu mittelgroßen Häusern, jedoch schnitten die Krankenhäuser der größten Größenklasse noch schlechter in Bezug auf diesen Outcome ab.[255]

In einer Studie aus dem Jahre 2014 unter Federführung des gleichen Hauptautors wurde die Mortalität und Morbidität von Reifgeborenen untersucht. Erstere war in der kleinsten Größenklasse signifikant erhöht. Dort waren allerdings auch drei der vier untersuchten Parameter der Morbidität (Hospitalisierung nach sieben Tagen, Übertragung, Beatmung) signifikant erniedrigt, wohingegen die größten Häuser bei einem anderen Parameter der Morbidität (Duchenne-Erb-Lähmung) signifikant besser abschnitten.[256]

Esser et al. veröffentlichten im Jahre 2014 eine Auswertung von Daten der bayerischen Qualitätssicherung im Bereich Neonatologie aus den Jahren 2000 bis 2011 und argumentierten dabei ähnlich wie die letztgenannten Autoren. Abermals bestand die Fragestellung darin, inwiefern das Leistungsvolumen ein signifikanter Schätzer bei der Behandlung von VLBWI ist. Tatsächlich zeigte sich die dichotome Variable, ob ein Krankenhaus die zu dieser Zeit viel diskutierte

---

253 Vgl. Kutschmann et al. 2012. Für eine Diskussion zu Mindestmengen vgl. Kapitel 4.2.3.
254 Vgl. Kyser et al. 2012. In dieser Studie zeigte sich auch in manchen Konstellationen ein besseres Abschneiden von mittelgroßen Häusern.
255 Vgl. Pyykönen et al. 2013.
256 Vgl. Pyykönen et al. 2014.

Mindestmenge von 30 erfüllte (was bei 60,9 % der VLBWI nicht der Fall war), als einziger signifikanter Schätzer des Überlebens. Dennoch raten die Autoren von Bestrebungen zur Einführung einer Mindestmenge ab, weil dieser Zusammenhang nur bei Patienten mit ungünstigem Risikoprofil beobachtet werden konnte und die Leistungserbringer eine hohe Heterogenität in der Mortalität aufgewiesen haben, die allein mit dem Leistungsvolumen nicht zufriedenstellend erklärt werden konnte.[257]

Demgegenüber steht eine kanadische Studie von Shah et al. aus dem darauffolgenden Jahr 2015. Untersucht wurden Outcome-Daten (Mortalität und schwere Morbidität) von VLBWI in kanadischen NICUs. Entgegen der bisherigen Studienlage stellten sich die Daten dergestalt dar, dass die Outcomes in größeren Krankenhäusern schlechter ausfallen, wenn sie mit NICUs mit einer Größe von unter 16 Betten verglichen werden. Gleiches konnte gezeigt werden für eine intensivere risikoadjustierte Nutzung der Ressourcen der Einheit (gemessen über einen Fragebogen). Die Autoren mutmaßen, dass in kleineren Einrichtungen durch die geringere Anzahl an Mitarbeitern die Behandlungsmethoden weniger stark variieren, Veränderungen schneller umgesetzt werden können und Neonatologen mehr Präsenz am einzelnen Patienten zeigen können.[258]

Als relevante und vergleichsweise aktuelle internationale Studie ist die Untersuchung von Jensen et al. aus dem gleichen Jahr 2015 zu nennen. Es konnte dargestellt werden, dass bei der Versorgung von VLBWI das Leistungsvolumen einen größeren Einfluss auf die Outcomes (Hirnblutungen, Mortalität und nekrotisierende Enterokolitiden) hat als das Level der NICU, obgleich sich für beide Einflussparameter signifikante Effekte im Sinne eines klassischen Effektes (je größer desto besser) zeigen ließen.[259] Damit sind die Studienergebnisse im Wesentlichen im Einklang mit denen der o.g. Studie von Chung et al. aus dem Jahre 2010.

Im Jahre 2015 wurde auch eine der seltenen Studien zur maternalen Morbidität veröffentlicht. Basierend auf dänischen Daten wurde der ungewöhnliche Ansatz verfolgt, die Anzahl der Schadensersatzansprüche nach Geburten in Abhängigkeit von der Klinikgröße darzustellen. Tatsächlich war der Anteil an berechtigten Schadensersatzansprüchen und solchen bei tödlichen Ausgängen bei den größten Leistungserbringern signifikant niedriger.[260]

---

257 Vgl. Esser et al. 2014.
258 Vgl. Shah et al. 2015.
259 Vgl. Jensen und Lorch 2015.
260 Vgl. Milland et al. 2015.

Im Jahre 2016 publizierten Rochow et al. eine Studie, in welcher sie den Ansatz, das Leistungsgeschehen im Bereich der VLBWI-Versorgung über das Leistungsvolumen zu steuern, grundsätzlich kritisierten. Damit widersprechen sie auch den Ergebnissen der Studien von Jensen et al. sowie Chung et al. und argumentieren ähnlich wie Kutschmann et al. Sie weisen auf Studien mit einem inversen Volume-Outcome-Effekt hin (Qualität fällt bei niedrigem Leistungsvolumen am besten aus) und auf den Umstand, dass der Outcome in vielen Studien innerhalb bestimmter Volume-Gruppen eine starke Varianz aufweist. Sie plädieren auch aufgrund der eigenen, auf Daten aus Vermont beruhenden Erhebung, für die Steuerung des Leistungsgeschehens mittels Qualitätsindikatoren, insbesondere mittels HSMR einzelner Häuser. Diese Steuerung sei gerechter als eine Mindestmenge, weil Letztere auf den Mortalitätsraten eines ganzen Krankenhauskollektivs beruhe, innerhalb dessen sich auch Häuser mit sehr guten Qualitätsergebnissen befinden (können).[261]

Ebenfalls im Jahre 2016 publizierten Friedmann et al. eine Studie zur Müttersterblichkeit und schwerer mütterlicher Morbidität in Abhängigkeit von der Krankenhausgröße. Die Autoren sprachen hier explizit von einer Failure-to-Rescue-Problematik.[262] Kleinere Krankenhäuser weisen eine geringere maternale Mortalität im Vergleich mit Krankenhäusern mittlerer Größe auf, darüber hinaus war die Mortalität in großen Krankenhäusern erhöht. Nur letzteres Ergebnis stellte sich signifikant dar. Es zeigte sich hingegen eine erhöhte Morbidität in Low-Volume-Häusern, v.a. im Bereich von primären postpartalen Hämorrhagien, welche die Autoren auf weniger ausgeprägte Konzepte der kleineren Krankenhäuser zur Erkennung und Behandlung dieser Komplikation zurückführten.[263] Kurz zuvor waren Studien mit anderen primären Fragestellungen erschienen, bei denen sich jedoch in den Risikoadjustierungsmodellen signifikante Einflüsse des Behandlungsvolumens auf die mütterliche Morbidität zeigten. Hier schnitten Häuser der größten Größenklasse signifikant besser ab als kleinere Häuser.[264]

Im Jahre 2018 legte erneut Heller eine Studie zu Volume-Outcome-Zusammenhängen in der deutschen Versorgung von Neonaten vor. Untersucht wurde die Mortalität von VLBWI anhand von Daten der Website *perinatalzentren.org* sowie von Routinedaten. In der Studie kann erneut ein Hinweis darauf gesehen

---

261 Vgl. Rochow et al. 2016.
262 Vgl. hierzu auch Kapitel 4.1.
263 Vgl. Friedman et al. 2016.
264 Vgl. Howell et al. 2016 sowie Lyndon et al. 2015.

werden, dass bei der Versorgung von VLBWI in Perinatalzentren Volume-Outcome-Effekte in Bezug auf die Mortalität greifen. Gleichwohl sind keine monotonen Zusammenhänge erkennbar und die Daten der Website *perinatalzentren.org* erscheinen tendenziell zu hoch aggregiert. Ferner kann das Verlegungsgeschehen nicht abgebildet werden. Auch fallen die beobachteten Effektstärken im Vergleich zu vorhergehenden Studien deutlich geringer aus, was der Autor auch darauf zurückführt, dass sich die Sterblichkeit der VLBWI zwischen den Jahren 2006 und 2018 nahezu halbiert hat. Daher ist anzunehmen, dass der Morbidität neben der Mortalität künftig eine stärkere Bedeutung zugemessen werden wird.[265] Hentschel et al. untersuchten im Jahr 2018 ebenfalls die Mortalität von VLBWI in Baden-Württemberg innerhalb von NICUs in Abhängigkeit vom Leistungsvolumen. Für NICUs mit einem Behandlungsvolumen von unter 50 VLBWI p.a. konnte eine signifikant erhöhte Mortalität gezeigt werden, die sich jedoch nicht konsistent in allen Schweregradgruppen zeigte.[266]

In einer Analyse von Einzelfällen einer Stichprobe mit überwiegend Reifgeborenen aus norwegischen Kliniken konnte eine signifikante Häufung von Todesfällen in Geburtskliniken mit unter 1.000 und unter 2.000 Fällen p.a. gezeigt werden.[267] In einer sehr aktuellen Studie zur maternalen Morbidität (Hämorrhagien und Transfusionen) aus den USA zeigten sich keine Unterschiede zwischen Häusern verschiedenen Leistungsvolumens.[268]

Im Jahr 2019 ist eine Arbeit von Schmitt et al. publiziert worden, die aus einem systematischen Review von Volume-Outcome-Effekten einerseits und aus einer Untersuchung von Volume-Outcome-Effekten im perinatalen Leistungsgeschehen des Bundeslandes Sachsen andererseits besteht. Im systematischen Review stellten die Autoren fest, dass zur maternalen Mortalität lediglich eine Studie vorliegt, die auf einen inversen Volume-Outcome-Effekt schließen lässt.[269] Hinsichtlich der Mortalität unterschieden die Autoren in Totgeburten (intra- und antepartum), perinatale Mortalität (22. SSW bis erste sieben Lebenstage), frühe neonatale Mortalität (innerhalb der ersten sieben Lebenstage) und neonatale Mortalität (innerhalb der ersten 28 Lebenstage). Die Studienlage zur frühen neonatalen Mortalität bewerten die Autoren dahingehend, dass kleinere

---

265 Vgl. Heller 2018.
266 Vgl. Hentschel et al. 2018.
267 Vgl. Johansen et al. 2018. Die Studie steht damit im Einklang mit vorherigen Ergebnissen mit ähnlicher Fragestellung, vgl. Johansen und Øian 2011.
268 Vgl. Merriam et al. 2018.
269 Vgl. hierzu auch die Ausführungen zur Studie von Schmitt et al. 2019 im Rahmen dieses Kapitels.

Krankenhäuser schlechter abschneiden und vermutlich auch ein Volume-Outcome-Effekt über alle Größenklassen besteht. Hinsichtlich der anderen Parameter der neonatalen Ergebnisqualität sei die Studienlage weit weniger eindeutig, im Bereich der neonatalen Mortalität ist eher die Tendenz zu einem Volume-Outcome-Effekt festzustellen. Zum Teil weisen die publizierten Studien auch erhebliche Mängel auf (insbesondere fehlende oder unzureichende Risikoadjustierung), welche die Interpretation der Ergebnisse erschweren.[270] Im Studienteil der Arbeit konnten die Autoren zunächst eine erhöhte Mortalität in großen Kliniken bei Reifgeborenen feststellen, was als Ausdruck einer funktionierenden Risikoselektion interpretiert wurde. Zudem zeigte sich für bestimmte Patientengruppen bei den langfristigen Outcomes ein geringerer Hospitalisierungsgrad nach dem ersten Lebensjahr, wenn die Kinder in einem großen Krankenhaus geboren wurden.[271]

In Tabelle 1 ist die bisherige Studienlage dargestellt, wobei nach den jeweiligen Outcomes differenziert wurde. Zusammenfassend können die Zusammenhänge zwischen Leistungsvolumen und Outcomes im Bereich der Neonatologie als ein Feld betrachtet werden, zu dem zahlreiche Arbeiten publiziert wurden, die in ihrer Gesamtheit einen Volume-Outcome-Effekt eher stützen. Die meisten Arbeiten verwenden die Mortalität von VLBWI (seltener von ELBWI) als zentralen Outcome und kommen zum Ergebnis, dass dieser mit dem Leistungsvolumen negativ korreliert, obgleich einige wenige Studien Gegenteiliges nahelegen. Was aus einer solchen Studienlage für den Bereich Neonatologie zu folgern ist, ist eine Frage, die ohne gewisse normative Annahmen nicht beantwortet werden kann. Die meisten Autoren ziehen den Schluss, dass der Gesetzgeber steuernd über Mindestmengen in das Leistungsgeschehen eingreifen sollte. Andere Autoren weisen darauf hin, dass sich innerhalb von Krankenhaus-Gruppen mit signifikant erhöhter Mortalität immer auch Häuser mit hervorragender Ergebnisqualität in Form von gar keinen Todesfällen befinden, die wegen ihrer Qualität nicht aufgrund einer Mindestmenge vom Leistungsgeschehen ausgeschlossen werden sollten.

Da die Mortalitätsrate bei Frühgeborenen in allen Industrienationen abgenommen hat und selbst in der Gruppe der Frühgeborenen mit einem Geburtsgewicht von unter 500 Gramm mittlerweile die Mehrzahl überlebt, scheint eine alleinige Betrachtung der Mortalität nicht mehr ausreichend.[272] Studien, die

---

270 Vgl. Schmitt et al. 2019, S. 105–113.
271 Vgl. Schmitt et al. 2019, S. 113–129.
272 Zur Entwicklung der Mortalitätsraten vgl. bspw. Battin et al. 2012.

neben der Mortalität des Kindes auch die Morbidität von sehr kleinen oder extrem kleinen Frühgeborenen berücksichtigen, sind bis zum Jahre 2019 vergleichsweise selten publiziert worden. Die Studienlage bei den wenigen publizierten Arbeiten ist hier überwiegend konsistent zugunsten eines Volume-Outcome-Effekts, obgleich in der kanadischen Arbeit von Shah et al. ein inverser Effekt zulasten größerer Einrichtungen beschrieben wurde und auch in der Arbeit von Bartels derartige paradoxe Effekte in Bezug auf das Atemnotsyndrom berichtet wurden.[273]

Kaum bearbeitet ist die Frage, ob ein Volume-Outcome-Effekt in Bezug auf die Morbidität existiert, wenn bei der Geburt kein besonderes Risiko vorliegt (insb. bei Reifgeborenen).[274] Die vorliegenden Studien für die Morbidität von Reifgeborenen sind entweder theoretischer Natur oder zeigen kein klares Bild.

Die Mortalität von Reifgeborenen wurde ebenfalls vergleichsweise selten untersucht. In den wenigen Studien konnte jedoch ein erhöhtes Risiko in kleineren Einrichtungen gezeigt werden. Die Studienlage ist hier eindeutiger als im Bereich der Morbidität.

Ebenfalls sind vergleichsweise wenige Studien zu maternalen Outcomes vorhanden und die Ergebnisse sind schwer vergleichbar, weil international nicht konsentiert ist, welche Outcomes herangezogen werden sollten. Es zeichnet sich jedoch ab, dass neben der Mortalität v.a. schwere Dammrisse und postpartale Hämorrhagien als zentrale Outcomes verwendet werden und eher von einem Volume-Outcome-Effekt ausgegangen werden kann.

---

273 Vgl. Shah et al. 2015 sowie Bartels et al. 2005.
274 Bereits vor mehr als zehn Jahren wurde der Forschungsstand ähnlich zusammengefasst, vgl. Finnström et al. 2006, S. 6.

Tabelle 1: Bewertung der Studienlage zu Volume-Outcome-Effekten in der perinatalen Versorgung in Abhängigkeit vom jeweiligen Outcome.

Outcome	Studien	Einschätzung der Evidenz
Maternal: Mortalität & Morbidität	Wright et al. 2010, Johansen et al. 2013, Lyndon et al. 2015, Milland et al. 2015, Friedmann et al. 2016, Howell et al. 2016, Merriam et al. 2018	Insg. sehr wenige Studien veröffentlicht, Studienlage insgesamt zugunsten eines Volume-Outcome-Effekts
Reifgeborene: Mortalität	Paneth et al. 1987, Heller et al. 2002, Phibbs 2002 (theoretische Arbeit), Poets et al. 2004, Johansen et al. 2011, Pyykönen et al. 2014, Johansen et al. 2018	Spärliche Studienlage, jedoch deutliche Hinweise auf Volume-Outcome-Effekt
Reifgeborene: Morbidität	Phibbs 2002 (theoretische Arbeit), Pyykönen et al. 2014, Schmitt et al. 2019	Kaum empirische Evidenz, Ergebnisse z.T. widersprüchlich, jedoch eher Hinweis auf Volume-Outcome-Effekt
VLBWI/ ELBWI: Mortalität	Paneth et al. 1987, Powell et al. 1995, Poets et al. 2004, Bartels et al. 2005, Bartels et al. 2006, Hummler et al. 2006, Heller 2007, Teig et al. 2007, Phibbs 2007, Obladen 2007, IQWiG 2008, Chung et al. 2010, Trotter et al. 2010, Kutschmann et al. 2012, Esser et al. 2014, Jensen et al. 2015, Shah et al. 2015, Rochow et al. 2016, Heller et al. 2018, Hentschel et al. 2018	Studienlage weitestgehend konsistent zugunsten eines Volume-Outcome-Effekts, jedoch auch erhebliche Varianz innerhalb von Größenklassen
VLBWI/ ELBWI: Morbidität	Bartels 2005, Hummler et al. 2007, Obladen 2007, Jensen et al. 2015, Shah et al. 2015	Morbidität ist im Vergleich zur Mortalität weitaus weniger untersucht. Mit Ausnahme der Studie von Shah et al. wird die Annahme eines Volume-Outcome-Effekts gestützt

In der o.g. Tabelle zeigt sich auch, dass im Design der aktuellen Studien eine Gruppe weitestgehend unberücksichtigt bleibt: Frühgeborene, die nur knapp vor dem Geburtstermin zur Welt kommen. Sanghera et al. definieren in diesem Kontext Neugeborene mit einem Gestationsalter von 32 bis 33 Wochen als moderate und mit einem Gestationsalter von 34 bis 36 Wochen als späte Frühgeborene. Da diese Patientengruppe ebenfalls potenziell vulnerabel ist (besonders im Vergleich zu Reifgeborenen), sollten anschließende Studien diese Gruppe thematisieren und etwaige Volume-Outcome-Effekte untersuchen.[275]

---

275 Vgl. Sanghera und Boyle 2019.

Obgleich sich die Studienlage zu Volume-Outcome-Effekten im Bereich der Geburtshilfe nicht vollständig konsistent darstellt und ein eindeutiger Zusammenhang zwischen Leistungsmenge und Qualität nicht in Gänze abzuleiten ist, kann nach einer Sichtung der wichtigsten Studien insgesamt von einem förderlichen Einfluss des Leistungsvolumens ausgegangen werden. Darüber hinaus zeigt ein Vergleich des deutschen Leistungsgeschehens mit dem anderer Länder mit einem höheren Grad an Spezialisierung, dass diese Länder bessere Ergebnisse als Deutschland erzielen. So liegt die Rate an neonatalen Todesfällen in Deutschland bei 2,1 Todesfällen pro 1.000 Lebendgeborenen, wohingegen die Flächenländer Schweden und Finnland mit einem höheren Grad an Spezialisierung deutlich bessere Raten erzielen (1,6 bzw. 1,2). Könnte die finnische Säuglingssterblichkeit auch in Deutschland realisiert werden, hätten sich allein im Jahre 2017 insgesamt 814 Todesfälle vermeiden lassen.[276] Würden schwedische Krankenhausstrukturen in Deutschland umgesetzt, verblieben von den aktuell über 700 Kliniken mit geburtshilflicher Tätigkeit noch etwa 250 Häuser.[277] Darüber hinaus spricht auch die historische Betrachtung für einen Volume-Outcome-Effekt im Bereich der neonatalen Mortalität. Wurden in Ländern Zentralisierungsbestrebungen unternommen, verminderte dies die Säuglingssterblichkeit.[278]

4.2.3 Volume-Outcome, Morbidität und Failure-to-Rescue

In vielen Studien zu Volume-Outcome-Effekten rückt die Morbidität in den Mittelpunkt der Betrachtung, insbesondere im Leistungsbereich Neonatologie. Bei der Auswertung und Interpretation der Ergebnisse sollte die neonatale Morbidität allerdings immer zusammen mit der Mortalität betrachtet werden. Darüber hinaus greift eine vollständig analoge Interpretation von Morbidität und Mortalität zu kurz. Dies ergibt sich aus Überlegungen zur Failure-to-Rescue-Problematik:

---

276 Vgl. Vetter und Malzahn 2019, S. 133–134.
277 Vgl. Rossi et al. 2018, S. 75 sowie Statistisches Bundesamt 2016, S. 100. Darüber hinaus unterscheidet sich neben der Mortalitätsrate auch die Morbiditätsrate signifikant und erheblich zwischen den einzelnen europäischen Regionen. Vgl. hierzu bspw. Edstedt Bonamy et al. 2019.
278 Vgl. bspw. David und Siegel 1983, Lee et al. 1980, Neto 2006 oder Ravelli et al. 2009. Gleichzeitig ist bei derartigen Studien die Zurechenbarkeit der Outcomes fraglich; bessere Ergebnisse könnten auch auf einen allgemein steigenden medizinischen Fortschritt zurückzuführen sein. Zu einem anderen Ergebnis kommt bspw. die Studie von Hutcheon et al. 2017.

Die bisherige Logik bei der Auswertung von Volume-Outcome-Studien sieht oft vor, Morbidität (bspw. Schwere Hirnblutungen, Bronchopulmonale Dysplasien) für sich allein zu untersuchen. Analog zur Mortalität ist es ein Qualitätsmerkmal eines Krankenhauses, wenn solche unerwünschten Ereignisse nicht eintreten. Mit einer gewissen Wahrscheinlichkeit treten diese Ereignisse jedoch auch in einem Krankenhaus auf, welches bisher (bspw. aufgrund von sehr geringen Fallzahlen) keine Erfahrungen mit diesen Erkrankungen gemacht hat. Es ist somit auch ein Qualitätsmerkmal, Erfahrung in der Behandlung von diesen schweren neonatalen Krankheiten zu haben und eine ausreichende Größe zu besitzen, damit diese Ereignisse mit gewisser Regelmäßigkeit auftreten. Andernfalls ist die Wahrscheinlichkeit groß, dass das jeweils diensthabende Personal das unerwünschte Ereignis noch nie gesehen hat und den Patienten damit nicht oder zu spät behandelt und die Erkrankung damit eher zum Tode führt.[279] Die Abwesenheit von unerwünschter schwerer Morbidität über einen längeren Zeitraum ist somit nur dann ein Qualitätsmerkmal, wenn auch die Mortalität in diesem Haus über einen längeren Zeitraum unterdurchschnittlich ausfällt.

4.2.4 Volume-Outcome-Beziehung im Kontext der Regelungen zu Mindestmengen

Wird ein Zusammenhang zwischen der Leistungsmenge und der Ergebnisqualität angenommen, liegt der Schluss nahe, Krankenhäuser mit einem geringen Leistungsvolumen vom Markt auszuschließen und auf diese Weise auf die Ergebnisqualität einzuwirken. Entsprechend formuliert der Gesetzgeber in § 136b Abs. 1 Nr. 2 SGB V es auch als Voraussetzung, dass der G-BA Beschlüsse zu Mindestmengen nur dann erlässt, wenn die Qualität des Behandlungsergebnisses von der Menge der erbrachten Leistungen abhängig ist. Als weitere Voraussetzung ist genannt, dass die Leistung planbar sein muss. Im Bereich der Versorgung von VLBWI wurde vom AOK Bundesverband stellvertretend für alle weiteren GKV-Bundesverbände bereits im Jahre 2004 beim G-BA beantragt, eine Mindestmenge einzuführen.[280] Die Einführung der ersten Version einer solchen Mindestmengenregelung im weiteren Sinne erfolgte schließlich im Jahre 2008. Aufgrund der eben skizzierten Studienlage im Bereich der neonatalen Versorgung hatte es der G-BA zunächst für angezeigt gehalten, bei der Versorgung von Frühgeborenen mit einem Geburtsgewicht von unter 1.250 Gramm sowie

---

279 Vgl. Ausführungen zu den unter Mansky und Nimptsch 2018 zu findenden Folien zum Vortrag auf der 10. Qualitätssicherungskonferenz des G-BA.
280 Vgl. Heller 2018, S. 85.

zwischen 1.250 und 1.500 Gramm die sogenannte Gelegenheitsversorgung zu unterbinden.[281] Eine solche wurde dann angenommen, wenn pro Jahr das durchschnittliche Zeitintervall zwischen den Aufnahmen der jeweiligen Frühgeborenengruppe mehr als fünf Wochen je Krankenhaus betragen hat. Nach einem rechtlichen Hinweis aus dem Bundesministerium für Gesundheit wurde die Regelung per 01.01.2010 dahingehend verändert, dass bei dieser Patientengruppe jeweils eine Mindestmenge in Höhe von 14 Patienten pro Jahr erreicht werden muss.[282] Diese Änderung stellte auch eine gewisse Verschärfung der Regelung dar, denn bei 52 Wochen pro Jahr und einer Mindestmenge von 14 Patienten wurde damit das durchschnittliche Zeitintervall zwischen den Aufnahmen somit auf etwas unter vier Wochen festgelegt. Gleichzeitig waren beide Regelungen bereits vor Verabschiedung starker Kritik ausgesetzt, jedoch aus unterschiedlichen Gründen. Insbesondere Patientenverbände und Selbsthilfegruppen von Betroffenen kritisierten, dass vergleichbare Mindestmengen im internationalen Umfeld eher im Bereich von 50 Fällen pro Jahr verortet werden, weswegen eine Mindestmenge von 14 deutlich zu gering angesetzt sei.[283] Entsprechend bestand ein gewisser Druck auf den G-BA, die Mindestmenge alsbald zu erhöhen.

Es sprachen sich jedoch auch wesentliche Teile der Fachwelt gegen eine Erhöhung aus. Wie von Kritikern argumentiert wurde (und wird), lässt sich bspw. anhand der Untersuchung von Kutschmann et al. aufzeigen. Im bereits erwähnten Artikel weisen die Autoren zwar nach, dass die risikoadjustierte Mortalität von Frühgeborenen mit einem Geburtsgewicht von unter 1.500 Gramm in Krankenhäusern mit einem Behandlungsvolumen von unter 30 Fällen jährlich erhöht ist, das Setzen einer Mindestmenge auf diesen Wert lehnen die Autoren jedoch trotzdem ab, weil auch in Häusern mit Erfüllung der Mindestmenge eine enorme Varianz hinsichtlich der Ergebnisqualität besteht und die Einführung der Mindestmenge ferner dazu führen würde, dass zahlreiche Anbieter mit einer überdurchschnittlichen Ergebnisqualität und geringem Leistungsvolumen vom Markt verschwinden. Einer Mindestmenge fehlt es somit nach Meinung der Autoren an einer ausreichenden Fähigkeit zur Diskrimination. Vielmehr sei das Leistungsvolumen lediglich ein Surrogatparameter für andere Struktur- und Prozessspezifika, welche die Ergebnisqualität direkt beeinflussen. Auf diese sollte der Gesetzgeber steuernd einwirken.[284]

---

281 Vgl. BAnz. Nr. 65 (S. 1574) vom 30.04.2009.
282 Vgl. BAnz. Nr. 195 (S. 4450) vom 24.12.2009.
283 Vgl. bspw. Vetter 2010, S. 229–230.
284 Vgl. Kutschmann et al. 2012.

Gegen eine Mindestmenge spricht auch die Verletzung der impliziten ceterisparibus Annahme: Jeder Fall, der ansonsten in einem Low-Volume-Haus mit tendenziell schlechterer Ergebnisqualität behandelt worden wäre, erfährt stattdessen eine Behandlung in einem Higher-Volume-Haus mit tendenziell besserer Ergebnisqualität. Ansonsten ändert sich nichts, so die Annahme. Praktisch bei jedem Krankenhausfall wird diese Annahme jedoch verletzt. Zunächst ist für viele Patienten die Nähe zum Wohnort eines der wichtigsten Entscheidungskriterien bei der Wahl eines Krankenhauses.[285] Wenn ein heimatnahes Krankenhaus die Leistung jedoch nicht mehr anbieten kann, führt dies für zahlreiche Patienten dazu, dass diese längere Fahrtwege in Kauf nehmen müssen. Bei elektiven Eingriffen betrifft dies lediglich das Komfortempfinden der Patienten, entstehende Fahrtkosten sowie Umweltaspekte, die im Rahmen dieser Arbeit aufgrund der getroffenen Eingrenzungen außen vor bleiben können. Bei Notfallindikationen kann sich die Fahrtzeit allerdings massiv auf die Ergebnisqualität auswirken, weil eine schnelle Behandlung erforderlich ist. Mit Mindestmengenregelungen müssen also immer auch Erreichbarkeitsanalysen einhergehen sowie eine Folgenabschätzung, wie mit Notfallpatienten umgegangen werden wird und ob ggf. in einigen Regionen Ausnahmen von der Mindestmenge zugelassen werden sollten. Fraglich ist also, ob es sich beim perinatalen Leistungsgeschehen, insbesondere im Bereich der Versorgung von Frühgeborenen, um planbare Leistungen im Sinne des § 136b Abs. 1 Nr. 2 SGB V handelt, und/oder ob die Patienten so schnell wie möglich in das nächstgelegene Krankenhaus gebracht werden müssen und die Fahrt zum nächsten Krankenhaus, welches die Mindestmenge erreicht, zu lange dauern würde. Wäre dies der Fall, sollte es keine Mindestmenge für Frühgeborene geben. Allerdings sind nur die wenigsten Geburten von Frühgeborenen keine planbaren Leistungen. So weist bspw. der *Bundesverband Das frühgeborene Kind e.V.* darauf hin, dass es in etwa 90 % der Fälle von Frühgeburtlichkeit gelingt, Maßnahmen zur Lungenreifung zu ergreifen und die Frühgeburt um Tage oder Wochen, mindestens jedoch um Stunden hinauszuzögern.[286]

Darüber hinaus liegen auch Hinweise darauf vor, dass die Ergebnisqualität nicht monoton mit dem Leistungsvolumen steigt, sondern bei sehr großen Häusern eine Qualitätsminderung eintritt, weil die mit dem steigenden Leistungsvolumen einhergehende Komplexität und das somit größere Steuerungserfordernis qualitätsmindernd wirken könnten.[287] Bei Einführung einer Mindestmenge

---

285 Vgl. Faktenkontor GmbH 2018, S. 41 sowie Pilkington et al. 2012.
286 Vgl. Bundesverband Das Frühgeborene Kind e.V. 2010, S. 7.
287 Vgl. Obladen 2007, S. 116.

könnten gewisse große Häuser eine solche kritische Größe überschreiten und deren Qualität abnehmen. Entsprechende Überlegungen zur optimalen Betriebsgröße haben primär in der betriebswirtschaftlichen Literatur Tradition.[288]

Schlussendlich folgte der G-BA diesen Argumenten jedoch nicht und erhöhte die Mindestmenge auf 30 Fälle je Frühgeborenengruppe und Jahr. Gegen diese Regelung sowie gegen Mindestmengen in der Frühgeborenenversorgung im Allgemeinen klagten zahlreiche betroffene Ärzte und Krankenhäuser unter anderem, weil sie ihr Grundrecht auf freie Berufswahl verletzt sahen.[289] Die grundsätzliche Klage gegen Mindestmengen im Bereich der Versorgung von Frühgeborenen scheiterte vor dem Bundesverfassungsgericht mangels hinreichender Darstellung der Klagebefugnis.[290] Bereits zuvor hatte das Bundessozialgericht jedoch entschieden, dass die Erhöhung der Mindestmenge durch den G-BA nicht gerechtfertigt ist. Die Entscheidung wurde erlassen, nachdem die erhöhte Mindestmenge bereits zuvor bis zur Entscheidung im Hauptsacheverfahren des Landessozialgerichts Berlin-Brandenburg ausgesetzt wurde. Der Senat argumentierte, dass der G-BA mit der Erhöhung der Mindestmenge seinen Gestaltungsspielraum überschritten hatte, weil die Studienlage nicht uneingeschränkt die Annahme rechtfertigt, „dass die Güte der Versorgung Frühgeborener durch eine Erhöhung der Mindestmenge in relevanter Weise zusätzlich gefördert werden kann."[291] Der Senat beanstandete, dass der G-BA nach Einführung der Mindestmenge von 14 Fällen pro Jahr keine Begleitevaluation beauftragte und sich nicht auf neuere Studien stützen konnte, welche die Anhebung der Mindestmenge hätten rechtfertigen können.[292] Gleichzeitig enthielt das Urteil einen für den G-BA relevanten Hinweis, dass eine Erhöhung der Mindestmenge rechtmäßig erfolgen könnte, sofern neben der Begleitevaluation auch Ausnahmetatbestände geschaffen werden, mit denen etwaigen Qualitätsminderungen in bestimmten Regionen begegnet werden könne.[293] Darüber hinaus enthielt das Urteil die wichtige Klarstellung, dass die Qualität der erbrachten Leistung dann in besonderem Maße von der Menge der erbrachten Leistungen abhängig ist, wenn nach wissenschaftlichen Maßstäben ein Zusammenhang zwischen Leistungsvolumen und Qualität wahrscheinlich ist. Zuvor war es streitig, ob empirische Beobachtungs-Studien mit entsprechenden Fehlertoleranzen und

---

288 Vgl. hierzu auch Jochum und Untch 2008.
289 Vgl. bspw. Az. B 1 KR 15/15 R, Rn. 40.
290 Az. 1 BVR 292/16.
291 Vgl. Urteil des Bundessozialgerichts vom 18.12.2012, Az. B 1 KR 34/12 R, Rn. 20.
292 Vgl. a.a.O., Rn. 60.
293 Vgl. a.a.O., Rn. 62.

fehlenden Aussagen über die Kausalität ausreichend sind, wenn der Gesetzgeber ein Abhängigkeitsverhältnis fordert, dass *in besonderem Maße* besteht. Gleichzeitig fordert das BSG jedoch auch, dass entsprechende medizinische Erfahrungswerte zur Erklärung des vermeintlichen Effekts vorgehalten werden müssen, wenn lediglich von einem wahrscheinlichen Zusammenhang ausgegangen werden kann.[294]

Zu einem späteren Zeitpunkt entschied das Gericht ebenfalls, dass die vorherige Festsetzung der Mindestmenge auf 14 rechtmäßig erfolgt ist. Das Urteil enthielt ferner eine Bestätigung der Rechtsauffassung des G-BA, dass es sich bei der Versorgung von Frühgeborenen um eine planbare Leistung handelt und dass der Beweis von kausalen Zusammenhängen zwischen Menge und Qualität nicht erforderlich ist, um eine Mindestmenge zu erlassen. Vielmehr reichen wahrscheinliche Zusammenhänge aus.[295]

Im Einklang mit und ergänzend zu der Rechtsprechung des BSG wurden in den letzten Jahren einige Anstrengungen des Gesetzgebers unternommen, um Mindestmengen rechtssicher auszugestalten. Beispielsweise wurde mit dem KHSG die Formulierung aus dem Gesetz gestrichen, dass die Qualität der Behandlung *in besonderem Maße* vom Leistungsvolumen abhängig sein muss. Fortan ist nur noch eine einfache Abhängigkeit erforderlich, welche nicht im besonderen Maße bestehen muss.[296]

Ein typisches Argument gegen die Einführung von Mindestmengenregelungen lautet, derartige Normen führten zu einer Ausweitung der Indikationsstellung. Im Bereich der Frühgeborenenversorgung kann dies im Wesentlichen durch eine Einflussnahme auf die Messung des Geburtsgewichts oder eine Erhöhung der Sectiorate geschehen. Da in Deutschland die Rate von VLBWI an allen Geburten steigt, während sie bspw. in Schweden auf einem rund 60 % niedrigeren Niveau stagniert, liegen Hinweise darauf vor, dass die hiesigen Mindestmengenregelungen zusammen mit dem Vergütungssystem auch mit höherer Frühgeburtlichkeit einhergehen. Da die Mortalität bei Frühgeborenen gerade bei geringem Geburtsgewicht aber sehr wesentlich erhöht ist, muss es das Ziel demnach nicht nur sein, den vorhandenen Frühgeborenen optimale Versorgungsstrukturen zu bieten, sondern auch die Frühgeburtlichkeit insgesamt

---

294 Vgl. Vgl. a.a.O., Rn. 31b, 39.
295 Vgl. Az. B 1 KR 15/15 R Rn. 35–32.
296 Vgl. § 136b Abs. 1 Nr. 2 SGB V a. F. mit der alten Fassung dieser Norm, die gefasst war unter § 137 Abs. 3 Nr. 2 SGB V i. d. F. v. 31.12.2015 und die Formulierung *in besonderem Maße* enthielt. Letztere wurde durch Art. 6 Nr. 15 KHSG mit Wirkung zum 01.01.2016 gestrichen.

zu verringern.²⁹⁷ Paradoxerweise können Mindestmengen auch zu einer Senkung der Indikationsstellung beitragen, indem sie auf ein angemessenes Niveau erhöht werden. Damit werden deutlich weniger Häuser in die Situation gebracht, eine Mindestmenge knapp erreichen zu müssen.

4.3 Strukturelle und prozessuale Einflüsse auf Outcomes in der perinatalen Versorgung (Indirekte Volume-Outcome-Beziehung)

Fraglich ist, ob Lernkurveneffekte auch auf institutioneller Ebene zu beobachten sind. Dies könnte sich bspw. darin äußern, dass in Krankenhäusern mit hohem Leistungsvolumen eine andere apparative, räumliche oder personelle Ausstattung vorhanden ist (höhere Strukturqualität) oder andere Prozesse eingesetzt werden (höhere Prozessqualität) und sich diese Besonderheiten dann letztendlich in einer besseren Ergebnisqualität, also besseren Outcomes, niederschlagen.

Das Leistungsvolumen ist demnach auf institutioneller Ebene lediglich eine Stellvertreterkennzahl, wobei nach wie vor kaum bekannt ist, wofür diese Stellvertreterkennzahl steht.²⁹⁸ Mesman et al. fassen diese Wissenslücke prägnant zusammen: „*We still do not fully understand what volume is a proxy for.*"²⁹⁹ In der Literatur wurden für folgende Struktur- und Prozessspezifika Zusammenhänge mit der Ergebnisqualität beschrieben:

4.3.1 Prozessuale Einflüsse

4.3.1.1 Entschluss-Entwicklungs-Zeit bei einem Notkaiserschnitt

Bei einem Schlaganfall senkt es die Mortalität, wenn ein Patient möglichst schnell eine Thrombolyse erhält. Entsprechend sind Krankenhäuser gehalten, ihre sog. Door-to-Needle-Time zu optimieren, also die Zeit, von der Einlieferung des Patienten bis zur Lyse.³⁰⁰ In der Geburtshilfe gibt es eine Prozesskennzahl mit ähnlicher Bedeutung: Im Rahmen der deutschen Qualitätssicherung wird als Sentinel-Event erhoben, wenn bei Notkaiserschnitten eine E-E-Zeit (Entschluss-Entwicklungs-Zeit, also Zeit vom Entschluss zu einem Notkaiserschnitt bis zur Geburt des Kindes) von unter 20 Minuten nicht realisiert werden konnte (Indikator-ID: 1058). Obermöller und Grohl betrachten diesen Indikator

---

297 Vgl. Rossi et al. 2018, S. 76–77.
298 Vgl. Hollenbeck et al. 2007a, S. 2095.
299 Mesman et al. 2015, S. 1066.
300 Vgl. Zinkstok et al. 2016, S. 7–11, zit. nach Grobman et al. 2018, S. 248.

gar als einen Tracer-Indikator; kann ein Krankenhaus eine solche E-E-Zeit nicht sicherstellen, sollte es nach Ansicht der Autoren gar keine Geburten mehr durchführen, da bei jeder Entbindung Gefahren bestehen, die in einer Notfall-Sectio münden können.[301]

Interessant ist hierbei, dass die Studienlage zum Zusammenhang zwischen der E-E-Zeit und kritischen Outcomes keinesfalls eindeutig ist und auch der Schwellenwert von 20 Minuten im internationalen Vergleich sehr restriktiv ausfällt. Üblicherweise wird die Überschreitung einer im Vergleich zum deutschen Schwellenwert 50 % längeren E-E-Zeit von 30 Minuten problematisiert, so auch im aktuellsten systematischen Review zu diesem Thema von Tolcher et al. aus dem Jahre 2014. Die Autoren konstatieren, dass selbst die im Vergleich zum deutschen Standard weniger einschränkende Grenze von 30 Minuten nur bei 79 % der Kaiserschnitte der Kategorie 1 erreicht wird und die mittlere E-E-Zeit in den eingeschlossenen Studien in dieser Gruppe der dringlichsten Kaiserschnitte bei 21,2 Minuten liegt.[302] Paradoxerweise war eine kürzere E-E-Zeit mit schlechteren Outcomes (5-Minuten Apgar und Nabelschnurarterien-pH-Wert) assoziiert, was die Autoren jedoch darauf zurückführten, dass eine kürzere E-E-Zeit primär bei besonders dringlichen Fällen realisiert wird.[303] Dieser Befund spricht somit nicht prinzipiell gegen die Forderung einer möglichst kurzen E-E-Zeit. Die Autoren weisen auch darauf hin, dass bei Studien, die sich auf eine einzige mit einem Kaiserschnitt der Kategorie 1 assoziierte Indikation fokussieren, ein Effekt zugunsten einer kürzeren E-E-Zeit zu beobachten ist. Dies trifft bspw. auf einige Studien zu, die den Effekt der E-E-Zeit auf neonatale Outcomes bei einer Uterusruptur thematisieren. Hier zieht eine kürzere E-E-Zeit bessere Outcomes nach sich.[304]

---

301 Vgl. Obermöller und Gruhl 2018, S. 24–25 sowie Kapitel 3.5.
302 Das Kategoriensystem geht auf Lucas et al. 2000, S. 349 zurück und ist mittlerweile international, bei zum Teil kleinen Modifikationen, etabliert. Die Kategorie 1 (emergency) liegt vor, wenn ein unmittelbar lebensbedrohlicher Zustand für Mutter oder Kind vorliegt. Kategorie 2 umfasst schwere mütterliche oder kindliche Beeinträchtigungen, die jedoch nicht unmittelbar zum Tod führen.
Die im Rahmen der deutschen esQS zugrunde gelegte Definition sieht vor, dass eine Notsectio dann vorliegt, wenn bei kindlicher oder mütterlicher Notlage die Indikationsstellung unmittelbar und ohne Verzögerung in die Operation übergeht. Vgl. IQTIG 2016b, S. 22.
303 Vgl. Tolcher et al. 2014, S. 542–543.
304 Vgl. bspw. Leung und Lao 2013 sowie Holmgren et al. 2012.

Der deutsche Schwellenwert in Höhe von 20 Minuten wurde zu Beginn der 1990er-Jahre postuliert, wobei Vorarbeiten insbesondere von Roemer et al. zugrunde gelegt wurden.[305] Die Autoren zeigten, dass die durchschnittliche E-E-Zeit bei Notkaiserschnitten zu dieser Zeit bei 20,4 Minuten lag, jedoch durch kürzere Vorbereitungszeit der Mütter verkürzt werden könnte.[306] Die Deutsche Gesellschaft für Gynäkologie und Geburtshilfe hielt eine solche Verkürzung der E-E-Zeit auf 20 Minuten für angezeigt und schrieb diese bereits im Jahre 1995 als Soll-Vorgabe für geburtshilfliche Abteilungen fest.[307] In der aktuellen Fassung der S-1-Leitlinie wurde die Vorgabe verschärft und in eine Muss-Vorschrift umgewandelt.[308] Obwohl empirische Evidenz für die Grenze von 20 Minuten lange Zeit fehlte, wurde diese Zeitvorgabe aufgrund eines Votums der Bundesfachgruppe auch als Qualitätsindikator festgelegt.

Erst zum Ende des Jahres 2016 und im Abschlussbericht zu den Planungsrelevanten Qualitätsindikatoren hat das IQTIG eine Analyse zum Einfluss einer E-E-Zeit über 20 Minuten auf die Mortalität und den Apgar-Score vorgenommen. Es zeigte sich konsistent ein Einfluss der Überschreitung der E-E-Zeit auf die genannten Endpunkte, jedoch waren die Zusammenhänge meist nicht signifikant.[309] Heller et al. publizierten eine sehr ähnliche Studie mit gleicher Datenbasis, wobei als Einschlusskriterium der Verdacht auf eine fetale Asphyxie bzw. deren Auftreten gewählt wurde. In dieser Studie konnte erstmals der Zusammenhang zwischen einer E-E-Zeit von 20 Minuten und kindlichen Outcomes (Apgar-Scores) nachgewiesen werden.[310] Die Einhaltung einer E-E-Zeit von 20 Minuten wurde, trotz der wenigen Studien zu diesem Schwellenwert, vom G-BA als Planungsrelevanter Qualitätsindikator eingesetzt. Hiernach ist eine Studie aus den USA erschienen, in welcher kein Zusammenhang zwischen der E-E-Zeit bei Nicht-Notfallindikationen und mütterlichen und kindlichen Outcomes festgestellt werden konnte.[311] Der Zusammenhang zwischen der E-E-Zeit und der Ergebnisqualität scheint demnach auf Notfallindikationen beschränkt zu sein.

---

305 Vgl. auch IQTIG 2016b, S. 22–23 zur Studienlage im Erfassungsjahr 2015 bzw. die entsprechende aktuelle Publikation.
306 Vgl. Roemer und Heger-Römermann 1993, S. 1546.
307 Vgl. Deutsche Gesellschaft für Gynäkologie und Geburtshilfe 1995, S. 28.
308 Vgl. Deutsche Gesellschaft für Perinatale Medizin 2016, S. 466.
309 Vgl. IQTIG 2016i, S. 89.
310 Vgl. Heller et al. 2017.
311 Vgl. Grobman et al. 2018.

4.3.1.2 Anwesenheit eines Pädiaters bei Frühgeburten

Der Qualitätsindikator *Anwesenheit eines Pädiaters bei Frühgeburten* (ID: 318) ist seit über zehn Jahren Teil der deutschen Qualitätssicherung.[312] Ihm liegt die Annahme zugrunde, dass Frühgeborene potenziell gefährdet sind, wenn sie unmittelbar nach der Geburt nicht durch einen Facharzt für Kinderheilkunde behandelt werden. Vor allem kleinere Häuser haben Probleme, dieser Qualitätsanforderung nachzukommen (zum Teil liegt die Quote in diesen Häusern bei 0 %, also ist nie ein Pädiater bei einer Frühgeburt anwesend), wohingegen in größeren Häusern die Anwesenheit eines Pädiaters praktisch immer sichergestellt werden kann.[313] Interessant ist hierbei auch, dass der entsprechende Indikator in der Qualitätssicherung rein auf der theoretischen Annahme der Patientengefährdung bei Abwesenheit beruht und sehr lange Zeit praktisch keine empirische Überprüfung dieser Hypothese für die kindliche Mortalität und relevante Parameter der Morbidität vorlag. Erst im Rahmen der Auswahl der Planungsrelevanten Qualitätsindikatoren wurde vom IQTIG eine Auswertung des Zusammenhangs dieses Parameters mit der Ergebnisqualität vorgenommen. Je nach Endpunkt und Auswertungsart (Sterberisiko bzw. erniedrigter 10-Minuten-Apgar-Score) senkte die Anwesenheit eines Pädiaters das Risiko für diese Ereignisse auf einen Bruchteil von 14 bis 22 Prozent.[314] Im gleichen Jahr wurde von Karalis et al. eine Studie veröffentlicht, in der dargestellt werden konnte, dass die Mortalität signifikant erhöht ist, wenn sich ein Bereitschaftsarzt zu Hause aufhält, was regelhaft außerhalb von Universitätsklinika vorkommt.[315]

4.3.1.3 Antenatale Kortikosteroidtherapie bei drohender Frühgeburt

Der Indikator 330 erfasst, ob bei Frühgeburten mit einem präpartalen Aufenthalt von mindestens zwei Tagen eine Antenatale Kortikosteroidtherapie vorgenommen wurde, um die Lungenreifung des unreifen Fetus zu induzieren.[316] Dieses Verfahren wird seit den 1980er Jahren angewendet, flächendeckend wird es seit Ende der 1990er Jahre eingesetzt.[317] Die Wirksamkeit wurde in mehreren Studien belegt, die im jüngsten systematischen Review von Roberts et al.

---

312 Vgl. AQUA-Institut 2010, S. 7.
313 Vgl. IQTIG 2016j, S. 3.
314 Vgl. IQTIG 2016i, S. 82–83.
315 Vgl. Karalis et al. 2016, Kapitel 4.3.2 sowie die Ausführungen in Schmitt et al. 2019, S. 110.
316 Vgl. IQTIG 2016b, S. 4–5.
317 Vgl. bspw. Tabelle 1 in Grytten et al. 2017, S. 357.

zusammengefasst sind. Es zeigt sich ein signifikant positiver Einfluss auf die Mortalität und Morbidität (Hirnblutungen, Nekrotisierende Enterokolitis, Hospitalisierung in einer NICU, Notwendigkeit von Beatmungen, Akutes Atemnotsyndrom).[318]

4.3.1.4 Geburtsmodus

Neben den genannten drei Prozessparametern ist der Geburtsmodus (Sectio oder Spontan) wohl derjenige Parameter, den das Krankenhaus am stärksten beeinflussen kann. Der Geburtsmodus hat dabei einen potenziellen Einfluss auf zahlreiche kurz- und langfristige, die Mutter und das Kind betreffende Outcomes. Tracy et al. konnten im Jahre 2007 zeigen, dass die neonatale Morbidität, ausgedrückt in der Aufnahme in einer NICU, bei einer Geburt via Kaiserschnitt signifikant erhöht ist, besonders wenn dieser vor Wehenbeginn durchgeführt wird. Es kann hier nicht davon ausgegangen werden, dass der Kaiserschnitt für die Morbidität verantwortlich ist, in den meisten Fällen wird die Wirkrichtung wohl umgekehrt zu formulieren sein. Darüber hinaus konnten jedoch auch Dahlen et al. zeigen, dass die kurzfristige neonatale Morbidität und Mortalität (niedriger Apgar, Beatmung, Verlegung, Tod) besonders in Krankenhäusern mit hohen geburtshilflichen Interventionen erhöht ist, wobei sich dieser Effekt auch nach einer Risikoadjustierung signifikant darstellte.[319] Aus einer Studie von Howell et al. aus dem Jahre 2014 lassen sich hingegen andere Implikationen ableiten: Die Autoren konnten keinen signifikanten Einfluss auf maternale oder neonatale Outcomes feststellen, wenn ein elektiver Kaiserschnitt vor der 39. SSW bei Schwangeren ohne besonderes Risikoprofil durchgeführt wurde.[320] Eine Studie von Molina et al., in der die Kaiserschnittraten im WHO-Durchschnitt verglichen wurden, kommt gar zu dem Ergebnis, dass die aktuell formulierten Gesundheitsziele (Kaiserschnittraten sollten nicht höher als 10–15 Prozent liegen) vermutlich zu niedrig angesetzt sind, weil die kurzfristige maternale und neonatale Mortalität bei Raten von ungefähr 19 Prozent am günstigsten ausfallen.[321] Im Vergleich zu dieser empfohlenen Rate liegt die deutsche Rate von 30 Prozent jedoch deutlich darüber, mit potenziellen Einflüssen auf weitere Outcomes. Eine neuere Studie von Gamaleldin et al. kommt zu dem Schluss, dass VLBWI eher eine schwere Hirnblutung entwickeln, wenn sie vaginal entbunden

---

318 Vgl. Roberts et al. 2017.
319 Vgl. Dahlen et al. 2014 sowie die Kapitel 4.3.2.4.
320 Vgl. Howell et al. 2014.
321 Vgl. Molina et al. 2015.

wurden.[322] Über alle Gruppen von Neugeborenen hinweg zeigt eine australische Studie jedoch, dass eine Geburt via Kaiserschnitt mit einem erhöhten Risiko von kurzfristiger und langfristiger Morbidität einhergeht, insbesondere mit Stoffwechselstörungen, Infektionen und Ekzemen.[323]

4.3.2 Strukturelle Einflüsse

4.3.2.1 Level des Perinatalzentrums

Merlo et al. führten im Jahre 2005 eine Studie zum Einfluss des Versorgungslevels auf die neonatale Mortalität durch, wobei zwischen Geburten mit hohem und niedrigem Risikoprofil unterschieden wurde.[324] In denjenigen Modellen mit angemessener Risikoadjustierung fand sich kein Unterschied in der Mortalität von Geburten mit hohem, wohl aber bei solchen mit niedrigem Risikoprofil. Die Autoren merkten jedoch an, dass die Kohorte mit niedrigem Risikoprofil eine höhere Homogenität und damit auch weniger Störfaktoren aufweist, weswegen die Implikationen der Ergebnisse dieser Gruppe auch auf Hochrisikogruppen übertragen werden sollten. Im Ergebnis sprachen sich die Autoren für eine stärkere Zentralisierung aus, um möglichst vielen Patienten einen Zugang zu Perinatalzentren höchsten Levels zu ermöglichen.[325] In der bereits erwähnten Studie von Teig et al. aus dem Jahre 2007, der Daten aus NRW zugrunde liegen, hatte das Level des Perinatalzentrums im Vergleich zum Leistungsvolumen eine untergeordnete Bedeutung für die Mortalität von sehr unreifen Frühgeborenen.[326]

Chung et al. konnten in einer Studie aus dem Jahre 2010 für den Bundesstaat Kalifornien einen positiven Einfluss des Levels des Perinatalzentrums zeigen, jedoch war dieser Zusammenhang isoliert betrachtet nicht signifikant.[327] Im gleichen Jahr führten Lasswell et al. ein systematisches Review über den Einfluss des Levels des Perinatalzentrums durch. Unabhängig von der Subpopulation (VLBWI, VPTI, Geburtsgewicht unter 1.000 Gramm) konnte eine höhere

---

322 Vgl. Gamaleldin et al. 2019.
323 Vgl. Peters et al. 2018.
324 Das Versorgungslevel ist dabei analog zum deutschen Level des Perinatalzentrums zu interpretieren, wobei im internationalen Vergleich zu beachten ist, dass eine höhere Ziffer eine weitreichendere Ausstattung meint, wohingegen diese Logik im deutschen System umgekehrt ist. Vgl. hierzu bspw. die Ausführungen in Bauer et al. 2017, S. 17.
325 Vgl. Merlo et al. 2005.
326 Vgl. Teig et al. 2007.
327 Vgl. Chung et al. 2010, S. 642.

Mortalität außerhalb von Krankenhäusern vergleichbar mit denen des deutschen Levels I gezeigt werden.[328] Darüber hinaus konnten Jensen et al. für drei Bundesstaaten der USA zeigen, dass ein niedriges Level des Perinatalzentrums mit signifikant erhöhten Raten an Todesfällen oder Bronchopulmonalen Dysplasien assoziiert ist. Im Bereich der Frühgeborenen-Retinopathien war jedoch ein gegenteiliger Effekt zu beobachten.[329]

Auf englischen Daten beruht eine Studie von Marlow et al. aus dem Jahre 2014. Die Autoren untersuchten Unterschiede in der Mortalität und Morbidität von extrem unreifen Frühgeborenen in Abhängigkeit von einer Geburt in einem Perinatalzentrum höchster oder zweithöchster Stufe. Die Autoren konnten eine signifikant erhöhte Ein-Jahres-Mortalität zeigen, wenn keine Behandlung in einem Krankenhaus höchsten Levels erfolgte. Bei überlebenden Neonaten zeigten sich jedoch keine Unterschiede in Bezug auf die Morbidität.[330]

Bemerkenswert ist auch eine Studie aus dem Jahre 2015, bei der sich die Autoren ebenfalls auf EPTI fokussierten und die Mortalität in Schweden über einen vergleichsweise langen Zeitraum erfasst haben. Es wurden strukturelle Einflüsse zusammen mit prozessualen Einflüssen in einem Score zusammengefasst und als perinataler Aktivitätsindex definiert. Eine hohe perinatale Aktivität in der Geburtsregion des Kindes (häufige Geburt in Perinatalzentren des ersten Levels, Antenatale Kortikosteroidtherapie, Kaiserschnittrate, Wehenhemmer) war zusammen mit weiteren neonatalen Faktoren mit niedrigerer Mortalität assoziiert.[331]

4.3.2.2 Personelle Ausstattung

Pflegedienst

Der Zusammenhang zwischen der quantitativen personellen Ausstattung und der Ergebnisqualität wurde in der Literatur vielfach beschrieben. Insbesondere die Nurse-to-Patient-Ratio, also das Verhältnis zwischen der Anzahl der Mitarbeiter im Pflegedienst und der Anzahl an betreuten Patienten scheint bei vielen Krankheitsbildern einen Einfluss auf die Ergebnisqualität zu haben. Die Diskussion über einen solchen Zusammenhang reicht bis in die 1960er Jahre zurück.[332] Die Mortalität dürfte in diesem Zusammenhang abermals derjenige Parameter

---

328 Vgl. Lasswell et al. 2010.
329 Vgl. Jensen und Lorch 2015, S. 8.
330 Vgl. Marlow et al. 2014.
331 Vgl. Serenius et al. 2015.
332 Vgl. Clarke und Donaldson 2008, o.S.

der Ergebnisqualität sein, für den eine Wechselwirkung zur Nurse-To-Patient-Ratio am besten nachgewiesen werden konnte.[333] In der jüngeren Vergangenheit hat das Gutachten von Schreyögg und Milstein besondere Aufmerksamkeit erfahren. Mit diesem Gutachten sollte der Auftrag des Gesetzgebers erfüllt werden, pflegesensitive Bereiche zu identifizieren, in denen der Zusammenhang zwischen der Quote an Pflegekräften zu Patienten und Ergebnisqualität besonders stark ausgeprägt ist. Bereits der Auftrag impliziert, dass sowohl bestimmte Fachbereiche als auch bestimmte Parameter der Ergebnisqualität in besonderem Maße von der Nurse-to-Patient-Ratio abhängig sind, andere hingegen weniger oder gar nicht. Im Ergebnis wurden 15 pflegesensitive Bereiche identifiziert, für die entsprechende Personaluntergrenzen formuliert wurden. Die Berechnung erfolgte risikoadjustiert nach der Pflegelast der entsprechenden Patienten und war nach Tag- und Nachtschichten differenziert.[334]

Die Prämisse, dass es einige wenige bestimmte Fachabteilungen gibt, in denen ein besonderer Zusammenhang zwischen der Ergebnisqualität und der Nurse-to-Patient-Ratio vorhanden ist, wurde durch den jüngsten Koalitionsvertrag faktisch aufgegeben. Nunmehr sollen für alle bettenführenden Stationen Pflegepersonaluntergrenzen festgelegt werden, was nur zu rechtfertigen ist, wenn bei allen Fachabteilungen Zusammenhänge zwischen der Qualität (zumindest der der Prozessqualität) und der quantitativen personellen Ausstattung im Pflegedienst angenommen werden.

Im Bereich der neonatologischen Intensivmedizin kann tatsächlich von einem besonderen Zusammenhang zwischen der pflegerischen Ausstattung und der Ergebnisqualität ausgegangen werden. Zahlreiche Studien stützen die Annahme, dass die quantitative pflegerische Ausstattung mit dem Überleben assoziiert ist und insbesondere eine Nurse-to-Patient-Ratio in Höhe von 1:1 die Mortalität signifikant senkt.[335] Entsprechend formuliert der G-BA in der Anlage 2 zur QFR-RL, dass auf neonatologischen Intensivstationen bei intensivtherapiepflichtigen VLBWI eine 1:1-Betreuung zu erfolgen hat, wenn lediglich eine Intensivüberwachungspflicht besteht, eine Quote von 1:2. Diese Regelungen

---

333 Vgl. bspw. den systematischen Review von Shekelle 2013 oder die Studien von Needleman et al. 2011 sowie Lang et al. 2004. Andere Autoren prägen mit dem Zusammenhang zwischen dem sog. organisationalen Workload und der Ergebnisqualität ein ähnliches Konzept, welches an die Idee der Nurse-To-Patient-Ratio angelehnt ist. Vgl. Kuntz et al. 2011.
334 Vgl. Schreyögg und Milstein 2016, S. 20ff.
335 Vgl. bspw. Watson et al. 2016, Sherenian et al. 2013, Rogowski et al. 2013, Hamilton et al. 2007, Grandi et al. 2010 sowie Tucker 2002.

sind im internationalen Kontext als am schärfsten zu bewerten.[336] Daher hat auch der Gesetzgeber nach dem Druck der Leistungserbringer weitreichende Übergangsfristen gewährt, diese jedoch an Bedingungen geknüpft. Ein Abweichen von den Regelungen ist bis zum 31.12.2019 möglich, in diesem Fall ist jedoch ein klärender Dialog zwingend, in dem Maßnahmen vereinbart werden, um die Ausstattung zu erreichen. Es ist zu erwarten, dass einzelne Perinatalzentren des höchsten Levels vom Markt verschwinden, wenn die Strukturanforderungen im nächsten Jahrzehnt tatsächlich zu einem Vergütungsausschluss führen, weil der derzeitige Arbeitsmarkt wohl keine ausreichende Anzahl an Gesundheits- und Kinderkrankenpflegern bereithält, um die notwendigen Vorhaltekapazitäten bei der aktuellen Anzahl an Leistungserbringern sicherzustellen.

Neben der quantitativen Ausstattung scheint auch die Qualifikation des Pflegepersonals einen Einfluss auf die Ergebnisqualität zu besitzen, obgleich diese Fragestellung wesentlich schlechter erforscht ist. Die meisten Studien fokussieren sich auf klassische pflegerelevante Diagnosen außerhalb der Perinatalmedizin: Schneider konnte bspw. eine Assoziation zwischen dem pflegerischen Qualifikationsmix und der Rate an Dekubitalulcera nachweisen, was er auf eine höhere Qualität der Prävention bei höherem Ausbildungsstand zurückführt.[337] In anderen Studien konnte ein solcher Zusammenhang zwischen der qualitativen Personalausstattung und der Ergebnisqualität nicht nachgewiesen werden.[338]

In einer Studie von Aiken et al. aus dem Jahre 2017 konnte eine höhere Quote an examinierten Kräften krankheitsbildübergreifend mit zahlreichen zentralen Outcome-Parametern in Verbindung gebracht werden, darunter neben einer niedrigeren Mortalität auch bessere Bewertungen von Patienten.[339] Für den Bereich der perinatalen Versorgung konnten Lake et al. in einer qualitativen Studie zeigen, dass bessere Arbeitsbedingungen (gemessen über den Practice Environment Scale of the Nursing Work Index (PES-NWI)) für Pflegekräfte in einer NICU mit niedrigerer Patientengefährdung assoziiert sind.[340] Johansen et al. konstatierten nach einer Einzelfallanalyse von schweren unerwünschten Ereignissen in kleineren norwegischen Einrichtungen berufsbildübergreifend, dass diese weitaus weniger Konstanz in ihrem Personal aufweisen und daher in

---

336 Vgl. Grüning 2017. Die Regelungen gehen zurück auf einen britischen Service-Standard, vgl. British Association of Perinatal Medicine 2010, S. 8.
337 Vgl. Schneider 2017, S. 75.
338 Vgl. bspw. Sving et al. 2014 oder van den Heede et al. 2009.
339 Vgl. Aiken et al. 2016.
340 Vgl. Lake et al. 2016.

kleineren Einrichtungen eher Personal mit weniger Routine und letztlich inadäquater Qualifikation anzutreffen ist.[341]

Ärztlicher Dienst
Zum Zusammenhang zwischen der qualitativen und quantitativen personellen Ausstattung im ärztlichen Dienst und der Ergebnisqualität in der perinatalen Versorgung liegen praktisch keine Studien vor. In den wenigen vorhandenen Studien werden vorwiegend HSMR auf Krankenhausebene und deren Zusammenhang mit der ärztlichen Ausstattung thematisiert.[342] Lediglich in einer auf kanadischen Daten beruhenden Studie von Synnes et al. aus dem Jahre 2006 konnte gezeigt werden, dass eine hohe Ausstattung mit Neonatologen in Relation zum Gesamtteam das Risiko von schweren Hirnblutungen bei VLBWI signifikant senkt.[343] Vermutlich ist der meist sehr geringe Spezifizierungsgrad bei den Studien zum Einfluss der ärztlichen Ausstattung auf die Outcomes (keine Differenzierung nach Krankheitsbildern und/oder Fachabteilungen) darauf zurückzuführen, dass Ärzte, anders als Pflegekräfte, zusätzlich zur Arbeit auf einer Station noch mit der Intervention selbst (in der Regel OP) betraut sind, diese oftmals aber in einer anderen Organisationseinheit durchgeführt wird (OP vs. Chirurgische Station). Im Operationsbereich wiederum werden zumeist Leistungen für verschiedene Fachabteilungen erbracht. Bei Pflegekräften lassen sich die pflegerischen und interventionellen Bereiche gut voneinander abgrenzen, da im OP der Funktionsdienst tätig wird. Der Einfluss der ärztlichen Ausstattung muss hingegen auf einer höheren Betrachtungsebene hinsichtlich der Outcomes (Krankenhaussterblichkeit) und der Organisationseinheiten (komplettes Krankenhaus) untersucht werden.

Zum Zusammenhang zwischen der personellen Ausstattung und den Outcomes ist anzumerken, dass die Übertragbarkeit von Studien aus anderen Ländern auf das hiesige Leistungsgeschehen nicht immer gegeben ist. So ist es bspw. von Belang, welche Aufgaben den Pflegekräften und welche den Ärzten anvertraut sind. Ist die Entwöhnung von einer Beatmung bei Neugeborenen bspw. in Deutschland Teil des ärztlichen Tätigkeitsgebietes, übernimmt diese Aufgabe in den USA regelmäßig eine Pflegekraft.[344]

---

341 Vgl. Johansen et al. 2018, S. 1210.
342 Vgl. bspw. Jarman et al. 1999.
343 Vgl. Synnes et al. 2006.
344 Vgl. Gemeinsamer Bundesausschuss 2015, S. 5.

4.3.2.3 Spezialisierung

Neben einem klassischen Volume-Outcome-Effekt legen insbesondere die im Jahre 2019 erschienenen Untersuchungen von Kuntz et al. nahe, dass neben einer Unterscheidung zwischen Patienten mit hohem und niedrigem Risikoprofil eine Spezialisierung des gesamten Hauses qualitätsförderlich ist, insbesondere für die Mortalität von Patienten mit hohem Risikoprofil.[345] Die Autoren knüpfen damit an eher theoretische Überlegungen aus der Krankenhausmanagementlehre an.[346] Für die perinatale Versorgung im Besonderen liegen kaum Daten zu einem Effekt der Spezialisierung vor. Lediglich eine Studie kommt zu dem Schluss, dass auf Geburtshilfe spezialisierte Anästhesisten eher geneigt sind, speziell für die Geburtshilfe verfügbare Anästhetika zu benutzen.[347] Insgesamt ist der Effekt der Spezialisierung (in Abgrenzung zum reinen Effekt der Größe) vergleichsweise selten Gegenstand von Forschungsarbeiten. Darüber hinaus liegt keine einheitliche Definition vor, was Spezialisierung genau bedeuten soll.[348]

4.3.2.4 Trägerschaft

Für das deutsche Leistungsgeschehen liegen nur krankheitsbildübergreifende Auswertungen nach Trägerschaft und Mortalität vor. Die wichtigste dürfte von Tiemann und Schreyögg stammen. Die Autoren attestieren privaten Trägern eine höhere Qualität (gemessen in Mortalitätsraten), was sie darauf zurückführen, dass private Betreiber eher in kompetitiven Regionen agieren und über eine höhere Qualität versuchen, einen Wettbewerbsvorteil zu etablieren.[349]

Im Jahre 2014 erschien eine Studie von Dahlen et al., in welcher der Zusammenhang zwischen der Trägerschaft (privat/öffentlich) und gynäkologischen Interventionen während der Geburt (neben Kaiserschnitten wurden hier auch verschiedene Geburtsmodi mit apparativer und anästhesiologischer Unterstützung berücksichtigt) bei Frauen ohne besonderes Risikoprofil untersucht wurde. Die Interventionsrate war bei privaten Krankenhausträgern erheblich und signifikant erhöht, ebenso die neonatale Morbidität (Apgar, Verlegung, Reanimation).[350] In anknüpfenden Studien konnten die erhöhten Interventionsraten in privaten Krankenhäusern ebenfalls beobachtet werden, die Morbidität zeigte

---

345 Vgl. Kuntz et al. 2018.
346 Vgl. Huckman und Zinner 2008.
347 Vgl. Cobb et al. 2019.
348 Vgl. Goldberger und Nallamothu 2010, S. 571 sowie Loos et al. 2016, S. 26.
349 Vgl. Tiemann und Schreyögg 2009, S. 129.
350 Vgl. Dahlen et al. 2014.

sich jedoch eher in öffentlichen Häusern erhöht.[351] Es sei jedoch angemerkt, dass die Studien auf australischen Daten beruhen und die Übertragbarkeit auf das hiesige Leistungsgeschehen angezweifelt werden sollte.

Für die USA liegen ähnliche Untersuchungen vor. Campbell et al. konnten zeigen, dass staatliche Krankenhäuser eher mit geringer maternaler und neonataler Ergebnisqualität assoziiert sind.[352] Ebenso existiert eine Studie aus den USA, in der eine höhere Kaiserschnittrate bei For-Profit-Krankenhäusern im Vergleich mit solchen ohne Gewinnerzielungsabsicht gezeigt werden konnte.[353]

4.3.2.5 Wettbewerbskonzentration

Für verschiedene Krankheitsbilder liegen Studien vor, in denen ein Einfluss der lokalen Wettbewerbskonzentration auf die Ergebnisqualität angenommen wurde oder nachgewiesen werden konnte.[354] Diese thematisieren jedoch nicht die perinatale Versorgung. Darüber hinaus sind die Ergebnisse oft abhängig von der Definition des Einzugsgebietes und widersprüchlich. Mal wirkt sich eine hohe Wettbewerbskonzentration positiv aus (bspw. Dialyse), mal negativ (Wirbelsäulenchirurgie). Es ist anzunehmen, dass die Wettbewerbskonzentration potenziell neben den Indikationsstellungen auch die Fahrtwege der Patienten sowie potenziell eine Ausweitung des Prozedurenvolumens (bspw. bei Kaiserschnitten, wenn diese mit einem höheren Erlös vergütet werden) beeinflusst. Darüber hinaus kann eine hohe Wettbewerbskonzentration auch dazu führen, dass Krankenhäuser neuere Behandlungsmethoden auswählen, um sich von ihren Konkurrenten abzuheben (bspw. OP-Roboter).[355]

4.3.2.6 Akademisches Lehrkrankenhaus

Für Leistungsbereiche außerhalb der perinatalen Versorgung liegen einige Studien vor, die den Einfluss eines sog. Teaching Status auf die Outcomes thematisieren. In aller Regel ist in diesen Arbeiten die Mortalität der zentrale Outcomeparameter. In einer bereits angesprochenen Arbeit von Chung et al. wurde der Einfluss des Status als Akademisches Krankenhaus (es wurde unterschieden zwischen einer Lehrverpflichtung im Bereich der Geburtshilfe und/oder der Neonatologie) auf die Mortalität von VLBWI untersucht. Es zeigten sich hier

---

351 Vgl. Adams et al. 2017, Jang et al. 2017 sowie Schemann et al. 2015.
352 Vgl. Campbell et al. 2018.
353 Vgl. Morris et al. 2017.
354 Vgl. bspw. Guida et al. 2018, Erickson et al. 2018, Durand et al. 2018.
355 Vgl. Wright et al. 2016 oder Sethi et al. 2013.

keine signifikanten Unterschiede, vielmehr gingen die Autoren davon aus, dass das Leistungsvolumen den zentralen Parameter darstellt.[356]

Hemminki et al. führten eine Studie über den Zusammenhang zwischen der Mortalität und dem Status als Universitätsklinikum in finnischen Krankenhäusern durch. Ein solcher Zusammenhang konnte nicht für Geburten mit einem Geburtsgewicht von über 2.500 Gramm gezeigt werden. Unter Einschluss von allen Geburten und mit einer Risikoadjustierung konnte ein besseres Abschneiden von Universitätsklinika jedoch durchaus gezeigt werden, unabhängig von der Größe der verglichenen Einrichtungen.[357] Die Autoren vertraten jedoch die Ansicht, diese Befunde sprächen nicht für eine stärkere Zentralisierung, vielmehr sei das aktuelle finnische System ausreichend, da die einweisenden Ärzte ein risikoorientiertes Vorgehen an den Tag legten.[358]

Zu einem späteren Zeitpunkt werteten Karalis et al. ebenfalls finnische Daten aus und gelangten zu einem anderen Ergebnis: Im Rahmen einer finnischen Studie aus dem Jahre 2016 wurden die intrapartale und frühe neonatale Mortalität zwischen Krankenhäusern mit und ohne Status als Universitätsklinikum verglichen. Der Fokus lag dabei auf regulären Reifgeborenen ohne besonderes Risikoprofil, insbesondere wurden Kinder mit einem Geburtsgewicht von unter 2.500 Gramm ausgeschlossen. Zunächst zeigte sich in dieser Studie eine signifikant erhöhte intrapartale Mortalität, wenn ein Bereitschaftsarzt lediglich abrufbereit, nicht jedoch im Krankenhaus anwesend war. Darüber hinaus ließ sich eine Tendenz zugunsten einer niedrigeren Mortalität in Universitätsklinika beobachten, die sich konsistent über alle Größenklassen, jedoch nicht signifikant darstellte.[359] Zu Einflüssen des Teaching Status auf maternale Outcomes liegen dem Autor ebenso wenig Studien vor wie solche, die das deutsche Leistungsgeschehen thematisieren.

4.4 Diskussion: Qualität als mehrdimensionales Konstrukt

4.4.1 Ergänzung des konzeptionellen Rahmens: Transport als weiterer Grund für Volume-Outcome-Effekte

Nach dem konzeptionellen Rahmen wirken Volume-Outcome-Effekte entweder über eine Patientensteuerung (Selective Referral) oder über eine

---

356 Vgl. Chung et al. 2011.
357 Vgl. Hemminki et al. 2011, S. 1190.
358 Vgl. Hemminki et al. 2011, S. 1191.
359 Vgl. Karalis et al. 2016.

Qualitätsverbesserung (Practice-Makes-Perfect). Die Wirkung entfaltet sich allerdings stets auf Ebene eines einzelnen Krankenhauses. Tatsächlich ist jedoch insbesondere im Bereich der neonatalen Versorgung noch ein weiterer Wirkmechanismus zu nennen, der auf eine andere Art und Weise wirkt und bei dem eine niedrigere Strukturqualität zu einer niedrigeren Ergebnisqualität führt, obwohl das Krankenhaus gar keine niedrige Qualität erbringt: Ist eine Verlegung in ein Krankenhaus mit besserer Ausstattung notwendig, so ist der Transport selbst insbesondere für Frühgeborene mit erheblichen Gefahren verbunden. Es sollten somit Strukturen geschaffen werden, bei denen Transporte von Frühgeborenen möglichst vermieden oder zumindest verkürzt werden. Auch dies spricht für eine Zentralisierung des Leistungsgeschehens insgesamt, weil in seltenen Konstellationen auch in Geburtskliniken niedrigen Levels Frühgeborene entbunden werden (bspw. bei Notkaiserschnitten nach Routineuntersuchungen), die dann in ein Level I Perinatalzentrum transportiert werden müssen.[360]

4.4.2 Herausforderungen bei der Interpretation des Forschungsstands und Notwendigkeit einer Interpretation

Eine abschließende Bewertung, inwiefern aufgrund der Studienlage in der perinatalen Versorgung von einem Volume-Outcome-Effekt einerseits und einem Einfluss der Strukturen und Prozesse auf die Ergebnisqualität andererseits gesprochen werden kann, fällt schwer. Dies liegt an zahlreichen Perspektiven, die es gleichzeitig zu berücksichtigen gilt, die sich jedoch bei jeder Studie unterscheiden: Ab welcher Schwelle gelten Leistungserbringer als groß oder klein (Volume), wo verläuft die Grenze zwischen Geburtshilfe und Neonatologie (Leistungsbereich), aus welchen Ländern stammen die Studien (Rahmenbedingungen), wie wurde mit Störgrößen umgegangen (Risikoadjustierung), welche Outcome-Parameter werden betrachtet (Outcome) und wann sind die Studien veröffentlicht worden (Zeitraum)?

Volume
Zunächst werden in den verschiedenen Studien sehr unterschiedliche Definitionen von großen und kleinen Einrichtungen zugrunde gelegt. So werden bspw. in einer finnischen Studie aus dem Jahre 2014 Kliniken mit unter 1.000 Geburten p.a. als klein definiert, wohingegen in einer Studie aus den USA Krankenhäuser mit mehr als 600 Geburten pro Jahr als groß gelten.[361] Dies erschwert

---

360 Vgl. Grytten et al. 2017.
361 Vgl. Pyykönen et al. 2014 sowie Friedman et al. 2016, zitiert nach Schmitt et al. 2019, S. 109.

eine Aussage über die Variabilität des Leistungsniveaus zwischen verschiedenen Größenklassen. Zahlreiche Autoren weisen jedoch darauf hin, dass sich auch Aussagen über die Qualität einer genau definierten Größenklasse verbieten, weil innerhalb dieser eine zu hohe Varianz der Qualität vorliegt.[362] Um den Einfluss der Inter-Größenklassen-Varianz verlässlich bestimmen zu können, bedarf es also einer weitestgehend konsistenten Größenklassen-Definition sowie einer möglichst geringen Intra-Größenklassen-Varianz.

Dass gerade bei sehr kleinen Einrichtungen eine hohe Intra-Größenklassen-Varianz vorliegt, ist in Anbetracht der oft niedrigen Inzidenzraten der kritischen Ereignisse nicht verwunderlich. Gerade bei sehr kleinen Leistungserbringern ist die Fallmenge oft zu gering, um mit einer ausreichenden statistischen Sicherheit davon ausgehen zu können, dass die einzelnen Häuser dieses Kollektivs eine hervorragende Qualität erbringen. Wenn ein kleines Krankenhaus kein kritisches Ereignis berichtet, ist dies jedoch noch kein hinreichender Beleg für eine hohe Qualität dieses Hauses in Bezug auf den jeweiligen Indikator, sondern allein aufgrund der geringen Fallzahlen wahrscheinlich.[363] Die Leistung von Volume-Outcome-Betrachtungen liegt gerade darin, dieses Fallzahl-Problem zu überwinden und hinreichend sichere Aussagen über Krankenhäuser mit bestimmten Eigenschaften treffen zu können. Dabei lässt sich nicht vermeiden, einzelne Leistungserbringer mit tatsächlich hoher Qualität auszuschließen, wenn eine hohe Qualität des einzelnen Hauses statistisch nicht mit der notwendigen Sicherheit nachweisbar ist.

Zeitraum
Da unerwünschte Ereignisse wie bspw. die Mortalität auch im Bereich der Geburtshilfe vergleichsweise selten sind, bedarf es großer Patientenkollektive, um institutionelle Einflussgrößen mit der ausreichenden statistischen Sicherheit darstellen zu können. Zum Einschluss möglichst vieler Patienten werden daher in vielen Studien Panels aus mehreren Jahren (zum Teil über fast ein Jahrzehnt) gebildet. Gerade im Bereich der neonatalen Outcomes ließen sich jedoch in den letzten Jahren erhebliche Verbesserungen erzielen. So ist bspw. die neonatale Mortalität in den letzten Jahren europaweit gesunken.[364] Vermutlich sind derartige Verbesserungen, die in zahlreichen Ländern zu beobachten sind, auf eine ganze Reihe von strukturellen Maßnahmen zurückzuführen. Hier sind insbesondere Mindestmengen, Zentralisierungsbestrebungen und Personalvorgaben anzuführen, die in

---

362 Vgl. bspw. Kutschmann et al. 2012.
363 Vgl. hierzu auch Teig 2013, S. 16.
364 Vgl. OECD und EU 2018, S. 97.

zahlreichen europäischen Ländern in unterschiedlicher Ausprägung erfolgt sind. Die Erfassungsjahre, auf welche die jeweiligen Studien Bezug nehmen, werden damit zu einer wesentlichen Störgröße bei der Interpretation solcher Arbeiten. Es darf bspw. angezweifelt werden, ob postulierte Volume-Outcome-Effekte, die (teilweise) auf vor einer Strukturreform erhobenen Daten beruhen, auch nach dieser Strukturreform noch bestehen.

Rahmenbedingungen
Ebenfalls ist es angreifbar, strukturelle Einflussgrößen länderübergreifend miteinander zu vergleichen. Die Unterschiede zwischen privaten und öffentlichen Trägern in den USA können in ähnlicher Weise auch auf das deutsche Gesundheitswesen durchschlagen, weil die Interessenlagen von öffentlichen und privaten Trägern grundsätzlich ähnlich sind. Es ist jedoch auch sehr gut möglich, dass das Gesundheitssystem insgesamt als Störvariable zu groß ist, um Trägerunterschiede aus anderen Ländern auch für Deutschland annehmen zu können. Dennoch wurde im Laufe dieses Kapitels auch über entsprechende Studien aus anderen Ländern berichtet, da für Deutschland keine dem Autor dieser Arbeit bekannten Studien existieren. Dabei wurde sich auf Industrienationen beschränkt, um die Varianz der Gesundheitssysteme möglichst gering zu halten.

Risikoadjustierung
Dass der Patientenmix in Krankenhäusern mit verschiedenen Charakteristika unterschiedlich ist, ist weitestgehend unumstritten. Die Risikoadjustierung, mit der diesem Problem begegnet wird, ist in den herangezogenen Studien jedoch sehr unterschiedlich. Zum Teil fehlt diese, zum Teil werden nur sehr wenige und zweitrangige Risikofaktoren (bspw. Alter und Parität der Mutter) erfasst.[365] Dies erschwert den Vergleich mit Ergebnissen von Studien mit sehr guter Risikoadjustierung.

Outcome
Dass Qualität als mehrdimensionales Konstrukt betrachtet wird, ist Errungenschaft und Problem zugleich. Selbst bezogen auf das vermeintlich eindeutige Kriterium der Mortalität von Neugeborenen lassen sich Vergleiche nur schwerlich ziehen. Zwar unterscheiden die meisten Studien zwischen Reif- und Frühgeborenen, wobei bei der letzten Gruppe zumeist VLBWI oder ELBWI besonders interessieren. Es gibt jedoch auch einige Studien, welche Todesfälle von allen Neugeborenen unabhängig von Gestationsalter und Geburtsgewicht betrachten. Was als ein Todesfall definiert wird, ist ebenfalls von Studie zu Studie

---

365 Vgl. bspw. Pyykönen et al. 2014 oder Karalis et al. 2016.

unterschiedlich. Unterschiede in den Einschlusskriterien der Studien lassen sich v.a. in der Betrachtung von Todesfällen finden, die nicht unmittelbar während oder kurz nach der Geburt auftreten. Dabei sind Todesfälle auch dann für die Bewertung der Qualität eines Krankenhauses relevant, wenn sie erst nach der Verlegung in ein anderes Krankenhaus, nach einer Wiederaufnahme oder nach Entlassung nach Hause auftreten.

Abgesehen vom Zeitpunkt der Erfassung besteht bei der Definition eines Todesfalles kein definitorisches Problem. Was hingegen unter der Morbidität verstanden wird, ist sehr unterschiedlich.

Letztlich ist Ergebnisqualität jedoch weit mehr als nur die Abwesenheit von unerwünschten Ereignissen. In den meisten Publikationen über den Zusammenhang zwischen institutionellen Einflussgrößen und der Ergebnisqualität spielen PROMs oder PREMs allerdings gar keine Rolle, ebenso wenig wie Outcomes, die überhaupt erst nach dem Krankenhausaufenthalt erfasst werden können (bspw. funktionierende Stillbeziehung).

Da die o.g. Einflussgrößen in den verschiedenen Studien in unterschiedlicher Ausprägung miteinander kombiniert sind, dürften Aussagen über institutionelle Einflussgrößen auf die Ergebnisqualität kaum mit endgültiger Sicherheit möglich sein. Ferner lassen sich methodische Angriffspunkte wohl bei jeder Studie finden. Diese Angriffspunkte können in einer unvollständigen Risikoadjustierung, dem Nicht-Berücksichtigen bestimmter (langfristiger) Outcomes oder einem unvollständigen Qualitätsmodell liegen. Eine Interpretation des Forschungsstandes bedarf immer eines Interpreten, sie ist immer mit normativen Annahmen verbunden, sie ist kaum eineindeutig vornehmbar und nicht mit vollständiger Sicherheit möglich. Gerade deshalb bedarf es allerdings auch einer Interpretation, die verkürzend wirkt und die zum Teil widersprüchlichen Ergebnisse in einen Gesamtkontext einordnet. Eine solche verkürzende Interpretation muss jede werdende Mutter durch die Auswahl ihrer Geburtsklinik vornehmen. Ebenfalls sind politische Entscheider in der Situation, solche Interpretationen durch das Erlassen oder Unterlassen von Strukturvorgaben vorzunehmen. Das Bundessozialgericht würdigt diese Interpretationsleistung, indem es bspw. lediglich einen wahrscheinlichen Zusammenhang zwischen Behandlungsvolumen und Ergebnisqualität verlangt, um mittels Mindestmengen steuernd in das Leistungsgeschehen einzugreifen. Inwiefern die Qualitätsberichte ein Beitrag zu dieser Einordnungsleistung von Patienten und der Fachöffentlichkeit sein können und ob sie zu einem klareren Bild beitragen, soll im nun folgenden empirischen Teil dieser Arbeit aufgezeigt werden.

5 Hypothesenbildung und Methodik

5.1 Präzisierung der Fragestellung

Aus den vorangegangenen Abschnitten lassen sich folgende Defizite für den Forschungsstand zusammenfassen:

1. Viele Studien aus den USA weisen die Einschränkung auf, dass lediglich bestimmte Patientengruppen (in der Regel Medicare-Patienten) als Datengrundlage dienen. Diese Einschränkung auf bestimmte Patientengruppen trifft auch auf einen hohen prozentualen Anteil der Studien für Deutschland zu, weswegen auch bei diesen Untersuchungen vergleichbare Verzerrungseffekte zu erwarten sind. Zum Teil sind die Untersuchungen auf AOK-Versicherte beschränkt.[366] Zum Teil werden nur bestimmte Bundesländer ausgewertet.[367]
2. Es gibt nur sehr wenige Studien über Mechanismen, welche dem Volume-Outcome-Effekt vermutlich zugrunde liegen; der Einfluss von Prozess- und Strukturdimensionen wird nur selten in Volume-Outcome-Studien thematisiert.[368] In den wenigen vorhandenen Forschungsarbeiten werden die Prozess- und Strukturdimension oftmals nicht zusammen mit dem Leistungsvolumen betrachtet.
3. Maternale Morbiditätsparameter und Outcomes in Bezug auf Reifgeborene insgesamt spielen im Bereich der perinatalen Versorgung nur selten eine Rolle, die meisten Studien beschränken sich auf die Mortalität von VLBWI. In den meisten Studien erfolgt eine isolierte Betrachtung einzelner Endpunkte. Es erfolgt nur sehr selten eine umfassende Würdigung von mehreren Outcome-Parametern.
4. Die Qualitätsberichte dienen vergleichsweise selten als Datengrundlage, insbesondere wenn es um die Bewertung der Qualität in der Perinatalen

---

366 So basieren viele der Studien über deutsche Patienten auf den Krankheitsverläufen von AOK-Patienten (Routinedatenansatz, vgl. bspw. Alsfasser et al. 2016, S. 136–137 oder Heller et al. 2007, S. 124) oder auf Abrechnungsdaten des vdek (vgl. Schrader und Rath 2007, S. 283; Schrader und Rath 2005, S. 200).
367 Vgl. bspw. Heller et al. 2002, Bartels et al. 2005, Hummler et al. 2006, Teig et al. 2007, Trotter und Pohlandt 2010, Esser et al. 2014, Hentschel et al. 2018 oder Schmitt et al. 2019.
368 Vgl. Mesman et al. 2015, S. 1066.

Versorgung oder um die Darstellung von Volume-Outcome-Effekten in diesem Leistungsbereich geht.[369] In einigen Studien wird auf die den Qualitätsberichten zugrunde liegenden Primärdaten, meist aus einzelnen Bundesländern, zurückgegriffen. Die Qualitätsberichte werden jedoch kaum auf Volume-Outcome-Effekte und Einflüsse von Struktur- und Prozesscharakteristika auf die Ergebnisqualität untersucht. Zwar gibt es Studien zu der Fragestellung, ob Patienten die Berichte verstehen und nutzen, es fehlt aber an einer umfassenderen Studie darüber, wie sich die Qualitätsinformationen für einen fiktiven Leser darstellen würden, wenn er sie denn vollständig erfassen und nutzen könnte. Studien über strukturelle Verzerrungen in den Daten aufgrund des Designs der Qualitätsberichte liegen ebenfalls kaum vor.[370]

5. Nachdem die Mindestmenge bei der Versorgung von VLBWI durch ein Urteil des BSG von 30 auf 14 reduziert wurde, ist weiterhin offen, ob die Mindestmenge ausreichend ist. Das BSG räumt die Möglichkeit ein, eine niedrige Mindestmenge in einem Stufenverfahren anzuheben, fordert hierfür jedoch eine bessere Studienlage über die Zahl von 14 VLBWI hinaus.[371]

Mit dieser Dissertation soll daher der Versuch unternommen werden, folgende Fragestellungen zu beantworten:

1. Lassen sich Volume-Outcome-Zusammenhänge in der perinatalen Versorgung in den deutschen Qualitätsberichten des Berichtsjahres 2015 finden? Wenn ja, für welche Indikationen bzw. welche Outcomes ist dies der Fall?
2. Lässt sich ein Zusammenhang zwischen Strukturqualitätsindikationen und Outcomes herstellen?

---

369 Eine Ausnahme bildet hier die Studie von Nimptsch und Mansky 2018, in der sich allerdings auf die Kaiserschnittrate beschränkt wurde. Ferner verwendete Heller 2018 Daten der Website Perinatalzentren.org, die zwar auf den Daten der externen Stationären Qualitätssicherung beruhen, womit er jedoch nicht die Qualitätsberichte als Datengrundlage im engeren Sinne benutzte.
370 In einer Arbeit von Kraska et al. wird auf methodische Probleme hingewiesen, inkl. einer Analyse von methodischen Problemen, die bspw. der Bestimmung der personellen Ausstattung und/oder von Daten zur Versorgungsqualität im Bereich von Pneumonien im Wege stehen (vgl. Kraska et al. 2015). Darüber hinaus weisen die Untersuchungen von de Cruppe et al. in Zusammenschau mit denen von Peschke et al. darauf hin, dass Selbstangaben von Krankenhäusern zur Erreichung von Mindestmengen in den Qualitätsberichten erheblich von denen der DRG-Statistik abweichen (vgl. Cruppé et al. 2014 sowie Peschke et al. 2014).
371 Vgl. Urteil des Bundessozialgerichts vom 18.12.2012, Az. B 1 KR 34/12 R, Rn. 57.

3. Treten Struktur- und Prozessqualitätsmerkmale, welche die Outcomes (potenziell) begünstigen, besonders häufig in Krankenhäusern mit hohem Leistungsvolumen auf?

Es wird sich auf solche Indikatoren des Jahres 2015 beschränkt, die zu dieser Zeit vom G-BA uneingeschränkt zur Veröffentlichung empfohlen wurden, um eine möglichst breite Konsentierung sicherzustellen. Darüber hinaus werden nur Indikatoren verwendet, bei denen eine Risikoadjustierung erfolgt ist, um entsprechende Verzerrungen zu vermeiden. Zudem sind die Qualitätsberichte im Grundsatz vergleichsweise verzerrungsfrei, weil sie das komplette Leistungsgeschehen umfassen.[372]

Mit den genannten Einschlusskriterien ist es dabei möglich, Parameter der maternalen Morbidität (Indikator 51181: Schwere Dammrisse, Kaiserschnitte), Mortalität und Morbidität von VLBWI (Indikatoren 50050: Hirnblutungen, 50053: Bronchopulmonale Dysplasien, 51901: Qualitätsindex), Morbidität und Mortalität von Früh- und Reifgeborenen (Indikator 51397: Azidosen bei Reifgeborenen, Indikatoren 50048/51119: Todesfälle bei Risikogeburten, 50062: Pneumothoraces unter/nach Beatmung) zu berücksichtigen. Durch die Zusammenschau all dieser Indikatoren sowie die Berücksichtigung der Studienlage ist es darüber hinaus möglich, eine Bewertung vorzunehmen, inwiefern beim Leistungsvolumen oder bestimmten Prozess- und Strukturspezifika wahrscheinlich ein Einfluss auf die Ergebnisqualität besteht.

5.2 Datenquellen

5.2.1 Externe stationäre Qualitätssicherung

Die Qualitätsberichte wurden zur Beantwortung der genannten Hypothesen in maschinenverwertbarer Form (XML-Format) bei der Geschäftsstelle des Gemeinsamen Bundesausschusses beantragt.[373] Sie enthalten auf Krankenhaus- bzw. Fachabteilungsebene aggregierte Daten über nach § 108 SGB V zugelassene Krankenhäuser. Verwendet wurden die Berichte des Erfassungsjahres 2015 mit Datenstand vom 26.05.2017.

---

372 Zu den Verzerrungen durch Datenschutzeffekte und Verlegungseffekte vgl. Kapitel 6.1.6.
373 Die Beantragung ist unter https://www.g-ba.de/downloads/17-98-2740/2015-01-22_Auftragsformular-ANB_Qb-R.pdf (Stand: 05.01.2019) möglich. Rechtsgrundlage ist das Informationsweiterverwendungsgesetz.

Im Gegensatz zu Routinedaten haben die Daten der externen stationären Qualitätssicherung im Grundsatz den Vorteil, dass sie das Leistungsgeschehen vollständig abbilden, also insbesondere nicht auf die Daten einer einzigen gesetzlichen Krankenkasse beschränkt sind. Dies ist auch deswegen erheblich, weil bei allen Patienten Deutschlands nicht nur eine im Vergleich zu Patienten der Gesetzlichen Krankenkassen veränderte Risikostruktur zu erwarten ist, sondern diese durch ärztliche und nichtärztliche Wahlleistungen ggf. auch eine andere prozessuale Behandlung erfahren.[374]

5.2.2 Krankenhaus-Directory

Begleitend zum jährlichen Krankenhaus-Report des WIdO wird eine auch elektronisch verfügbare Krankenhaus-Directory herausgegeben, in der zentrale Strukturparameter der deutschen Krankenhauslandschaft enthalten sind. Diese beinhaltet insbesondere Angaben über die Spezialisierung und die Wettbewerbskonzentration, die im weiteren Verlauf der Arbeit berücksichtigt werden.[375] Zur Verlinkung zwischen der Krankenhaus-Directory und den Daten aus den Qualitätsberichten wurde die IK-Nummer verwendet, welche für jedes Krankenhaus eindeutig ist. Hierzu wurde vom Wissenschaftlichen Institut der AOK eine um die IK-Nummern ergänzte Version des Directorys des Jahres 2015 erfragt.

5.3 Krankenhäuser als Untersuchungsobjekte

Im Rahmen dieser Arbeit wird der Begriff Krankenhaus im Gleichklang mit den Vorschriften des fünften Buches Sozialgesetzbuch definiert. Gemäß § 107 Abs. 1 SGB V zeichnen sich Krankenhäuser insbesondere dadurch aus, dass sie der Krankenhausbehandlung oder Geburtshilfe dienen, unter ständiger ärztlicher Leitung stehen, darauf eingerichtet sind, Krankheiten zu erkennen, zu lindern, zu heilen, ihre Verschlimmerung zu verhüten oder Geburtshilfe zu leisten. Ferner ist die Möglichkeit der Unterbringung und Verpflegung der Patienten ein zusätzliches konstitutives Merkmal von Krankenhäusern.[376] Die wesentlichen Abgrenzungskriterien zu einer Vorsorge- oder Rehabilitationseinrichtung bestehen darin, dass in Krankenhäusern regelmäßig Diagnostik stattfindet,

---

374 Vgl. Heller et al. 2014, S. 461.
375 Vgl. Klauber et al. 2016.
376 Aus Gründen der Übersichtlichkeit wird § 107 Abs. 1 SGB V nur in Auszügen zitiert. Für die vollständige Definition wird auf den genannten Paragraphen verwiesen.

Krankheiten überwiegend durch ärztliche und pflegerische Hilfeleistungen (statt mit Heilmitteln) begegnet wird sowie Geburtshilfe geleistet werden kann.[377]

Im Folgenden werden in die weitere Betrachtung nur solche Krankenhäuser einbezogen, in welchen Patienten der gesetzlichen Krankenversicherung behandelt werden dürfen, da nur von diesen Krankenhäusern ein Qualitätsbericht erstellt werden muss.[378] Davon umfasst sind Universitätsklinika, Krankenhäuser, welche in den Krankenhausplan eines Landes aufgenommen sind, sowie Klinika, mit denen ein Versorgungsvertrag abgeschlossen wurde.[379] Somit sind Krankenhäuser ohne Zulassung zur Behandlung von gesetzlich Versicherten (Privatkrankenhäuser) sowie Vorsorge- und Rehabilitationseinrichtungen keine Krankenhäuser im Sinne dieser Arbeit.

Unterhält ein Konzern mehrere Krankenhäuser, so wird ein Krankenhaus dann als ein eigenständiges Krankenhaus betrachtet, wenn es einen eigenen Standort im Qualitätsbericht zugewiesen bekommen hat. Für alle anderen Krankenhäuser außerhalb einer konzernähnlichen Struktur gilt, dass ein Krankenhaus dann als ein solches identifiziert wird, wenn es ein eigenes Institutionskennzeichen besitzt.[380] Sofern ein Krankenhaus an einem Standort mehrere leistungserbringende Einheiten desselben Fachgebiets ohne eigene Institutionskennziffer besitzt, werden diese Einheiten als Station behandelt. Damit wird der Standortdefinition gefolgt, die im Rahmen der externen stationären Qualitätssicherung Anwendung findet. Eine einheitliche Standortdefinition, welche Gültigkeit für das gesamte Gesundheitswesen hätte, fehlt im Erfassungsjahr 2015.[381]

5.4 Auswahl der Outcome-Variablen und deren Plausibilisierung

5.4.1 Festlegung der Indikatoren

Es sollen solche Indikatoren ausgewählt werden, welche mehrere Perspektiven der Ergebnisqualität abbilden (maternal/neonatal, Morbidität/Mortalität, Reif-/Frühgeborene) und dabei sowohl mittels logistischer Regression risikoadjustiert

---

377 Darüber hinaus bestehen zahlreiche Unterschiede im Leistungsangebot und in der Finanzierung. Ein Überblick über die Unterschiede findet sich bspw. bei Staudt und Grabein 2016, S. 277–281.
378 Vgl. § 136b Abs. 1 Nr. 3 SGB V.
379 Vgl. § 108 SGB V.
380 Zum Vergabeverfahren des Institutionskennzeichens vgl. bspw. GKV-Spitzenverband et al. 2015.
381 Vgl. hierzu bspw. Klakow-Franck 2018, S. 16.

als auch in der Ärzteschaft hinreichend konsentiert sind, was sich in einer uneingeschränkten Empfehlung des G-BA zur Veröffentlichung in den Qualitätsberichten ausdrückt.

Tabelle 2: In die Erhebung eingeschlossene Qualitätsindikatoren mit ausführlicher Indikatorbezeichnung.

Indikator[382] (Leistungsbereich)	Ausführliche Indikatorbezeichnung
51181 (GebH)	Verhältnis der beobachteten zur erwarteten Rate (O/E) an Dammrissen Grad III oder IV bei spontanen Einlingsgeburten
51397 (GebH)	Verhältnis der beobachteten zur erwarteten Rate (O/E) an Azidosen bei reifen Einlingen mit Nabelarterien-pH-Bestimmung
51803 (GebH)	Qualitätsindex Geburtshilfe
52249 (GebH)	Verhältnis der beobachteten zur erwarteten Rate (O/E) an Kaiserschnittgeburten
50048 (NEO)	Verhältnis der beobachteten zur erwarteten Rate (O/E) an Todesfällen bei Risiko-Lebendgeburten (ohne zuverlegte Kinder)
50050 (NEO)	Verhältnis der beobachteten zur erwarteten Rate (O/E) an Hirnblutungen (IVH Grad 3 oder PVH) bei sehr kleinen Frühgeborenen (ohne zuverlegte Kinder)
50053 (NEO)	Verhältnis der beobachteten zur erwarteten Rate (O/E) an Bronchopulmonalen Dysplasien (BPD) bei sehr kleinen Frühgeborenen (ohne zuverlegte Kinder)
50062 (NEO)	Verhältnis der beobachteten zur erwarteten Rate (O/E) an Pneumothoraces bei Kindern unter oder nach Beatmung (ohne zuverlegte Kinder)
51119 (NEO)	Verhältnis der beobachteten zur erwarteten Rate (O/E) an Todesfällen bei Risiko-Lebendgeburten
51837 (NEO)	Verhältnis der beobachteten zur erwarteten Rate (O/E) an Todesfällen bei sehr kleinen Frühgeborenen (ohne zuverlegte Kinder)
51901 (NEO)	Qualitätsindex der Frühgeborenenversorgung

In Tabelle 2 sind diejenigen Indikatoren gelistet, auf die dies zutrifft. Sowohl in der Literatur als auch in der externen stationären Qualitätssicherung ist ein Fokus auf die Outcomes bei der Behandlung von VLBWI zu erkennen, der auch in der Auswahl dieser Indikatoren zum Ausdruck kommt (Indikatoren 50050, 50053, 51837). Davon abgesehen erscheint das Indikatorenset jedoch ausgewogen (es werden Outcomes in Bezug auf Mütter, Reifgeborene und Frühgeborene berücksichtigt) und durch die Veröffentlichungspflicht weitgehend etabliert.

---

382 Vgl. IQTIG 2016a, S. 31–32, 40.

5.4.2 Plausibilisierung

Da die Qualitätsindikatoren die zentrale Rolle in der späteren Auswertung einnehmen, sollten die entsprechenden Daten möglichst wenige Verzerrungen aufweisen, weswegen die publizierten Werte vor der Auswertung einem Prüfverfahren unterzogen wurden. Eine Übersicht über das hierzu verwendete Verfahren ist in Abbildung 5 dargestellt:

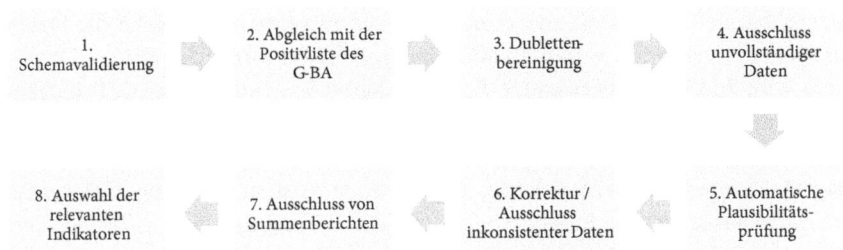

Abbildung 5: Verfahren der Datenaufbereitung für O/E-Indikatoren.

Zunächst wurde überprüft, ob alle benötigten Variablen vollständig eingelesen wurden, ob diese ausschließlich die zulässigen Ausprägungen besitzen und ob diese innerhalb des zulässigen Wertebereichs liegen.[383] Während des maschinellen Einlesens der einzelnen XML-Dateien erfolgte hierzu in einem ersten Schritt eine Validierung aller Qualitätsberichte gegen das XML-Schema des G-BA.[384] Hierbei kam es zu keinen Fehlern. In einem zweiten Schritt wurde überprüft, inwiefern die Daten aller Krankenhäuser erfasst wurden, welche in der Positivliste des G-BA genannt waren. Zwar waren die Daten einiger weniger Krankenhäuser nicht vorhanden, dies konnte jedoch in allen Einzelfällen als plausibel eingestuft werden, weil im Berichtszeitraum keine Leistungen erbracht wurden, für welche die Dokumentation von Qualitätsindikatoren angezeigt gewesen wäre. Der Datensatz umfasste nach diesem Prozessschritt 38.731 Datenzeilen, wobei eine Datenzeile einem Qualitätsindikator je berichtender Einheit entspricht. Im nächsten Schritt wurden Dubletten automatisch entfernt. Sofern mehrere Standorte einer IK-Nummer im Teil C-1 exakt die gleichen Angaben gemacht haben,

---

383 Vgl. Horenkamp-Sonntag et al. 2014, S. 318–319.
384 Vgl. Gemeinsamer Bundesausschuss 2016f.

wurden diese Standorte wie Dubletten behandelt. Nach der Bereinigung um Dubletten verblieben 38.275 Datenzeilen.

Von diesen Datensätzen handelte es sich bei 12.767 Zeilen um O/E-Indikatoren. Für weitere Berechnungen wurden O/E-Indikatoren nur berücksichtigt, sofern keines der Felder Ergebnis, beobachtete Ereignisse, erwartete Ereignisse oder Grundgesamtheit leer war. Alle anderen Indikatoren wurden in diesem vierten Schritt ausgeschlossen. Falls die Angaben in der ersten Datenlieferung mit Datenstand vom 23.01.2017 vollständig waren, die Nachlieferung jedoch Lücken enthielt, wurde die ursprüngliche Version verwendet, sofern die Daten ansonsten unverändert waren. In allen anderen Fällen wurde der spätere Datenstand vom 26.05.2017 verwendet. Es verblieben 6.548 vollständige O/E-Indikatoren (entspricht 51,29 % aller O/E-Indikatoren).

Im fünften Schritt erfolgte eine Prüfung mittels VBA, ob die Datenzeile als plausibel eingestuft werden kann. Als nicht konsistent gilt eine Datenzeile, wenn das ausgewiesene Ergebnis nicht mit der Formel *Ergebnis = (Beobachtete Ereignisse / Grundgesamtheit) / (Erwartete Ereignisse / Grundgesamtheit)* nachvollzogen werden konnte. Sofern das Ergebnis unter maximaler Ausnutzung kaufmännischer Rundungstoleranzen erklärt werden konnte, wurde es als konsistent eingeschätzt. Der Code zur Beurteilung der Daten auf Konsistenz ist im Anhang (Gliederungspunkt 11) dargestellt. Mithilfe dieser Datenprüfung wurden 583 der Datenzeilen (8,90 % aller vollständigen O/E-Indikatoren) als auffällig markiert.

Zur Klärung der korrekten Werte dieser Datenzeilen wurden die zuständigen Landesgeschäftsstellen für Qualitätssicherung kontaktiert. Im Rahmen dieses Kontaktes konnten weitere 450 Datenzeilen ausfindig gemacht werden, bei denen ein Beta-Fehler, also eine Falsch-Negativ-Erkennung des Prüfprogramms zu konstatieren war und somit eine Inkonsistenz vorlag, die nicht durch das Prüfprogramm erkannt wurde (6,87 % aller vollständigen O/E-Indikatoren). Darüber hinaus konnten neun unvollständige Datensätze ergänzt werden, welche hierdurch vollständig wurden. Somit sind 1.042 der nunmehr 6.557[385] O/E-Indikatoren des Jahres 2015 (15,89 %) als inkonsistent zu bewerten. Darüber hinaus wurde der Kontakt dazu genutzt, inkonsistente Daten zu berichtigen und den Grund für die Datenanomalien herauszufinden. Eine Übersicht über die aufgetretenen Inkonsistenzen findet sich in Tabelle 3.

---

385 Die Zahl von 6.557 vollständigen O/E-Indikatoren setzt sich zusammen aus 6.548 initial vollständigen Indikatoren und neun Datensätzen, welche durch Ergänzung der Daten vollständig wurden.

Auswahl der Outcome-Variablen und deren Plausibilisierung 123

Tabelle 3: Ursachen für inkonsistente Daten.

Ursache für Dateninkonsistenz	Anteil
Die Grundgesamtheit war mit dem Wert 4 multipliziert	268 (25,72%)
Als Anzahl der beobachteten Ereignisse wurde die Anzahl der erwarteten Ereignisse ausgewiesen	263 (25,24%)
Falsche Anwendung von Rundungsregeln / Mehrfache Rundung	188 (18,04%)
Als Anzahl der erwarteten Ereignisse wurde die Grundgesamtheit ausgewiesen	66 (6,33%)
Die Anzahl der erwarteten Ereignisse entsprach dem Ergebniswert	60 (5,76%)
Die Anzahl der erwarteten Ereignisse entsprach dem Nenner der Rate der erwarteten Ereignisse (Indikatoren 50060 und 50061)	60 (5,76%)
Die Angabe des Ergebnisses erfolgte in der Form XX anstelle von 0,XX	59 (5,66%)
Datensatz unvollständig	43 (4,13%)
Fehlerursache nicht ermittelbar / Mehr als zwei Fehler traten gemeinsam auf	12 (1,15%)
Die erwarteten Ereignisse waren mit dem Faktor 10 multipliziert	11 (1,06%)
Beim manuellen Übertrag von Daten wurden einzelne Ziffern vertauscht (Zahlendreher)	8 (0,77%)
Als Anzahl der erwarteten Ereignisse wurde die Anzahl der beobachteten Ereignisse ausgewiesen	3 (0,29%)
Als Grundgesamtheit wurde die Anzahl der beobachteten Ereignisse ausgewiesen	1 (0,10%)
Gesamtergebnis	**1.042 (100%)**

Es zeigte sich, dass die Inkonsistenzen v.a. darauf zurückzuführen sind, dass beim Indikator 51803, der vier Ebenen (Mortalität, geringer Apgar, metabolische Azidose, Azidose) umfasst, die Grundgesamtheit in mehreren Bundesländern (Bayern, Baden-Württemberg, Niedersachsen, Schleswig-Holstein) nicht durch die vier Ebenen dividiert wurde, wodurch sich eine um den Faktor 4 erhöhte Grundgesamtheit ergab.[386]

Darüber hinaus war ein Fehler im Land Berlin maßgeblich am Zustandekommen von Inkonsistenzen beteiligt, der dazu führte, dass bei allen O/E-Indikatoren als Anzahl der beobachteten Ereignisse die Anzahl der erwarteten Ereignisse ausgewiesen wurde. Des Weiteren spielt die fehlerhafte Anwendung von Rundungsregeln eine entscheidende Rolle. Im Land Niedersachsen trat ebenfalls ein systematischer Fehler auf, durch den die Anzahl der erwarteten Ereignisse im Fachbereich Neonatologie dem Ergebniswert entsprach.

---

[386] Zu den Rechenregeln vgl. IQTIG 2016b, S. 46.

124 Hypothesenbildung und Methodik

Schlussendlich mussten im sechsten Schritt 215 Datenzeilen (3,28 %) aufgrund mangelnder Konsistenz ausgeschlossen werden, weil deren korrekte Werte sich nicht ermitteln ließen.

Im siebten Schritt wurden Berichte mit dem Standort 99 ausgeschlossen, da diese der Zusammenfassung mehrerer Standorte entsprechen und die jeweiligen Fälle sonst doppelt gezählt würden.

Hiernach ließ sich der Datensatz nach den für diese Untersuchung relevanten O/E-Indikatoren filtern. Es verbleiben insgesamt 3.423 Datensätze von einzelnen Indikatoren je Krankenhausstandort. Die entsprechenden Stichprobenbeschreibungen je Qualitätsindikator sind Teil des sechsten Kapitels.

5.4.3 Berechnung der Konfidenzintervalle nach Wilson

Mithilfe der Risikoadjustierung werden Qualitätsindikatoren um die Effekte bekannter Risiken bereinigt.[387] Darüber hinaus werden die Qualitätsergebnisse um die (potenziellen) Einflüsse unbekannter Risiken bzw. zufälliger Effekte über die Angabe von Konfidenzintervallen bereinigt.[388] Nach Korrespondenz mit dem IQTIG[389] erfolgt die Berechnung von Konfidenzintervallen im Rahmen der esQS nach der Formel von Wilson. Da diese Berechnung unüblich ist, wird sie hier kurz dargestellt. Angepasst auf die Qualitätssicherung ergeben sich folgende Formeln zur Berechnung der Konfidenzintervalle:

$$\textit{Untere Konfidenzintervallgrenze} = \frac{p_u}{\textit{E-Rate}},$$

$$\frac{O}{E}\textit{Rate} = \frac{\textit{O-Rate}}{\textit{E-Rate}} \textit{ sowie}$$

$$\textit{Obere Konfidenzintervallgrenze} = \frac{p_o}{\textit{E-Rate}}.$$

Hierbei gilt, dass

$$p_{o,u} = \frac{2 * GG * \textit{O-Rate} + zp^2 \pm zp * \sqrt{(zp^2 + 4 * GG * \textit{ORate} * (1 - \textit{O-Rate}))}}{2 * (GG + zp^2)},$$

wobei

---

387 Vgl. Kapitel 3.2.
388 Vgl. Kapitel 3.2.1.
389 E-Mail vom 14.09.2017 an den Verfasser.

GG = Grundgesamtheit des jeweiligen Qualitätsindikators
O-Rate = Observed-Rate (Anzahl der beobachteten Ereignisse / GG)
zp = Konstante bei einem Signifikanzniveau von 95 % (=1,959963985)
E-Rate = Expected-Rate (Anzahl der erwarteten Ereignisse / GG)
o = oben
u = unten.

Über die Konfidenzintervalle ist es möglich, einen Korridor anzugeben, in welchem die tatsächliche O/E-Rate, bereinigt um zufällige Effekte, mit der gewünschten Wahrscheinlichkeit liegt. Die Angabe ist sowohl für einzelne Krankenhäuser möglich (siehe den jeweiligen Qualitätsbericht) als auch für eine Gruppe von Leistungserbringern.

5.5 Auswahl der Einflussgrößen und deren Plausibilisierung

Folgende institutionelle Einflussgrößen sollen im Rahmen der Studie Verwendung finden. Ihre Relevanz ergibt sich, soweit nicht anders angegeben, daraus, dass bereits in anderen Studien ein potenzieller Einfluss auf die Ergebnisqualität, zum Teil bei anderen Krankheitsbildern, nachgewiesen werden konnte.[390] Zu jeder Einflussgröße wird dargestellt, wie diese aus den Qualitätsberichten oder ggf. angrenzenden Datenquellen operationalisiert werden kann und, sofern notwendig, wie die Datenplausibilisierung erfolgt.

Leistungsvolumen
Für jeden Indikator wurde das Leistungsvolumen anhand der Grundgesamtheit des Indikators ausgelesen. Ein Krankenhaus kann also je nach Qualitätsindikator mal zu einer kleinen Größenklasse, mal zu einer großen Größenklasse gehören. Dies ist bedingt durch unterschiedliche Einschlusskriterien in den Rechenregeln.

Krankenhäuser sind somit indikatorspezifisch in Quantile einzuteilen. In internationalen Studien findet sich kein einheitliches Bild über die Anzahl der verwendeten Größenklassen – es kommen Terzile, Quartile und Quintile gehäuft vor. Von Quintilen wird abgesehen, weil ansonsten die Fallzahlen je Quintil zu klein sind. Es werden stattdessen Quartile gewählt, um einerseits die Ränder (größte und kleinste Häuser) ausreichend klein und damit abgrenzbar zu halten und andererseits in den mittleren Größenklassen noch differenzieren zu können. Darüber hinaus werden in den meisten vergleichbaren internationalen

---

390 Vgl. Kapitel 4.3.

Studien ebenfalls Quartile verwendet, womit diese Studie besser mit den Ergebnissen anderer Autoren verglichen werden kann.

Im weiteren Verlauf der Arbeit wird von Größenklassen, nicht von Quartilen gesprochen. Damit soll zum Ausdruck gebracht werden, dass die Anzahl der Krankenhäuser je Größenklasse nicht gleich groß ist und damit kein Quartil im engeren Sinne vorliegt, wohl aber die Anzahl an Patienten je Größenklasse approximativ gleich groß ausfällt. Über eine Fallzahlgewichtung im Rahmen der Regressionen wird jedoch erreicht, dass es sich letztlich de facto um Quartile im engeren Sinne handelt.[391] Da das Leistungsvolumen Teil der Indikatorenangaben ist, wurden diese Angaben im Zuge der Plausibilisierung der Outcome-Variablen überprüft. Etwaige Rückfragen wurden direkt mit den Landesstellen für Qualitätssicherung geklärt.

Auffälliger Prozessparameter
Um etwaige Mängel in den Prozessen des Klinikums sichtbar zu machen, werden die Indikatoren 1058 (E-E-Zeit bei Notfallkaiserschnitt über 20 Minuten), 330 (Antenatale Kortikosteroidtherapie) und 318 (Anwesenheit eines Pädiaters bei Frühgeburten) in einer einzigen Variablen zusammengefasst. Ein Klinikum gilt dann als auffällig, wenn nach Abschluss des *Strukturierten Dialoges* einer der drei Indikatoren als auffällig markiert und nach Beurteilung der zuständigen Fachgruppe ein Handlungsbedarf attestiert wurde (Bewertung mittels Kürzel A41: *Hinweise auf Struktur- oder Prozessmängel* oder A42: *Keine (ausreichend erklärenden) Gründe für die rechnerische Auffälligkeit benannt*). Es erfolgte dahingehend eine Plausibilisierung, ob bei Vorliegen eines der beiden Kürzel das Indikatorergebnis auch tatsächlich außerhalb des Referenzbereichs lag. Dies war bei allen Datensätzen der Fall, bei denen ein Ergebnis ausgewiesen wurde (dies betraf zwei Krankenhäuser). Bei 14 weiteren Häusern war aus Gründen des Datenschutzes kein Ergebnis ausgewiesen, hier wurde das Ergebnis des *Strukturierten Dialoges* übernommen.

Das Zusammenfassen der drei unterschiedlichen Prozess-Indikatoren zu einer einzigen Variablen ist notwendig, weil jeder einzelne Indikator nur eine äußerst geringe Diskriminanzfähigkeit aufweist.[392] Gleichzeitig ist das Vorgehen konservativ, weil nur eindeutige Prozessmängel eingeschlossen werden und bspw. bei unvollständiger oder falscher Dokumentation (Kürzel D50) kein Einschluss stattgefunden hat.

---

391 Vgl. Kapitel 5.7.2.
392 Zur Diskussion des Problems der unzureichenden Qualitätsdifferenzierung vgl. bspw. Köster-Steinebach 2019, S. 150–152.

Die Variable *Auffälliger Prozessparameter* erlaubt es wegen des Zusammenschlusses verschiedener Variablen somit nicht, auf einen bestimmten Prozessmangel zu schließen, es ist jedoch sehr wohl möglich, mit dieser Variable aufzuzeigen, ob in einem bestimmten Krankenhaus prozessuale Defizite bestehen, die auch von einer unabhängigen Expertengruppe als solche eingeschätzt wurden. Diese haben potenziellen Einfluss auf die Outcomes.

Level des Perinatalzentrums
Sofern im Qualitätsbericht eines Hauses der Schlüssel CQ05 angegeben wurde, wurde dieses als Perinatalzentrum ersten Levels identifiziert, beim Schlüssel CQ06 entsprechend als Perinatalzentrum Level II. Sofern ein Krankenhaus bei einem der Indikatoren 50048, 50050, 50053, 51119 oder 51901 veröffentlichungspflichtig war und kein entsprechendes Kürzel veröffentlicht hatte, wurden die Homepage des jeweiligen Hauses und die Website *perinatalzentren.org* als weitere Datenquellen herangezogen, um die Werte zu plausibilisieren. Auf diese Weise wurden die Werte von 19 Häusern ergänzt. In seltenen Fällen waren Häuser bei den genannten Indikatoren auch berichtspflichtig, obwohl sie kein Perinatalzentrum sind und obwohl sie über keine geburtshilfliche Abteilung am Standort verfügen. Dies betraf universitäre Herzzentren mit eigener IK-Nummer (Hamburg und Freiburg), in denen Neonaten mit primär kardiologischem Krankheitsbild versorgt wurden.

Spezialisierung
Die Spezialisierung des Krankenhauses wurde anhand des Gini-Koeffizienten ermittelt. Dieser schwankt zwischen 0 und 1. Ein Wert von 1 würde bedeuten, dass das Krankenhaus nur die Erbringung einer einzigen Basis-DRG vereinbart hat, ein Wert von 0 würde hingegen aussagen, dass sich die Leistungen gleichmäßig über alle 555 Basis-DRGs des Jahres 2015 verteilen.[393] Die Ermittlung erfolgte durch das WIdO, eine weitergehende Plausibilisierung war nicht erforderlich.

Trägerschaft
Die Trägerschaft wird aus den allgemeinen Daten zum Krankenhaus zu Beginn eines jeden Qualitätsberichtes bestimmt. Eine Plausibilisierung der Daten ist nicht notwendig, weil bereits durch die Schemavalidierung ein zulässiger Wertebereich (öffentlich/privat/freigemeinnützig) bestimmt wurde, innerhalb dessen sich alle Krankenhäuser bewegt haben. Es war jedoch bei 37 Häusern eine Ergänzung des Trägers notwendig, wenn das Datenfeld nicht ausgefüllt wurde.

---

393 Vgl. WIdO 2016, S. 445.

Personelle Ausstattung
Grundsätzlich ist davon auszugehen, dass die quantitative und qualitative Ausstattung mit Ärzten und Pflegekräften die Ergebnisqualität im Bereich der perinatalen Versorgung beeinflusst.[394] Darüber hinaus sind im Bereich der Geburtshilfe Hebammen als eine weitere Gruppe einzubeziehen.

Die B-Teile der Qualitätsberichte sind zur Beurteilung der personellen Ausstattung in Kreißsälen und auf neonatologischen Stationen im Grundsatz geeignet, weil die Personalkennzahlen auf Ebene von Stationen bzw. Organisationseinheiten ausgewiesen werden. Jedoch sind weder der Kreißsaal noch die NICU regelmäßig eigene Organisationseinheiten, vielmehr werden diese zumeist unter größeren Abteilungen subsumiert (i. d. R. Gynäkologie bzw. Pädiatrie). Es ist daher auch nicht sinnvoll, Physician-To-Patient-Ratios, Facharztquoten o.ä. in die Analyse einfließen zu lassen, weil derartige Quoten stark von den übrigen Leistungen in der Abteilung abhängen (bspw. gynäkologische oder pädiatrische Operationen) und die Auswertung entsprechend stark verzerren würden. Die quantitative und qualitative Ausstattung an Ärzten und Pflegekräften kann somit nicht als Strukturkomponente berücksichtigt werden. Als Teil der Prozesskomponente wird jedoch erfasst, ob ein Pädiater bei Frühgeburten zugegen war (s.o.).

Allerdings soll der Versuch unternommen werden, den Zusammenhang zwischen der quantitativen personellen Ausstattung an Hebammen und der Ergebnisqualität im Leistungsbereich Geburtshilfe operationalisierbar zu machen. Es wird dafür folgende Hilfsannahme getroffen: *Geburten finden in einem Kreißsaal statt und werden durch Hebammen betreut, welche ausschließlich im Kreißsaal arbeiten, sofern sie dem stationären Sektor zugeordnet werden können.*

Faktisch ist kein Teil dieser Annahme für die komplette Versorgungslandschaft in Deutschland korrekt: In manchen Krankenhäusern existiert kein Kreißsaal und keine geburtshilfliche oder gynäkologische Abteilung, obwohl dort Geburten stattfinden. Wie bereits dargestellt, ist bei der Mehrzahl der Krankenhäuser der Kreißsaal als organisatorische Einheit nicht klar abgrenzbar, insbesondere weil er unter einer größeren Fachabteilung (bspw. Gynäkologie und Geburtshilfe) subsumiert wird. Zum Teil geben Krankenhäuser an, weder Hebammen noch Beleghebammen zu beschäftigen, obwohl in den betreffenden Klinika Geburten stattfinden.[395] Dies zeigt, dass es keineswegs immer zwingend Hebammen sind,

---

394 Vgl. Kapitel 4.3.2.2.
395 Beispielsweise das Marienhospital in Steinfurt, die entsprechenden Angaben sind zu finden unter Gemeinsamer Bundesausschuss 2017a, S. 16, 85, 94.

welche die Geburt federführend begleiten, sondern es scheinen auch Ärzte und Pflegekräfte die Hauptrolle zu übernehmen. Obwohl die Rolle der Geburtshelfer in den meisten Häusern wohl von den Hebammen übernommen wird, wirkt ärztliches oder pflegerisches Personal immer auch unterstützend oder beaufsichtigend am Geburtsprozess mit, weswegen eine alleinige Betrachtung der Hebammen verkürzt erscheint. Schlussendlich betreuen Hebammen nicht ausschließlich den Geburtsvorgang selbst, sondern kümmern sich auch um die Vor- und Nachsorge, bspw. durch die Beratung und Pflege von Wöchnerinnen und deren Neugeborenen. Die o.g. Hilfsannahme erscheint jedoch trotzdem vertretbar, weil in den meisten Krankenhäusern der Anteil an Vor- und Nachsorge ungefähr gleich ausfallen dürfte und auch die Datenlage dafür spricht, dass in den meisten Krankenhäusern Hebammen während der Geburt in ihrem originären Tätigkeitsfeld eingesetzt werden und keine andere Berufsgruppe.

Es ergibt sich jedoch das Problem, dass Beleghebammen in Köpfen, angestellte Hebammen hingegen in Vollzeitäquivalenten im B-Teil der Qualitätsberichte ausgewiesen werden. Eine gleichzeitige Betrachtung der beiden Systeme ist nicht sinnvoll. Es wird jedoch im Bereich Geburtshilfe eine Variable erstellt, die aussagt, ob ein Beleghebammensystem, ein Angestelltensystem oder ein gemischtes System im Krankenhaus vorzufinden war. Ein Krankenhaus gilt im Rahmen dieser Arbeit dann als nach dem Beleghebammensystem arbeitend, wenn die Anzahl der Beleghebammen mehr als 95 % der Summe von angestellten Vollzeitäquivalenten und Beleghebammen entspricht. Analog dazu gilt ein Krankenhaus als nach dem Angestelltensystem arbeitend, wenn die Anzahl der angestellten Hebammen mehr als 95 % der Summe von Beleg- und angestellten Hebammen beträgt. Trifft keiner der beiden Fälle zu, so wird von einem gemischten System ausgegangen. Darüber hinaus werden Korrelationen zwischen der Ergebnisqualität und der Quote aus Geburten und angestellten Hebammen sowie der Quote aus Geburten und Beleghebammen durchgeführt. Die Trennung von der übrigen Auswertungsmethodik (siehe Kapitel 5.7.2) ist notwendig, weil vergleichsweise wenige Krankenhäuser nach dem Angestelltensystem arbeiten und entsprechend viele fehlende Werte zu einer insgesamt nicht mehr tolerablen Anzahl an fehlenden Werten im mehrfaktoriellen Regressionsmodell geführt hätten.

Ziel dieses Datenbereinigungsverfahrens ist es, die Anzahl der Hebammen (als Vollzeitäquivalente) zu identifizieren, welche in der stationären Geburtshilfe des Jahres 2015 tätig waren. Hierzu wurde zunächst für jeden Indikatoren aus dem Leistungsbereich Geburtshilfe berichtenden Krankenhausstandort versucht, diejenige organisatorische Einheit zu identifizieren, in welcher Geburtshilfe geleistet wird. Hierzu wurden zunächst solche Fachabteilungen ausgewählt, bei denen der Fachabteilungsschlüssel 2500 angegeben wurde.[396] Hilfsweise wurden die Namen der Fachabteilungen nach den Zeichenketten *Geburtsh*, *Gynäk* sowie *Frauenh* durchsucht.

Sofern diesen Organisationseinheiten in den B-Teilen der Qualitätsberichte Hebammen zugeordnet waren, wurde die Anzahl der der stationären Versorgung zugeordneten Hebammen übernommen. Sofern die Hebammen nicht in stationär und ambulant aufgeteilt waren, wurden alle Hebammen dem stationären Sektor zugerechnet.

Wurden für die jeweilige organisatorische Einheit keine Anzahl der Hebammen angegeben oder die Anzahl war null, so wurden die Angaben des gesamten Hauses für die entsprechende Einheit übernommen. Bei mehreren organisatorischen Einheiten, in denen Geburtshilfe geleistet wurde, wurde das Personal des Gesamthauses anteilig der Geburten auf die einzelnen Stationen verteilt.

Falls auf diese Art und Weise die Anzahl der Hebammen nicht ermittelt werden konnte (weil die Angaben im Qualitätsbericht fehlten) oder die Angaben unplausibel waren (als unplausibel wurde ein Betreuungsschlüssel von über 250 Geburten p.a. eingeschätzt), so wurden die Angaben aus dem Qualitätsbericht des Jahres 2014, hilfsweise die Angaben aus dem Berichtsjahr 2016 übernommen, sofern sich diese erheblich von denen des Jahres 2015 unterschieden. Eine Unterscheidung wurde als erheblich definiert, wenn die Anzahl der Hebammen durch den Wechsel des Berichtsjahres nicht mehr null war oder sich mehr als verdoppelte. Konnte auf diese Art und Weise die personelle Ausstattung immer noch nicht plausibel ermittelt werden, so wurde im April 2018 die Homepage der betreffenden Klinik aufgerufen und die Anzahl der Hebammen von dieser übernommen, sofern eine solche verfügbar war.

Beleghebammen wurden nicht in Vollzeitäquivalente umgerechnet, weil jede Beleghebamme sowohl ihren Beschäftigungsumfang als auch ihren Anteil an Geburtshilfe im engeren Sinne (zumindest grundsätzlich) selbst festlegen kann und eine Umrechnung zu starke Varianzen beinhalten würde.

Wettbewerbskonzentration
Die Wettbewerbskonzentration wird mithilfe des 10-km-Hirschmann-Herfindahl-Index angegeben. Er schwankt für jedes Krankenhaus zwischen 0 und 1, wobei der Wert 1 einem Monopol entspricht. Die Werte berechnen sich in Bezug auf die vereinbarten Leistungen des jeweiligen Krankenhauses. Ein Krankenhaus kann also auch bei Vorhandensein eines anderen Hauses in unmittelbarer Nähe

---

396 Es wurde das Schlüsselverzeichnis verwendet, welches im Datenübermittlungsverfahren gemäß § 301 SGB V eingesetzt wird. Vgl. Deutsche Krankenhausgesellschaft 2012.

einen HHI von 1 aufweisen, wenn keine Schnittmengen zwischen den Leistungen der beiden Häuser bestehen. Der Hirschmann-Herfindahl-Index wird berechnet über die Summe aller quadrierten Marktanteile. Die Ermittlung erfolgte durch das WIdO, eine weitergehende Plausibilisierung war nicht notwendig.[397]

Status als akademisches Lehrkrankenhaus
Ob ein Krankenhaus ein akademisches Lehrkrankenhaus ist, wurde aus dem A-Teil der Qualitätsberichte ausgelesen. Sofern das Krankenhaus entweder angegeben hat, an eine Universität angeschlossen zu sein oder sich selbst als akademisches Lehrkrankenhaus bezeichnet, galt es als solches. Weitere Plausibilisierungen erschienen nicht notwendig.

5.6 Diskussion: Vollständigkeit, Korrektheit und Nützlichkeit der Daten der externen stationären Qualitätssicherung

Ein zentrales Ziel der Qualitätsberichte ist es, „Information, Orientierungs- und Entscheidungshilfe für alle interessierten Personen, z.B. für Patienten und Patientinnen sowie Leistungserbringer insbesondere im Vorfeld einer Krankenhausbehandlung"[398] zu sein. Selbst unter der Annahme, dass die in den Qualitätsberichten enthaltenen Informationen eine hohe Relevanz für den Patienten aufweisen, sind zumindest annähernd vollständige und korrekte Daten Grundvoraussetzung, um dem Ideal einer Entscheidungshilfe nahezukommen. Dass nur etwa die Hälfte der O/E-Indikatoren aller Häuser vollständig in den Qualitätsberichten ausgewiesen wurde, steht dem entgegen. Grund dafür dürfte die Datenschutzverzerrung sein.[399]

Die Abwesenheit unerwünschter Ereignisse ist ein zentraler Bestandteil der Ergebnisqualität. In der deutschen Qualitätssicherung wird ein deutlicher Fokus auf die Bewertung von Unterschieden zwischen den Leistungserbringern in Bezug auf diesen Qualitätsaspekt gelegt. Dafür spricht, dass Patienten ein hohes Interesse daran haben sollten, im Krankenhaus keiner unnötig hohen Mortalität oder Morbidität ausgesetzt zu sein. Gleichzeitig weisen die meisten unerwünschten Ereignisse eine solch niedrige Inzidenzrate auf, dass eine hohe Wahrscheinlichkeit besteht, dass einzelne Krankenhäuser lediglich eine niedrige einstellige Anzahl von Fällen mit diesem unerwünschten Ereignis berichten. Sich auf der einen Seite auf unerwünschte Ereignisse zu fokussieren und auf der anderen Seite hohe Anforderungen an den Datenschutz zu stellen, konterkariert

---
397 Vgl. WIdO 2016, S. 445.
398 § 1 Qb-R.
399 Vgl. Kapitel 6.1.5 für eine ausführliche Diskussion dieses Effekts.

den Gedanken der Qualitätsberichterstattung. Es ist für Patienten bei einem derart hohen Anteil an unvollständigen Daten nicht möglich, sinnvolle Vergleiche zu ziehen und daraus Wahlentscheidungen abzuleiten.

Dies gilt umso mehr, wenn die vollständigen und ausgewiesenen Daten in hohem Maße nicht korrekt sind. Inkorrekte Daten, gerade im Bereich der Ergebnisindikatoren, haben das Potenzial, die Patienten zu verunsichern, eine Interpretation der für Laien schwierig zu deutenden Indikatoren zu erschweren oder gar die Wahlentscheidung zulasten eines Krankenhauses mit hervorragender Qualität zu beeinflussen. Denkbar erscheinen hier diffuse oder gar paradoxe Selective-Referral-Effekte. Es sollte in weiteren Studien untersucht werden, inwiefern die mittlerweile angestoßenen Verfahren zur automatisierten Plausibilisierung der Berichte mittels Prüfregeln ihre Wirksamkeit entfalten. Damit eine Wirkung auch im C-Teil der Berichte entfaltet werden kann, sollten derartige Plausibilisierungsregeln auch für diesen Teil erstellt werden.

Darüber hinaus ist es fraglich, inwiefern es die sehr umfangreichen Strukturangaben im B-Teil der Qualitätsberichte vermögen, die Patienten in einer sinnvollen Weise zu steuern. Vielmehr liefern die dargestellten Informationen Scheingenauigkeiten.[400] Ob es für die Geburt meines Kindes förderlich ist, wenn in der Abteilung für Gynäkologie und Geburtshilfe 8,81 Fachärzte mit vier verschiedenen Weiterbildungen beschäftigt sind, die alle in der stationären Versorgung tätig sind, lässt sich selbst dann nicht beantworten, wenn die Personalzahl in ein Verhältnis zu allen Patienten gesetzt und mit anderen Häusern verglichen und ein Zusammenhang der Form *je mehr Personal, desto besser* vorausgesetzt wird. Inwiefern auch nur eine einzige ärztliche Kraft im Kreißsaal tätig ist, lässt sich anhand dieser Daten ebenso wenig beurteilen wie die Frage, ob das Krankenhaus außerhalb des Kreißsaals besonders personal- oder sachgüterintensive Leistungen erbringt. Auch in diesem Lichte sind Personalquoten zu interpretieren. Es bedarf also einer Definition einer Arbeitsbelastung (für Pflegekräfte bspw. Pflegelast) sowie eine eineindeutige Zuordnung von Patienten und Personal zu Abteilungen, damit derartige Quotienten sinnvoll gebildet und für einen Qualitätsvergleich genutzt werden können. Im Zuge der Pflegepersonaluntergrenzen sind derartige Vorarbeiten zum Teil geleistet worden,[401] die im Rahmen dieser

---

[400] Darüber hinaus sind auch die Aussagen zum Personaleinsatz keinesfalls konsistent. Vgl. hierzu bspw. die Angaben zu den Drop-Out-Raten aufgrund fehlender Angaben oder nicht valider Personalangaben in Schneider 2017, S. 19.

[401] Allerdings wird die konkrete Ausgestaltung von Seiten der Leistungserbringer stark kritisiert. Vgl. bspw. Doelfs 2018.

Arbeit allerdings nicht genutzt werden können, weil die verwendeten Daten der Qualitätssicherung auf einem früheren Stand beruhen.

5.7 Hypothesen und statistische Tests

5.7.1 Hypothesen in Bezug auf die Volume-Outcome-Beziehung

5.7.1.1 Direkte Volume-Outcome-Beziehung aus Patientensicht

In einem ersten Schritt sollen für die genannten Indikatoren die Volume-Outcome-Effekte so gezeigt werden, wie sie sich einem fiktiven Leser aller in Deutschland veröffentlichten Qualitätsberichte darstellen, wenn die fehlerhaften Daten entsprechend korrigiert wurden. Die Hypothese lautet, dass die O/E-Rate zwischen erster und vierter Größenklasse streng monoton fällt. Zur Überprüfung der Hypothese werden die Krankenhäuser in Größenklassen (siehe Kapitel 5.4.3) eingeteilt und für jede Größenklasse und jeden Indikator wird die O/E-Rate inkl. der 95 %-Konfidenzintervalle nach Wilson berechnet. Unterschiede zwischen den Größenklassen sind mit einem Kruskal-Wallis-Test zu testen. Die Hypothese des Kruskal-Wallis-Tests unterscheidet sich formal von der der Summenformel, weil beim Kruskal-Wallis-Test ein einzelnes Krankenhaus die Bezugsgröße ist, bei der Summenformel ein Patient:

- Hypothese Summenformel: Die Ergebnisindikatoren von Patienten haben eine streng monoton fallende O/E-Rate, wenn die Patienten in Krankenhäusern unterschiedlicher Größenklasse behandelt werden.
- Hypothese Kruskal-Wallis: In Krankenhäusern besteht je nach Größenklasse eine streng monoton fallende O/E-Rate in Bezug auf die Ergebnisqualität ihrer Patienten, wenn sie anhand der Patientenzahlen in Größenklassen eingeteilt werden.

5.7.1.2 Qualitätsergebnisse von kleinsten Leistungserbringern

Hiernach sollen für die genannten Indikatoren die Indikatorergebnisse von kleinsten Einrichtungen (mit einem Leistungsvolumen von unter 20 Patienten) denen aller anderen Häuser gegenübergestellt werden. Hierzu wird eine Hochrechnung der O/E-Rate der Häuser mit weniger als 20 Fällen vorgenommen. Diese Hochrechnung geschieht über die Nutzung der bereits in den Qualitätsberichten vorhandenen Daten einerseits und einer Ergänzung um die fehlenden Werte mittels einer Schätzung der Indikatorergebnisse anhand der Grafiken in der IQTIG-Bundesauswertung andererseits.

Die so entstandenen Daten über Krankenhäuser mit unter 20 Fällen werden von denen aller Krankenhäuser in der IQTIG-Bundesauswertung abgezogen, womit eine Aussage über die Krankenhäuser mit mindestens 20 Fällen erreicht werden kann. Der Hochrechnung werden folgende Annahmen über fehlende Daten zugrunde gelegt:

- Krankenhäuser, die aufgrund von ein bis drei beobachteten Ereignissen von der Qualitätsberichterstattung ausgeschlossen wurden und eine Fallzahl von unter 20 Fällen aufweisen, haben eine Fallzahl von 10. Damit wird der Median aus dem möglichen Fallzahlbereich (1–19 Fälle) bei jedem Krankenhaus angesetzt. Die Anzahl der beobachteten Ereignisse wird im Leistungsbereich Neonatologie auf zwei festgesetzt (Median aus einem bis vier möglichen Fällen). Ebenfalls bekommen diese Krankenhäuser eine O/E-Rate zugeordnet, die aus der IQTIG- Bundesauswertung des Indikators durch Ausmessen der entsprechenden Grafik bestimmt wird. Die Rate an erwarteten Ereignissen ist der Quotient aus den beobachteten Ereignissen und dem Indikatorergebnis. Wird diese mit der Fallzahl (10) multipliziert, ergibt sich die Anzahl an erwarteten Ereignissen.
- Krankenhäuser, die aufgrund einer Grundgesamtheit im Bereich von einem Fall bis vier Fällen von der Qualitätsberichterstattung ausgeschlossen wurden, haben eine Grundgesamtheit von 2, auch hier wird also der Median aus dem möglichen Fallzahlbereich von einem bis drei Fällen angesetzt. Ferner werden diesen Krankenhäusern eine Observed-Rate von 0 und eine Rate an erwarteten Ereignissen, die der durchschnittlichen Rate an erwarteten Ereignissen aller Häuser entspricht, zugeordnet.

Berechnungsbeispiel:
Am Beispiel des Indikators 51181 soll die oben skizzierte Methodik aufgezeigt werden. In Abbildung 6 sind die Angaben aus der IQTIG-Bundesauswertung abgebildet. Es kann zunächst abgelesen werden, dass im Jahre 2015 insgesamt fünf Krankenhäuser mit einem Fallzahlvolumen von unter 20 Daten an die esQS geliefert haben. Darüber hinaus lässt sich ablesen, dass es ein Krankenhaus mit einem Indikatorergebnis von 4,06 gibt und darüber hinaus vier weitere Häuser mit einem Indikatorergebnis in Höhe von 0. Würden weitere Häuser mit einem Indikatorergebnis von über 0 existieren, ließe sich die Grafik anhand der Angabe des Maximums auf 4,06 kalibriert ausmessen.

Hypothesen und statistische Tests 135

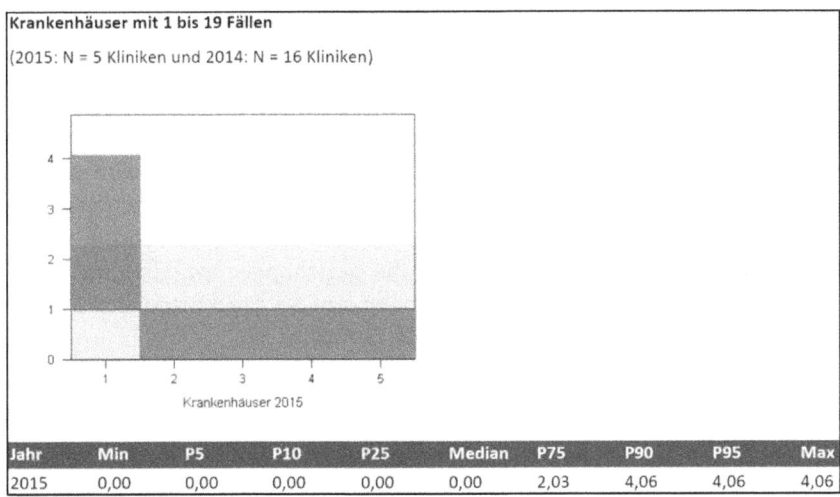

Abbildung 6: Angaben in der IQTIG-Bundesauswertung zum Indikator 51181 über Krankenhäuser mit weniger als 20 Fällen.

Dem Krankenhaus mit einem Indikatorwert von 4,06 werden nun ein Fallzahlvolumen von zehn Fällen sowie zwei unerwünschte Ereignisse zugeordnet (jeweils Median aller möglichen Konstellationen). Aus der in der Bundesauswertung angegebenen O/E-Rate ergibt sich eine Anzahl von erwarteten Ereignissen in Höhe von 0,49 (= 2/4,06). Den vier weiteren Krankenhäusern wird eine Grundgesamtheit von 2 zugeordnet und die durchschnittliche Rate an erwarteten Ereignissen bei diesem Indikator, die sich ebenfalls aus der IQTIG-Bundesauswertung ergibt (= 1,31%). Somit wird eine Grundgesamtheit von 18 (1 * 10 + 4 * 2) Fällen, zwei beobachtete und 0,5976 erwartete Fälle geschätzt. Werden diese Werte der kleinsten Häuser vom Gesamtergebnis aller Krankenhäuser subtrahiert, so erhält man die Hochrechnung für die Werte der Häuser mit mindestens 20 Fällen.

Es wurde versucht, die notwendigen Annahmen möglichst realistisch auszugestalten, weswegen auf Mittelwerte zurückgegriffen wurde. Bei einzelnen Indikatoren kann dadurch eine Verzerrung entstehen, wenn die Krankenhäuser in der Stichprobe überwiegend Extremwerte aufweisen. Dafür liegen allerdings keine Hinweise vor. Es ist jedoch anzunehmen, dass sich einerseits das Ausmaß solcher Verzerrungen in Grenzen hält und Verzerrungen andererseits vor allem auf die Größe der Konfidenzintervalle wirken, weil die O/E-Raten und damit die Verhältnisse der Observed- und Expected-Raten der einzelnen Häuser bekannt sind.

5.7.1.3 Plausibilisierung der Qualitätsberichte

Durch eine Gegenüberstellung der beiden Volume-Outcome-Auswertungsformen soll neben der Frage nach einem Volume-Outcome-Effekt auch einerseits eine Einschätzung ermöglicht werden, ob strukturelle Verzerrungen auf den Leser wirken, die eine Qualitätsbewertung erschweren. Andererseits soll aus diesen Überlegungen ein Verfahren zur Reduktion etwaiger Verzerrungen in den Qualitätsberichten hergeleitet werden, mit dem ein möglichst störungsfreies Setting geschaffen werden kann, in dem die Beziehungen zwischen institutionellen Einflussgrößen, dem Leistungsvolumen und der Ergebnisqualität in einer multifaktoriellen Regression getestet werden können.

5.7.2 Hypothesen in Bezug auf die Beziehung zwischen den Strukturen und Prozessen sowie den Outcomes

Ebenfalls soll untersucht werden, ob die genannten potenziellen strukturellen und prozessualen Einflussgrößen tatsächlich einen signifikanten Einfluss ausüben. Zuvor soll der Datensatz so gut wie möglich um etwaige Störfaktoren bereinigt werden, welche zuvor im Rahmen der Plausibilisierung der Qualitätsberichte identifiziert wurden. Die Hypothese lautet, dass die in Kapitel 5.4.3 genannten Einflussgrößen signifikante lineare Schätzer des Ergebnisses des jeweiligen Indikators sind. Darüber hinaus lautet die Hypothese, dass das so ermittelte Modell auch für die Grundgesamtheit Gültigkeit besitzt.

Die Hypothesen sind im Rahmen einer multiplen Regressionsanalyse zu überprüfen. Da diese Regressionsanalysen auch die Größenklassen der jeweiligen Häuser umfassen und zuvor eine Bereinigung um Störfaktoren vorgenommen wurde, ist eine möglichst unverzerrte Volume-Outcome-Betrachtung ebenfalls Teil dieser Analyse.

Sofern einzelne Modelle das notwendige 95 %-Signifikanzniveau verfehlen oder ein R^2 von unter 0,06 aufweisen, werden die Daten anhand eines Entscheidungsbaumes klassifiziert, um etwaige Unterschiede nichtlinearer Natur sichtbar zu machen. Die Klassifizierung der Wichtigkeit eines Prädiktors erfolgt mit dem CHAID-Verfahren. Die maximale Baumtiefe wurde auf 3 eingestellt, das Signifikanzniveau analog zu den übrigen Auswertungsformen auf 95 %.

5.7.3 Hypothesen in Bezug auf die Beziehung zwischen dem Leistungsvolumen sowie den Strukturen und Prozessen

Als Maß für die Größe eines Krankenhauses werden zwei Kenngrößen simultan verwendet: Das Leistungsvolumen des Bereiches Neonatologie und die Anzahl an Geburten des Hauses, jeweils bestimmt anhand der Sollstatistik des jeweiligen QS-Filters. Folgende Nullhypothesen gilt es zu testen:[402]

- Perinatalzentren unterschiedlichen Levels weisen bezüglich des geburtshilflichen und neonatalen Leistungsvolumens die gleichen Mittelwerte auf.
- Krankenhäuser mit einem auffälligen Prozessindikator unterscheiden sich im Vergleich zu Krankenhäusern ohne auffälligen Prozessindikator nicht hinsichtlich des mittleren geburtshilflichen und neonatalen Leistungsvolumens. Die Nullhypothese ist sowohl für die Zusammenfassung aller Prozessindikatoren als auch für die drei Indikatoren getrennt voneinander zu testen.
- Krankenhäuser, die sich hinsichtlich des Levels des Perinatalzentrums unterscheiden, sind in Bezug auf die mittlere Anzahl an Geburten pro Hebammen-Vollzeitäquivalent und in Bezug auf die Anzahl an Geburten je Beleghebamme gleich.
- Krankenhäuser, die ihre Geburtshilfe mit Beleghebammen, festangestellten Hebammen oder nach einem gemischten System organisieren, weisen bezüglich des geburtshilflichen Leistungsvolumens die gleichen Mittelwerte auf.
- Das Leistungsvolumen in der Geburtshilfe korreliert weder mit der Anzahl an Geburten, die ein Hebammen-Vollzeitäquivalent jährlich zu betreuen hat, noch mit der Anzahl an Geburten, die eine Beleghebamme jährlich zu betreuen hat.
- Weder Wettbewerbskonzentration (operationalisiert über den 10-km-Hirschmann-Index) noch Spezialisierung (operationalisiert über den Gini-Koeffizienten) korrelieren mit dem geburtshilflichen oder neonatalen Leistungsvolumen.
- Die Mittelwerte des 10-km-Hirschmann-Index und des Gini-Koeffizienten sind bei den verschiedenen Trägern identisch.
- Unterschiedliche Krankenhausträger weisen bezüglich des geburtshilflichen und neonatalen Leistungsvolumens die gleichen Mittelwerte auf.

In den meisten Fällen handelt es sich um eine abhängige kategoriale Variable in Kombination mit einer stetigen unabhängigen Variablen. Die Auswahl des Tests auf Unterschiede zwischen den Merkmalsausprägungen der unabhängigen Variablen erfolgt anhand des unter anderem von Du Prel et al. beschriebenen Algorithmus.[403] Sofern unabhängige Variablen mit mehr als zwei Merkmalsausprägungen vorhanden sind, werden Post-Hoc-Analysen durchgeführt, um untersuchen zu können, welche der Merkmale sich genau voneinander unterscheiden.

---

402 Die Nullhypothesen werden einheitlich für parametrische Verfahren formuliert.
403 Vgl. Du Prel et al. 2010, S. 346.

6 Ergebnisse

6.1 Direkte Volume-Outcome-Beziehung aus Patientensicht
6.1.1 Stichprobenbeschreibung
6.1.1.1 Kontextuelle Einordnung der Stichprobe

In Tabelle 4 sind die eingeschlossenen Qualitätsindikatoren des Erfassungsjahres 2015 dargestellt. Für jeden Indikator ist der jeweilige Fachbereich (16/1 = Geburtshilfe, NEO = Neonatologie) sowie diejenige Kurzbezeichnung des Indikators angegeben, die im weiteren Verlauf Verwendung findet.[404] Darüber hinaus ist für jeden Indikator die Fallzahl dargestellt (entspricht jeweils den kumulierten Grundgesamtheiten der einzelnen Standorte) sowie die Anzahl derjenigen Krankenhausstandorte, welche nach dem Datenbereinigungsverfahren in der Stichprobe verblieben sind.

Tabelle 4: Stichprobenbeschreibung zur direkten Volume-Outcome-Beziehung aus Patientensicht: Qualitätsindikatoren-ID und eigene Kurzbezeichnung nach Anzahl der Patienten und Krankenhäuser.

Indikator-ID und Kurzbezeichnung	Anzahl Fälle	Anzahl Krankenhäuser
50048 (NEO): Todesfälle bei Risikogeburten (exkl. Verlegung)	60.870	273
50050 (NEO): Hirnblutungen VLBWI	4.973	128
50053 (NEO): Bronchopulmonale Dysplasien VLBWI	5.281	148
50062 (NEO): Pneumothoraces unter/nach Beatmung	19.847	185
51119 (NEO): Todesfälle bei Risikogeburten (inkl. Verlegung)	64.335	282
51181 (16/1): Schwere Dammrisse	364.361	528
51397 (16/1): Azidosen Reifgeborene	305.285	344
51803 (16/1): Qualitätsindex Reifgeborene	503.380	487
51837 (NEO): Mortalität VLBWI	5.214	136
51901 (NEO): Qualitätsindex VLBWI	9.266	178
52249 (16/1): Kaiserschnitte	707.630	734

---

[404] Auf das Ausweisen des Leistungsbereichs innerhalb von Tabellen wird im Folgenden verzichtet, um die Tabellen übersichtlicher und platzsparender gestalten zu können.

Zur Einordnung der Fallzahlen der Indikatoren des Moduls 16/1 (Geburtshilfe) kann die Krankenhausstatistik des Jahres 2015 herangezogen werden. In Deutschland wurden laut dem Statistischen Bundesamt im Jahre 2015 insgesamt in 709 Krankenhäusern Geburten durchgeführt. Hierbei wurden 730.800 Kinder von 716.539 Frauen entbunden.[405] Die vom Statistischen Bundesamt ermittelte Gesamtzahl der Geburten in Deutschland deckt sich damit weitestgehend mit der aus Tabelle 4 hervorgehenden Grundgesamtheit des Indikators 52249 (Kaiserschnitte) in Höhe von 707.630 Fällen von Müttern, die ab der SSW 24+0 mindestens ein Kind geboren haben.[406] Vermutlich ist die in dieser Arbeit größere Anzahl an Leistungserbringern (734 Krankenhäuser in dieser Stichprobe vs. 709 Häuser lt. Statistischem Bundesamt) darauf zurückzuführen, dass den Berichten des Statistischen Bundesamtes eine andere Leistungserbringerdefinition zugrunde liegt als den Qualitätsberichten: Vom Statistischen Bundesamt wird eine Gliederung nach IK-Nummern vorgenommen, wohingegen in den Qualitätsberichten eine darüber hinausgehende Unterscheidung nach Standorten erfolgt. Dies lässt sich daran ablesen, dass in der Krankenhausstatistikverordnung Standorte als Gliederungsebenen oder Hilfsmerkmale nicht vorkommen.[407] Für diese Argumentation spricht auch, dass das IQTIG, welches weitestgehend die dieser Arbeit zugrunde liegende Standortdefinition benutzt, in seiner Bundesauswertung eine Zahl von 752 Krankenhausstandorten angibt, welche QS-Daten für den Indikator Kaiserschnitte geliefert haben, und damit ebenfalls über der vom Statistischen Bundesamt genannten Zahl an Leistungserbringern liegt.[408]

Die im Vergleich zum Indikator 52249 (Kaiserschnitte) deutlich geringeren Fallzahlen bei den Indikatoren 51181 (Schwere Dammrisse) und 51397 (Azidosen) lassen sich zum Teil durch die unterschiedlichen Einschlusskriterien erklären: Beim Indikator 51181 (Schwere Dammrisse) werden nur Einlinge mit Spontangeburt und beim Indikator 51397 nur lebend geborene reife Einlinge (37. bis 42. Woche) mit Bestimmung des Nabelarterien-pH-Wertes berücksichtigt.[409] Auch dem Indikator 51803 (Qualitätsindex Reifgeborene) liegen per

---

405 Vgl. Statistisches Bundesamt 2016, S. 100.
406 Für die Rechenregeln des Indikators vgl. IQTIG 2016b.
407 Vgl. § 4 KHStatV.
408 Vgl. IQTIG 2016e, S. 18.
409 Vgl. IQTIG 2016b, S. 58 für den Indikator 51181 sowie ebd., S. 33 für den Indikator 51397.

definitionem nur reife Lebendgeborene und damit weniger Fälle zugrunde als dem Indikator zur Bestimmung der Sectioraten.[410]

Im Leistungsbereich Neonatologie sind die Fallzahlen naturgemäß geringer als im Modul Geburtshilfe, weil laut dem QS-Filter in diesem Fachbereich lediglich Neugeborene berücksichtigt werden, welche „innerhalb der ersten sieben Lebenstage stationär aufgenommen oder innerhalb der ersten vier Monate zuverlegt werden und bestimmte Kriterien erfüllen oder im Kreißsaal verstorben sind."[411] Derartige bestimmte Kriterien sind bspw. ein Geburtsgewicht von unter 2.000 Gramm, eine Beatmung oder eine Behandlung außerhalb der geburtshilflichen Abteilung mit einer Dauer von über 72 Stunden.

Bei den beiden Indikatoren 50048 und 51119 (Todesfälle bei Risikogeburten exkl./inkl. Verlegungen) lassen sich die höchsten Fallzahlen des Moduls Neonatologie finden. Bei diesen Indikatoren werden alle „Lebendgeborenen ohne Verzicht auf kurative Therapie und ohne letale Fehlbildungen mit einem Gestationsalter von mindestens 24+0 Wochen"[412] berücksichtigt, welche die übrigen Einschlusskriterien des QS-Filters des NEO-Moduls (s.o.) erfüllen. Mit dem Indikator 50062 werden ausschließlich beatmete Neugeborene adressiert.[413] Bei den übrigen Indikatoren des Moduls Neonatologie (50050, 50053 und 51837) werden nur sehr kleine Frühgeborene (Gestationsalter unter 32 Wochen oder Geburtsgewicht unter 1.500 Gramm) in die Betrachtung eingeschlossen, weswegen die Fallzahlen bei diesen Indikatoren sehr gering ausfallen.[414]

Insgesamt lassen sich die Fallzahlrelationen untereinander also in Teilen mit den unterschiedlichen Einschlusskriterien der jeweiligen Indikatoren erklären, die zu kleineren Grundgesamtheiten führen. Zur Einschätzung der Vollständigkeit der Indikatoren werden darüber hinaus die entsprechenden Fallzahlen mit denen der Bundesauswertungen des IQTIG gegenübergestellt. Ein Vergleich der beiden Daten ist in Tabelle 5 zu finden.

---

410 Es handelt sich um einen Indikator mit vier Ebenen, wobei drei Ebenen jeweils weitere Einschlusskriterien aufweisen, bspw. eine gültige Angabe zum Nabelschnurarterien-pH-Wert. Für das genaue Berechnungsverfahren vgl. ebd, S. 46–52.
411 AQUA-Institut 2014b, o.S. Die exakten Einschlusskriterien inkl. einer genauen Erläuterung der bestimmten Kriterien, welche ein Kind erfüllen muss, finden sich ebd.
412 IQTIG 2016d, S. 10.
413 Für die Langfassung der Einschlusskriterien vgl. IQTIG 2016d, S. 82.
414 Vgl. IQTIG 2016d, S. 20, 27, 47.

Tabelle 5: Stichprobenbeschreibung zur direkten Volume-Outcome-Beziehung aus Patientensicht: Vergleich der Fallzahlen dieser Studie mit denen der Bundesauswertung des IQTIG.[415]

Indikator-ID und Kurzbezeichnung	Anzahl Fälle in QB	Anzahl Fälle lt. IQTIG-Bundesauswertung	Vollständigkeit Prozentual
50048: Todesfälle bei Risikogeburten (exkl. Verlegung)	60.870	96.396	63,16%
50050: Hirnblutungen VLBWI	4.973	10.523	47,26%
50053: Bronchopulmonale Dysplasien VLBWI	5.281	8.131	64,95%
50062: Pneumothoraces unter/nach Beatmung	19.847	28.137	70,54%
51119: Todesfälle bei Risikogeburten (inkl. Verlegung)	64.335	100.214	64,20%
51181: Schwere Dammrisse	364.361	436.867	83,40%
51397: Azidosen Reifgeborene	305.285	643.439	47,45%
51803: Qualitätsindex Reifgeborene	503.080	656.780	76,60%
51837: Mortalität VLBWI	5.214	10.691	48,77%
51901: Qualitätsindex VLBWI	9.266	10.956	84,58%
52249: Kaiserschnitte	707.630	713.563	99,17%

Bei allen Indikatoren liegt die Fallzahl unter der vom IQTIG angegebenen. Der Grad der Vollständigkeit liegt zwischen 47,26 % und 99,17 %. Dass die Gesamtzahl aller Fälle in konsistenten Qualitätsberichten bei den meisten Indikatoren deutlich niedriger ausfällt als die in der Bundesauswertung angegebene Fallzahl, lässt sich folgendermaßen erklären:

Wenn in einem Krankenhaus bei weniger als vier Patienten ein unerwünschtes Ereignis aufgetreten ist, werden aus datenschutzrechtlichen Gründen keine Daten zum jeweiligen Indikator in den Qualitätsberichten ausgewiesen.[416] Das Fehlen von Krankenhäusern mit ein bis drei unerwünschten Ereignissen wird im Folgenden als Datenschutzverzerrung definiert. Eine solche Verzerrung fällt bei unerwünschten Ereignissen mit hoher Inzidenz und großen Grundgesamtheiten (hier: Kaiserschnitte) praktisch nicht ins Gewicht. Beispielsweise sind bei einer durchschnittlichen Kaiserschnittrate von etwa einem Drittel nur ungefähr zwölf Geburten pro Jahr notwendig, damit die Ergebnisse des Indikators nicht

---

415 Die Fallzahlen wurden aus den Bundesauswertungen übernommen, zu finden unter IQTIG 2016f (Neonatologie) und IQTIG 2016e (Geburtshilfe).
416 Vgl. Gemeinsamer Bundesausschuss 2016b, S. 5.

mehr aus Datenschutzgründen nicht mehr berichtet werden. Umgekehrt steigt der Verzerrungseffekt, je niedriger die Inzidenzraten und Grundgesamtheiten je Krankenhaus ausfallen. So sind die Fallzahlen bspw. im Bereich Neonatologie naturgemäß geringer als in der Geburtshilfe und nur wenige der dort behandelten Neugeborenen versterben oder erleiden eine höhergradige Hirnblutung, weswegen bei den entsprechenden und gegebenen Inzidenzraten zahlreiche Krankenhäuser eine hohe Wahrscheinlichkeit aufweisen, aufgrund des Vorliegens von ein bis drei unerwünschten Ereignissen aus der öffentlichen Berichterstattung ausgeschlossen zu werden.[417]

Fraglich ist nun, inwiefern die Stichprobe die deutsche Krankenhauslandschaft repräsentativ widerspiegelt. Um dies einschätzen zu können, werden die mittleren Fallzahlen je Indikator herangezogen. Ein Vergleich der mittleren Fallzahlen dieser Stichprobe (inkl. 95 %-Konfidenzintervalle) mit denen der IQTIG-Bundesauswertung findet sich in Tabelle 6.

Tabelle 6: Stichprobenbeschreibung zur direkten Volume-Outcome-Beziehung aus Patientensicht: Vergleich der mittleren Fallzahlen je Indikator (IQTIG-Bundesauswertung und Stichprobe).[418]

Indikator-ID und Kurzbezeichnung	Mittlere Fallzahl Stichprobe (95%-CI)	Mittlere Fallzahl IQTIG Bundesauswertung
50048: Todesfälle bei Risikogeburten (exkl. Verlegung)	222,97 (196,92–249,00)	182,92
50050: Hirnblutungen	38,85 (35,43–42,27)	36,79
50053: Bronchopulmonale Dysplasien VLBWI	35,68 (33,12–38,25)	29,04
50062: Pneumothoraces unter/nach Beatmung	107,28 (98,22–116,34)	75,43
51119: Todesfälle bei Risikogeburten (inkl. Verlegung)	228,14 (208,19–248,09)	188,37
51181: Schwere Dammrisse	690,08 (651,87–728,28)	587,98
51397: Azidosen Reifgeborene	887,45 (815,48–959,44)	863,68
51803: Qualitätsindex Reifgeborene	1.033,02 (977,51–1.088,53)	879,22
51837: Mortalität VLBWI	38,34 (34,91–41,76)	36,00
51901: Qualitätsindex VLBWI	52,06 (48,74–55,38)	36,40
52249: Kaiserschnitte	964,07 (916,01–1.012,14)	948,89

---

417 Vgl. IQTIG 2016j, S. 6.
418 Die Grundgesamtheiten aus der Bundesauswertung wurden hierzu durch die Anzahl der Häuser geteilt (Krankenhäuser mit 20 Fällen und 1 bis 19 Fällen kumuliert). Die Auswertungen des IQTIG sind zu finden unter IQTIG 2016f (Neonatologie) und IQTIG 2016e (Geburtshilfe).

Bei allen Indikatoren ist das mittlere Ward-Volume in der Stichprobe höher als in der IQTIG-Bundesauswertung. Bei vier Indikatoren (Indikator-IDs: 52249, 51837, 51397, 50050) liegt die Abweichung innerhalb des 95 %-Konfidenzintervalls, bei den sieben übrigen Indikatoren ist die mittlere Fallzahl der Stichprobe signifikant höher als die der IQTIG-Bundesauswertung. Die Abweichung in der Stichprobe dürfte in Teilen abermals durch die Datenschutzverzerrung zu erklären sein.[419] Es zeigt sich in der Gesamtschau aller zuletzt dargestellten Tabellen, dass durch diese Verzerrung tendenziell folgende Krankenhaustypen ausgeschlossen werden:

1. Sehr kleine Stationen mit einer Grundgesamtheit von einem bis vier Patienten und keinem unerwünschten Ereignis.
Der Ausschluss dieser Gruppe dürfte die mittlere Fallzahl der Stichprobe dieser Arbeit stark vergrößern, weil Mittelwerte sehr sensitiv auf Extremwerte (hier: lediglich ein bis drei Fälle) reagieren, die hier ausgeschlossen werden. Die reporteten Qualitätsergebnisse der kleinsten Größenklasse dürften durch den Ausschluss dieser Häuser jedoch kaum verändert werden, weil durch die Gewichtung nach Patientenzahlen die Ergebnisse dieser Häuser kaum ins Gewicht fallen.
2. Stationen mit ein bis drei unerwünschten Ereignissen. Dabei bleibt zunächst offen, welche Art von Stationen dies betrifft (Stationen mit hoher/niedriger Fallzahl, Stationen mit guten/schlechten Indikatorergebnissen).[420]

Insgesamt lässt sich mit der vorliegenden Stichprobe somit ungefähr die Hälfte des deutschen perinatalen Leistungsgeschehens des Jahres 2015 abbilden. Beim Indikator 52249 (Kaiserschnitte) ist die Datengrundlage besser als bei der restlichen Stichprobe – hier kann von annähernd vollständigen Daten ausgegangen werden. Eine Verzerrung der Stichprobe ist dahingehend zu erwarten, dass kleinere und mittlere Krankenhäuser etwas unterrepräsentiert sind, weil die durchschnittliche Fallzahl im Vergleich zur IQTIG-Bundesauswertung niedriger ausfällt. Vollständig im Datensatz enthalten sollten die Indikatorergebnisse von denjenigen Krankenhäusern sein, bei denen kein einziges oder mehr als drei kritische Ereignisse aufgetreten sind.

---

419 Vgl. Gemeinsamer Bundesausschuss 2016b, S. 5.
420 Vgl. hierzu auch Kapitel 6.3.

6.1.1.2 Verteilung auf Größenklassen

In Tabelle 7 ist die Verteilung der Grundgesamtheiten auf die verschiedenen Größenklassen dargestellt. Angegeben ist in der ersten Zeile die Summe der Fälle aller Krankenhäuser in der entsprechenden Größenklasse sowie die Anzahl der Krankenhausstandorte (in Klammern). In der zweiten Zeile ist der Fallzahlbereich (entspricht der Anzahl der Fälle in einem einzelnen Krankenhaus) der jeweiligen Größenklasse angegeben (untere und obere Grenze).

Tabelle 7: Stichprobenbeschreibung zur direkten Volume-Outcome-Beziehung aus Patientensicht: Stichprobengröße nach Größenklasse und Qualitätsindikator.

Indikator	1. Größenklasse Fälle (Häuser) Spannweite	2. Größenklasse Fälle (Häuser) Spannweite	3. Größenklasse Fälle (Häuser) Spannweite	4. Größenklasse Fälle (Häuser) Spannweite	Gesamt Fälle (Häuser) Spannweite
50048: Todesfälle bei Risikogeburten (exkl. Verlegung)	15.536 (174) 4–224	15.087 (49) 228–398	14.919 (30) 400–609	15.328 (20) 613–1.132	60.870 (273) 4–1.132
50050: Hirnblutungen VLBWI	1.233 (83) 4–42	1.257 (22) 43–74	1.258 (14) 78–107	1.225 (9) 115–158	4.973 (128) 4–158
50053: Bronchopulmonale Dysplasien VLBWI	1.306 (87) 4–36	1.332 (28) 40–57	1.384 (20) 58–82	1.259 (13) 83–115	5.281 (148) 4–115
50062: Pneumothoraces unter/ nach Beatmung	4.959 (115) 4–126	5.001 (32) 127–175	4.960 (24) 176–245	4.927 (14) 253–562	19.847 (185) 4–562
51119: Todesfälle bei Risikogeburten (inkl. Verlegung)	15.854 (178) 4–231	16.322 (52) 233–411	16.454 (32) 414–625	15.705 (20) 633–1.233	64.335 (282) 4–1.233
51181: Schwere Dammrisse	90.996 (254) 27–570	91.432 (130) 571–848	90.148 (87) 853–1.254	93.535 (57) 1.257–2.401	364.361 (528) 27–2.401
51397: Azidosen Reifgeborene	76.268 (181) 35–674	76.370 (84) 660–1.240	77.064 (50) 1.198–1.968	75.583 (29) 2.080–3.466	305.285 (344) 35–3.466
51803: Qualitätsindex Reifgeborene	125.922 (232) 39–872	126.731 (119) 874–1.264	126.324 (83) 1.277–1.806	124.103 (53) 1.816–3.517	503.080 (487) 39–3.517
51837: Mortalität VLBWI	1.334 (91) 4–44	1.395 (24) 45–74	1.240 (14) 77–103	1.352 (11) 120–162	5.214 (136) 4–162
51901: Qualitätsindex VLBWI	2.396 (97) 4–51	2.289 (37) 52–75	2.362 (27) 76–105	2.219 (17) 108–164	9.266 (178) 4–164
52249: Kaiserschnitte	177.461 (368) 8–745	176.443 (180) 746–1.271	177.271 (115) 1.272–1.868	176.455 (71) 1.880–3.849	707.630 (734) 8–3.849

Die Größenklassen sind so gewählt, dass die Anzahl der Fälle je Größenklasse und Indikator annähernd gleich ist. Der ersten Größenklasse sind die Krankenhäuser mit den geringsten Fallzahlen zugeordnet, in der zweiten Größenklasse finden sich die Krankenhäuser mit den nächstgrößeren Fallzahlen usw. Demzufolge sinkt die Anzahl der in Klammern angegebenen Leistungserbringer je Größenklasse, weil in höheren Größenklassen die einzelnen Krankenhäuser mehr Leistungen erbringen. Weil der Datensatz doppelte Werte an den Größenklassengrenzen enthält und die Fallzahlen nicht linear steigen, ergeben sich Größenklassen, deren Fallzahlen nicht vollständig homogen sind.

Am Beispiel der Kaiserschnitte (Indikator 52249) lässt sich zeigen, dass die geburtshilfliche Versorgung in Deutschland deutlich fragmentierter ist als in anderen Ländern. Im Stichproben-Mittel werden in einem deutschen Krankenhaus mit geburtshilflicher Abteilung jährlich rund 964 Geburten durchgeführt (vgl. Tabelle 6). Als Vergleich zu diesem Mittelwert kann bspw. die perinatale Versorgung in Schweden herangezogen werden. Dort finden in einer Klinik mit geburtshilflicher Abteilung im Mittel rund 2.778 Entbindungen statt, wobei in ganz Schweden für 116.667 Geburten lediglich 42 Krankenhäuser zur Verfügung stehen. Rund 30 Prozent der Geburten finden in Schweden in einem Krankenhaus statt, das mehr als 5.000 Geburten pro Jahr betreut. Derart große Krankenhäuser fehlen in der deutschen Krankenhausstruktur gänzlich.[421]

Im genannten skandinavischen Land finden lediglich 0,5 % der Geburten in einer Klinik mit einem jährlichen Hospital Volume von unter 500 Fällen statt.[422] Zumindest ab einem Schwellenwert von unter 500 Fällen kann sicher davon ausgegangen werden, dass das Krankenhaus keine angrenzende pädiatrische Abteilung vorhält.[423] In Deutschland hingegen gab es im Vergleichsjahr 368 Krankenhäuser mit einem Hospital Volume von weniger als 746 Geburten, in denen mit insgesamt 177.461 Geburten (vgl. Tabelle 7) rund ein Viertel des Leistungsgeschehens stattgefunden hat. Es gibt demnach in Schweden tendenziell wenige und große Häuser mit angeschlossener pädiatrischer Abteilung, in Deutschland hingegen ist die Struktur zu einem erheblichen Teil des Versorgungsgeschehens genau umgekehrt. Dass derart viele Häuser mit einer Fallzahl von unter 746 Geburten existieren, ist auch aus ökonomischen Gründen beachtlich, denn geburtshilfliche Abteilungen mit einer solchen Fallzahl sind kaum wirtschaftlich zu betreiben.[424]

---

421 Vgl. Rossi et al. 2015, S. A20.
422 Vgl. Zeitlin et al. 2010, S. 96.
423 Vgl. Rossi et al. 2018, S. 74.
424 Vgl. Balling 2017, S. 216.

6.1.2 Ergebnisbeschreibung für den Leistungsbereich Geburtshilfe

Die Anzahl der erwarteten und beobachteten Fälle je Qualitätsindikator und Größenklasse ist für den Fachbereich Geburtshilfe in Tabelle 8 dargestellt. Die Darstellung erfolgt sowohl in absoluten als auch in relativen Zahlen, wobei Letztere in Klammern in der zweiten Zeile angegeben sind. Als Basis zur Ermittlung der relativen Anteile dient die bereits in Tabelle 7 dargestellte Fallzahl.

Tabelle 8: Beobachtete (O) und erwartete Fälle (E) in den jeweiligen Indikatoren und Größenklassen im Fachbereich Geburtshilfe.

1. Größenklasse		2. Größenklasse		3. Größenklasse		4. Größenklasse		Gesamt	
(E)	(O)	(E)	(O)	(E)	(O)	(E)	(O)	(E)	(O)
51181: Schwere Dammrisse									
1.157,09	1.402	1.194,69	1.339	1.225,99	1.534	1.252,76	1.361	4.830,53	5.636
(1,27%)	(1,54%)	(1,31%)	(1,46%)	(1,36%)	(1,70%)	(1,36%)	(1,48%)	(1,33%)	(1,55%)
51397: Azidosen Reifgeborene									
149,69	8	144,91	152	149,45	223	150,52	259	594,57	642
(0,20%)	(0,01%)	(0,19%)	(0,20%)	(0,19%)	(0,29%)	(0,20%)	(0,34%)	(0,19%)	(0,21%)
51803: Qualitätsindex Reifgeborene									
908,73	1.024	923,44	1.098	918,31	927	909,50	1.034	3.659,97	4.083
(0,72%)	(0,81%)	(0,73%)	(0,87%)	(0,73%)	(0,73%)	(0,73%)	(0,83%)	(0,73%)	(0,81%)
52249: Kaiserschnitte									
54.045,64	55.484	55.222,23	54.185	59.459,54	57.084	60.116,24	55.688	228.843,07	222.441
(30,45%)	(31,27%)	(31,30%)	(30,71%)	(33,54%)	(32,20%)	(34,07%)	(31,56%)	(32,34%)	(31,43%)

Bei den Indikatoren 51181 (Schwere Dammrisse) und 52249 (Kaiserschnitte) wächst die Rate an erwarteten Ereignissen von der ersten bis zur vierten Größenklasse (streng) monoton an. Dieser Trend ist auch bei den Observed-Raten des Indikators 51397 (Azidosen) zu erkennen. Bei den Indikatoren 51397 und 51803 ist in Bezug auf die Expected-Rate keine klare Tendenz erkennbar. Hier sind die verschiedenen Größenklassen insgesamt recht homogen in Bezug auf die erwarteten Ereignisse.

Tabelle 9 zeigt die O/E-Rate der Qualitätsindikatoren im Fachbereich Geburtshilfe als Summenformel aller Krankenhäuser in der jeweiligen Größenklasse. Die Indikatorergebnisse je Größenklasse lassen sich aus den in Tabelle 7 genannten Fallzahlen (entspricht der Grundgesamtheit) sowie den in Tabelle 8 genannten Expected- und Observed-Raten berechnen. Die Berechnung erfolgte analog dem in Kapitel 3.2.3 skizzierten Verfahren. Dazu sind die

95 %-Konfidenzintervalle (95%-CI) nach Wilson angegeben.[425] Signifikante Unterschiede zwischen den Größenklassen bestehen, sofern sich die Konfidenzintervalle nicht überschneiden. Weicht eine Größenklasse signifikant vom Gesamtergebnis ab, indem sich das entsprechende Konfidenzintervall nicht mit dem des Gesamtergebnisses überschneidet, so ist das entsprechende Ergebnis farblich markiert. Eine rote Markierung bedeutet eine signifikante Abweichung nach oben (höhere und damit schlechtere O/E-Rate als das Gesamtergebnis), die Farbe Grün steht für eine signifikante Abweichung nach unten (niedrigere und damit bessere O/E-Rate als das Gesamtergebnis).

Tabelle 9: O/E-Rate nach Größenklassen inkl. 95 %-Konfidenzintervall nach Wilson im Fachbereich Geburtshilfe.

Indikator	1. Größenklasse	2. Größenklasse	3. Größenklasse	4. Größenklasse	Gesamt
	O/E (95%-CI)	O/E (95%-CI)	O/E (95%-CI)	O/E (95%-CI)	O/E (95%-CI)
51181: Schwere Dammrisse	1,21 (1,15–1,28)	1,12 (1,06–1,18)	1,25 (1,19–1,31)	1,09 (1,03–1,15)	1,17 (1,14–1,20)
51397: Azidosen Reifgeb.	0,05 (0,03–0,11)	1,05 (0,89–1,23)	1,49 (1,31–1,70)	1,72 (1,52–1,94)	1,08 (1,00–1,17)
51803: Qualitätsindex Reifgeb.	1,13 (1,06–1,20)	1,19 (1,12–1,26)	1,01 (0,95–1,08)	1,14 (1,07–1,21)	1,12 (1,08–1,15)
52249: Kaiserschnitte	1,03 (1,02–1,03)	0,98 (0,97–0,99)	0,96 (0,95–0,97)	0,93 (0,92–0,93)	0,97 (0,97–0,98)

Beim Indikator 51181 (Schwere Dammrisse) ist die O/E-Rate der vierten Größenklasse signifikant niedriger als die der dritten und ersten Größenklasse. Der Unterschied zwischen der vierten und ersten Größenklasse wird jedoch erst bei Betrachtung der auf drei Nachkommastellen gerundeten Werte deutlich (1,145 als obere CI-Grenze der vierten Größenklasse vs. 1,150 als untere CI-Grenze der ersten Größenklasse). Die zweite Größenklasse unterscheidet sich darüber hinaus von der dritten. Hingegen unterscheidet sich die erste Größenklasse nicht von der zweiten und dritten Größenklasse.

Beim Indikator 51397 unterscheiden sich die erste und zweite Größenklasse sowohl voneinander als auch im Vergleich zur dritten und vierten Größenklasse. Die O/E-Raten der Größenklassen mit geringeren Fallzahlen sind signifikant

---

425 Vgl. hierzu Kapitel 5.4.3.

niedriger. Darüber hinaus sind die O/E-Raten der ersten Größenklasse signifikant niedriger als das Gesamtergebnis aller Häuser, die Werte der dritten und vierten Größenklasse signifikant höher.

Signifikante Unterschiede bei den O/E-Raten sind beim Indikator 51803 (Qualitätsindex Reifgeborene) in Bezug auf die dritte Größenklasse zu konstatieren. Diese weist eine signifikant niedrigere O/E-Rate auf als die zweite Größenklasse und unterscheidet sich ebenso vom Gesamtergebnis aller Häuser (untere ungerundete Konfidenzintervallgrenze des Gesamtergebnisses: 1,082, der dritten Größenklasse: 1,076).

Beim Indikator 52249 weisen die größten Krankenhäuser signifikant niedrigere O/E-Raten auf als alle anderen Größenklassen und das Gesamtergebnis über alle Häuser hinweg. Darüber hinaus sind die O/E-Raten in der dritten Größenklasse signifikant niedriger als in der ersten Größenklasse und als das Gesamtergebnis (untere 95 %-CI-Grenze des Gesamtergebnisses: 0,969, obere CI-Grenze der dritten Größenklasse: 0,967). Die beiden Größenklassen mit mittlerer Fallzahl unterscheiden sich ebenfalls auf einem Signifikanzniveau von 95 %, jedoch erst bei Betrachtung der auf drei Nachkommastellen gerundeten Werte (0,967 als obere CI-Grenze der dritten Größenklasse vs. 0,974 als untere CI-Grenze der zweiten Größenklasse). Krankenhäuser in der ersten Größenklasse weisen im Vergleich zu den anderen Größenklassen eine signifikant höhere O/E-Rate auf. Somit ist bei diesem Indikator ein streng monotoner, negativer Verlauf der O/E-Rate bei zunehmender Größenklasse festzustellen.

In Tabelle 10 sind die Kruskal-Wallis-Tests zu den jeweiligen Indikatoren des Leistungsbereichs Geburtshilfe dargestellt. Getestet wird die Nullhypothese, dass die Verteilung der O/E-Raten über die einzelnen Größenklassen identisch ist. Darüber hinaus wird bei einem signifikanten Testergebnis ein Post-Hoc-Tests durchgeführt, um herauszufinden, bei welchen Paarungen von Größenklassen Unterschiede zu konstatieren sind. Hierbei erfolgt eine Bonferroni-Korrektur.

Tabelle 10: Zusammenfassung der Kruskal-Wallis-Tests zu Volume-Outcome-Zusammenhängen im Fachbereich Geburtshilfe.

Indikator und Kurzbezeichnung	Signifikanz	Post-Hoc-Tests: vorne = sign. niedriger
51181 (16/1): Schwere Dammrisse	p = 0.465	
51397 (16/1): Azidosen Reifgeborene	p < 0.001	1–2, 1–3, 1–4, 2–3, 2–4
51803 (16/1): Qualitätsindex Reifgeborene	p = 0.379	
52249 (16/1): Kaiserschnitte	p < 0.001	4–1, 3–1, 2–1

Bei den Indikatoren 51181 (Schwere Dammrisse) und 51803 (Qualitätsindex Reifgeborene) ist die Nullhypothese beizubehalten. Die Alternativhypothese kann zunächst für den Indikator 51397 (Azidosen) als bestätigt gelten. In Post-Hoc-Tests lässt sich zeigen, dass sich die O/E-Raten der ersten beiden Größenklassen signifikant zu allen anderen Größenklassen unterscheiden und dort die Werte niedriger sind, wobei die Werte in der ersten Größenklasse niedriger sind als in der zweiten. Beim Indikator 52249 (Kaiserschnitte) kann die Alternativhypothese ebenfalls angenommen werden. Hier sind die Werte der ersten Größenklasse signifikant höher als die der anderen Größenklassen.

6.1.3 Ergebnisinterpretation für den Leistungsbereich Geburtshilfe

Widersprüche zwischen den beiden Auswertungsformen

Zunächst ist zu konstatieren, dass die Kruskal-Wallis-Tests und die Summenformeln insgesamt ein weitgehend konsistentes Bild liefern; Abweichungen sind lediglich gradueller Natur. So bleibt beim Vergleich der beiden Testverfahren fraglich, ob die Ergebnisse des Qualitätsindikators 51181 (Schwere Dammrisse) bei allen Größenklassen als vollständig identisch eingeschätzt werden müssen oder ob Krankenhäuser mit der größten Fallzahl etwas bessere Ergebnisse aufweisen als Krankenhäuser der ersten und dritten Fallgruppe.

Beim Qualitätsindikator 52249 (Kaiserschnitte) kann darüber hinaus nicht festgestellt werden, ob die Qualitätsergebnisse von der ersten bis zur vierten Größenklasse in monotoner Art und Weise signifikant besser werden (vgl. Tabelle 9) oder ob lediglich die Aussage getroffen werden kann, dass Krankenhäuser mit der geringsten Fallzahl signifikant höhere O/E-Raten aufweisen als alle anderen Größenklassen (vgl. Tabelle 15). Fraglich ist also, ob zusätzlich zur Aussage *Kleinere Stationen schneiden am schlechtesten ab* auch die Regel *Je größer die Fallgruppe der jeweiligen Station, desto besser* zulässig ist. Die politischen Implikationen sollten jedoch bei beiden Befunden ähnlich sein.

Interpretation für den Indikator 51803 (Qualitätsindex Reifgeborene)

Geringe Widersprüche zwischen den beiden Auswertungsformen lassen sich auch beim Qualitätsindex Reifgeborene (Indikator 51803) finden. Hier ist fraglich, ob gar keine Unterschiede zwischen den Größenklassen bestehen (vgl. Tabelle 15) oder ob Krankenhäuser der dritten Fallgruppe in positiver Weise vom Summenergebnis aller Häuser abweichen (vgl. Tabelle 9). Die O/E-Raten je Größenklasse sind noch einmal in Abbildung 7 visualisiert.

Direkte Volume-Outcome-Beziehung aus Patientensicht 151

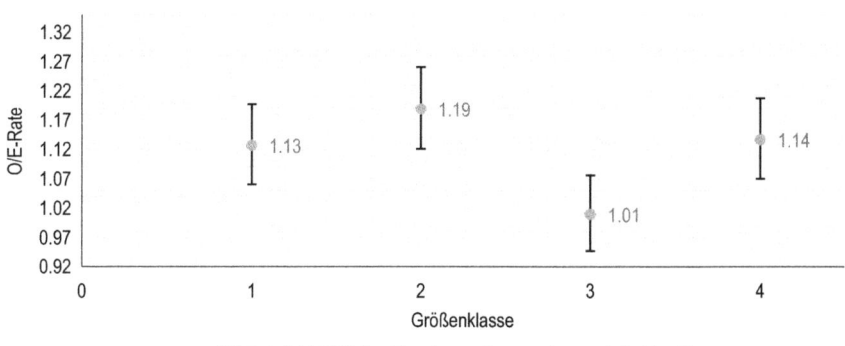

Abbildung 7: Indikator 51803. O/E-Rate nach Größenklassen.

Ein klarer Trend zugunsten größerer oder kleinerer Häuser ist hier nicht erkennbar. Auch fehlen in der Literatur vergleichbare Beobachtungen zugunsten der dritten Größenklasse. Denkbar wäre es, dass Krankenhäuser der dritten Größenklasse aufgrund der recht hohen Fallzahlen ein sehr ausgeprägtes Fachkönnen aufweisen und (im Gegensatz zur vierten Größenklasse) die optimale Betriebsgröße noch nicht überschritten haben und daher die in der Abteilung vorfindliche Komplexität noch beherrschen können. Diese Annahme bleibt jedoch spekulativ.

Dass bei diesem Indikator kein eindeutiger Trend erkennbar ist, ist zunächst ein wichtiger Befund, denn der Qualitätsindex umfasst zahlreiche unerwünschte Ereignisse und kommt damit dem Ideal eines Indikators, mit dem die gesamte Qualität einer Abteilung messbar ist, am nächsten. In Anbetracht der bloßen Anzahl der einbezogenen Outcomes ist es aber auch kaum verwunderlich, dass ein klarer Trend nicht zu erkennen ist: In die Berechnung des Indikators fließen zunächst vier unerwünschte Ereignisse (Mortalität, 5-Minuten-Apgar unter 5, Base-Excess unter -16, Azidosen mit pH < 7,00) ein.[426] Damit wird allein mit diesem Indikator neben der Mortalität auch ein allgemein kritischer Zustand des Neugeborenen (Apgar-Score, der seinerseits wiederum aus fünf Kriterien besteht) sowie das Auftreten von Azidosen allgemein (pH-Wert) bzw. metabolischen Azidosen im Besonderen (in Kombination mit dem Base-Excess-Wert) abgedeckt. Es müssten somit schon immens große strukturelle Unterschiede

---

426 Vgl. IQTIG 2016b, S. 47–52.

zwischen den Leistungserbringern bestehen, wenn ein Volume-Outcome-Effekt bei derart vielen Outcomes, die ihrerseits jeweils gewissen zufälligen Schwankungen unterworfen sind, sichtbar würde. Die Volume-Outcome-Hypothese für den Leistungsbereich Geburtshilfe sollte demnach nicht bereits deshalb abgelehnt werden, weil sich beim Qualitätsindex kein derartiger Effekt finden lässt.

Interpretation für den Indikator 52249 (Kaiserschnitte)
Hinsichtlich der Kaiserschnitte lässt sich einerseits festhalten, dass Krankenhäuser mit dem höchsten Ward Volume signifikant bessere Indikatorwerte als Krankenhäuser mit den geringsten Fallzahlen aufweisen. Darüber hinaus schneiden Krankenhäuser mit der geringsten Fallzahl bei diesem Qualitätsindikator schlechter ab als alle anderen Größenklassen. Die Ergebnisse nach Kruskal Wallis und Summenformel (Letztere sind noch einmal grafisch in Abbildung 8 dargestellt) sind hinsichtlich dieser beiden Aspekte konsistent. In der Gesamtschau lässt sich bei diesem Indikator ein signifikanter Trend zugunsten von größeren Krankenhäusern feststellen.

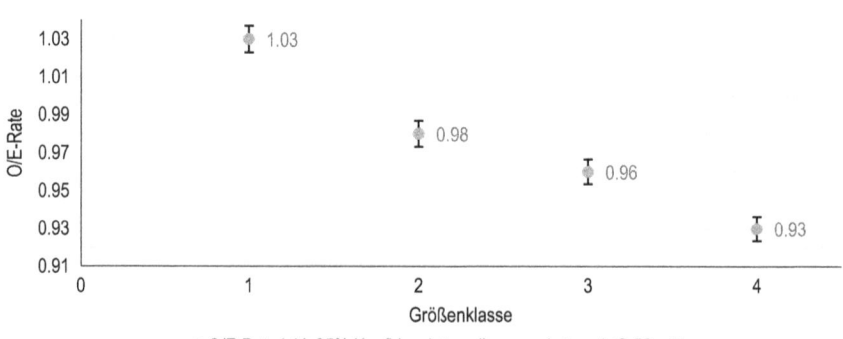

Abbildung 8: Indikator 52249. O/E-Rate nach Größenklassen.

Zur Interpretation dieses Ergebnisses ist zunächst die Unterscheidung zwischen absoluten und relativen Indikationen zur Sectio Caesarea sowie einer Wunschsectio entscheidend, die bspw. die Deutsche Gesellschaft für Gynäkologie und Geburtshilfe vornimmt. Bei absoluten Indikationen für eine Geburt mittels Sectio Caesarea (bspw. Querlage, Missverhältnis zwischen kindlichem Kopf und mütterlichem Becken) muss ein Kaiserschnitt durchgeführt werden, um Schaden vom Kind oder der Mutter abzuwenden. Es besteht somit kein Ermessensspielraum für die Ärzteschaft. Die Risikoadjustierung bildet dies auch überwiegend ab. Für derartige Indikationen zum Kaiserschnitt sind sehr hohe Regressionskoeffizienten in der Risikoadjustierung hinterlegt, weswegen die Expected-Raten auch sehr hoch ausfallen und das gesamte Indikatorergebnis eines Krankenhauses bei Vorliegen einer absoluten Indikation praktisch nicht belastet ist.[427] Daher können die Abweichungen in den Qualitätsergebnissen zwischen den Krankenhäusern unterschiedlicher Größenklassen nicht mit absoluten, sondern lediglich mit relativen Indikationen oder Wunschsections erklärt werden.

Bei 90 % aller Schnittentbindungen liegt eine relative/weiche Indikation für einen Kaiserschnitt vor (bspw. Beckenendlage, Geburtsgewicht über 4.500 Gramm, sog. absolute fetale Makrosomie, oder Angstgefühle der Mutter vor einer natürlichen Geburt).[428] Eine Möglichkeit zur Erklärung des Volume-Outcome-Effektes bei Kaiserschnitten wäre es, dass Ärzte in größeren Krankenhäusern bei diesen weichen Indikationen eher zu einer natürlichen Geburt neigen und auch eher zu dieser raten. Darüber hinaus wäre es auch denkbar, dass Wunschsections, bei denen gar keine medizinische Indikation vorliegt (bspw. soll die Geburt an einem bestimmten Tag stattfinden), tendenziell in kleineren Häusern ermöglicht werden.

Das Ergebnis, dass Krankenhäuser der vierten Größenklasse (mit mehr als 1.880 Fällen) eine niedrigere Kaiserschnittrate aufweisen, deckt sich mit einer ähnlichen Untersuchung von Mansky et al., in welcher eine niedrigere Kaiserschnittrate ab einer Fallzahl von 1.286 Geburten festgestellt wurde. Die Autoren geben als eine Möglichkeit zur Erklärung der Abweichungen an, dass größere Krankenhäuser in der Regel rund um die Uhr personell mit allen notwendigen Fachdisziplinen besetzt sind und daher kein organisatorischer Zeitdruck entstehen kann, der die Entscheidung zugunsten eines Kaiserschnitts begünstigt.[429] Darüber hinaus wäre es auch denkbar, dass ökonomische Gründe eine Rolle spielen. Bei größerem Patientenvolumen dürfte die vollständige Auslastung eines OP-Saals organisatorisch vergleichsweise einfach zu bewerkstelligen sein, weswegen anzunehmen ist, dass in den Higher Volume Hospitals weniger Leerzeiten vorhanden sind und damit eine rein ökonomische Indikation für einen

---

427 Vgl. IQTIG 2016b, S. 20–21. In der Risikoadjustierung haben Quer- und Beckenendlage die höchste Odds-Ratio für einen Kaiserschnitt. Darüber hinaus werden noch 14 weitere Risikofaktoren erfasst. Die Größe des Kindes spielt jedoch ebenso wenig eine Rolle bei der Risikoadjustierung wie die Größe des mütterlichen Beckens.
428 Vgl. Deutsche Gesellschaft für Gynäkologie und Geburtshilfe und Arbeitsgemeinschaft Medizinrecht 2010, S. 2–4.
429 Vgl. Mansky et al. 2018, S. 190.

Kaiserschnitt in größeren Häusern eher entfällt.[430] Schließlich könnten sich Eltern in empfundenen oder tatsächlichen Notsituationen, die öfter in einem Kaiserschnitt münden dürften, überproportional häufig für das nächstgelegene, oftmals kleinere Krankenhaus entscheiden, um die Klinik aufgrund der als dringlich empfundenen Lage schneller erreichen zu können.

Insgesamt kann die Volume-Outcome-Hypothese beim Indikator 52249 somit als bestätigt gelten; größere Krankenhäuser erreichen eher das Qualitätsziel niedriger Kaiserschnittraten. Die Neigung größerer Häuser zu weniger Kaiserschnitten bei Wunschsectiones oder weichen Indikationen ist insgesamt zu begrüßen, denn eine Geburt mittels Kaiserschnitt ist als wichtigster Risikofaktor für postpartale Infektionen der Mutter zu sehen. Als häufigste Infektionen sind hier Endometritiden sowie Wund- und Harnwegsinfektionen zu nennen.[431] Zu den Auswirkungen von Kaiserschnittgeburten auf die postnatale Morbidität liegen einige Kohortenstudien vor, die dafür sprechen, dass mittels Kaiserschnitt entbundene Kinder eine erhöhte Morbidität, v.a. respiratorisch, aufweisen.[432]

Interpretation für den Indikator 51181 (Schwere Dammrisse)
Gegen eine vaginale Geburt und für einen elektiven Kaiserschnitt spricht im Wesentlichen das Risiko von (schweren) maternalen Dammrissen beim spontanen Geburtsmodus. Dies wird besonders bei der Betrachtung einer Studie über die Kaiserschnittneigung von erstgebärenden Hebammen verständlich: Etwa ein Drittel der befragten Hebammen möchte selbst per Kaiserschnitt entbinden. Die Angst vor schweren Dammrissen und den etwaigen Langzeitfolgen (Stuhlinkontinenz, sexuelle Beeinträchtigungen, Schmerz) geben dabei 80 % der befragten Hebammen mit Sectiowunsch als den ausschlaggebenden Grund für ihre Entscheidung an.[433] Die Zunahme an Kaiserschnitten in den letzten Jahrzehnten dürfte im Wesentlichen auf diese Angst zurückzuführen sein, darüber hinaus auf die zunehmende Angst des Personals vor Kunstfehlern.[434] In Abbildung 9 ist die O/E-Rate für den Indikator 51181 (Schwere Dammrisse) nach Größenklasse visualisiert.

---

430 Zahlreiche Autoren konstatieren eine steigende Anzahl von Kaiserschnitten einerseits und große regionale Unterschiede bei den Kaiserschnittraten andererseits. Dies führen die Autoren auch auf ökonomische Anreize zurück. Vgl. bspw. Rossi et al. 2018, S. 78.
431 Vgl. IQTIG 2016b, S. 12–13.
432 Für eine Übersicht der historischen Studienlage vgl. bspw. Poets und Abele 2012, S. 42. Als neue Kohortenstudie, welche die Befunde der Autoren bestätigt, ist Hansen et al. 2008 zu nennen.
433 Vgl. Al-Mufti et al. 1996 zitiert nach Faridi et al. 2002, S. A44.
434 Für eine Diskussion zur Durchführung von elektiven Kaiserschnitten aufgrund von mütterlichen Ängsten vor analer Inkontinenz und der Angst des Personals vor

Direkte Volume-Outcome-Beziehung aus Patientensicht 155

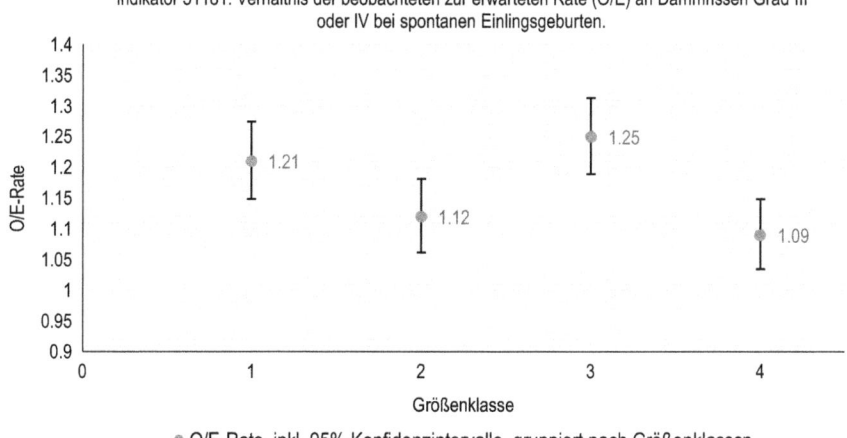

Abbildung 9: Indikator 51181. O/E-Rate nach Größenklassen.

Es ist also im Kontext der geringeren Kaiserschnittraten zu diskutieren, dass zumindest kein signifikanter Unterschied bei schweren Dammrissen zwischen den Größenklassen besteht: Trotz der beiden Tatsachen, dass in der vierten Größenklasse mit dem höchsten Leistungsvolumen weniger Kaiserschnitte durchgeführt werden als zu erwarten gewesen wäre (Indikatorergebnis unter 1) und das Qualitätsergebnis bei Kaiserschnitten insgesamt besser ist als bei den Einrichtungen der ersten Größenklasse (O/E-Rate der vierten Größenklasse signifikant geringer als die O/E-Rate der ersten Größenklasse), treten höhergradige Dammrisse (Indikator 51181) als Komplikation einer (schweren) natürlichen Geburt in der vierten Größenklasse mit dem höchsten Leistungsvolumen nicht gehäuft auf. Im Gegenteil: In Highest Volume Wards ist die O/E-Rate signifikant niedriger als in den Lowest Volume Hospitals.

Gleichzeitig erscheint es fraglich, weswegen die Indikatorwerte aller Größenklassen einen Wert von zumindest 1,09 annehmen (vgl. Abbildung 9), denn der Mittelwert aller Häuser sollte lt. dem IQTIG bei 1,06 liegen.[435] Es ist somit eine gewisse Verzerrung der Stichprobe zulasten von Stationen mit besseren

---

Kunstfehlern vgl. insbesondere Faridi et al. 2002. Allerdings würde sich nur eine deutliche Minderheit der Frauen mit Stuhlinkontinenz nach einem schweren Dammriss retrospektiv für einen Kaiserschnitt entscheiden, vgl. Huebner et al. 2013.
435 Vgl. IQTIG 2016e, S. 45.

Qualitätsergebnissen anzunehmen. Da in der Stichprobe insgesamt kleinere Stationen eher unterrepräsentiert sind (vgl. Tabelle 6), kann vermutet werden, dass sich bei einer Vollerhebung die Qualitätsergebnisse der höheren Größenklassen in Relation zu den Ergebnissen der kleineren Größenklassen etwas schlechter darstellen würden als sie es in dieser Studie tun.

Interpretation für den Indikator 51397 (Azidosen Reifgeborene)
Auch der Indikator 51397 adressiert mit dem Auftreten von schweren Azidosen potenzielle Geburtskomplikationen. Die unterschiedlichen Werte der O/E-Rate je Größenklasse sind in Abbildung 10 dargestellt.

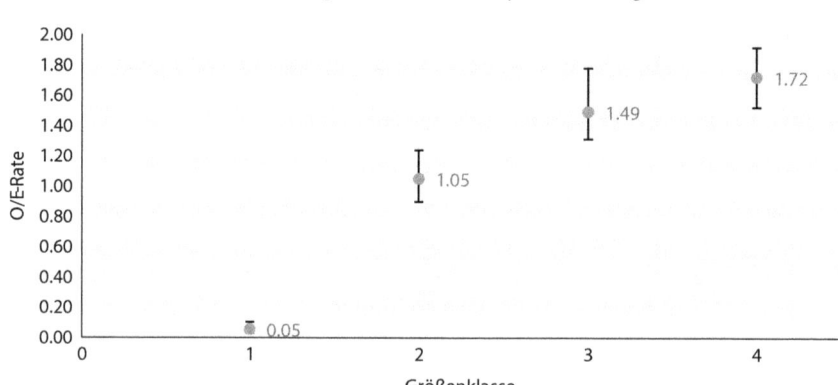

Abbildung 10: Indikator 51397. O/E-Rate nach Größenklassen.

Kleinere und kleinste Stationen scheinen bei diesem Qualitätsindikator eine bessere Leistung zu erbringen als die großen Einrichtungen, wobei der Unterschied zwischen den Größenklassen sehr deutliche Ausmaße erreicht. Das Ergebnis schwankt zwischen einer O/E-Rate von 0,05 bei Lowest Volume Wards und 1,72 bei Highest Volume Wards. Da die Werte der O/E-Raten auf den Wert 1 normiert sind und die Indikatorwerte in den unterschiedlichen Größenklassen erheblich vom Wert 1 abweichen, müssen sehr deutliche Effekte wirken, welche mit der Größe des Krankenhauses erklärbar sind. Denkbar wären folgende Erklärungsansätze:

1. Kleinere Krankenhäuser weisen bessere Qualitätsergebnisse hinsichtlich der Azidosen auf.
2. Kleinere Krankenhäuser können von den Risikoadjustierungsverfahren profitieren.
3. Verlegungseffekte verzerren die Indikatorergebnisse.
4. Datenschutzeffekte verzerren die Indikatorergebnisse.

Dass eine Azidose als Komplikation einer natürlichen Geburt besonders häufig in Krankenhäusern auftritt, bei denen eine niedrigere O/E-Rate bei Kaiserschnittgeburten zu verzeichnen ist (also oftmals in High Volume Hospitals), scheint zunächst unmittelbar eingängig: Es könnte der Zusammenhang formuliert werden, dass bei kleineren Krankenhäusern weniger Komplikationen einer natürlichen Geburt auftreten, weil in diesen im Zweifelsfall eher ein Kaiserschnitt durchgeführt wird. Damit wird zunächst deutlich, dass die Rate an Kaiserschnitten zwar in der deutschen Qualitätsberichterstattung als Parameter der Ergebnisqualität betrachtet wird, der Geburtsmodus jedoch genuin auch einen prozessualen Charakter aufweist, durch den andere Parameter der Ergebnisqualität beeinflusst werden.[436] Hier stößt das Modell Donabedians an seine Grenzen.[437] Fraglich bleibt jedoch, ob dieses Ausmaß an unterschiedlichen Ergebnissen beim Indikator 51397 (Azidosen) durch die geringere Neigung in größeren Krankenhäusern, einen Kaiserschnitt durchzuführen, vollumfänglich erklärbar ist. Die (teilweise vorhandenen) Unterschiede zwischen den Größenklassen beim Indikator 52249 (Kaiserschnitte) sind zwar signifikant, erscheinen jedoch in ihrer Dimension zu gering, um als hauptsächliche Erklärung für die sehr deutlichen Unterschiede beim Indikator 51397 (Azidosen) dienen zu können.

Es wäre auch denkbar, dass das Verfahren der Risikoadjustierung unvollständig ist und kleinere Krankenhäuser eher begünstigt. Tatsächlich scheinen sich die Raten an erwarteten Azidosen zwischen den Größenklassen kaum zu unterscheiden (siehe die Rate der erwarteten Ereignisse in Tabelle 8). Eine nicht adäquate Risikoadjustierung des Indikators wäre somit lediglich eine mutmaßliche Erklärung, für die jedoch keine Hinweise vorliegen. Insgesamt erscheinen die Effekte so groß, dass allenfalls ein sehr geringer Teil der (sehr großen) Unterschiede zwischen den Größenklassen auf diese Weise erklärt werden könnte.

Zu einem geringen Teil dürften auch Verlegungseffekte für das gute Abschneiden der Lowest Volume Wards beim Indikator 51397 verantwortlich sein: Für

---

436 Vgl. IQTIG 2016b, S. 15.
437 Vgl. Kapitel 2.2.

das Auftreten einer Azidose ist im Wesentlichen dasjenige Krankenhaus verantwortlich, welches die Geburt betreut hat. Wird jedoch eine Azidose mit einem pH-Wert kleiner als sieben diagnostiziert, so sieht die entsprechende S1-Leitlinie dies als ein absolutes Verlegungskriterium in ein Perinatalzentrum, welches mindestens die Stufe III besitzen muss.[438] Ist darüber hinaus eine intensivmedizinische Komplexbehandlung erforderlich, soll eine Verlegung in ein Perinatalzentrum der Stufe I erfolgen. Insbesondere die Erkenntnisse von Dudenhausen et al. legen nahe, dass diese Verlegungen in Perinatalzentren auch tatsächlich in der Praxis stattfinden: Die Autoren haben im Rahmen einer retrospektiven Analyse von Behandlungsfällen eine Verlegungswahrscheinlichkeit auf eine NICU von 100 % beobachtet, sofern der Nabelschnurarterien-pH-Wert des Kindes einen Wert kleiner als sieben aufgewiesen hat.[439] Es kann also mit an Sicherheit grenzender Wahrscheinlichkeit angenommen werden, dass im Grundsatz bei allen Neonaten, bei denen außerhalb eines Perinatalzentrums eine Azidose mit pH<7 beobachtet wird, eine Verlegung in ein Perinatalzentrum stattfindet. Es ist darüber hinaus sehr wahrscheinlich, dass die meisten der aufnehmenden Perinatalzentren die Stufe I aufweisen. Perinatalzentren, v.a. höheren Levels, weisen jedoch ein höheres mittleres Leistungsvolumen auf als Krankenhäuser der ersten Größenklasse.[440] Azidosen werden vermutlich nur dann von einem Krankenhaus ohne Status als Perinatalzentrum ausgewiesen, wenn eine der drei folgenden Konstellationen vorliegt:

1. Die Behandlung eines entsprechenden Falles erfolgt nicht leitlinienkonform und trotz fehlender struktureller Voraussetzungen contra lege artis. Dies dürfte nur in Einzelfällen vorkommen.
2. Bei andauernder Rekonvaleszenzphase des Neonaten erfolgt eine (Rück-) Verlegung in ein heimatnahes Krankenhaus, das kein Perinatalzentrum ist.
3. Das Neugeborene verstirbt bei Vorliegen einer Azidose unmittelbar postnatal, bevor eine leitlinienkonforme Verlegung möglich ist.[441]

Somit sind kaum bzw. nur äußerst seltene Konstellationen denkbar, in denen das unerwünschte Ereignis *schwere Azidose* überhaupt außerhalb eines

---

438 Vgl. Deutsche Gesellschaft für Neonatologie und Pädiatrische Intensivmedizin et al. 1996, S. 2–4.
439 Vgl. Dudenhausen und Milz 2007, S. 153.
440 Vgl. Kapitel 6.5.2.
441 Lt. dem jüngsten systematischen Review (Malin et al. 2010) ist anzunehmen, dass die Mortalität Neugeborener bei Auftreten einer Azidose stark erhöht ist (OR = 16,9), was plausibel erscheint.

Perinatalzentrums auftritt. Es ist daher in der Gesamtschau anzunehmen, dass Krankenhäuser, die kein Perinatalzentrum sind, beim Auftreten einer schweren Azidose praktisch immer in Perinatalzentren verlegen. Gleichzeitig ist die Verteilung der Perinatalzentren auf die Größenklassen naturgemäß nicht homogen, denn Perinatalzentren müssen ein hohes Behandlungsvolumen aufweisen, um die durch die beachtlichen strukturellen Voraussetzungen entstehenden Fixkosten gegenfinanzieren zu können. Da das Krankenhaus, welches die Qualitätsergebnisse veröffentlichen muss, das entlassende Krankenhaus ist, muss davon ausgegangen werden, dass die Qualitätsergebnisse von Krankenhäusern in höheren Größenklassen beim Indikator 51397 durch Verlegungen in mehrerlei Hinsicht belastet sind:[442]

1. Auf der einen Seite erhalten Perinatalzentren hohen Levels Fälle mit kritischen Ereignissen (darunter Azidosen) zuverlegt und müssen diese als entlassende Einrichtung reporten, obwohl sie für das kritische Ereignis nicht verantwortlich sind.
2. Auf der anderen Seite verlegen Low Volume Hospitals Fälle mit kritischen Ereignissen sofort, sodass deren Qualitätsergebnisse besser erscheinen, weil ausschließlich Fälle ohne Azidose reported werden müssen.
3. Darüber hinaus ist anzunehmen, dass auch Abwärts-Verlegungen von großen Krankenhäusern bzw. Perinatalzentren in (vermutlich meist heimatnahe) Einrichtungen mit niedrigem Behandlungsvolumen erfolgen, wenn bei einer Risikogeburt keine kritischen Ereignisse aufgetreten sind. Das nicht aufgetretene Ereignis wirkt sich dann begünstigend auf das Indikatorergebnis kleinerer Häuser aus, wohingegen die Indikatoren in den verlegenden Einrichtungen durch die Abwesenheit der nicht aufgetretenen kritischen Ereignisse belastet werden.

In der ersten Größenklasse sind beim Indikator 51397 lediglich acht Fälle mit Azidosen berichtet worden (Observed-Rate = 0,01 %).[443] Dieser äußerst geringen Anzahl an beobachteten Ereignissen (im Vergleich zu 259 Fällen bei den Highest Volume Häusern, welche einer Oberserved-Rate von 0,34 % entsprechen) könnten Fälle zugrunde liegen, bei denen die entsprechenden Neugeborenen unmittelbar postnatal bei Vorhandensein einer Azidose verstorben sind, bevor die Verlegung in ein Perinatalzentrum möglich gewesen ist.

Es gibt somit Hinweise darauf, dass die Qualitätsdaten beim Indikator 51397 (Azidosen) durch Verlegungseffekte verzerrt sind. Ein Vergleich der Daten zu diesem Indikator mit denen des Indikators 51803 (Qualitätsindex Reifgeborene)

---
442 Vgl. IQTIG 2016j, S. 6.
443 Vgl. Tabelle 8, S. 105.

zeigt jedoch, dass die Verlegungseffekte im Ausmaß ihrer verzerrenden Effektstärke weit hinter Datenschutzeffekten zurückbleiben dürften: Es ist allein mit Verlegungseffekten nicht erklärbar, weshalb beim Indikator 51803 in der ersten Größenklasse über 1.000 unerwünschte Ereignisse aufgetreten sind, von denen einige auch Azidosen waren. Bei Annahme einer Gleichverteilung der unerwünschten Ereignisse auf die vier Indikatorebenen müssten von kleinsten Krankenhäusern etwa 250 Azidosen berichtet worden sein.

Tatsächlich wurden im Jahre 2015 im Rahmen der externen stationären Qualitätssicherung 1.300 Azidosen erfasst.[444] Jede Größenklasse müsste bei einer Gleichverteilung also ungefähr 325 Azidosen ausweisen. In keiner Größenklasse wird diese Zahl erreicht, stattdessen werden 8, 152, 223 und 259 Azidosen berichtet. Je kleiner die Fallzahl desto größer die Abweichung vom erwarteten Wert. Dies ist eingängig, denn je kleiner die Fallzahl in einem Krankenhaus ausfällt, desto eher wird es zwischen ein und drei Fälle von Azidosen zu berichten haben und damit aus der Qualitätsberichterstattung ausgeschlossen. Dies ist auch vor dem Hintergrund plausibel, dass in der Stichprobe 408 Krankenhäuser fehlen: In der IQTIG-Bundesauswertung beträgt die Anzahl an Standorten mit Geburtshilfe 752, im Rahmen dieser Studie sind es 344.[445] Bei 408 fehlenden Häusern und 658 fehlenden Azidosen (1.300 in der Bundesauswertung vs. 642 in dieser Studie) beträgt die mittlere Anzahl an Azidosen in den fehlenden Häusern 1,61 und liegt damit exakt in demjenigen Bereich (ein bis drei Fälle), in dem ein Ausschluss augrund des Datenschutzes erfolgt.

Anhand der Daten zum Indikator 51397 kann somit die starke Vermutung geäußert werden, dass Datenschutzeffekte nicht nur dazu führen, dass die interessierte Öffentlichkeit über die Qualitätsergebnisse bestimmter Häuser nichts erfährt. Vielmehr dürften die Datenschutzeffekte mit hoher Sicherheit dazu führen, dass Qualitätsergebnisse kleinerer Krankenhäuser strukturell in einem guten Licht erscheinen.

6.1.4 Ergebnisbeschreibung für den Leistungsbereich Neonatologie

Die Anzahl der beobachteten Ereignisse der Indikatoren des Fachbereiches Neonatologie wird in Tabelle 11 der Anzahl der erwarteten Ereignisse gegenübergestellt. Analog zum Fachbereich Geburtshilfe erfolgt die Darstellung in absoluten und relativen Zahlen (in Klammern). Als Basis zur Ermittlung der relativen Anteile dient die bereits in Tabelle 4 dargestellte Fallzahl.

---

444 Vgl. IQTIG 2016j, S. 119.
445 Vgl. IQTIG 2016e, S. 18 sowie Tabelle 4.

Tabelle 11: Beobachtete und erwartete Fälle in den jeweiligen Indikatoren und Größenklassen im Fachbereich Neonatologie.

1. Größenklasse		2. Größenklasse		3. Größenklasse		4. Größenklasse		Gesamt	
(E)	(O)	(E)	(O)	(E)	(O)	(E)	(O)	(E)	(O)
50048: Todesfälle bei Risikogeburten (exkl. Verlegung)									
55,73 (0,36%)	23 (0,15%)	115,78 (0,77%)	127 (0,84%)	171,04 (1,15%)	195 (1,31%)	164,96 (1,08%)	186 (1,21%)	507,51 (0,83%)	531 (0,87%)
50050: Hirnblutungen VLBWI									
35,64 (2,79%)	18 (1,41%)	54,53 (4,49%)	61 (5,02%)	67,82 (4,94%)	72 (5,24%)	55,32 (4,98%)	52 (4,68%)	213,31 (4,29%)	203 (4,08%)
50053: Bronchopulmonale Dysplasien VLBWI									
81,93 (6,27%)	68 (5,21%)	129,08 (9,69%)	147 (11,04%)	132,19 (9,55%)	137 (9,90%)	148,47 (11,79%)	169 (13,42%)	491,67 (9,31%)	521 (9,87%)
50062: Pneumothoraces unter/nach Beatmung									
234,39 (4,73%)	227 (4,58%)	245,53 (4,91%)	231 (4,62%)	248,40 (5,01%)	222 (4,48%)	238,07 (4,83%)	175 (3,55%)	966,40 (4,87%)	855 (4,31%)
51119: Todesfälle bei Risikogeburten (inkl. Verlegung)									
88,22 (0,56%)	52 (0,33%)	132,91 (0,81%)	135 (0,83%)	200,94 (1,22%)	249 (1,51%)	191,58 (1,22%)	196 (1,25%)	613,65 (0,95%)	632 (0,98%)
51837: Mortalität VLBWI									
35,39 (2,66%)	22 (1,66%)	52,79 (4,08%)	69 (5,34%)	65,77 (5,30%)	84 (6,77%)	65,68 (4,86%)	73 (5,40%)	219,63 (4,21%)	248 (4,76%)
51901: Qualitätsindex VLBWI									
289,52 (12,08%)	308 (12,85%)	342,85 (14,98%)	341 (14,90%)	378,22 (16,01%)	365 (15,45%)	384,46 (17,33%)	337 (15,19%)	1.395,05 (15,06%)	1.351 (14,58%)

Bei allen Indikatoren ist die Rate an erwarteten Ereignissen bei der ersten Fallgruppe am geringsten. Darüber hinaus steigen die Expected-Raten bei einem erheblichen Anteil der Indikatoren über die Größenklassen hinweg streng monoton (Indikatoren-IDs: 50050, 51901) bzw. monoton (Indikator-ID: 51119) an. Bei den Indikatoren 50048, 50062 und 51837 steigen die Expected-Raten bis einschließlich zur dritten Größenklasse an, wohingegen sie mit der vierten Größenklasse leicht sinken.

Nicht nur die Expected-, sondern auch die Observed-Raten sind in der ersten Größenklasse mit dem niedrigsten Leistungsvolumen am geringsten, wobei der Indikator 50062 (Pneumothoraces unter/nach Beatmung) hierbei eine Ausnahme darstellt: Bei diesem Indikator ist die Rate an beobachteten Fällen bei den Stationen mit dem höchsten Leistungsvolumen am kleinsten.

Tabelle 12 zeigt die O/E-Rate der Qualitätsindikatoren im Fachbereich Neonatologie als Summenformel aller Stationen für die jeweilige Größenklasse. Darüber hinaus wird das Gesamtergebnis über alle Größenklassen hinweg angegeben.

Weicht eine Größenklasse signifikant vom Gesamtergebnis ab, indem sich das entsprechende Konfidenzintervall nicht mit dem des Gesamtergebnisses überschneidet, so ist das entsprechende Ergebnis farblich markiert. Eine rote Markierung bedeutet eine signifikante Abweichung nach oben (höhere O/E-Rate als das Gesamtergebnis) und damit ein schlechteres Qualitätsergebnis, die Farbe Grün steht für eine signifikante Abweichung nach unten (niedrigere O/E-Rate als das Gesamtergebnis) und damit ein besseres Qualitätsergebnis.

Tabelle 12: O/E-Rate nach Größenklassen inkl. 95 %-Konfidenzintervall nach Wilson im Fachbereich Neonatologie.

Indikator	1. Größenklasse	2. Größenklasse	3. Größenklasse	4. Größenklasse	Gesamt
	O/E (95%-CI)	O/E (95%-CI)	O/E (95%-CI)	O/E (95%-CI)	O/E (95%-CI)
50048: Todesfälle bei Risikogeburten (exkl. Verlegung)	0,41 (0,28–0,62)	1,10 (0,92–1,30)	1,14 (0,99–1,31)	1,13 (0,98–1,30)	1,05 (0,96–1,14)
50050: Hirnblutungen VLBWI	0,51 (0,32–0,79)	1,12 (0,88–1,43)	1,06 (0,85–1,33)	0,94 (0,72–1,22)	0,95 (0,83–1,09)
50053: Bronchopulmonale Dysplasien VLBWI	0,83 (0,66–1,04)	1,14 (0,98–1,32)	1,04 (0,88–1,21)	1,14 (0,99–1,31)	1,06 (0,98–1,15)
50062: Pneumothoraces unter/nach Beatmung	0,97 (0,85–1,10)	0,94 (0,83–1,07)	0,89 (0,79–1,02)	0,74 (0,64–0,85)	0,88 (0,83–0,94)
51119: Todesfälle bei Risikogeburten (inkl. Verlegung)	0,59 (0,45–0,77)	1,02 (0,86–1,20)	1,24 (1,10–1,40)	1,02 (0,89–1,18)	1,03 (0,95–1,11)
51837: Mortalität VLBWI	0,62 (0,41–0,93)	1,35 (1,08–1,67)	1,28 (1,04–1,57)	1,19 (0,96–1,46)	1,13 (1,00–1,27)
51901: Qualitätsindex VLBWI	1,06 (0,96–1,18)	0,99 (0,90–1,10)	0,97 (0,88–1,06)	0,88 (0,79–0,97)	0,97 (0,92–1,02)

Bei den Indikatoren 50048 (Todesfälle bei Risikogeburten (exkl. Verlegung)), 50050 (Hirnblutungen VLBWI), 51119 (Todesfälle bei Risikogeburten (inkl. Verlegung)) und 51837 (Mortalität VLBWI) weisen Krankenhäuser der ersten Größenklasse signifikant bessere Indikatorergebnisse auf als das Gesamtergebnis über alle Größenklassen hinweg. Darüber hinaus weist die erste Größenklasse bei den Indikatoren 50048, 51119 und 51837 jeweils signifikant bessere Ergebnisse auf als alle anderen Größenklassen. Beim Indikator 50050 ist das Ergebnis der ersten Größenklasse signifikant besser als das der zweiten und dritten Größenklasse. Hinsichtlich der ersten und vierten Größenklasse gibt es bei diesem Indikator keinen signifikanten Unterschied.

Ebenfalls keine signifikanten Unterschiede lassen sich bei den Indikatoren 50053 (Bronchopulmonale Dysplasien VLBWI) und 51901 (Qualitätsindex VLBWI) erkennen. Beim Indikator 50062 (Pneumothoraces unter/nach Beatmung) lassen sich bei Betrachtung der ungerundeten Werte signifikante Unterschiede zwischen der ersten und vierten Größenklasse feststellen, wobei die Ergebnisse der Lowest Volume Hospitals signifikant schlechter ausfallen als die der Highest Volume Hospitals (0,853 als untere CI-Grenze der ersten Größenklasse vs. 0,850 als obere CI-Grenze der vierten Größenklasse).

Die Ergebnisse der Kruskal-Wallis-Tests zu den jeweiligen Indikatoren des Leistungsbereichs Neonatologie sind in Tabelle 13 dargestellt. Getestet wird die Nullhypothese, dass die Verteilung der O/E-Raten über die einzelnen Größenklassen identisch ist. Sofern die Nullhypothese auf einem Signifikanzniveau von 95 % abzulehnen ist, wurden Post-Hoc-Tests durchgeführt, um herauszufinden, welche der Größenklassen nicht identisch sind. Analog zum Leistungsbereich Geburtshilfe wurde bei den Post-Hoc-Tests eine Bonferroni-Korrektur angewendet.

Tabelle 13: Zusammenfassung der Kruskal-Wallis-Tests zu Volume-Outcome-Zusammenhängen im Fachbereich Neonatologie.

Indikator und Kurzbezeichnung	Sig.	Signifikante Unterschiede: Paarweise Vergleiche (vorne = sign. niedriger (95%-Niveau))
50048 (NEO): Todesfälle bei Risikogeburten (ohne Verlegung)	$p < 0.001$	1–2, 1–3, 1–4, 2–3, 2–4
50050 (NEO): Hirnblutungen VLBWI	$p < 0.001$	1–2, 1–3, 1–4
50053 (NEO): Bronchopulmonale Dysplasien VLBWI	$p < 0.001$	1–2, 1–3, 1–4
50062 (NEO): Pneumothoraces unter/nach Beatmung	$p < 0.001$	1–2, 1–3
51119 (NEO): Todesfälle bei Risikogeburten (inkl. Verlegung)	$p < 0.001$	1–2, 1–3, 1–4, 2–3, 2–4
51837 (NEO): Mortalität VLBWI	$p < 0.001$	1–2, 1–3, 1–4
51901 (NEO): Qualitätsindex VLBWI	$p < 0.001$	1–2, 1–3

Laut Kruskal-Wallis ist bei allen Indikatoren des Leistungsbereiches Neonatologie die Alternativhypothese anzunehmen. Bei allen Indikatoren dieses

Leistungsbereichs weisen Krankenhäuser der ersten Größenklasse signifikant bessere Ergebnisse auf als Krankenhäuser der zweiten und dritten Größenklasse. Bei den Indikatoren 50048/51119 (Todesfälle bei Risikogeburten) sowie 50050 (Hirnblutungen VLBWI), 50053 (Bronchopulmonale Dysplasien VLBWI) und 51837 (Mortalität VLBWI) weisen Krankenhäuser der ersten Größenklasse darüber hinaus auch bessere Ergebnisse als Häuser der vierten Größenklasse auf. Ferner unterscheiden sich Krankenhäuser der zweiten Größenklasse bei den Indikatoren 50048 und 51119 (Todesfälle bei Risikogeburten) signifikant von Krankenhäusern der dritten und vierten Größenklasse.

6.1.5 Ergebnisinterpretation für den Leistungsbereich Neonatologie

Es ist in Anbetracht der Indikatorergebnisse (vgl. Tabelle 12) sehr wahrscheinlich, dass die bereits im Leistungsbereich Geburtshilfe zumindest beim Indikator 51397 (Azidosen) sehr starken Verlegungs- und Datenschutzeffekte im Leistungsbereich Neonatologie indikatorübergreifend zu beobachten sind. Verlegungseffekte dürften größere Häuser bei einem Vergleich mit kleineren Häusern belasten, obwohl Verlegungsfälle bei den meisten Indikatoren des Leistungsbereiches Neonatologie (Indikatoren 50048, 50050, 50053, 50062, 51837 und 51901) explizit von der Indikatorberechnung ausgeschlossen sind. Warum dies so ist, ist in Abbildung 11 dargestellt.[446]

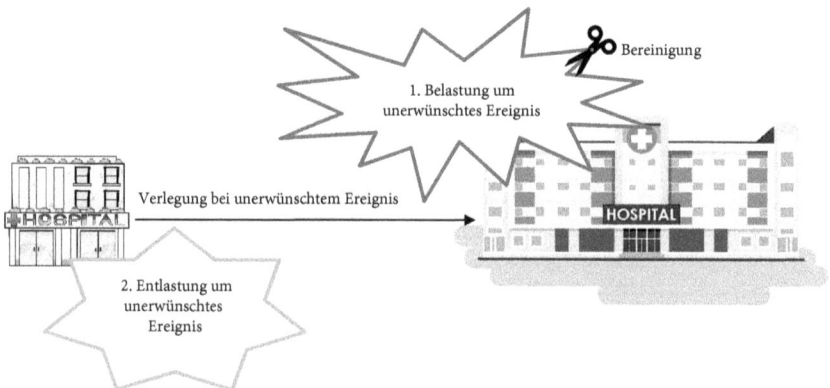

Abbildung 11: Verlegungseffekte und deren Bereinigung. Eigene Darstellung. Bildquelle: © Can Stock Photo / colematt, IStockphoto.

---

446 Vgl. IQTIG 2016d, S. 13, 20, 27, 47, 60–61, 83.

Abbildung 11 verdeutlicht, dass Verlegungen in mehrerlei Hinsicht wirken, wobei die Bereinigung um die Verlegungseffekte unvollständig ist:

1. Perinatalzentren hohen Levels (die eine vergleichsweise hohe Fallzahl aufweisen) erhalten Fälle mit kritischen Ereignissen zuverlegt und müssen diese als entlassende Einrichtung reporten, obwohl sie für das kritische Ereignis nicht verantwortlich sind.[447] Die O/E-Rate steigt durch die Aufnahme des Falles; das Indikatorergebnis des aufnehmenden Hauses verschlechtert sich (symbolisiert durch den roten Stern).
2. Die Qualitätsergebnisse der verlegenden (meist wohl kleineren) Häuser verbessern sich, weil die unerwünschten Ereignisse dort nicht ausgewiesen werden müssen: Die Indikatorergebnisse der verlegenden Häuser sinken durch die Verlegungsfälle (symbolisiert durch grünen Stern).
3. In der Konsequenz profitieren verlegende Häuser in den Qualitätsberichten doppelt. Es ist anzunehmen, dass es sich bei Verlegungsfällen nahezu immer um Aufwärtsverlegungen in ein Perinatalzentrum und damit auch in Häuser mit einem höheren Behandlungsvolumen handelt.
4. Im Modul Neonatologie werden die Indikatorergebnisse um Zuverlegungen bereinigt (symbolisiert durch die Schere, die am roten Stern ansetzt). Die Indikatorergebnisse der aufnehmenden Häuser/Perinatalzentren werden somit nicht belastet. Es erfolgt jedoch keine Bereinigung um den unter (2.) skizzierten positiven Effekt bei den verlegenden Häusern. Dieser bleibt also bestehen.

Zusätzlich zu den Verlegungseffekten dürften Datenschutzeffekte im Leistungsbereich Neonatologie noch stärker wirken als im Leistungsbereich Geburtshilfe. In der Neonatologie sind die Fallzahlen naturgemäß deutlich geringer als in der Geburtshilfe. Zahlreiche Indikatoren des Leistungsbereiches Neonatologie beziehen sich auf VLBWI. Anhand dieser Patientengruppe lässt sich die Wirkung von Datenschutzverzerrungen im Bereich Neonatologie gut aufzeigen: Im Jahre 2015 nahmen 297 Krankenhäuser an der Versorgung dieser Patientengruppe teil, 10.691 solcher sehr kleinen Frühgeborenen wurden in diesen Häusern geboren.[448] Das mittlere Behandlungsvolumen liegt somit bei rund 36 VLBWI pro Jahr und behandelndem Krankenhaus. Da die durchschnittliche Mortalität dieser Kinder rund 4 % beträgt, müsste die Sterblichkeit in einem einzelnen Krankenhaus mit durchschnittlicher Größe bei über 11 % liegen (= vier Fälle),

---

447 Vgl. Kapitel 6.5.2.
448 Vgl. IQTIG 2016j, S. 124–126.

damit dieses Krankenhaus seine Qualitätsergebnisse überhaupt veröffentlichen muss. In Krankenhäusern mit unterdurchschnittlicher Größe müsste die Sterblichkeitsrate entsprechend noch größer sein, damit diese Häuser ihre Ergebnisse veröffentlichen müssen. Bei einem unterdurchschnittlichen Behandlungsvolumen besteht bei einer gegebenen Mortalitätsrate von 4 % auch eine hohe Wahrscheinlichkeit, dass gar kein Todesfall auftritt. Ebendiese Häuser dürfen ihre Qualitätsergebnisse jedoch veröffentlichen.

Bei deutlichen Hinweisen auf das Vorliegen von Verzerrungen der Daten durch Datenschutz- und Verlegungseffekte, die zu einer Besserstellung der Lowest Volume Hospitals führen dürften, zeigt sich im Leistungsbereich Neonatologie noch ein Zweites: Volume-Outcome-Effekte lassen sich aus den deutschen Qualitätsberichten nicht in signifikanter Weise herleiten. Lediglich ein einziges Ergebnis der beiden Berechnungsverfahren lässt sich als signifikanter Volume-Outcome-Effekt zugunsten größerer Häuser interpretieren:

Beim Indikator 50062 fallen die Indikatorergebnisse der Highest Volume Hospitals signifikant besser (= niedriger) aus als die der Lowest Volume Hospitals. Der Unterschied fällt sehr gering aus, was noch einmal in Abbildung 12 veranschaulicht wird. Paradoxerweise liefern die Kruskal-Wallis-Tests den gegenteiligen Befund: Hiernach sind die Ergebnisse der ersten Größenklasse als am besten anzusehen.

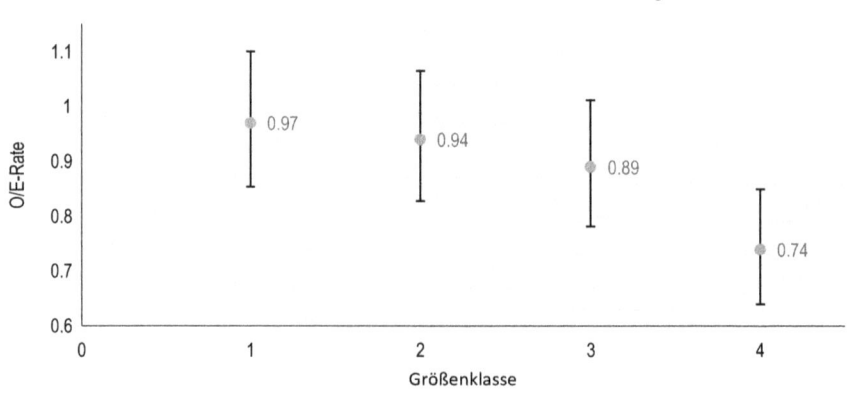

Abbildung 12: Indikator 50062. O/E-Rate nach Größenklassen.

Die Unterschiede in den Auswertungsformen sind wohl auf die Verteilung der Indikatorergebnisse zurückzuführen: In der ersten Größenklasse finden sich bei vergleichsweise vielen Krankenhäusern Indikatorergebnisse in Höhe von 0 (weil in vielen Häusern kein einziges unerwünschtes Ereignis aufgetreten ist), die jedoch durch die vergleichsweise häufigen unerwünschten Ereignisse in dieser Größenklasse insgesamt derart ausgeglichen werden, dass das gesamte Indikatorergebnis vergleichsweise hoch ausfällt. Die zahlreichen Indikatorergebnisse von 0 könnten auch auf Verlegungseffekte zurückzuführen sein, die durch nicht vorhandene Beatmungsplätze für Neugeborene in kleinen Krankenhäusern erklärt werden könnten. Somit ist bei diesem Indikator insgesamt eher von einem Volume-Outcome-Effekt zugunsten größerer Häuser auszugehen.

Die dargelegten Unterschiede in den beiden Auswertungsformen bestehen auch bei allen anderen Indikatoren des Leistungsbereichs Neonatologie. Sie werden im Folgenden nicht weiter diskutiert, um Redundanzen zu vermeiden.

Bei den übrigen Indikatoren lassen sich keine signifikanten Volume-Outcome-Effekte konstatieren. Jedoch ist in diesem Zusammenhang anzumerken, dass die 95 %-Konfidenzintervalle des Leistungsbereiches Neonatologie verglichen mit denen des Leistungsbereichs Geburtshilfe (vgl. Tabelle 9 vs. Tabelle 12) äußerst groß ausfallen. Dies ist auf die deutlich geringere Fallzahl in diesem Leistungsbereich zurückzuführen, denn bei geringeren Fallzahlen beeinflussen etwaige zufällige Effekte die Daten stärker, weswegen auch die Konfidenzintervalle zur Kontrolle der Zufallseffekte größer ausfallen müssen.

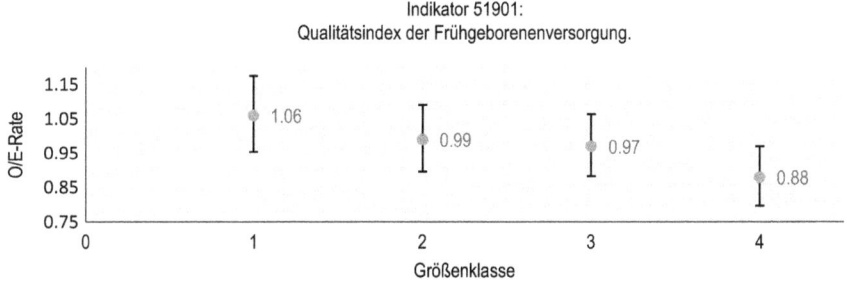

Abbildung 13: Indikator 51901. O/E-Rate nach Größenklassen.

Beispielsweise fallen beim Indikator 51901 die Qualitätsergebnisse streng monoton von der ersten bis zur vierten Größenklasse, was Abbildung 13 noch einmal verdeutlicht. Dies kann als ein Hinweis auf einen Volume-Outcome-Effekt gewertet werden. Aufgrund der Größe der Konfidenzintervalle kann der beobachtbare Effekt jedoch nicht als signifikant gelten. Es ist somit möglich, dass aufgrund der Größe der Stichprobe die Power des Tests zu gering ist, um real existente Effekte mit der notwendigen Sicherheit nachweisen zu können.

Bei drei weiteren Indikatoren dieses Leistungsbereiches ist es wahrscheinlich, dass sowohl Datenschutz- und Verlegungseffekte als auch eine aufgrund der Fallzahl zu geringe Power zu beobachten ist. Abbildung 14 illustriert diese beiden Effekte für den Indikator 51837 (Mortalität VLBWI): Die O/E-Rate der ersten Größenklasse erscheint derart gering, dass Verlegungs- und Datenschutzeffekte das Ergebnis kleinster Einrichtungen begünstigen.[449] Bei den übrigen Größenklassen sollten diese Verzerrungen geringer ausfallen. Unter dieser Prämisse können bessere Indikatorergebnisse bei zunehmender Größenklasse vermutet werden, wobei die Fallzahl erneut zu gering ist, um diesen Effekt mit der entsprechenden Wahrscheinlichkeit nachweisen zu können.

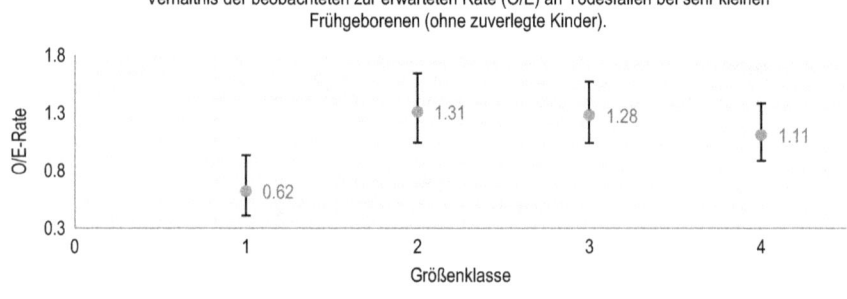

Abbildung 14: Indikator 51837. O/E-Rate nach Größenklassen.

Es ist anzunehmen, dass die gleichen Wirkmächte (Verlegungseffekte, Datenschutzverzerrungen und zu geringe Power) auch bei den Indikatoren 50050 (Hirnblutungen VLBWI) und 50048 (Todesfälle bei Risikogeburten) wirken, was

---

449 Vgl. hierzu auch Kapitel 6.3.

eine Gegenüberstellung von Abbildung 14 und Abbildung 15 verdeutlicht: Bei beiden Indikatoren sinkt der Indikatorwert ab der zweiten Fallgruppe streng monoton, wohingegen das Ergebnis der ersten Fallgruppe so niedrig ausfällt, dass die Aussagekraft angezweifelt werden kann.

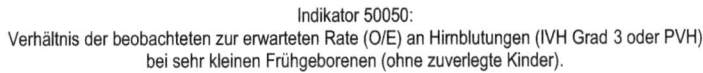

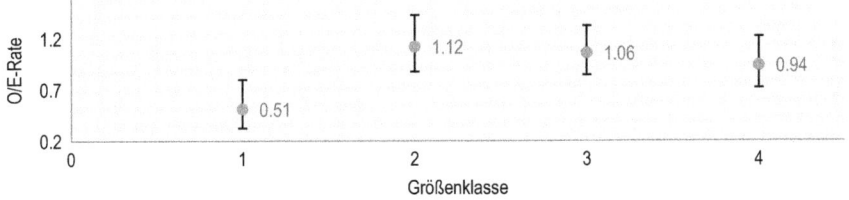

Abbildung 15: Indikator 50050. O/E-Rate nach Größenklassen.

Es liegen somit bei vier Indikatoren des Leistungsbereiches Neonatologie Indikatorergebnisse vor, welche eher für eine höhere Qualität in größeren Krankenhäusern sprechen, ohne dass eine solche Aussage mit hinreichender Wahrscheinlichkeit getroffen werden könnte.

Heller et al. weisen darauf hin, dass die zu geringe Power ein typisches Problem bei nahezu allen Outcome-Analysen im Bereich Geburtshilfe/Neonatologie darstellt.[450] In an diese Arbeit anknüpfenden Untersuchungen (bspw. durch eine Panelbildung mit den Qualitätsberichten aus Folgejahren) könnte somit die Frage untersucht werden, ob bei einer größeren Fallzahl die Effekte zugunsten größerer Krankenhäuser signifikant werden oder ob die dargestellten Tendenzen lediglich zufälliger Natur waren.

Daneben gibt es auch Indikatoren, bei denen lediglich Verlegungs- und Datenschutzeffekte zu vermuten sind, aufgrund der veröffentlichten Daten allerdings keine Hinweise auf einen Volume-Outcome-Zusammenhang vorliegen. Dies betrifft die Indikatoren 50048 (Todesfälle bei Risikogeburten (exkl. Verlegung))[451] und 51119 (Todesfälle bei Risikogeburten (inkl. Verlegung)).

---

450 Vgl. Heller et al. 2017, S. 593–594.
451 Wie bei einem Indikator ohne Verlegungen auch Verlegungseffekte wirken können, wird in Abbildung 11, S. 117, illustriert.

Exemplarisch sind die Werte für den Indikator 50048 in Abbildung 15 dargestellt. Beim robustesten Outcome, der *Mortalität*, spricht somit nichts für einen Volume-Outcome-Zusammenhang. Beim Indikator 51119 zeigt sich ein ähnliches Bild (vgl. Tabelle 12).

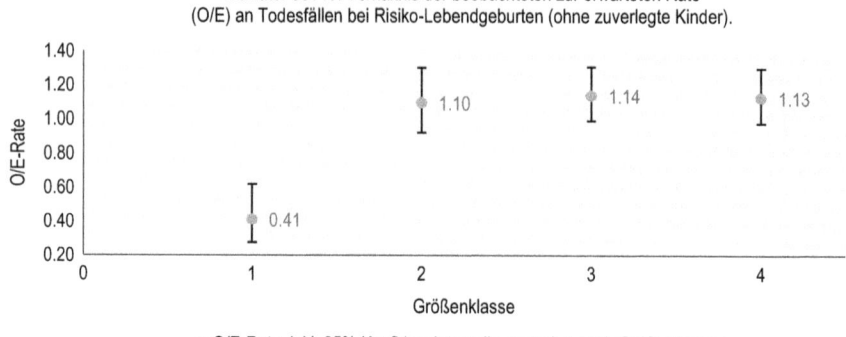

Abbildung 16: Indikator 50048. O/E-Rate nach Größenklassen.

Zuletzt ist der Indikator 50053 zu nennen, bei dem keine Unterschiede zwischen den Größenklassen zu bestehen scheinen. Abbildung 17 zeigt, dass Verlegungs- und Datenschutzeffekte bei diesem Indikator zwar potenziell möglich sind, jedoch nicht so gravierend ausfallen, dass sie sich in signifikanten Unterschieden zugunsten der ersten Größenklasse zeigen.

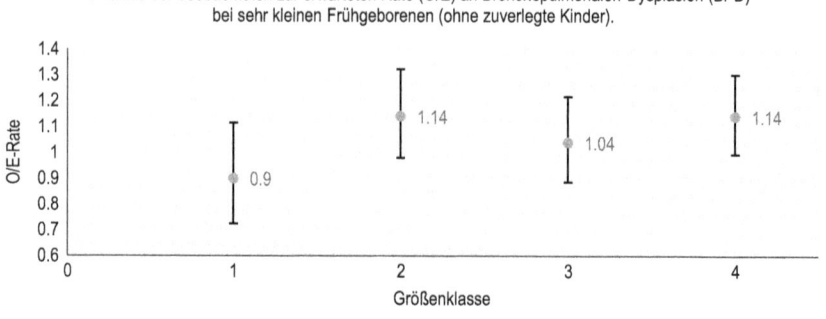

Abbildung 17: Indikator 50053. O/E-Rate nach Größenklassen.

6.1.6 Zusammenfassung und Zwischenfazit

Volume-Outcome-Effekte

Beim Indikator 52249 (Kaiserschnitte) ist von einem Volume-Outcome-Effekt im klassischen Sinne auszugehen. Zumindest sind die Qualitätsergebnisse der kleinsten Häuser am schlechtesten (lt. Kruskal-Wallis), vermutlich nimmt darüber hinaus die Qualität bei diesem Outcome bei zunehmendem Leistungsvolumen zu (lt. Summenvergleichen). Dass größere Krankenhäuser bei schweren Dammrissen (Indikator 51181) ferner besser abschneiden als kleinere Häuser, ist in diesem Kontext als eine weitere Bestätigung der Volume-Outcome-Hypothese zu begreifen, da trotz der Neigung zu natürlichen Geburten in größeren Häusern dort die O/E-Raten bei Dammrissen nicht signifikant schlechter, sondern sogar besser ausfallen. Darüber hinaus besteht beim Indikator 50062 ein signifikanter Volume-Outcome-Effekt.

Überdies ist anzumerken, dass einige paradoxe Volume-Outcome-Effekte (je kleiner desto besser) vermutlich am ehesten auf Verlegungs- und Datenschutzeffekte zurückzuführen sind. Diese führen in der neonatologischen Versorgung besonders häufig zu starken Verzerrungen, darüber hinaus nimmt im Leistungsbereich Geburtshilfe beim Indikator 51397 (Azidosen) ein derartiger Effekt sehr wahrscheinlich starke Ausmaße an. Bei letzterem Qualitätsindikator zeigt sich, dass die Abgrenzung zwischen Neonatologie und Geburtshilfe nicht immer sauber vorzunehmen ist: Einerseits ist die Zuordnung des Indikators zum Leistungsbereich Geburtshilfe verständlich und sachlich richtig, weil die Ursache einer Azidose im Geburtsvorgang zu suchen ist; etwaige Anpassungen der klinischen Prozesse zur Steigerung der Qualität müssen sich in der Versorgungssituation im Kreißsaal niederschlagen. Gleichwohl betrifft die Azidose das Neugeborene und damit den Fachbereich Neonatologie. Beim Auftreten einer Azidose ist eine Behandlung in einem Perinatalzentrum obligat, ggf. ist darüber hinaus eine intensivmedizinische Komplexbehandlung erforderlich.[452] Für den Leistungsbereich Neonatologie typische statistische Effekte (wie die im Rahmen dieser Arbeit vermuteten Verlegungs- und Datenschutzeffekte) sind daher auch bei diesem Indikator zu beobachten, obwohl er zum Leistungsbereich Geburtshilfe gehört.

Im Leistungsbereich Neonatologie sind die Fallzahlen naturgemäß sehr gering. Dies führt neben dem besagten Verzerrungseffekt bei Verlegungen auch dazu, dass zwar gewisse Volume-Outcome-Effekte andeutungsweise

---

452 Vgl. Dudenhausen und Milz 2007, insb. zur Verlegungspraxis beim Vorliegen einer Azidose.

sichtbar sind, die potenziellen Einflüsse des Zufalls jedoch bei der geringen Fallzahl zu groß sind, um diese Effekte als signifikant und damit als relevant bezeichnen zu können. Beispielsweise sind beim Indikator 51901 Effekte sichtbar, die Volume-Outcome-Effekte sein könnten und sich bei einer größeren Fallzahl signifikant zeigen würden. Auch bei Betrachtung der Indikatoren 51837, 50050 und 50062 wird neben einem Datenschutz- und Verlegungseffekt andeutungsweise auch ein potenzieller Volume-Outcome-Effekt sichtbar, für dessen Bestätigung allerdings das notwendige Signifikanzniveau verfehlt wird.

Verlegungseffekte können größere Häuser teilweise auch begünstigen
Es ist durchaus möglich, dass eine Verzerrung durch Verlegungen, wie sie bspw. beim Indikator 51397 (Schwere Azidosen) sehr wahrscheinlich ist, auch beim Indikator 52249 (Kaiserschnitte) wirkt, jedoch zugunsten größerer Krankenhäuser; es wäre bspw. eine Fallkonstellation denkbar, in der bei einer Geburt in einem Low Volume Hospital eine hohe Wahrscheinlichkeit für einen Kaiserschnitt bestand, ein solcher jedoch nicht durchgeführt wurde. Im Ergebnis trat eine Geburtskomplikation (bspw. Azidose) auf, welche ihrerseits zu einer Verlegung des reifen Neugeborenen geführt hat. Die Qualitätsergebnisse des Indikators 52249 (Kaiserschnitte) wären dann im aufnehmenden High Volume Krankenhaus besser als das reale Leistungsgeschehen, die Qualitätsergebnisse beim die entsprechende Komplikation betreffenden Indikator (bspw. Azidosen, womit der Indikator 51397 betroffen wäre) schlechter.

6.2 Qualitätsergebnisse von kleinsten Leistungserbringern

6.2.1 Stichprobenbeschreibung

Tabelle 14 zeigt die Aufteilung der Patienten auf die beiden Größenklassen (kleiner und größer/gleich 20 Fälle). Es sind die Fälle je Größenklasse zusammen mit der Anzahl der Krankenhäuser (in Klammern) angegeben sowie die hochgerechneten beobachteten (O) und erwarteten Fälle (E). Die Hochrechnung erfolgte anhand der Daten in der IQTIG-Bundesauswertung.[453]

---

453 Vgl. Kapitel 5.7.1.3 zur Methodik der Hochrechnung.

Qualitätsergebnisse von kleinsten Leistungserbringern

Tabelle 14: Hochgerechnete Kennzahlen von sehr kleinen (< 20 Fälle) und übrigen Häusern nach Qualitätsindikator.

Indikator	Stationen mit < 20 Fälle			Stationen mit ≥ 20 Fälle		
	Fälle (Häuser)	(O)	(E)	Fälle (Häuser)	(O)	(E)
50048: Todesfälle bei Risikogeburten (exkl. Verlegung)	692 (175)	16	4,08	95.704 (352)	748	738,92
50050: Hirnblutungen VLBWI	820 (121)	24	20,46	454 (165)	401	433,54
50053: Bronchopulmonale Dysplasien VLBWI	883 (132)	84	72	7.248 (148)	586	669
50062: Pneumothoraces unter/nach Beatmung	916 (127)	58	57,51	27.221 (246)	1.091	1.294,49
51119: Todesfälle bei Risikogeburten (inkl. Verlegung)	693 (176)	22	5,07	99.521 (365)	846	863,93
51181: Schwere Dammrisse	18 (5)	2	0,60	436.849 (738)	6.057	5.731,14
51397: Azidosen Reifgeborene	18 (5)	2	0,12	643.421 (740)	1.298	1.269,88
51803: Qualitätsindex Reifgeborene	22 (7)	0,20	22	656.758 (740)	4.881	4797,80
51837: Mortalität VLBWI	870 (130)	32	23,91	9.821 (163)	418	420,09
51901: Qualitätsindex VLBWI	962 (133)	104	100,21	9.994 (167)	1.476	1.531.79
52249: Kaiserschnitte	Nicht sinnvoll					

Die beiden Leistungsbereiche unterscheiden sich deutlich hinsichtlich der Verteilung ihrer Patienten auf kleine und große Einrichtungen. Krankenhäuser, in denen weniger als 20 Reifgeborene zur Welt gekommen sind, gab es im Erfassungsjahr 2015 lediglich sieben, was an der Anzahl der Häuser der ersten Größenklasse des Indikators 51803 abzulesen ist. In zwei dieser Häuser gab es keine Spontangeburten, sondern nur Kaiserschnitte. Ferner haben zwei dieser sieben Häuser keine Angaben zum Nabelschnurarterien-pH-Wert der Neonaten gemacht, sodass lediglich fünf Krankenhäuser berichtspflichtig hinsichtlich des Indikators 51397 geworden sind. Es kann angenommen werden, dass Krankenhäuser mit einer Fallzahl im Modul Geburtshilfe von unter 20 nicht regelhaft an der Versorgung teilnehmen, sondern in den betreffenden Fällen Geburtshilfe aufgrund einer Notlage der Mutter oder des Kindes geleistet wurde, obwohl das Krankenhaus keine entsprechende Fachabteilung besitzt.

Im Gegensatz dazu sind Fallzahlen von unter 20 Fällen im Leistungsbereich Neonatologie die Regel. So weisen 133 der 300 Krankenhäuser, die VLBWI behandeln, ein Fallzahlvolumen von weniger als 20 VLBWI pro Jahr auf (entspricht 44,33 %). Auch bei Risikogeburten zeigt sich ein ähnliches Bild. Ungefähr ein Drittel der Krankenhäuser, in denen eine Risikogeburt stattgefunden hat, haben weniger als 20 derartige Fälle pro Jahr betreut.

6.2.2 Ergebnisbeschreibung

In Tabelle 15 sind die hochgerechneten Indikatorergebnisse von kleinsten Häusern mit weniger als 20 Fällen denen mit einer Größe von mindestens 20 Fällen gegenübergestellt. Die Raten lassen sich aus den in Tabelle 14 angegebenen Werten berechnen.

Tabelle 15: Gegenüberstellung der hochgerechneten Indikatorergebnisse von Stationen mit einer Fallzahl von weniger als 20 und mehr als 19 Fällen im Leistungsbereich Geburtshilfe.

Indikator	Stationen mit < 20 Fälle		Stationen mit ≥ 20 Fälle	
	O/E-Rate	95%-CI	O/E-Rate	95%-CI
51181: Schwere Dammrisse	3,35	0,93–9,88	1,06	1,03–1,08
51397: Azidosen Reifgeborene	17,87	4,99–52,76	1,02	0,97–1,08
51803: Qualitätsindex Reifgeborene	9,82	2,73–30,05	1,02	0,99–1,05
52249: Kaiserschnitte	Nicht sinnvoll			

Beim Indikator 52249 ist eine solche Hochrechnung nicht sinnvoll, weil zu wenige Häuser bei der Indikatorrechenregel in diesen Fallzahlbereich fallen und auch die Ergebnisse aus der vorherigen Fragestellung aussagekräftiger ausgefallen sind als es eine Hochrechnung je sein könnte. Entsprechend sind auch die Ergebnisse aus dem vorangegangenen Kapitel vergleichsweise vollständig. Bei den übrigen drei Indikatoren zeigen sich die hochgerechneten Indikatorergebnisse kleinster Häuser deutlich erhöht. Zugleich sind die Konfidenzintervalle sehr groß, weil auch bei diesen Indikatoren die Grundgesamtheiten groß ausfallen und daher nur sehr wenige Krankenhäuser eine Fallzahl von unter 20 Fällen aufweisen. Die hochgerechneten Indikatorergebnisse kleiner Häuser mit weniger als 20 Fällen sind für den Fachbereich Neonatologie in Tabelle 16 denen mit einer Fallzahl von mindestens 20 Fällen gegenübergestellt.

Tabelle 16: Gegenüberstellung der hochgerechneten Indikatorergebnisse von Stationen mit einer Fallzahl von weniger als 20 und mehr als 19 Fällen im Leistungsbereich Neonatologie.

Indikator	Stationen mit < 20 Fälle		Stationen mit ≥ 20 Fälle	
	O/E-Rate	95%-CI	O/E-Rate	95%-CI
50048: Todesfälle bei Risikogeburten (ohne Verlegung)	4,44	2,42–6,31	1,01	0,94–1,09
50050: Hirnblutungen VLBWI	1,17	0,79–1,73	0,92	0,84–1,02
50053: Bronchopulmonale Dysplasien VLBWI	0,95	0,74–1,22	0,90	0,83–0,99
50062: Pneumothoraces unter/nach Beatmung	1,01	0,79–1,29	0,84	0,80–0,89
51119: Todesfälle bei Risikogeburten (inkl. Verlegung)	4,34	2,88–6,51	0,98	0,92–1,05
51837: Mortalität VLBWI	1,34	0,95–1,87	1,00	0,91–1,09
51901: Qualitätsindex VLBWI	1,04	0,86–1,24	0,96	0,92–1,01

Bei drei Indikatoren (50048, 50050 und 51119) weisen Krankenhäuser mit einem Leistungsvolumen von unter 20 Fällen signifikant schlechtere Werte auf als Krankenhäuser mit einer Fallzahl von mindestens 20 Fällen. Bei den vier restlichen Indikatoren schneiden kleinere Häuser zwar schlechter ab als größere, die Unterschiede sind jedoch nicht signifikant.

6.2.3 Ergebnisinterpretation

Im Leistungsbereich Geburtshilfe gibt es zwei Indikatoren, bei denen Krankenhäuser mit weniger als 20 Behandlungsfällen pro Jahr signifikant schlechtere Ergebnisse aufweisen (Azidosen und Qualitätsindex Reifgeborene) als Krankenhäuser mit mindestens 20 Fällen jährlich. Es ist sehr wahrscheinlich, dass der Ausschlag der beiden Indikatoren auf die gleichen Fälle oder gar einen einzigen Fall zurückzuführen ist, weil es sich nur um sehr wenige Fälle handelt und im Qualitätsindex auch Azidosen erfasst werden, wobei eine Azidose ggf. zum Tod geführt haben könnte. Ganz generell ist die Aussagekraft dieses Verfahrens im Modul Geburtshilfe beschränkt: Krankenhäuser mit weniger als 20 Reifgeborenen jährlich leisten Geburtshilfe nicht regelhaft, sondern vermutlich nur in Notfällen, bspw. wenn sich bei einer Routineuntersuchung eines anderen Fachbereiches ein Notfallkaiserschnitt indiziert zeigt und eine Verlegung zu lange dauern würde. Dass in derartigen Konstellationen auch mit einer gewissen Wahrscheinlichkeit unerwünschte Ereignisse auftreten, liegt in der Natur der Sache. Es lässt sich daraus weder ableiten, dass bei einer Notlage keine Notmaßnahmen ergriffen werden sollten, noch dass kleinere Leistungserbringer schlechtere Qualität leisten, weil es sich nicht um Leistungserbringer im engeren Sinne handelt.

Vergleicht man die Konfidenzintervalle von Krankenhäusern mit weniger als 20 Fällen im Leistungsbereich Neonatologie mit denen des Leistungsbereichs Geburtshilfe, so fällt auf, dass die Konfidenzintervalle im Leistungsbereich Neonatologie deutlich kleiner ausfallen. Dies ist darin begründet, dass es in letztgenanntem Leistungsbereich deutlich mehr Krankenhäuser mit weniger als 20 Fällen gibt. Dies führt dazu, dass in diesem Leistungsbereich Aussagen über kleinste Krankenhäuser mit deutlich größerer Sicherheit möglich sind, zumal hier eine regelhafte Versorgung angenommen werden kann.

Die Risikofaktoren für Risikogeburten bei den Indikatoren 51119 und 50048 sind ein Gestationsalter von unter 32 Wochen (je niedriger, desto höher das Mortalitätsrisiko) und eine schwere, nicht letale Fehlbildung des Neonaten.[454] Es lässt sich ein über vierfach erhöhtes Risiko der Mortalität zeigen, wenn Kinder in einem Krankenhaus mit einer Fallzahl von unter 20 Risiko-Lebendgeburten versorgt wurden.

Darüber hinaus ist das Indikatorergebnis auch bei allen weiteren Indikatoren des Moduls Neonatologie bei Leistungserbringern mit weniger als 20 Fällen jährlich erhöht. Die Unterschiede sind jedoch nicht signifikant.

6.3 Plausibilisierung der Qualitätsberichte

Die beiden Auswertungsmethoden unterscheiden sich zum Teil erheblich in ihren Kernaussagen. In Tabelle 17 sind die Kernaussagen der beiden Auswertungsformen gegenübergestellt. Bei der Interpretation der Tabelle ist zu berücksichtigen, dass der zweiten und dritten Spalte unterschiedliche Definitionen von einem kleinen Leistungserbringer zugrunde liegen. In der letzten Spalte ist ein Krankenhaus mit weniger als 20 Fällen klein, in der mittleren Spalte dann, wenn es in der ersten von vier Größenklassen (bezogen auf den jeweiligen Indikator) liegt.

---

454 Die Rechenregel des Indikators ist im Kontext des QS-Filters des Leistungsbereiches Neonatologie zu sehen. Demnach ist es für eine Risiko-Lebendgeburt erforderlich, dass ein Gestationsalter von mindestens 24 Wochen bei Ausschluss einer Totgeburt oder letalen Fehlbildungen vorliegt (Rechenregel Indikator, vgl. IQTIG 2016d, S. 10–11) und ferner der Neonat innerhalb von sieben Tagen verstorben ist oder stationär mit einer Dauer von mindestens zwölf Tagen behandelt wurde und ein Aufnahmegewicht von unter 2.000 Gramm aufgewiesen hat oder die Behandlung mit einer Dauer von mindestens 72 Stunden außerhalb der Geburtshilfe erfolgte oder länger als einen Tag beatmet wurde. Zum QS-Filter vgl. AQUA-Institut 2014b, o.S.

Plausibilisierung der Qualitätsberichte 177

Tabelle 17: Vergleich der aus den Qualitätsberichten und der IQTIG-Bundesauswertung ableitbaren Aussagen zu kleinsten Leistungserbringern.

Indikator	Aussage in Qb über kleinste Größenklasse	Aussage lt. Hochrechnung über Krankenhäuser mit < 20 Fällen
50048: Todesfälle bei Risikogeburten (exkl. Verlegung)	Signifikant besser	Signifikant schlechter
50050: Hirnblutungen VLBWI	Signifikant besser	Schlechter, nicht signifikant
50053: Bronchopulmonale Dysplasien VLBWI	Keine sig. Aussage möglich	Schlechter, nicht signifikant
50062: Pneumothoraces unter/nach Beatmung	Keine sig. Aussage möglich	Schlechter, nicht signifikant
51119: Todesfälle bei Risikogeburten (inkl. Verlegung)	Signifikant besser	Signifikant schlechter
51181: Schwere Dammrisse	Signifikant besser	Keine sig. Aussage möglich
51397: Azidosen Reifgeborene	Signifikant besser	Signifikant schlechter
51803: Qualitätsindex Reifgeborene	Keine sig. Aussage möglich	Signifikant schlechter
51837 Mortalität VLBWI	Signifikant besser	Signifikant schlechter
51901: Qualitätsindex VLBWI	Signifikant besser	Keine sig. Aussage möglich
52249: Kaiserschnitte	Signifikant schlechter	Hochrechnung nicht sinnvoll

Zunächst ist anzumerken, dass die vorliegende Studie nur einen Ausschnitt über alle Qualitätsindikatoren eines Qualitätsberichtes enthält. Bezogen auf diese ist das Bild, was sich den Patienten in den Qualitätsberichten zeigt, sehr unterschiedlich und im Wesentlichen abhängig vom Leistungsbereich:

Im Leistungsbereich Geburtshilfe und besonders beim Indikator 52249 (Kaiserschnitte) sind aufgrund der sehr hohen Fallzahlen und sehr hohen Inzidenzraten des unerwünschten Ereignisses die dargestellten Ergebnisse sehr unverfälscht und vollständig. Der Leser erhält ein konsistentes Bild, das im Einklang mit der Literatur steht.

Bei den Indikatoren 51181 (Schwere Dammrisse) und 51803 (Qualitätsindex Reifgeborene) sind leichte Verzerrungen zu vermuten, allerdings in vergleichsweise geringem Ausmaß. Die hier herangezogene Definition von kleinsten Leistungserbringern nach der IQTIG-Bundesauswertung (weniger als 20 Fälle) ist allerdings kaum geeignet, um die Werte zu plausibilisieren, weil Krankenhäuser mit einer Fallzahl in diesem Bereich keine regulären Leistungserbringer sein dürften. Dies ist aber aufgrund des geringen Verzerrungspotenzials weitestgehend unschädlich. Wird die Studienlage zu schweren Dammrissen zur Plausibilisierung des entsprechenden Indikators herangezogen, so ergibt sich insgesamt ein kongruentes Bild zulasten von kleinsten Leistungserbringern. Die hier dargestellten Ergebnisse sind somit insgesamt im Gleichklang mit der Literatur.[455] Für den Qualitätsindex liegen nach Kenntnis des Autors keine Studien aus Deutschland vor, die zur Plausibilisierung dienen könnten. International existiert diese Form des Indexes darüber hinaus nicht. Insgesamt können für diese beiden Indikatoren keine Hinweise aus der IQTIG-Bundesauswertung abgeleitet werden, dass die Ergebnisse verfälscht sind.

Eine Ausnahme hinsichtlich der Konsistenz des Leistungsbereiches Geburtshilfe stellt der Indikator 51397 (Azidosen Reifgeborene) dar. Da dieses unerwünschte Ereignis nur recht selten auftritt, werden viele Krankenhäuser mit einem solchen unerwünschten Ereignis aus der Qualitätsberichterstattung ausgeschlossen. Inwiefern dies Krankenhäuser mit besonders hoher oder niedriger Qualität waren, lässt sich nicht mit ausreichender Sicherheit belegen. Eine Begünstigung von kleineren Leistungserbringern in der öffentlichen Qualitätsberichterstattung über den Ausschluss von kleinen Krankenhäusern mit schlechter Qualität erscheint jedoch insgesamt sehr wahrscheinlich.

Im Leistungsbereich Neonatologie sind die in den Qualitätsberichten zu findenden Daten insgesamt sehr unvollständig und dadurch in hohem Ausmaß verzerrt. Dies liegt in den niedrigen Fallzahlen einerseits und der niedrigen Inzidenz der unerwünschten Ereignisse andererseits begründet. Würden die Patienten die Qualitätsberichte nutzen, so würden sie Daten vorfinden, die insgesamt den Schluss zuließen, in kleineren Einrichtungen sei das Risiko des Auftretens von unerwünschten Ereignissen vermindert. Die in den Qualitätsberichten publizierten Zusammenhänge zwischen Leistungsvolumen und Ergebnisqualität stehen jedoch insgesamt in Widerspruch zur Studienlage zu Volume-Outcome-Effekten. Gerade im Bereich der Neonatologie und insbesondere bei der Mortalität von VLBWI können Volume-Outcome-Effekte als sehr sicher belegt gelten. Es ist somit recht wahrscheinlich, dass die in den Qualitätsberichten publizierten Daten systematisch verzerrt sind.

Dass dies so ist, soll anhand einer Simulation von Daten gezeigt werden, die anhand von Daten des Indikators 51837 (Mortalität VLBWI) erstellt wurde. Simuliert werden vier Größenklassen mit jeweils drei Krankenhäusern, jedes Krankenhaus in einer Größenklasse habe die gleiche Fallzahl (analog der oberen Größenklassengrenze aus Tabelle 7). Jedes Krankenhaus habe die identische Rate an erwarteten Todesfällen in Höhe von 4 %, die Krankenhäuser unterscheiden sich jedoch hinsichtlich ihrer Qualität: In jeder Größenklasse befindet sich

---

455 Vgl. Kyser et al. 2012 sowie Pyykönen et al. 2013.

jeweils ein Krankenhaus mit durchschnittlicher (O = 4 %), unterdurchschnittlicher (O = 7 %) und überdurchschnittlicher (O = 1%) Ergebnisqualität. Die Effekte sind in Tabelle 18 dargestellt.

Tabelle 18: Simulation von Datenschutzeffekten.

Größenklasse	O-Rate	(O) tatsächlich	(O) berichtet	Grundgesamtheit
1	1%	0	0	44
1	4%	2	Ausschluss	44
1	7%	3	Ausschluss	44
Tatsächliche O/E-Rate (1. Größenklasse): 3,79/4,00 = 0,95			Berichtete O/E-Rate (1. Größenklasse): 0,00/4,00 = 0,00	
2	1%	1	Ausschluss	74
2	4%	3	Ausschluss	74
2	7%	5	5	74
Tatsächliche O/E-Rate (2. Größenklasse): 4,05/4,00 = 1,01			Berichtete O/E-Rate (2. Größenklasse): 2,25/4,00 = 1,69	
3	1%	1	Ausschluss	103
3	4%	4	4	103
3	7%	7	7	103
Tatsächliche O/E-Rate (3. Größenklasse): 3,88/4,00 = 0,97			Berichtete O/E-Rate (3. Größenklasse): 5,34/4,00 = 1,33	
4	1%	2	Ausschluss	162
4	4%	6	6	162
4	7%	11	11	162
Tatsächliche O/E-Rate (4. Größenklasse): 3,91/4,00 = 1,04			Berichtete O/E-Rate (4. Größenklasse): 5,25/4,00 = 1,31	

Zunächst zeigt sich, dass bei den gegebenen Wahrscheinlichkeiten kleinere Krankenhäuser aufgrund von Rundungen eine bessere O/E-Rate erzielen können als andere Häuser. Auf diesen Effekt kommt es allerdings nicht an, zumal es sich um einen theoretischen Effekt aus der Simulation handelt, der bei einer höheren Anzahl an Krankenhäusern in einer Größenklasse nicht mehr bestehen dürfte. Interessant sind die Unterschiede zwischen der publizierten und tatsächlichen Qualität. In der ersten Größenklasse ist eine Verzerrung zugunsten dieser sehr kleinen Häuser zu beobachten. Ausgeschlossen werden die beiden Häuser mit durchschnittlicher oder unterdurchschnittlicher Qualität, wohingegen das Haus mit der überdurchschnittlichen Qualität imstande ist, seine Ergebnisse zu veröffentlichen. Bei allen anderen Größenklassen ist der Effekt genau gegenteilig: In der zweiten Größenklasse werden Häuser mit mittlerer und guter Qualität ausgeschlossen, wohingegen in den größten Größenklassen ausschließlich die Häuser mit der sehr guten Qualität ihre Ergebnisse nicht berichten können.

Es ist somit insgesamt davon auszugehen, dass durch den Ausschluss von Häusern mit ein bis drei Fällen insgesamt eher kleinere Häuser mit unterdurchschnittlicher Qualität und große Häuser mit eher guter Qualität ausgeschlossen werden. Bei vielen Indikatoren des Leistungsbereiches Neonatologie (50050, 50062, 51837, 51901) ist zumindest ab der zweiten Größenklasse trotz dieser Datenschutzverzerrung andeutungsweise ein Volume-Outcome-Effekt sichtbar. Es kann gemutmaßt werden, dass dieser Volume-Outcome-Effekt im realen Leistungsgeschehen ohne Datenschutzverzerrungen noch stärker ausfällt als es hier gezeigt werden kann. Dafür sprechen v.a. die Ergebnisse des Indikators 51901, die vergleichsweise verzerrungsfrei vorliegen, mehrere Outcomes umfassen und bei denen ein Volume-Outcome-Effekt andeutungsweise sichtbar ist, der jedoch nicht signifikant ausfällt.

Wie bereits dargestellt, treten Verzerrungen v.a. in Bezug auf Krankenhäuser mit weniger als vier beobachteten Fällen auf, weil Krankenhäuser mit keinem unerwünschten Ereignis ihr Ergebnis publizieren dürfen, Krankenhäuser mit ein bis vier Fällen jedoch nicht. Um dieser Verzerrung zu begegnen, werden im Folgenden alle Krankenhäuser mit einer Anzahl von unerwünschten Ereignissen von null bis einschließlich drei ausgeschlossen. Krankenhäuser mit einem bis drei Fällen waren ohnehin aufgrund der Regelungen zum Datenschutz ausgeschlossen. Im Folgenden werden zusätzlich auch Häuser mit null unerwünschten Ereignissen aus der Stichprobe entfernt. Die Datenschutzverzerrung kann dadurch allerdings nur minimiert, nicht jedoch gänzlich umgangen werden.

Der Ausschluss von Krankenhäusern mit null beobachteten Fällen dient ebenfalls dazu, einer drohenden Heteroskedastizität zu begegnen, die sich aufgrund der Verzerrung ergeben würde, wenn Indikatorwerte in Höhe von 0 sehr häufig auftreten. Die folgenden Aussagen sind somit nur für vergleichsweise große Krankenhäuser mit mindestens vier beobachteten Fällen gültig. Es ergibt sich hierdurch eine eingeschränkte Aussagekraft und Generalisierbarkeit der Ergebnisse.

6.4 Beziehung zwischen den Strukturen/Prozessen und den Outcomes

6.4.1 Stichprobenbeschreibung

In Tabelle 19 ist die Anzahl der Fälle und die Anzahl der Krankenhäuser für alle Datenzeilen dargestellt, die nach dem o.g. Filterverfahren noch eingeschlossen geblieben sind. Darüber hinaus ist der relative Anteil des Ausschusses im

Vergleich zur ersten Fragestellung (Tabelle 4) angegeben und wird als Delta bezeichnet.[456]

Tabelle 19: Stichprobenbeschreibung zur Beziehung zwischen Strukturen/Prozessen und Outcomes: Qualitätsindikatoren-ID und eigene Kurzbezeichnung nach Anzahl der Patienten und Krankenhäuser.

Indikator	Anzahl Fälle (Delta)	Anzahl Krankenhäuser (Delta)
50048: Todesfälle bei Risikogeburten (exkl. Verlegung)	37.193 (38,90%)	75 (72,73%)
50050: Hirnblutungen VLBWI	3.054 (38,59%)	35 (72,66%)
50053: Bronchopulmonale Dysplasien VLBWI	4.336 (19,00%)	73 (50,68%)
50062: Pneumothoraces unter/nach Beatmung	18.535 (6,61%)	112 (39,46%)
51119: Todesfälle bei Risikogeburten (inkl. Verlegung)	40.680 (36,77%)	85 (69,86%)
51181: Schwere Dammrisse	352.328 (3,30%)	479 (9,28%)
51397: Azidosen Reifgeborene	162.331 (47,82%)	99 (72,72%)
51803: Qualitätsindex Reifgeborene	471.852 (6,21%)	415 (14,78%)
51837: Mortalität VLBWI	3.699 (26,06%)	44 (67,45%)
51901: Qualitätsindex VLBWI	8.699 (6,12%)	127 (28,65%)
52249: Kaiserschnitte	707.630 (0%)	734 (0%)

Erwartungsgemäß sinkt bei allen Indikatoren mit Ausnahme des Indikators 52249 die Anzahl der Krankenhäuser und eingeschlossenen Fälle sehr erheblich. Ebenfalls zu erwarten war, dass der Anteil an ausgeschlossenen Fällen und Krankenhäusern im Wesentlichen von den Kenngrößen Inzidenz und mittlere Fallzahl je Krankenhaus abhängt. Besonders deutlich wird dies bei einem Vergleich derjenigen Indikatoren, die sich auf VLBWI beziehen. Bei den sich auf die Mortalität oder schwere Hirnblutungen beziehenden Indikatoren 50050 und 51837 lag die Prävalenz des unerwünschten Ereignisses im Jahre 2015 auf einem ähnlichen Niveau (ca. 4 %).[457] Entsprechend fällt auch der Anteil an ausgeschlossenen Daten ungefähr gleich groß aus. Im Vergleich dazu ist die Höhe des Drop-Outs beim Indikator 50053 deutlich geringer, hier ist auch die Inzidenz ungefähr doppelt so hoch.[458] Die wenigsten Daten mussten beim Indikator 51901 ausgeschlossen

---

456 Waren in der ersten Stichprobe 100 Fälle enthalten und in der zweiten Stichprobe 75, so beträgt das Delta 25%.
457 Vgl. IQTIG 2016f, S. 21–26.
458 Vgl. IQTIG 2016f, S. 41.

werden, hier ist auch die Inzidenz von allen sich auf VLBWI beziehenden Indikatoren am höchsten, weil es sich um einen Qualitätsindex handelt, in dem mehrere Outcomes zusammengefasst sind.[459] In Tabelle 20 ist die Aufteilung der Fälle auf die jeweiligen Größenklassen je Indikator dargestellt. In der ersten Zeile ist die Anzahl der Fälle (Grundgesamtheit) je Größenklasse angegeben, in Klammern dahinter befindet sich die Anzahl der Krankenhäuser je Größenklasse. Die zweite Zeile gibt Auskunft über die Spannweite an Fällen je Größenklasse und Indikator.

Tabelle 20: Stichprobenbeschreibung zur Beziehung zwischen Strukturen/Prozessen und Outcomes: Stichprobengröße nach Größenklasse und Qualitätsindikator.

Indikator	1. Größenklasse Fälle (Häuser) *Spannweite*	2. Größenklasse Fälle (Häuser) *Spannweite*	3. Größenklasse Fälle (Häuser) *Spannweite*	4. Größenklasse Fälle (Häuser) *Spannweite*	Gesamt Fälle (Häuser) *Spannweite*
50048: Todesfälle bei Risikogeburten (exkl. Verlegung)	9.402 (31) *38–421*	9.480 (19) *425–583*	9.544 (15) *584–710*	8.767 (10) *762–1.132*	37.193 (75) *38–1.132*
50050: Hirnblutungen VLBWI	768 (14) *37–72*	752 (9) *74–97*	803 (7) *99–128*	731 (5) *135–158*	3.054 (35) *37–158*
50053: Bronchopulmonale Dysplasien VLBWI	969 (27) *16–48*	1.171 (21) *50–65*	1.095 (14) *70–88*	1.101 (11) *89–115*	4.336 (73) *16–115*
50062: Pneumothoraces unter/ nach Beatmung	4.593 (115) *23–145*	4.586 (28) *146–178*	4.682 (22) *180–253*	4.674 (13) *261–562*	18.535 (112) *23–562*
51119: Todesfälle bei Risikogeburten (inkl. Verlegung)	10.208 (36) *44–429*	10.051 (20) *433–562*	10.033 (16) *563–695*	10.388 (12) *703–1.233*	40.680 (84) *44–1.233*
51181: Schwere Dammrisse	88.361 (220) *88–596*	88.071 (121) *599–875*	87.904 (83) *879–1.273*	87.992 (54) *1.278–2.401*	352.328 (478) *88–2.401*
51397: Azidosen Reifgeborene	40.820 (41) *426–1.315*	40.057 (25) *1.399–1.323*	40.216 (18) *1.951–2.588*	41.238 (14) *2.610–3.466*	162.331 (98) *426–3.466*
51803: Qualitätsindex Reifgeborene	117.724 (185) *157–918*	118.009 (105) *919–1.264*	117.474 (75) *1.329–1.825*	118.645 (50) *1.852–3.517*	471.852 (415) *157–3.517*
51837: Mortalität VLBWI	959 (18) *27–73*	893 (11) *74–89*	987 (9) *90–128*	860 (6) *130–162*	3.699 (44) *27–162*
51901: Qualitätsindex VLBWI	2.199 (53) *20–54*	2.225 (34) *55–77*	2.272 (25) *78–108*	2.003 (15) *109–164*	8.699 (127) *20–164*
52249: Kaiserschnitte	177.461 (368) *8–745*	176.443 (180) *746–1.271*	177.271 (115) *1.272–1.868*	176.455 (71) *1.880–3.849*	707.630 (734) *8–3.849*

---

459 Vgl. IQTIG 2016f, S. 49–51.

Die Anzahl der Fälle je Größenklasse ist ungefähr gleich groß. Da bei zunehmender Größenklasse die Krankenhäuser größere Fallzahlen aufweisen, sinkt die Anzahl der Krankenhäuser je Größenklasse. Im Vergleich zu Tabelle 7 ergeben sich mit Ausnahme des Indikators 52249 bei allen Indikatoren weniger Patienten je Größenklasse sowie weniger Krankenhäuser je Größenklasse, was auf das Filterverfahren zurückzuführen ist.

Bei einigen Indikatoren und Größenklassen führt dieses Filterverfahren dazu, dass nur eine einstellige oder niedrig zweistellige Anzahl an Krankenhäusern je Größenklasse in der Stichprobe enthalten ist. Bei derart wenigen Merkmalsträgern je Variable ist die Regressionsanalyse anfällig für zufällige Effekte, weil die Besonderheiten eines einzelnen Merkmalsträgers (hier: eines Krankenhauses) besonders stark ins Gewicht fallen. In der Literatur wird oftmals gefordert, dass pro Variable mindestens zehn bis 30 Beobachtungen vorliegen sollten, um eine lineare Regressionsanalyse durchführen zu können. Dieser Idealforderung kann die vorliegende Arbeit, ähnlich wie andere Arbeiten mit vergleichbarer Fragestellung, nicht gerecht werden.[460] Zufällige Effekte könnten also v.a. im Leistungsbereich Neonatologie auftreten, wo die Anzahl an Häusern vergleichsweise gering ist. Entsprechend gewinnt die Betrachtung des Gesamtbildes über alle Indikatoren hinweg besonders in diesem Leistungsbereich eine höhere Bedeutung, die am Ende des Kapitels vorgenommen wird. Zufällige Effekte sind weniger wahrscheinlich, wenn der Effekt einer bestimmten Variable über mehrere Indikatoren hinweg beobachtet werden kann.

Analog zum Vorgehen von Heller werden die im Folgenden dargestellten risikoadjustierten Parameterschätzer fallzahlgewichtet ermittelt, um arithmetische Mittel auf Fallebene statt auf Krankenhausebene zu erhalten.[461] Mit diesem Vorgehen soll einer drohenden Heteroskedastizität und damit einer potenziellen Verletzung der Voraussetzungen der Regression begegnet werden.

6.4.2 Ergebnisse auf Indikatorebene für den Leistungsbereich Geburtshilfe

Indikator 52249 (Kaiserschnitte)
Weil mit dem Indikator 52249 aufgrund der geringen Verzerrung auch eine Beschreibung der im Leistungsbereich Geburtshilfe vorherrschenden Struktur- und Prozessparameter stattfinden kann (s.u.), werden die Ergebnisse dieses Indikators

---

460 Vgl. Schneider 2017, S. 80. Auch bei anderen Variablen wird diese Forderung in den nun folgenden Regressionsmodellen nicht immer erfüllt.
461 Vgl. Heller 2018, S. 87.

allen anderen vorangestellt. In Tabelle 22 sind zentrale Kenngrößen zum Regressionsmodell für den Indikator 52249 (Kaiserschnitte) dargestellt.

Tabelle 21: Kenngrößen zum Regressionsmodell für den Indikator 52249.

R	R^2	Korrigiertes R^2	Standardfehler des Schätzers	F	Sig.
0,331	0,110	0,092	0,177	6,336	0,000

Das Modell ist signifikant (p < 0,001). Mit dem Modell können 11,0 % der Varianz aufgeklärt werden. Bei einem korrigierten R^2 in Höhe von 0,092 ist das Modell als mäßig zu bewerten.[462] In Tabelle 23 sind die Mittelwerte und Standardabweichungen zu jeder Variablen des Modells angegeben.

Tabelle 22: Deskriptive Statistik zur Regression des Ergebnisses des Indikators 52249 auf Struktur- und Prozessparameter.

Variable	Mittelwert	Std.-Abweichung
Indikatorergebnis 52249	0,97	0,19
Gini-Koeffizient	0,75	0,23
HHI 10 km	0,59	0,33
Auffälliger Prozessparameter	0,08	0,11
Perinatalzentrum Level I	0,42	0,50
Perinatalzentrum Level II	0,12	0,32
Perinatalzentrum Level III	0,11	0,32
1. Größenklasse	0,25	0,43
2. Größenklasse	0,25	0,43
3. Größenklasse	0,25	0,43
Akademisches Lehrkrankenhaus	0,79	0,41
Privater Träger	0,13	0,34
Freigemeinnütziger Träger	0,41	0,49
Reines Angestelltensystem	0,72	0,45
Reines Belegsystem	0,16	0,37

---

462 Insbesondere von Wooldridge wird darauf hingeweiesen, dass in den Sozialwissenschaften oftmals geringe R^2-Werte im Vergleich zu anderen Wissenschaftsdisziplinen erzielt werden, die entsprechenden Modelle aber keinesfalls wenig aussagekräftig sind (vgl. Wooldridge 2013, S. 38–39). Auch in dieser Arbeit ist damit zu rechnen, dass nur ein geringer Anteil der Varianz durch das Modell erklärt werden kann, weil Geburts- und Krankheitsverläufe Schwankungen unterliegen, die nicht allein auf die Charakteristik der Einrichtung zurückgeführt werden können. Es erfolgt daher eine vergleichsweise großzügige Interpretation des R^2-Wertes: Ab einem Wert von über 20 % Varianzaufklärung wird von einem guten Modell ausgegangen, bei über 10 % Varianzaufklärung von einem mäßigen Modell.

Die in Tabelle 22 dargestellten Werte zum Indikator 52249 sind zur Einordnung der Mittelwerte der im weiteren Verlauf der Arbeit folgenden Regressionsmodelle interessant, weil es mit Hilfe dieses Indikators möglich ist, das gesamte Leistungsgeschehen im Bereich Geburtshilfe deskriptiv zu beschreiben. Der Grund dafür besteht darin, dass bei diesem Indikator praktisch keine Verzerrungen vorliegen und so gut wie alle Geburten erfasst sind. Es wird daher eine Repräsentativität angenommen. Bei kategorialen Variablen gibt der Mittelwert Auskunft darüber, wie viel Prozent der Geburten in Deutschland bei Vorliegen dieser Merkmalsausprägung stattgefunden haben. So fanden 72 % der Geburten in einem Krankenhaus statt, das seine Hebammen direkt beschäftigt, wohingegen bei 16 % der Geburten das Belegsystem eingesetzt wurde. Die verbleibenden 12 % der Geburten fanden in der Referenzkategorie statt (= gemischtes System oder System nicht ermittelbar), die jedoch nicht als eigene Variable in das Modell einbezogen wird, um redundante Informationen zu vermeiden. Ungefähr 65 % der Geburten finden in einem Perinatalzentrum statt, 42 % der Geburten in einem Perinatalzentrum höchsten Levels. Außerhalb von Perinatalzentren wurden damit 35 % der Kinder des Jahres 2015 entbunden. Ebenfalls wird deutlich, dass mit 13 % nur eine Minderheit der Geburten in Krankenhäusern von privaten Trägern stattfanden. Stattdessen kamen die meisten Kinder in öffentlichen (Referenzkategorie, die sich aus der Differenz von 1 abzüglich der prozentualen Anteile von privaten und freigemeinnützigen Trägern ergibt, hier: 46 %) oder freigemeinnützigen Krankenhäusern (41 %) zur Welt. Private Krankenhausträger sind somit unterdurchschnittlich stark bei Geburten engagiert, denn der Bettenanteil von privaten Krankenhäusern beträgt über alle Leistungsbereiche hinweg 18,3 %. Im Vergleich hierzu ist eine überaus starke Betätigung der freigemeinnützigen Häuser festzustellen: Nur 33,6 % der Betten standen in freigemeinnützigen Häusern, allerdings kamen 41 % der Kinder in einem solchen Haus zur Welt.[463] Von allen Geburten fanden 8 % in einem Haus statt, in dem mindestens ein Prozessindikator nach dem *Strukturierten Dialog* als auffällig markiert wurde. Der mittlere 10-km-Hirschmann-Index beträgt 0,59 bei einer Standardabweichung in Höhe von 0,33. Im Mittel finden Geburten also in einem Umfeld mit Konkurrenten ungefähr gleicher Größe in unmittelbarer Nähe statt, wobei sich die Krankenhäuser regelhaft auf Konstellationen mit sehr starkem Wettbewerbsdruck (vermutlich in einem städtischen Umfeld) oder gar keinem Wettbewerbsdruck (vermutlich Geburtskliniken auf dem Land) aufteilen. Nur 21 % der Geburten finden außerhalb von akademischen Lehrkrankenhäusern statt. Auch hinsichtlich der Spezialisierung, ausgedrückt im Gini-Koeffizienten,

---

463 Vgl. Statistisches Bundesamt 2016, S. 9.

scheinen sich die Häuser voneinander zu unterscheiden. Tabelle 23 zeigt nun die Regressionskoeffizienten zur Schätzung des gewichteten Ergebnisses des Indikators 52249 (Kaiserschnitte).

Tabelle 23: Indikator 52249. Regression von Struktur- und Prozessparametern.

	Nicht standardisierte Koeffizienten		Standardisierte Koeffizienten	T	Sig.	95% Konfidenzintervalle für B	
	B	Std.-Fehler	Beta			Unten	Oben
1. Größenklasse	0,166	0,028	0,388	5,995	0,000	0,112	0,221
2. Größenklasse	0,112	0,023	0,260	4,838	0,000	0,066	0,157
3. Größenklasse	0,050	0,019	0,116	2,592	0,010	0,012	0,088
4. Größenklasse = Ref.							
Perinatalzentrum Level I	0,073	0,022	0,195	3,312	0,001	0,030	0,117
Perinatalzentrum Level II	0,013	0,024	0,023	0,545	0,586	-0,035	0,061
Perinatalzentrum Level III	-0,063	0,024	-0,107	-2,696	0,007	-0,109	-0,017
Kein Perinatalzentrum = Ref.							
Privater Träger	0,031	0,021	0,055	1,440	0,150	-0,011	0,072
Freigemeinnütziger Träger	-0,039	0,016	-0,103	-2,424	0,016	-0,070	-0,007
Öffentlicher Träger = Ref.							
Akad. Lehrkrankenhaus	-0,014	0,017	-0,031	-0,820	0,412	-0,049	0,020
Auffälliger Prozessparameter	0,060	0,061	0,035	0,988	0,323	-0,060	0,180
Reines Angestelltensystem	0,022	0,021	0,053	1,048	0,295	-0,019	0,063
Reines Belegsystem	0,067	0,026	0,132	2,576	0,010	0,016	0,118
Gemischtes System bei der Anstellung von Hebammen = Ref.							
Gini-Koeffizient	0,073	0,032	0,090	2,317	0,021	0,011	0,136
HHI 10 km	-0,059	0,025	-0,104	-2,323	0,020	-0,109	-0,009
Konstante	0,836	0,043		19,424	0,000	0,752	0,921

In Kongruenz mit den Ergebnissen des Kapitels 6.1.2 erweisen sich alle Größenklassen als signifikante Schätzer, wobei ein streng monotoner Effekt zu beobachten ist: je kleiner die Größenklasse der Station, desto höher die risikoadjustierte Kaiserschnittrate im Vergleich zur vierten Größenklasse (Größenklasse I: stand. Beta = 0,388, p < 0,001, Größenklasse II: stand. Beta = 0,260, p < 0,001, Größenklasse III: stand. Beta = 0,116, p = 0,010).

Darüber hinaus sind die Strukturparameter Perinatalzentrum des Levels III (stand. Beta = -0,107, p = 0,007), Perinatalzentrum des Levels I (stand. Beta = 0,195, p = 0,001), Beschäftigung der Hebammen in einem reinen Belegsystem (stand.

Beta = 0,132, p = 0,010), der Gini-Koeffizient (stand. Beta = 0,090, p = 0,021), eine freigemeinnützige Trägerschaft (stand. Beta = -0,103, p = 0,016) sowie der 10-km-Hirschmann-Index (stand. Beta = -0,104, p = 0,020) signifikante Schätzer auf einem Alphafehlerniveau von 95 %. Die Voraussetzungen der Regressionsanalyse sind erfüllt.[464] Es erfolgte eine Überprüfung, ob Mediatoreffekte zwischen den Variablen bestehen.[465] Die Zugehörigkeit zur ersten Größenklasse ist ein Mediator der Variable, ob ein Krankenhaus ausschließlich nach dem Belegsystem arbeitet. Kleinste Krankenhäuser arbeiten häufiger ausschließlich mit Beleghebammen zusammen (unstand. Beta = 0,241, p < 0,001). Insofern wird der Effekt der Arbeit nach dem Belegsystem auf die Kaiserschnittrate eines Hauses mit dem o.g. Modell unterschätzt (unstand. indirekter Effekt = 0,015, unstand. totaler Effekt = 0,082, p = 0,001). Weitere signifikante Mediatoreffekte konnten bei diesem Modell nicht hergeleitet werden. Signifikante Heteroskedastizität konnte durch ein Histogramm der Residuen ausgeschlossen werden.

Erneut kann für den Indikator 52249 die Volume-Outcome-Hypothese als bestätigt angesehen werden. Je kleiner das Leistungsvolumen des Geburtshauses, desto höher fällt das Indikatorergebnis aus. Darüber hinaus ist die Kaiserschnittrate in Perinatalzentren der höchsten Stufe erhöht. Hierfür sind drei Erklärungsmöglichkeiten denkbar:[466]

1. Für Perinatalzentren besteht ein ökonomischer Anreiz, Kinder im Zweifelsfall möglichst frühzeitig auf die Welt zu bringen, da die Bewertungsrelationen bei niedrigem Geburtsgewicht erheblich höher ausfallen. Die relevanten Fallpauschalen mit den höchsten Bewertungsrelationen können ausschließlich von Level I Perinatalzentren abgerechnet werden.[467] Eine vorzeitige Entbindung kann über einen Kaiserschnitt erreicht werden.

---

464 Auf eine detaillierte Darstellung der Voraussetzungen sowie deren Erfüllung wird verzichtet, da allein diese Darstellung einen hohen zweistelligen Seitenumfang an Anhängen beanspruchen würde. Zu den Voraussetzungen vgl. Urban und Mayerl 2018, S. 11–18.
465 Zu den Voraussetzungen vgl. bspw. Urban und Mayerl 2018, S. 345. Aus Gründen der Übersichtlichkeit werden die entsprechenden Kennzahlen nicht publiziert, weil die Berechnung je Variablenpaar zumindest vier Schritte erfordert und die Darstellung damit einen Umfang beanspruchen würde, der den Rahmen dieser Arbeit übersteigt.
466 Zu nicht medizinisch erklärbaren Unterschieden in den Kaiserschnittraten vgl. bspw. Rossi et al. 2018, S. 78, zu den medizinischen und organisatorischen Anreizen eines Kaiserschnittes bspw. Kolip et al. 2012, S. 30–33.
467 Vgl. InEK GmbH 2014, S. 58–60 i. V. m. § 4 Abs. 4 S. 2 Mm-R i. d. F. v. 03.12.2014.

2. Perinatalzentren der höchsten Stufe müssen eine Mindestmenge in Höhe von 14 Patienten mit einem Geburtsgewicht von unter 1.250 Gramm erreichen. Erscheint das Erreichen dieser Mindestmenge zweifelhaft, besteht ebenfalls ein Anreiz für das Klinikum, Kinder möglichst früh per Sectio zu entbinden.[468]
3. Schließlich könnte die Risikoadjustierung Perinatalzentren des Levels I strukturell benachteiligen.

Bei der Interpretation dieses Regressionsmodells sollte berücksichtigt werden, dass nach den Rechenregeln des Indikators 52249 nur Mütter in die Berechnung einfließen, die Kinder ab einem Gestationsalter von 24+0 Wochen zur Welt bringen. Zu diesem Zeitpunkt der Schwangerschaft weisen die Kinder ein Gewicht von ungefähr 500 Gramm auf. Somit werden ELBWI (Geburtsgewicht unter 500 Gramm) tendenziell nicht mehr vom Indikator 52249 erfasst.[469] Allerdings werden Kinder ab dem Zeitpunkt erfasst, der für die Beurteilung relevant ist, ob einer der beiden ersten genannten Erklärungsansätze zutreffend sein könnte. Kinder an der Mindestmengen-Grenze zu 1.250 Gramm werden vom Indikator in jedem Fall erfasst (zweiter Fall). Darüber hinaus würde es der Indikator auch erfassen, wenn Kinder vorzeitig per Kaiserschnitt auf die Welt gebracht würden, um die Fallpauschalen mit den höchsten Bewertungsrelationen im Bereich der Neonatologie abrechnen zu können; die Fallpauschalen P61B und P61A greifen ab einem Geburtsgewicht von unter 600 Gramm, also einem Gewicht, das regelmäßig erst nach der 24. Schwangerschaftswoche erreicht wird.[470]

Nur weil entsprechende Anreize aus den Fallpauschalen und den Mindestmengen bestehen, bedeutet das nicht, dass diese auch tatsächlich in der genannten Form wirken. Es könnte vielmehr auch eine unzureichende Risikoadjustierung vorliegen, welche Perinatalzentren höchsten Levels systematisch benachteiligt. Frühgeborene weisen bei Geburt per Kaiserschnitt eine niedrigere Mortalität auf, was bereits in vergleichsweise alten Studien gezeigt werden konnte.[471] Unter den Variablen zur Risikoadjustierung des Indikators 52249 finden sich jedoch keine, die das Alter oder Gewicht des Kindes betreffen.[472] Es könnte somit auch eine strukturelle Benachteiligung der Perinatalzentren im Rahmen der Risikoadjustierung vorliegen. Welcher der drei Erklärungsansätze zutreffend ist und ob

---

468 Vgl. Anlage 1 Nr. 8 Mm-R i. d. F. v. 03.12.2014.
469 Vgl. Doubilet et al. 1997, S. 245–247 sowie Kainer und Nolden 2017, S. 201.
470 Vgl. ebd.
471 Vgl. Williams und Chen 1982.
472 Vgl. IQTIG 2016b, S. 21–22.

ggf. noch weitere Effekte wirken, lässt sich mit der vorliegenden Beobachtungsstudie nicht belegen. Zur Einordnung der Effekte sei jedoch angemerkt, dass der Erklärungsgehalt des Modells insgesamt gering ist und innerhalb dieses Modells die Variable *Perinatalzentrum Level I* nur etwa halb so starken Einfluss ausübt wie die Variable, ob ein Krankenhaus zur ersten Größenklasse gehört.

Diese Einschränkung gilt umso mehr für Perinatalzentren des Levels III, bei denen sich ein signifikanter Effekt in gegenteiliger Wirkrichtung mit jedoch noch geringerer Effektstärke zeigt: Die risikoadjustierte Kaiserschnittrate ist in diesen Krankenhäusern mit perinatalem Schwerpunkt signifikant verringert. Fraglich ist, weshalb bei Perinatalzentren der höchsten Versorgungsstufe entgegengesetzte Effekte wirken sollen als bei Perinatalzentren des Levels III. Dies erscheint kontraintuitiv, denn es wirken auch bei Perinatalzentren des Levels III entsprechende ökonomische Anreize: Die Bewertungsrelationen für Kinder mit einem Geburtsgewicht zwischen 1.500 Gramm und 1.999 Gramm fallen, je nach Komorbidität des Neonaten, ungefähr doppelt so hoch aus wie im Gewichtsbereich zwischen 2.000 Gramm und 2.499 Gramm. Auch im Vergleich zu schwereren Kindern mit einem regulären Geburtsgewicht von >2.499 Gramm zeigen sich erheblich höhere Bewertungsrelationen. Allerdings sind die Behandlungsmöglichkeiten der Level III Perinatalzentren und damit auch die Möglichkeiten, Schwangerschaften aus ökonomischen Gründen zu beenden, deutlich begrenzter als bei Perinatalzentren des ersten Levels der Fall ist: In der im Jahre 2015 geltenden Fassung der QFR-RL durften Perinatalzentren des Level III Neugeborene mit einem (erwarteten) Geburtsgewicht von unter 1.500 Gramm oder einem Gestationsalter von unter 32+0 Wochen nicht versorgen.[473] Eine neonatologische Abteilung oder gar Intensivstation ist vor Ort nicht vorzuhalten, vielmehr genügt die Kooperation mit einer Kinderklinik.[474] Schwierige Fälle (mit erhöhtem Kaiserschnittrisiko) könnten von Perinatalzentren dritten Levels also gar nicht erst angenommen oder in ein Perinatalzentrum ersten Levels verlegt werden.

Darüber hinaus ist der 10-km-Hirschmann-Index ein relevanter Schätzer, wobei der Regressionskoeffizient ein negatives Vorzeichen besitzt. Bei abnehmender Wettbewerbsintensität (ausgedrückt durch einen höheren Hirschmann-Index) in einem Umfeld von 10 km sinken somit tendenziell auch die risikoadjustierten Kaiserschnittraten. Einen niedrigen Hirschmann-Index dürften primär Krankenhäuser im ländlichen Bereich aufweisen. Eine denkbare

---

473 Vgl. Anlage 1 der QFR-RL i.d.F.v. 19.12.2013, S. 1–2.
474 Vgl. Anlage 2 der QFR-RL i.d.F.v. 19.12.2013, S. 11.

Erklärung für den beobachteten Effekt könnte sein, dass Krankenhäuser primär ökonomisch indizierte Kaiserschnitte eher unterlassen, wenn sie nicht die Verdrängung durch Konkurrenten in unmittelbarer Nachbarschaft fürchten müssen. Auch könnte hier die Risikoadjustierung unvollständig sein und eine selektive Zu- und Einweisungspraxis stattfinden: Beispielsweise könnten Frauen, die in ländlichen Krankenhäusern heimatnah entbinden möchten, eine ablehnendere Haltung zu Kaiserschnitten aufweisen als es Frauen in einem urbanen Umfeld tun und dementsprechend auf den Geburtsverlauf einwirken. Letztlich ist die Begründung für den beobachteten Zusammenhang zwischen dem Hirschmann-Index und der Kaiserschnittrate mit dem vorliegenden Studiendesign nicht ermittelbar, sodass die o.g. Aussagen spekulativ bleiben müssen.

In Tabelle 24 sind die Korrelationen der personellen Ausstattung mit dem Indikatorergebnis angegeben. Es wird nach Art der Anstellung der Hebammen unterschieden (Belegsystem vs. Festanstellung). Krankenhäuser mit gemischtem System gehen nicht in die Analyse ein.

Tabelle 24: Korrelation der personellen Ausstattung mit Hebammen (nach System der Anstellung) mit dem Indikator 52249.

	Korrelation nach Pearson mit Ergebnis des Indikators 52249	Sig.	n
Fälle pro angestellter Hebamme	-0,058	0,223	490
Fälle pro Beleghebamme	-0,098	0,201	158

Die Korrelationskoeffizienten haben ein negatives Vorzeichen. Da die Höhe der Korrelationskoeffizienten aber sehr niedrig ausfällt und auch das notwendige Signifikanzniveau verfehlt wird, ist hier insgesamt nicht von einem systematisch wirkenden Effekt Geburten pro Hebamme auf die Kaiserschnittrate auszugehen.

Indikator 51181 (Schwere Dammrisse)
In Tabelle 25 sind zentrale Kenngrößen zum Regressionsmodell für den Indikator 51181 dargestellt. Der zugehörige Indikator bezieht sich auf schwere Dammrisse.

Tabelle 25: Kenngrößen zum Regressionsmodell für den Indikator 51181.

R	R^2	Korrigiertes R^2	Standardfehler des Schätzers	F	Sig.
0,296	0,088	0,064	0,55714	3,666	0,000

Das Modell ist insgesamt signifikant (p < 0,001). Es können jedoch nur 8,8 % der Varianz aufgeklärt werden. Bei einem korrigierten R^2 in Höhe von 0,064 ist die Aussagekraft des Modells insgesamt als gering einzuschätzen. Die Voraussetzungen der Regressionsanalyse sind erfüllt. Es liegt keine signifikante Heteroskedastizität vor ($p_{Koenker}$ = 0,233). Die Mittelwerte und Standardabweichungen der im Regressionsmodell zu findenden Variablen sind in Tabelle 26 aufgeführt.

Tabelle 26: Deskriptive Statistik zur Regression des Ergebnisses des Indikators 51181 auf Struktur- und Prozessparameter.

Variable	Mittelwert	Std.-Abweichung
Indikatorergebnis 51181	1,20	0,58
Gini-Koeffizient	0,74	0,24
HHI 10 km	0,55	0,32
Auffälliger Prozessparameter	0,10	0,31
Perinatalzentrum Level I	0,47	0,50
Perinatalzentrum Level II	0,13	0,33
Perinatalzentrum Level III	0,09	0,29
1. Größenklasse	0,25	0,43
2. Größenklasse	0,25	0,43
3. Größenklasse	0,25	0,43
Akademisches Lehrkrankenhaus	0,82	0,38
Privater Träger	0,10	0,30
Freigemeinnütziger Träger	0,43	0,50
Indikatorwert 52249	0,95	0,18
Reines Angestelltensystem	0,74	0,44
Reines Belegsystem	0,14	0,35

Durch das Filterverfahren sind tendenziell kleinere Häuser ausgeschlossen worden. Dies zeigt sich daran, dass im Vergleich zum Indikator 52249 typische Strukturmerkmale von vergleichsweise großen Einrichtungen einen Zuwachs erfahren haben.[475] Es wurden mehr Geburten nach dem Angestelltensystem betreut, die Geburten fanden eher in Perinatalzentren und akademischen Lehrkrankenhäusern statt und der Anteil der Geburten, die in privaten Häusern stattgefunden hat, ist gesunken. Insgesamt sind die Verschiebungen in den Strukturmerkmalen

---

475 Vgl. hierzu Kapitel 6.5.

allerdings auf einem Niveau, das die Aussagekraft des Modells nicht gefährden dürfte. Die Regressionskoeffizienten zum Modell zur Schätzung des Ergebnisses des Indikators 51181 (Schwere Dammrisse) sind in Tabelle 27 dargestellt.

Tabelle 27: Regressionskoeffizienten für die Regression des Ergebnisses des Indikators 51181 auf Struktur- und Prozessparameter.

	Nicht standardisierte Koeffizienten		Standardisierte Koeffizienten	T	Sig.	95% Konfidenzintervalle für B	
	B	Std.-Fehler	Beta			Unten	Oben
1. Größenklasse	0,043	0,100	0,032	0,427	0,670	-0,153	0,238
2. Größenklasse	-0,084	0,081	-0,064	-1,043	0,297	-0,243	0,075
3. Größenklasse	0,060	0,074	0,045	0,801	0,423	-0,087	0,206
4. Größenklasse = Ref.							
Perinatalzentrum Level I	-0,208	0,078	-0,180	-2,654	0,008	-0,362	-0,054
Perinatalzentrum Level II	-0,203	0,090	-0,118	-2,262	0,024	-0,379	-0,027
Perinatalzentrum Level III	-0,065	0,096	-0,033	-0,678	0,498	-0,255	0,124
Kein Perinatalzentrum = Ref.							
Privater Träger	-0,025	0,090	-0,013	-0,279	0,780	-0,202	0,151
Freigemeinnütziger Träger	0,106	0,060	0,091	1,784	0,075	-0,011	0,223
Öffentlicher Träger = Ref.							
Akad. Lehrkrankenhaus	0,022	0,069	0,015	0,326	0,745	-0,113	0,158
Auffälliger Prozessparameter	0,158	0,082	0,084	1,919	0,056	-0,004	0,319
Gini-Koeffizient	0,200	0,113	0,084	1,780	0,076	-0,021	0,422
HHI 10 km	0,056	0,094	0,031	0,592	0,554	-0,130	0,241
Indikatorwert 52249	0,279	0,156	0,086	1,792	0,074	-0,027	0,585
Reines Angestelltensystem	0,162	0,078	0,124	2,082	0,038	0,009	0,314
Reines Belegsystem	0,220	0,100	0,134	2,212	0,027	0,025	0,416
Gemischtes System bei der Anstellung von Hebammen = Ref.							
Konstante	0,659	0,193		3,419	0,001	0,280	1,038

Bei Perinatalzentren der Level I bis III zeigt sich das Indikatorergebnis insgesamt niedriger als in der Referenzkategorie, bei Perinatalzentren zweiten Levels ist der Unterschied signifikant (stand. Beta = -0,118, p = 0,024), ebenso bei Perinatalzentren ersten Levels, wo ein höherer Effekt sichtbar wird (stand. Beta = -0,180, p = 0,008). Darüber hinaus verfehlt die Variable, ob ein Krankenhaus nach Abschluss des *Strukturierten Dialoges* einen auffälligen Prozessparameter bescheinigt bekommen hat, den Status als ein signifikanter Prädiktor des

Indikatorergebnisses nur knapp (stand. Beta = 0,084, p = 0,056). Die Größenklassen sind bei diesem Indikator keine signifikanten Prädiktoren.

Im Vergleich zur Referenzkategorie haben Krankenhäuser, die Hebammen fest anstellen, eine höhere Rate an schweren Dammrissen (stand. Beta = 0,124, p = 0,038), bei nach dem Belegsystem arbeitenden Krankenhäusern ergibt sich ein noch etwas stärkerer Effekt (stand. Beta = 0,134, p = 0,027). Die Variablen wurden auf Mediatoreffekte getestet. Die erste Größenklasse ist ein signifikanter Mediator der Variable, ob ein Krankenhaus den Status als Perinatalzentrum Level I besitzt (indirekter unstand. Effekt = -0,060, totaler unstand. Effekt = -0,268, p_{Sobel} = 0,022). Darüber hinaus mediiert die erste Größenklasse auch die Variable, ob ein Krankenhaus nach einem Belegsystem arbeitet, in signifikanter Weise. Kleinste Krankenhäuser arbeiten eher ausschließlich mit Beleghebammen zusammen (indirekter unstand. Effekt = 0,041, totaler unstand. Effekt = 0,261, p_{Sobel} = 0,011). Signifikante Heteroskedastizität lag bei diesem Modell nicht vor ($p_{Koenker}$ = 0,222).

Perinatalzentren des höchsten und des zweithöchsten Levels vermögen eine Vermeidung schwerer Dammrisse also effektiver als Geburtsklinika des Levels III und IV. Ein klassischer Volume-Outcome-Effekt liegt bei diesem Indikator hingegen nicht vor. Keine Größenklasse war ein signifikanter Prädiktor. Allerdings sind kleinere Häuser seltener Perinatalzentrum I, was letztlich das indirekte Wirken der Größe eines Hauses verdeutlicht: Kleinste Krankenhäuser weisen seltener das Strukturspezifikum Perinatalzentrum ersten Levels auf, das wiederum mit einer besseren Qualität assoziiert ist. Darüber hinaus bestehen Zusammenhänge zwischen der Anstellungsart der Hebammen und der Ergebnisqualität. Krankenhäuser, die sich eindeutig für ein System entscheiden, weisen schlechtere Indikatorergebnisse auf als solche, bei denen kein eindeutiges System festgestellt werden konnte. Das ausschließliche Arbeiten mit Beleghebammen ist unter Berücksichtigung des indirekten Effektes doppelt so stark mit einer schlechteren Ergebnisqualität im Vergleich zur Referenzkategorie assoziiert als das ausschließliche Arbeiten mit angestellten Hebammen. Das schlechte Abschneiden der Beleghebammen könnte auf mangelnde Übung oder fehlende organisationale Integration zurückzuführen sein. Weshalb ein gemischtes System aus angestellten Hebammen und Beleghebammen im Vergleich mit den anderen Häusern die beste Qualität liefern soll, kann durch die vorliegende Arbeit nicht beantwortet werden.

In Tabelle 28 sind die Korrelationen der personellen Ausstattung mit dem Indikatorergebnis des Indikators 51181 angegeben. Es wird nach Art der Anstellung der Hebammen unterschieden.

Tabelle 28: Korrelation der personellen Ausstattung mit Hebammen (nach System der Anstellung) mit dem Indikator 51181.

	Korrelation nach Pearson mit Ergebnis des Indikators 51181	Sig.	n
Fälle pro angestellter Hebamme	-0,198	0,000	332
Fälle pro Beleghebamme	-0,058	0,589	88

Bei 420 der 479 untersuchten Häuser wurde eindeutig nach einem Angestellten- oder Beleghebammensystem gearbeitet. Die überwiegende Mehrheit arbeitete nach dem Angestelltensystem (n = 332), eine Minderheit nach dem Beleghebammensystem (n = 88). Beim Beleghebammensystem ist die Korrelation zu gering, um von einem tatsächlich vorhandenen Effekt ausgehen zu können. Beim Angestelltensystem ist die Korrelation schwach, jedoch signifikant ($r = -0,198$, $p < 0,000$). Je mehr Geburten pro Hebammen-Vollzeitäquivalent betreut werden, desto niedriger fällt das Indikatorergebnis aus.

Indikator 51397 (Schwere Azidosen)

Die Kenngrößen zum Regressionsmodell des Indikators 51397 sind in Tabelle 29 dargestellt. Schwere Azidosen sind der Gegenstand dieses Indikators.

Tabelle 29: Kenngrößen zum Regressionsmodell für den Indikator 51397.

R	R^2	Korrigiertes R^2	Standardfehler des Schätzers	F	Sig.
0,519	0,269	0,203	0,72029	4,092	0,000

Im Vergleich zu den anderen beiden zuvor genannten Modellen weist das Modell mit einem R^2 von 0,269 einen recht hohen Erklärungsgehalt auf und ist als gut einzuschätzen. Es ist darüber hinaus signifikant ($p < 0,001$). In Tabelle 30 sind Mittelwerte und Standardabweichungen zu den im Modell enthaltenen Variablen angegeben.

Tabelle 30: Deskriptive Statistik zur Regression des Ergebnisses des Indikators 51397 auf Struktur- und Prozessparameter.

Variable	Mittelwert	Std.-Abweichung
Indikatorergebnis 51397	2,00	0,81
Gini-Koeffizient	0,73	0,23
HHI 10 km	0,49	0,30
Auffälliger Prozessparameter	0,05	0,30
Perinatalzentrum Level I	0,67	0,47
Perinatalzentrum Level II	0,15	0,36
Perinatalzentrum Level III	0,08	0,27
1. Größenklasse	0,25	0,44
2. Größenklasse	0,25	0,43
3. Größenklasse	0,25	0,43
Akademisches Lehrkrankenhaus	0,89	0,32
Privater Träger	0,10	0,30
Freigemeinnütziger Träger	0,37	0,49
Indikatorwert 52249	0,90	0,17
Reines Angestelltensystem	0,74	0,41
Reines Belegsystem	0,10	0,31

In Kapitel 6.1 wurde dargestellt, dass sich das Ergebnis dieses Indikators für die Patienten besonders verzerrt darstellt. Entsprechend stark wirkt auch das Filterverfahren. Mit einem mittleren Indikatorergebnis in Höhe von 2,00 und einer Standardabweichung von 0,81 sind in der Stichprobe in besonderem Umfang Krankenhäuser enthalten, bei denen bei diesem Indikator ein deutliches Qualitätsproblem zu erwarten ist. Interessant ist eine Beschreibung, wie sich diese Häuser strukturell von durchschnittlichen Häusern (abzulesen an den Kenngrößen zum Indikator 52249 in Tabelle 22) unterscheiden. Zunächst fällt der recht niedrige mittlere Wert beim Indikator 52249 auf. Krankenhäuser, die im Mittel Qualitätsprobleme hinsichtlich Azidosen haben, führen im Mittel auch weniger Kaiserschnitte durch. Ein solcher Zusammenhang ist prozessual nachvollziehbar, weil sich mit einem (frühen) Kaiserschnitt in den meisten Konstellationen eine Azidose vermeiden lässt.

Das Leistungsgeschehen fand darüber hinaus eher in Perinatalzentren, meist höchsten Levels, statt. Da bei einer schweren Azidose eine Verlegung obligat ist, ist dies eingängig. Die Häuser, die kein Perinatalzentrum sind und dennoch Azidosen ausgewiesen haben, dürften die Fälle entweder als Rückverlegung erhalten haben oder die Neugeborenen sind beim Auftreten einer Azidose vor Verlegung verstorben. Auffällig ist auch der vergleichsweise niedrige mittlere Hirschmann-Index in der Stichprobe. Krankenhäuser mit Qualitätsproblemen scheinen tendenziell in einem kompetitiven Umfeld zu agieren. Da die meisten Perinatalzentren in Städten verortet sein dürften, ist auch dieser Umstand erklärlich.

Tabelle 31: Regressionskoeffizienten für die Regression des Ergebnisses des Indikators 51397 auf Struktur- und Prozessparameter.

	Nicht standardisierte Koeffizienten		Standardisierte Koeffizienten	T	Sig.	95% Konfidenzintervalle für B	
	B	Std.-Fehler	Beta			Unten	Oben
1. Größenklasse	0,885	0,190	0,477	4,651	0,000	0,510	1,261
2. Größenklasse	0,449	0,176	0,240	2,545	0,012	0,101	0,797
3. Größenklasse	0,252	0,167	0,135	1,510	0,133	-0,078	0,582
4. Größenklasse = Ref.							
Perinatalzentrum Level I	-0,165	0,220	-0,097	-0,753	0,453	-0,599	0,269
Perinatalzentrum Level II	0,211	0,257	0,093	0,820	0,413	-0,297	0,718
Perinatalzentrum Level III	-0,282	0,275	-0,094	-1,025	0,307	-0,825	0,261
Kein Perinatalzentrum = Ref.							
Privater Träger	-0,175	0,206	-0,066	-0,849	0,397	-0,582	0,232
Freigemeinnütziger Träger	-0,288	0,144	-0,173	-2,000	0,047	-0,572	-0,004
Öffentlicher Träger = Ref.							
Akad. Lehrkrankenhaus	0,192	0,186	0,075	1,033	0,303	-0,175	0,559
Auffälliger Prozessparameter	-0,597	0,288	-0,155	-2,070	0,040	-1,167	-0,028
Gini-Koeffizient	-0,230	0,257	-0,066	-0,896	0,371	-0,738	0,277
HHI 10 km	0,026	0,233	0,010	0,111	0,912	-0,433	0,485
Indikatorwert 52249	-0,825	0,334	-0,175	-2,466	0,015	-1,485	-0,165
Reines Angestelltensystem	-0,036	0,185	-0,018	-0,195	0,845	-0,402	0,330
Reines Belegsystem	-0,138	0,254	-0,052	-0,541	0,589	-0,639	0,364
Gemischtes System bei der Anstellung von Hebammen = Ref.							
Konstante	2,630	0,489		5,381	0,000	1,665	3,595

Die ersten beiden Größenklassen sind signifikante Schätzer des Indikatorergebnisses. Mit einem standardisierten Beta in Höhe von 0,477 fällt der Zusammenhang in der ersten Größenklasse besonders stark aus (p < 0,000), in der zweiten Größenklasse liegt ein standardisierter Effekt in Höhe von 0,240 vor. Darüber hinaus ist die freigemeinnützige Trägerschaft eines Hauses ein signifikanter Regressor mit negativem Vorzeichen (stand. Beta = -0,713, p = 0,047), ebenso wie die Variable, ob Prozessmängel im Rahmen des *Strukturierten Dialoges* festgestellt wurden (stand. Beta = -0,155, p = 0,040) und das Ergebnis des Indikators 52249 (Kaiserschnitte, stand. Beta = -0,175, p = 0,015). Signifikante Heteroskedastizität lag nicht vor ($p_{Koenker}$ = 0,175).

Von einem Zusammenhang zwischen der Kaiserschnittneigung eines Hauses und der Ergebnisqualität in Bezug auf die Azidosen kann insgesamt ausgegangen werden. Krankenhäuser mit hohen O/E-Raten beim Indikator 51397 haben im Mittel niedrigere Kaiserschnittraten als durchschnittliche Krankenhäuser. Unter diesen Häusern mit schlechtem mittleren Indikatorergebnis schneiden Häuser mit höherer Kaiserschnittneigung besser ab.

Aus den hier vorliegenden Ergebnissen sollte nicht abgeleitet werden, dass Krankenhäuser mit auffälligen Prozessparametern besser beim Indikator 51397 abschneiden, obwohl der signifikante Regressionskoeffizient dies nahelegt. In der Stichprobe befinden sich lediglich sechs Häuser mit einem auffälligen Indikator. Keines dieser Häuser hat ein Ergebnis, das besser als 1,33 ist, allerdings haben diese Häuser insgesamt ein mittleres Indikatorergebnis in Höhe von 1,95. Dieser im Vergleich zur Stichprobe niedrigere Mittelwert erklärt, weshalb im Regressionsmodell von einem positiven Einfluss schlechter Prozesse ausgegangen wird. Allerdings ist ein Mittelwert in Höhe von 1,95 selbstredend kein gutes Ergebnis. Es zeigt sich hier mit der Verzerrung der Stichprobe zugunsten von Häusern mit schlechterem Ergebnis eine Schwäche des Filterverfahrens, die den Indikator 51397 aufgrund der wenigen Krankenhäuser mit über drei beobachteten Fällen besonders stark betrifft.

Das Regressionsmodell schätzt die freigemeinnützige Trägerschaft eines Hauses als positiv mit dem Indikatorergebnis assoziiert. Entsprechende Beobachtungen fehlen in der Literatur. Da bei diesem Indikator eine hohe Verzerrung aufgrund des Filterverfahrens vorliegt, ist es durchaus möglich, dass es sich um einen zufälligen Effekt handelt, der ohne die Filterverzerrung nicht mehr bestehen würde. In Tabelle 32 ist die Korrelation der Geburten je Hebamme mit dem Indikatorergebnis dargestellt.

Tabelle 32: Korrelation der personellen Ausstattung mit Hebammen (nach System der Anstellung) mit dem Indikator 51397.

	Korrelation nach Pearson mit Ergebnis des Indikators 51397	Sig.	n
Fälle pro angestellter Hebamme	-0,130	0,258	77
Fälle pro Beleghebamme	-0,635	0,066	9

Bei den 77 Krankenhäusern der Stichprobe, die ihre Hebammen fest anstellen, besteht eine negative Korrelation in geringer Höhe mit dem Fallzahlvolumen. Eine höhere Zahl an betreuten Geburten pro Hebamme geht mit einem niedrigeren Indikatorergebnis einher. Allerdings ist diese Korrelation nicht signifikant. Lediglich neun Krankenhäuser konnten bei dieser Stichprobe einem Belegsystem zugeordnet werden. Bei diesen nimmt die Korrelation der Fälle pro Hebamme mit dem Indikatorergebnis jedoch ein enormes Ausmaß an. Je mehr Fälle eine Hebamme betreuen muss, desto besser fällt das Indikatorergebnis aus. Die Korrelation verfehlt aufgrund der geringen Stichprobengröße das notwendige Signifikanzniveau allerdings knapp.

Indikator 51803: Qualitätsindex Reifgeborene
Die Kenngrößen zum Regressionsmodell des Indikators 51803 sind in Tabelle 33 dargestellt. Der Indikator adressiert mehrere schwere unerwünschte Ereignisse bei Reifgeborenen.

Tabelle 33: Kenngrößen zum Regressionsmodell für den Indikator 51803.

R	R^2	Korrigiertes R^2	Standardfehler des Schätzers	F	Sig.
0,291	0,085	0,053	0,57739	2,677	0,001

Das Modell ist insgesamt signifikant, allerdings ist das korrigierte R^2 mit einer Höhe von 0,053 derart gering und unterhalb der definierten Akzeptanzschwelle, dass andere Auswertungsmethoden eher angebracht erscheinen. Daher wird im Folgenden ein Baumdiagramm berechnet, das in Abbildung 18 dargestellt ist. Darüber hinaus sind die Mittelwerte und Standardabweichungen der einbezogenen Variablen in Tabelle 34 zu finden.

Beziehung zwischen den Strukturen/Prozessen und den Outcomes

Tabelle 34: Deskriptive Statistik zur Regression des Ergebnisses des Indikators 51803 auf Struktur- und Prozessparameter.

Variable	Mittelwert	Std.-Abweichung
Indikatorergebnis 51803	1,29	0,68
Gini-Koeffizient	0,75	0,22
HHI 10 km	0,63	0,33
Auffälliger Prozessparameter	0,10	0,30
Perinatalzentrum Level I	0,36	0,48
Perinatalzentrum Level II	0,13	0,33
Perinatalzentrum Level III	0,13	0,34
1. Größenklasse	0,45	0,50
2. Größenklasse	0,25	0,43
3. Größenklasse	0,18	0,39
Akademisches Lehrkrankenhaus	0,80	0,40
Privater Träger	0,14	0,35
Freigemeinnütziger Träger	0,40	0,49
Indikatorwert 52249	0,97	0,19
Reines Angestelltensystem	0,70	0,46
Reines Belegsystem	0,18	0,38

Abweichend von den bei den übrigen Indikatoren berechneten Regressionsmodellen handelt es sich bei den in Tabelle 34 angegebenen Werten um ungewichtete Kenngrößen. Sie geben also nicht Auskunft über die Patienten, sondern über die einzelnen Krankenhäuser. Entsprechend sind auch die Mittelwerte der Größenklassen nicht ungefähr gleich groß, sondern sinken streng monoton mit zunehmender Größenklasse, weil bei zunehmender Größenklasse weniger Häuser je Größenklasse enthalten sind. Darüber hinaus sind die ungewichteten Mittelwerte bei den Perinatalzentren deutlich kleiner, weil diese Häuser im Mittel größer sind und dadurch bei einer Fallzahlgewichtung größer erscheinen. Die Kenngrößen der übrigen Variablen unterscheiden sich nicht in nennenswerter Weise von den beim Indikator 52249 angegeben Referenzwerten. 70 % der hier einbezogenen Häuser stellen ihre Hebammen fest an, 18 % arbeiten ausschließlich mit Beleghebammen zusammen.

200 Ergebnisse

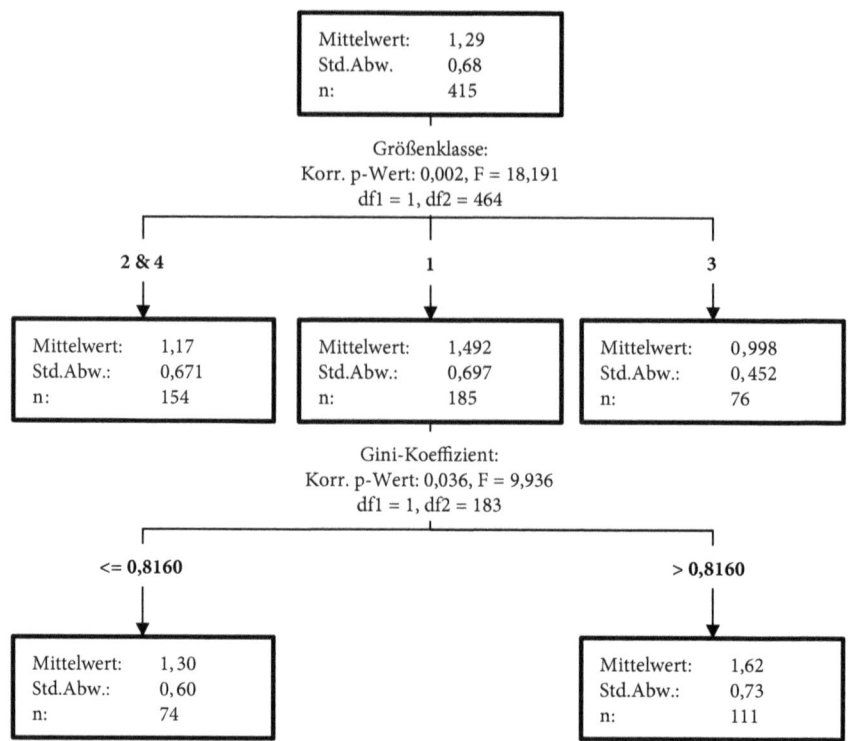

Abbildung 18:   Baumdiagramm zum Indikatorergebnis 51803.

Zunächst lassen sich die Krankenhäuser in drei Gruppen aufteilen (p = 0,002). Krankenhäuser der dritten Größenklasse haben das beste mittlere Indikatorergebnis (0,998), Krankenhäuser der ersten Größenklasse das schlechteste (1,492) und Krankenhäuser, die der zweiten oder der vierten Größenklasse angehören, liegen mit ihrem Mittelwert dazwischen (1,17). Krankenhäuser der ersten Größenklasse mit einem Gini-Koeffizienten kleiner oder gleich 0,8160 weisen darüber hinaus ein besseres Ergebnis auf (1,30) als solche mit einem höheren Gini-Koeffizienten, welche ein deutlich schlechteres mittleres Indikatorergebnis als alle anderen Häuser aufweisen (1,62).

Fraglich ist zunächst, weshalb kleinste Häuser etwas besser abschneiden, wenn sie einen geringen Spezialisierungsgrad aufweisen. In der Literatur wurde beschrieben, dass Spezialisierungen eher zu einer besseren Ergebnisqualität führen.[476] Die Ergebnisse erscheinen daher sowohl kontraintuitiv als auch im Widerspruch zur bisherigen Studienlage. Es wäre denkbar, dass Krankenhäuser mit geringem Spezialisierungsgrad auf andere Unterstützungsabteilungen zugreifen können, was wiederum unerwünschte Ereignisse vermindern könnte. Bspw. könnte die permanente Präsenz von Anästhesisten oder Pädiatern positiv auf das Indikatorergebnis wirken. Eine solche Präsenz dürfte eher gegeben sein, wenn das Haus weniger spezialisiert ist. Es wäre darüber hinaus auch denkbar, dass die Spezialisierung als eine Surrogatkennzahl zu verstehen und zu interpretieren ist. Dafür spricht, dass der Grad der Spezialisierung vergleichsweise stark und in negativer Weise mit dem Leistungsvolumen korreliert; je kleiner das Haus, desto höher fällt dessen Spezialisierungsgrad aus.[477] Schlussendlich könnte hier auch ein Alphafehler vorliegen, denn bei Verfahren des maschinellen Lernens, bei denen schnell viele Hypothesen gegeneinander getestet werden können, ist die Gefahr der Alphafehlerkumulierung besonders hoch. Darüber hinaus zeigt sich bei diesem Indikator zumindest teilweise ein klassischer Volume-Outcome-Effekt, denn kleinste Krankenhäuser schneiden am schlechtesten ab. Die besten Werte werden jedoch nicht von den größten Häusern erzielt, sondern von Krankenhäusern aus der Gruppe mit den zweithöchsten Fallzahlen. Ein besonders gutes Abschneiden dieser Größenklasse war bereits in Kapitel 6.1.2 sichtbar. Möglich wäre es also, dass bei dieser Größe die optimale Betriebsgröße zu suchen ist und dass noch größere Häuser die Komplexität nicht beherrschen können. Denkbar wäre es allerdings auch, dass die größten Häuser in besonderem Maße Zuverlegungen mit kritischen Ereignissen berichten müssen und die Ergebnisse dieser Häuser daher verzerrt bleiben.

Tabelle 35 zeigt die Korrelationen der personellen Ausstattung mit dem Indikatorergebnis des Qualitätsindex Reifgeborene. Es wird nach Art der Anstellung der Hebammen unterschieden.

Tabelle 35: Korrelation der personellen Ausstattung mit Hebammen (nach System der Anstellung) mit dem Indikator 51803.

	Korrelation nach Pearson mit Ergebnis des Indikators 51803	Sig.	n
Fälle pro angestellter Hebamme	-0,190	0,001	290
Fälle pro Beleghebamme	-0,348	0,003	73

---

476 Vgl. Kapitel 4.3.2.3.
477 Vgl. Kapitel 6.5.2.

Es konnten bei diesem Indikator insgesamt 290 Krankenhäuser identifiziert werden, welche ihre Hebammen fest anstellen. Die Anzahl der Fälle, welche ein Vollzeitäquivalent zu betreuen hat, korreliert schwach negativ mit dem Indikatorergebnis (r = -0,190). Die Korrelation ist hochsignifikant (p = 0,001). Darüber hinaus arbeiten 73 Krankenhäuser nach dem Beleghebammensystem. Hier ist die Korrelation mit der Anzahl der Behandlungsfälle je Beleghebamme hochsignifikant (p = 0,003). Die Korrelation erreicht eine mittlere Größe (r = -0,348).

Zwischenfazit zum Leistungsbereich Geburtshilfe
Bei allen Indikatoren war eine hohe Ergebnisqualität eher mit größeren Fallzahlen assoziiert. Der Zusammenhang bestand entweder direkt über ein schlechteres Abschneiden von Krankenhäusern mit kleinerer Größe oder indirekt über das bessere Abschneiden von Krankenhäusern mit Status als Perinatalzentrum hohen Levels.

Darüber hinaus zeigte sich bei allen Indikatoren eine negative Korrelation des Indikatorergebnisses mit der Anzahl der Fälle, die eine Hebamme pro Jahr zu betreuen hat. Zum Teil verfehlte diese jedoch das notwendige Signifikanzniveau. Die Aussagen über den Träger sind nicht wirklich konsistent, hier ist kein klarer Trend festzustellen. Ebenso wenig ist hinsichtlich der anderen Variablen ein eindeutiges Bild erkennbar.

6.4.3 Ergebnisse auf Indikatorebene für den Leistungsbereich Neonatologie

Indikator 50048 (Todesfälle bei Risikogeburten (exkl. Verlegung))
In Tabelle 36 sind zentrale Kenngrößen zum Regressionsmodell für den Indikator 50048 dargestellt. Der Indikator umfasst Todesfälle bei Risikogeburten. Verlegungsfälle werden nicht berücksichtigt.

Tabelle 36: Kenngrößen zum Regressionsmodell für den Indikator 50048.

R	R^2	Korrigiertes R^2	Standardfehler des Schätzers	F	Sig.
0,511	0,261	0,209	0,464	5,027	0,000

Das Modell enthält elf Variablen und stellt sich insgesamt signifikant dar (p < 0,001). Es werden 26,1 % der Varianz in der Stichprobe durch das Modell aufgeklärt. Mit einem korrigierten R^2 in Höhe von 0,209 ist das Modell als gut einzuschätzen. In Tabelle 37 sind die Mittelwerte und Standardabweichungen der im Regressionsmodell verwendeten Variablen angegeben.

Tabelle 37: Deskriptive Statistik zur Regression des Ergebnisses des Indikators 50048 auf Struktur- und Prozessparameter.

Variable	Mittelwert	Std.-Abweichung
Indikatorergebnis 50048	1,30	0,52
Gini-Koeffizient	0,65	0,27
HHI 10 km	0,43	0,27
Auffälliger Prozessparameter	0,07	0,25
Perinatalzentrum Level I	1,00	0,05
Perinatalzentrum Level II	0,00	0,00
Perinatalzentrum Level III	0,00	0,00
1. Größenklasse	0,25	0,44
2. Größenklasse	0,25	0,44
3. Größenklasse	0,26	0,44
Akademisches Lehrkrankenhaus	0,88	0,33
Privater Träger	0,10	0,30
Freigemeinnütziger Träger	0,19	0,40
Indikatorwert 52249	1,01	0,17

Der Mittelwert liegt bedingt durch die Filterung etwas höher als in der Grundgesamtheit, weil nur Krankenhäuser mit wenigstens vier beobachteten Ereignissen in die Stichprobe eingehen. Es befinden sich ausschließlich Perinatalzentren ersten Levels sowie Krankenhäuser ohne Status als Perinatalzentrum in der Stichprobe. Freigemeinnützige Träger sind gerade im Vergleich zum Leistungsbereich Geburtshilfe deutlich unterrepräsentiert. Dies zeigt sich bei allen anderen nun folgenden Indikatoren des Leistungsbereiches Neonatologie ebenfalls. Darüber hinaus sind Akademische Lehrkrankenhäuser etwas überrepräsentiert. Bei diesem Indikator wird ebenso wie bei den folgenden Indikatoren keine Angabe über das Hebammensystem vorgenommen, da bei den Indikatoren des Leistungsbereiches Neonatologie der Einfluss der personellen Ausstattung im Kreißsaal auf die Outcomes gering ausfallen dürfte. Tabelle 38 zeigt die Regressionskoeffizienten zur Schätzung des Ergebnisses des Indikators 50048 (Todesfälle bei Risikogeburten).

Tabelle 38: Regressionskoeffizienten für die Regression des Ergebnisses des Indikators 50048 auf Struktur- und Prozessparameter.

	Nicht standardisierte Koeffizienten		Standardisierte Koeffizienten	T	Sig.	95% Konfidenzintervalle für B	
	B	Std.-Fehler	Beta			Unten	Oben
1. Größenklasse	0,278	0,118	0,232	2,361	0,019	0,045	0,510
2. Größenklasse	0,089	0,107	0,075	0,833	0,406	-0,122	0,301
3. Größenklasse	-0,167	0,105	-0,140	-1,586	0,115	-0,375	0,041
4. Größenklasse = Ref.							
Perinatalzentrum Level I	-1,741	0,736	-0,165	-2,365	0,019	-3,195	-0,287
Kein Perinatalzentrum = Ref.							
Privater Träger	0,149	0,136	0,086	1,096	0,275	-0,120	0,418
Freigemeinnütziger Träger	0,017	0,102	0,013	0,165	0,869	-0,185	0,219
Öffentlicher Träger = Ref.							
Akad. Lehrkrankenhaus	0,116	0,120	0,072	0,962	0,338	-0,122	0,353
Auffälliger Prozessparameter	0,434	0,149	0,211	2,921	0,004	0,141	0,728
Gini-Koeffizient	0,095	0,170	0,049	0,558	0,578	-0,241	0,431
HHI 10 km	0,126	0,176	0,065	0,714	0,476	-0,222	0,473
Indikatorwert 52249	0,348	0,220	0,115	1,579	0,116	-0,087	0,784
Konstante	2,374	0,786		3,021	0,003	0,822	3,926

Die erste Größenklasse erweist sich in Bezug auf die Referenzkategorie als signifikanter Schätzer (stand. Beta = 0,232, p = 0,019), alle weiteren Größenklassen nicht. Darüber hinaus sind die Strukturparameter Perinatalzentrum des Levels I (stand. Beta = -0,165, p = 0,019) sowie die Variable zur Kennzeichnung auffälliger Prozessparameter (stand. Beta = 0,211, p = 0,004) signifikante Regressoren. Die Voraussetzungen der Regressionsanalyse sind erfüllt, insbesondere liegt keine signifikante Heteroskedastizität vor ($p_{Koenker}$ = 0,691). Es erfolgte eine Überprüfung, ob die einbezogenen Struktur- und Prozessvariablen Mediatoren des Leistungsvolumens sind. Für keine der Variablen waren die entsprechenden Bedingungen erfüllt.

Indikator 50050 (Schwere Hirnblutungen VLBWI)
In Tabelle 39 sind zentrale Kenngrößen zum Regressionsmodell für den Indikator 50050 dargestellt. Schwere Hirnblutungen von sehr kleinen Frühgeborenen sind Gegenstand dieses Indikators.

Tabelle 39: Kenngrößen zum Regressionsmodell für den Indikator 50050.

R	R^2	Korrigiertes R^2	Standardfehler des Schätzers	F	Sig.
0,777	0,603	0,545	0,48473	10,290	0,000

Das Modell ist insgesamt signifikant (p < 0,001) und erklärt 60,3 % der Varianz in der Stichprobe. Mit einem korrigierten R^2 in Höhe von 0,545 ist es das Modell mit der höchsten Güte im Rahmen der vorliegenden Studie. Die Mittelwerte und Standardabweichungen der einzelnen Variablen im Modell sind in Tabelle 40 zu finden.

Tabelle 40: Deskriptive Statistik zur Regression des Ergebnisses des Indikators 50050 auf Struktur- und Prozessparameter.

Variable	Mittelwert	Std.-Abweichung
Indikatorergebnis 50050	1,38	0,72
Gini-Koeffizient	0,62	0,28
HHI 10 km	0,39	0,26
Auffälliger Prozessparameter	0,07	0,25
Perinatalzentrum Level I	1,00	0,00
Perinatalzentrum Level II	0,00	0,00
Perinatalzentrum Level III	0,00	0,00
1. Größenklasse	0,25	0,44
2. Größenklasse	0,25	0,43
3. Größenklasse	0,26	0,44
Akademisches Lehrkrankenhaus	0,91	0,29
Privater Träger	0,07	0,25
Freigemeinnütziger Träger	0,16	0,37
Indikatorwert 52249	1,00	0,18

Durch die Herausnahme von Krankenhäusern mit keinem beobachteten Fall ist der Mittelwert des Ergebnisses vergleichsweise hoch. Es zeigt sich, dass Krankenhäuser in privater und freigemeinnütziger Trägerschaft deutlich unterrepräsentiert sind. Stattdessen wurden etwa drei Viertel der in der Stichprobe enthaltenen VLBWI in öffentlichen Häusern versorgt. Die Leistung wurde ausschließlich von Perinatalzentren ersten Levels erbracht. Daher wird das Level des Perinatalzentrums nicht im Regressionsmodell berücksichtigt. Die Regressoren sind in Tabelle 41 zu finden.

Tabelle 41: Regressionskoeffizienten für die Regression des Ergebnisses des Indikators 50050 auf Struktur- und Prozessparameter.

	Nicht standardisierte Koeffizienten		Standardisierte Koeffizienten	T	Sig.	95% Konfidenzintervalle für B	
	B	Std.-Fehler	Beta			Unten	Oben
1. Größenklasse	1,492	0,206	0,906	7,250	0,000	1,081	1,902
2. Größenklasse	1,309	0,202	0,790	6,479	0,000	0,906	1,713
3. Größenklasse	0,599	0,174	0,369	3,434	0,001	0,251	0,947
4. Größenklasse = Ref.							
Privater Träger	0,188	0,273	0,065	0,690	0,493	-0,356	0,733
Freigemeinnütziger Träger	-0,591	0,199	-0,302	-2,973	0,004	-0,988	-0,194
Öffentlicher Träger = Ref.							
Akad. Lehrkrankenhaus	-0,281	0,218	-0,113	-1,292	0,201	-0,715	0,153
Auffälliger Prozessparameter	0,647	0,258	0,224	2,509	0,015	0,132	1,161
Gini-Koeffizient	0,749	0,270	0,292	2,777	0,007	0,211	1,287
HHI 10 km	-0,294	0,304	-0,105	-0,968	0,337	-0,901	0,313
Indikatorwert 52249	-1,378	0,359	-0,349	-3,842	0,000	-2,093	-0,662
Konstante	1,843	0,377		4,890	0,000	1,091	2,596

Die ersten drei Größenklassen mit dem niedrigsten Leistungsvolumen sind signifikante Prädiktoren ($p < 0,001$ bis $p = 0,001$) und mit einem im Vergleich zur vierten Größenklasse erhöhten Indikatorergebnis assoziiert, wobei die Stärke des Effekts mit zunehmender Größe der Einrichtung streng monoton abnimmt (stand. Beta 0,906 bis 0,369).

Auch auffällige Prozessparameter gehen signifikant mit einem schlechteren Indikatorergebnis einher (stand. Beta = 0,224, $p = 0,015$), ebenso wie der Gini-Koeffizient (stand. Beta = 0,292, $p = 0,007$). Ebenfalls signifikante Schätzer sind das Ergebnis des sich auf Kaiserschnitte beziehenden Indikators 52249 (stand. Beta = -0,349, $p < 0,001$) sowie die freigemeinnützige Trägerschaft eines Krankenhauses (stand. Beta = -0,302, $p = 0,004$), wobei diese Parameterschätzer ein negatives Vorzeichen aufweisen, also mit einem besseren Indikatorergebnis assoziiert sind. Die Voraussetzungen der Regressionsanalyse sind erfüllt, insbesondere liegt keine signifikante Heteroskedastizität vor ($p_{Koenker} = 0,637$). Es erfolgte eine Überprüfung, ob die einbezogenen Struktur- und Prozessvariablen Mediatoren des Leistungsvolumens sind. Für keine der Variablen waren die entsprechenden Bedingungen erfüllt.

Die vorliegenden Ergebnisse können auch in Bezug auf den Indikator 50050 als ein deutlicher Hinweis auf einen Volume-Outcome-Effekt interpretiert werden. Die Zusammenhänge fallen bei diesem Indikator vergleichsweise stark aus. Ebenso scheint auch bei diesem Indikator ein Zusammenhang zwischen auffälligen Prozessparametern und erhöhten Indikatorergebnissen zu bestehen. Darüber hinaus scheinen erneut Krankenhäuser mit einer höheren Kaiserschnittneigung zu besseren Ergebnissen zu gelangen. Ähnlich wie bei einigen zuvor betrachteten Indikatoren ist es offen, was der dargestellte Zusammenhang zwischen einem erhöhten Gini-Koeffizienten und einem erhöhten Indikatorergebnis aussagt. Denkbar wäre ein positives Wirken von Unterstützungsabteilungen vor Ort. Möglich wäre es ebenfalls, dass der Gini-Koeffizient eine Surrogatkennzahl für das Leistungsvolumen ist. Der Grund für das gute Abschneiden freigemeinnütziger Krankenhäuser bleibt offen, denn bei den anderen Indikatoren zeigt sich ein solches Bild nicht und auch in der Literatur wurden entsprechende Effekte nicht berichtet.

Indikator 50053 (Bronchopulmonale Dysplasien VLBWI)

In Tabelle 42 sind zentrale Kenngrößen zum Regressionsmodell für den Indikator 50053 dargestellt. Der Indikator bezieht sich auf Bronchopulmonale Dysplasien von sehr kleinen Frühgeborenen.

Tabelle 42: Kenngrößen zum Regressionsmodell für den Indikator 50053.

R	R^2	Korrigiertes R^2	Standardfehler des Schätzers	F	Sig.
0,601	0,361	0,315	0,5417	7,747	0,000

Das Modell ist bei einem R^2 von 0,361 insgesamt signifikant (p < 0,001). Das korrigierte R^2 beträgt 0,315, das Modell ist damit als gut zu bewerten. Die Mittelwerte und Standardabweichungen der einzelnen Variablen sind in Tabelle 43 dargestellt.

Tabelle 43: Deskriptive Statistik zur Regression des Ergebnisses des Indikators 50053 auf Struktur- und Prozessparameter.

Variable	Mittelwert	Std.-Abweichung
Indikatorergebnis 50053	1,23	0,61
Gini-Koeffizient	0,66	0,25
HHI 10 km	0,47	0,24
Auffälliger Prozessparameter	0,06	0,25
Perinatalzentrum Level I	1,00	0,00
Perinatalzentrum Level II	0,00	0,00
Perinatalzentrum Level III	0,00	0,00
1. Größenklasse	0,22	0,42
2. Größenklasse	0,27	0,45
3. Größenklasse	0,25	0,44
Akademisches Lehrkrankenhaus	0,86	0,34
Privater Träger	0,05	0,21
Freigemeinnütziger Träger	0,26	0,44
Indikatorwert 52249	1,00	0,17

Aufgrund des Filterverfahrens ist das mittlere Indikatorergebnis vergleichsweise hoch. In der Stichprobe befinden sich ausschließlich Perinatalzentren des ersten Levels. Entsprechend wird das Level des Perinatalzentrums bei den Regressoren, die in Tabelle 44 zu finden sind, nicht weiter berücksichtigt.

Tabelle 44: Regressionskoeffizienten (gebootstrapped) für die Regression des Ergebnisses des Indikators 50053 auf Struktur- und Prozessparameter.

	Regressions-koeffizient B	Bootstrap				
		Verzerrung	Std.-Fehler	Sig.	95% Konfidenzintervall	
					Unten	Oben
1. Größenklasse	0,611	0,001	0,141	0,000	0,340	0,898
2. Größenklasse	0,075	0,002	0,118	0,525	-0,156	0,310
3. Größenklasse	-0,039	-0,004	0,109	0,726	-0,253	0,173
4. Größenklasse = Ref.						
Privater Träger	-0,593	-0,001	0,141	0,000	-0,884	-0,329
Freigemeinnütziger Träger	0,204	-0,015	0,151	0,184	-0,094	0,498
Öffentlicher Träger = Ref.						
Akad. Lehrkrankenhaus	-0,536	0,009	0,236	0,025	-1,024	-0,095
Auffälliger Prozessparameter	0,174	0,001	0,171	0,300	-0,160	0,506
Gini-Koeffizient	-0,137	-0,007	0,226	0,532	-0,589	0,316
HHI 10 km	0,193	0,012	0,218	0,387	-0,221	0,635
Indikatorwert 52249	-0,405	-0,027	0,362	0,291	-1,104	0,292
Konstante	1,918	0,019	0,357	0,000	1,218	2,610

Es ergibt sich die Besonderheit, dass die Signifikanzen über ein Bootstrapping ermittelt werden mussten, weil bei diesem Regressionsmodell im Gegensatz zu den anderen Modellen signifikante Heteroskedastizität vorliegt ($p_{Koenker}$ = 0,044).[478] Es werden daher keine standardisierten Beta-Werte angegeben.

Bei diesem Indikator ist die erste Größenklasse ein signifikanter Schätzer des Ergebnisses (p < 0,001). Der Status als akademisches Lehrkrankenhaus ist mit niedrigeren Ergebnissen assoziiert (p = 0,025), ebenso die private Trägerschaft eines Hauses (p < 0,001). Bei der Trägerschaft ergibt sich jedoch die Einschränkung, dass dieser Regressionskoeffizient auf den Werten von lediglich fünf Häusern beruht, seine Aussagekraft also begrenzt ist.

Krankenhäuser der ersten Größenklasse schneiden schlechter ab, hierin ist ein klassischer Volume-Outcome-Effekt zu sehen. Darüber hinaus schneiden Akademische Lehrkrankenhäuser besser ab. Es kann somit davon ausgegangen werden, dass eine Lehrverpflichtung die Qualität erhöht. Darüber hinaus erreichen private Träger bessere Ergebnisse, was aufgrund der Verzerrung der Stichprobe und der nur sehr wenigen Häuser, auf denen diese Aussage beruht, ein Ergebnis ist, dessen Aussagekraft angezweifelt werden kann.

Indikator 50062 (Pneumothoraces unter/nach Beatmung)
Tabelle 45 zeigt zentrale Kenngrößen zum Regressionsmodell für den Indikator 50062. Gegenstand des Indikators sind Pneumothoraces, die bei Neonaten unter/nach Beatmung aufgetreten sind.

Tabelle 45: Kenngrößen zum Regressionsmodell für den Indikator 50062.

R	R^2	Korrigiertes R^2	Standardfehler des Schätzers	F	Sig.
0,566	0,320	0,265	0,36070	5,758	0,000

Das Modell ist insgesamt signifikant (p < 0,001). Es vermag eine Varianzaufklärung in Höhe von 32,0 %. Bei einem R^2 in Höhe von 0,265 ist das Modell als gut einzuschätzen. Die Mittelwerte und Standardabweichungen zu jeder im Regressionsmodell berücksichtigten Variable sind in Tabelle 46 zu finden.

---

478 Bootstrapping setzt ganzzahlige Gewichtungsfaktoren voraus, weswegen in diesem Falle die Gewichtungsfaktoren abweichend zu den anderen Regressionen auf ganze Zahlen gerundet wurden.

Tabelle 46: Deskriptive Statistik zur Regression des Ergebnisses des Indikators 50062 auf Struktur- und Prozessparameter.

Variable	Mittelwert	Std.-Abweichung
Indikatorergebnis 50062	0,94	0,42
Gini-Koeffizient	0,67	0,26
HHI 10 km	0,44	0,28
Auffälliger Prozessparameter	0,07	0,25
Perinatalzentrum Level I	0,97	0,18
Perinatalzentrum Level II	0,03	0,17
Perinatalzentrum Level III	0,00	0,04
1. Größenklasse	0,25	0,43
2. Größenklasse	0,25	0,43
3. Größenklasse	0,25	0,44
Akademisches Lehrkrankenhaus	0,91	0,29
Privater Träger	0,09	0,29
Freigemeinnütziger Träger	0,24	0,43
Indikatorwert 52249	0,99	0,18

Das Bundesergebnis liegt bei lediglich 0,84.[479] Insofern ist auch der hier vergleichsweise niedrige Mittelwert des Indikatorergebnisses durch das Filterverfahren erhöht. In Tabelle 47 sind die Regressionskoeffizienten zum Indikator 50062 (Pneumothoraces unter/nach Beatmung) zu finden.

---

479 Vgl. IQTIG 2016f, S. 10.

Tabelle 47: Regressionskoeffizienten für die Regression des Ergebnisses des Indikators 50062 auf Struktur- und Prozessparameter.

	Nicht standardisierte Koeffizienten		Standardisierte Koeffizienten	T	Sig.	95% Konfidenzintervalle für B	
	B	Std.-Fehler	Beta			Unten	Oben
1. Größenklasse	0,467	0,094	0,481	4,980	0,000	0,282	0,653
2. Größenklasse	0,235	0,084	0,242	2,791	0,006	0,069	0,401
3. Größenklasse	0,141	0,082	0,147	1,720	0,087	-0,021	0,304
4. Größenklasse = Ref.							
Perinatalzentrum Level I	0,190	0,743	0,082	0,256	0,798	-1,277	1,657
Perinatalzentrum Level II	0,518	0,761	0,214	0,681	0,497	-0,985	2,022
Perinatalzentrum Level III	1,887	1,011	0,181	1,867	0,064	-0,109	3,883
Kein Perinatalzentrum = Ref.							
Privater Träger	0,064	0,105	0,044	0,607	0,545	-0,143	0,271
Freigemeinnütziger Träger	0,097	0,075	0,099	1,301	0,195	-0,050	0,245
Öffentlicher Träger = Ref.							
Akad. Lehrkrankenhaus	0,052	0,096	0,036	0,542	0,588	-0,138	0,243
Auffälliger Prozessparameter	-0,015	0,119	-0,009	-0,122	0,903	-0,250	0,221
Gini-Koeffizient	0,328	0,126	0,203	2,602	0,010	0,079	0,578
HHI 10 km	0,017	0,133	0,011	0,131	0,896	-0,245	0,280
Indikatorwert 52249	0,202	0,162	0,084	1,245	0,215	-0,119	0,523
Konstante	0,027	0,771		0,036	0,972	-1,496	1,551

Neben der ersten (stand. Beta = 0,481, p < 0,001) und zweiten Größenklasse (stand. Beta = 0,242, p = 0,006) ist der Gini-Koeffizient ein signifikanter Schätzer (stand. Beta = 0,203, p = 0,010) des Indikatorergebnisses. Die Voraussetzungen zur Durchführung einer Regression sind erfüllt. Heteroskedastizität liegt nicht in signifikantem Maße vor ($p_{Koenker}$ = 0,163). Kein Struktur- oder Prozessparameter ist ein Mediator des Leistungsvolumens.

Auch beim Indikator 50062 kann nach der Datenbereinigung somit von einem Volume-Outcome-Effekt ausgegangen werden. Krankenhäuser der ersten und zweiten Größenklasse haben ein signifikant höheres Indikatorergebnis. Die Assoziation eines erhöhten Gini-Koeffizienten mit höheren Indikatorergebnissen steht im Widerspruch zu den Ergebnissen der Literatur. Ein Mediatoreffekt zwischen Größe und Spezialisierung kann in Bezug auf diesen Indikator nicht signifikant nachgewiesen werden. Allerdings sind kleinere Krankenhäuser eher spezialisierter, sodass eine hohe Spezialisierung stellvertretend für ein niedriges

Leistungsvolumen sprechen könnte.[480] Eine andere Erklärungsmöglichkeit wäre, dass gerade bei kleineren Krankenhäusern die Anwesenheit von weiteren Disziplinen (bspw. Pneumologie) positiv auf die Indikatorergebnisse wirken könnte.

Indikator 51119 (Todesfälle bei Risikogeburten (inkl. Verlegung))
In Tabelle 48 sind die wichtigsten Kenngrößen zum Regressionsmodell für den Indikator 51119 zu finden. Der Indikator entspricht definitorisch dem Indikator 50048, berücksichtigt allerdings auch Verlegungsfälle.

Tabelle 48: Kenngrößen zum Regressionsmodell für den Indikator 51119.

R	R^2	Korrigiertes R^2	Standardfehler des Schätzers	F	Sig.
0,505	0,255	0,206	0,46495	5,177	0,000

Das Modell ist insgesamt signifikant (p < 0,001). Es werden 25,5 % der Varianz aufgeklärt. Bei einem korrigierten R^2 in Höhe von 0,206 ist das Modell insgesamt als gut zu bewerten. In Tabelle 49 finden sich Mittelwerte und Standardabweichungen der im Regressionsmodell einbezogenen Variablen.

Tabelle 49: Deskriptive Statistik zur Regression des Ergebnisses des Indikators 51119 auf Struktur- und Prozessparameter.

Variable	Mittelwert	Std.-Abweichung
Indikatorergebnis 51119	1,29	0,52
Gini-Koeffizient	0,67	0,26
HHI 10 km	0,45	0,27
Auffälliger Prozessparameter	0,07	0,26
Perinatalzentrum Level I	0,98	0,13
Perinatalzentrum Level II	0,00	0,00
Perinatalzentrum Level III	0,00	0,00
1. Größenklasse	0,25	0,44
2. Größenklasse	0,25	0,43
3. Größenklasse	0,25	0,43
Akademisches Lehrkrankenhaus	0,87	0,34
Privater Träger	0,10	0,30
Freigemeinnütziger Träger	0,21	0,41
Indikatorwert 52249	1,00	0,17

---

480 Vgl. Kapitel 6.5.

Durch das Filterverfahren ist der Mittelwert des Indikatorergebnisses mit 1,29 vergleichsweise hoch. In der Stichprobe befinden sich ausschließlich Krankenhäuser mit Status als Perinatalzentrum Level I und solche ohne einen Status als Perinatalzentrum. Die Regressoren zum Indikator 51119 (Todesfälle bei Risikogeburten (inkl. Verlegung)) sind in Tabelle 50 zu finden.

Tabelle 50: Regressionskoeffizienten für die Regression des Ergebnisses des Indikators 51119 auf Struktur- und Prozessparameter.

	Nicht standardisierte Koeffizienten		Standardisierte Koeffizienten	T	Sig.	95% Konfidenzintervalle für B	
	B	Std.-Fehler	Beta			Unten	Oben
1. Größenklasse	0,447	0,119	0,373	3,767	0,000	0,213	0,682
2. Größenklasse	0,225	0,104	0,187	2,172	0,031	0,020	0,430
3. Größenklasse	-0,019	0,102	-0,016	-0,190	0,849	-0,220	0,182
4. Größenklasse = Ref.							
Perinatalzentrum Level I	0,023	0,287	0,006	0,080	0,937	-0,544	0,590
Kein Perinatalzentrum = Ref.							
Privater Träger	0,096	0,131	0,055	0,730	0,466	-0,163	0,354
Freigemeinnütziger Träger	-0,116	0,093	-0,092	-1,244	0,215	-0,300	0,068
Öffentlicher Träger = Ref.							
Akad. Lehrkrankenhaus	0,092	0,111	0,060	0,826	0,410	-0,127	0,311
Auffälliger Prozessparameter	0,289	0,142	0,145	2,038	0,043	0,009	0,569
Gini-Koeffizient	0,158	0,171	0,078	0,925	0,356	-0,179	0,495
HHI 10 km	0,145	0,178	0,076	0,813	0,417	-0,207	0,496
Indikatorwert 52249	0,230	0,222	0,073	1,038	0,301	-0,207	0,668
Konstante	0,615	0,389		1,580	0,116	-0,153	1,383

Die erste Größenklasse ist ebenso signifikant mit höheren Indikatorergebnissen verbunden (stand. Beta = 0,373, p < 0,001) wie die zweite Größenklasse (stand. Beta = 0,187, p = 0,031). Darüber hinaus sind auffällige Prozessparameter (stand. Beta = 0,145, p = 0,043) mit einem schlechteren Ergebnis assoziiert. Es kann angenommen werden, dass bei diesem Modell Homoskedastizität vorliegt ($p_{Koenker}$ = 0,386), auch die übrigen Voraussetzungen der Regressionsanalyse sind erfüllt. Mediatoreffekte wurden getestet, liegen jedoch nicht vor.

Auch bei diesem Indikator ist ein klassischer Volume-Outcome-Effekt erkennbar. Darüber hinaus ist anzunehmen, dass ein Zusammenhang zwischen schlechter Prozess- und schlechter Ergebnisqualität besteht. Die Ergebnisse ähneln insgesamt denen des Indikators 50048.

Indikator 51837 (Mortalität VLBWI)

In Tabelle 51 finden sich die wichtigsten Kenngrößen zum Regressionsmodell für den Indikator 51837. Die Mortalität von sehr kleinen Frühgeborenen ist Gegenstand dieses Indikators.

Tabelle 51: Kenngrößen zum Regressionsmodell für den Indikator 51837.

R	R^2	Korrigiertes R^2	Standardfehler des Schätzers	F	Sig.
0,612	0,374	0,301	0,52690	5,110	0,000

Das Regressionsmodell ist insgesamt signifikant (p < 0,001). Es vermag eine Varianzaufklärung in Höhe von 37,4 %. Bei einem korrigierten R^2 in Höhe von 0,301 ist das Modell als gut zu bewerten. Die deskriptive Statistik zu den im Modell befindlichen Variablen beinhaltet Tabelle 52.

Tabelle 52: Deskriptive Statistik zur Regression des Ergebnisses des Indikators 51837 auf Struktur- und Prozessparameter.

Variable	Mittelwert	Std.-Abweichung
Indikatorergebnis 51837	1,42	0,63
Gini-Koeffizient	0,66	0,24
HHI 10 km	0,42	0,25
Auffälliger Prozessparameter	0,07	0,27
Perinatalzentrum Level I	1,00	0,00
Perinatalzentrum Level II	0,00	0,00
Perinatalzentrum Level III	0,00	0,00
1. Größenklasse	0,26	0,44
2. Größenklasse	0,24	0,43
3. Größenklasse	0,27	0,45
Akademisches Lehrkrankenhaus	0,94	0,24
Privater Träger	0,10	0,30
Freigemeinnütziger Träger	0,07	0,26
Indikatorwert 52249	1,01	0,18

Mit einem Mittelwert in Höhe von 1,42 verbleiben nach dem Filterverfahren primär Krankenhäuser mit vergleichsweise schlechten Indikatorergebnissen in der Stichprobe. Behandlungen in akademischen Lehrkrankenhäusern scheinen deutlich überrepräsentiert, Patienten freigemeinnütziger Häuser hingegen sind deutlich seltener zu finden als bei den anderen Indikatoren. Darüber hinaus erscheint der Hirschmann-Index im Vergleich etwas erniedrigt, gerade im Vergleich zum Leistungsbereich Geburtshilfe. Dies kann darauf zurückgeführt werden, dass Häuser mit Neonatologie eher im städtischen Raum zu finden sein dürften.

Tabelle 53: Regressionskoeffizienten für die Regression des Ergebnisses des Indikators 51837 auf Struktur- und Prozessparameter.

	Nicht standardisierte Koeffizienten		Standardisierte Koeffizienten	T	Sig.	95% Konfidenzintervalle für B	
	B	Std.-Fehler	Beta			Unten	Oben
1. Größenklasse	0,788	0,201	0,551	3,910	0,000	0,387	1,188
2. Größenklasse	0,546	0,174	0,372	3,133	0,002	0,199	0,892
3. Größenklasse	0,496	0,159	0,350	3,127	0,002	0,181	0,812
4. Größenklasse = Ref.							
Privater Träger	-0,119	0,214	-0,057	-0,556	0,579	-0,545	0,307
Freigemeinnütziger Träger	0,260	0,264	0,106	0,987	0,327	-0,264	0,784
Öffentlicher Träger = Ref.							
Akad. Lehrkrankenhaus	0,044	0,256	0,017	0,173	0,863	-0,464	0,553
Auffälliger Prozessparameter	0,456	0,214	0,192	2,136	0,035	0,032	0,881
Gini-Koeffizient	0,152	0,306	0,059	0,499	0,619	-0,455	0,760
HHI 10 km	0,344	0,316	0,138	1,089	0,279	-0,284	0,973
Indikatorwert 52249	0,139	0,358	0,039	0,388	0,699	-0,573	0,852
Konstante	0,487	0,397		1,228	0,223	-0,302	1,277

In Tabelle 53 sind die Parameterschätzer zum Indikator 51837 (Mortalität VLBWI) zu finden. Die ersten drei kleineren Größenklassen sind signifikant mit einem höheren Indikatorergebnis assoziiert (p < 0,001 bis 0,002). Die Größe des Zusammenhangs nimmt bei zunehmender Größe der Einrichtungen streng monoton ab (stand. Beta von 0,551 bis 0,350). Auch scheinen auffällige Prozessparameter mit einem höheren Ergebnisindikator 51837 einherzugehen (stand. Beta = 0,192, p = 0,035). Die Voraussetzungen für die Regressionsanalyse sind erfüllt, Homoskedastizität kann angenommen werden ($p_{Koenker}$ = 0,213). Auch bei der Mortalität von VLBWI zeigt sich somit ein ähnliches Bild wie bei den anderen Indikatoren. Es kann von einem klassischen Volume-Outcome-Effekt ausgegangen werden. Darüber hinaus scheint eine schlechtere Prozessqualität auch mit einer erhöhten Mortalität einherzugehen.

Indikator 51901 (Qualitätsindex VLBWI)

Die zuvor betrachtete Mortalität ist auch eine Ebene des Indikators 51901 (Qualitätsindex VLBWI). In Tabelle 54 finden sich zentrale Kenngrößen zu diesem Indikator.

Tabelle 54: Kenngrößen zum Regressionsmodell für den Indikator 51901.

R	R^2	Korrigiertes R^2	Standardfehler des Schätzers	F	Sig.
0,402	0,162	0,108	0,34103	3,016	0,002

Das Modell ist insgesamt signifikant (p = 0,002). Es können 16,2 % der Varianz aufgeklärt werden. Das korrigierte R^2 erreicht eine Höhe von 0,108. Das Modell ist daher insgesamt als mäßig zu bewerten. Zu jeder im Regressionsmodell enthaltenen Variable sind die Mittelwerte und Standardabweichungen in Tabelle 55 zu finden.

Tabelle 55: Deskriptive Statistik zur Regression des Ergebnisses des Indikators 51901 auf Struktur- und Prozessparameter.

Variable	Mittelwert	Std.-Abweichung
Indikatorergebnis 51901	1,01	0,36
Gini-Koeffizient	0,67	0,26
HHI 10 km	0,47	0,28
Auffälliger Prozessparameter	0,07	0,26
Perinatalzentrum Level I	1,00	0,00
Perinatalzentrum Level II	0,00	0,00
Perinatalzentrum Level III	0,00	0,00
1. Größenklasse	0,25	0,44
2. Größenklasse	0,26	0,44
3. Größenklasse	0,26	0,44
Akademisches Lehrkrankenhaus	0,90	0,31
Privater Träger	0,08	0,27
Freigemeinnütziger Träger	0,25	0,44
Indikatorwert 52249	0,99	0,17

Das Bundesergebnis liegt bei 0,97.[481] Demnach ist die Stichprobe mit einem mittleren Indikatorergebnis in Höhe von 1,01 vergleichsweise repräsentativ. Die

---

481 Vgl. IQTIG 2016f, S. 51.

hohe Repräsentativität ergibt sich letztlich daraus, dass nur wenige Häuser im Vergleich zur ersten Stichprobe ausgeschlossen werden mussten und bereits dort eine recht hohe Vollständigkeit vorgelegen hat. Die Regressoren zur Schätzung des Indikatorergebnisses sind in Tabelle 56 zu finden.

Tabelle 56: Regressionskoeffizienten für die Regression des Ergebnisses des Indikators 51901 auf Struktur- und Prozessparameter.

	Nicht standardisierte Koeffizienten		Standardisierte Koeffizienten	T	Sig.	95% Konfidenzintervalle für B	
	B	Std.-Fehler	Beta			Unten	Oben
1. Größenklasse	0,285	0,090	0,345	3,169	0,002	0,108	0,463
2. Größenklasse	0,120	0,080	0,145	1,490	0,138	-0,039	0,278
3. Größenklasse	0,060	0,079	0,074	0,765	0,445	-0,095	0,216
4. Größenklasse = Ref.							
Privater Träger	0,089	0,107	0,066	0,833	0,406	-0,122	0,300
Freigemeinnütziger Träger	0,002	0,067	0,002	0,028	0,978	-0,131	0,135
Öffentlicher Träger = Ref.							
Akad. Lehrkrankenhaus	-0,188	0,088	-0,159	-2,126	0,035	-0,362	-0,013
Auffälliger Prozessparameter	0,082	0,106	0,058	0,769	0,443	-0,128	0,291
Gini-Koeffizient	0,079	0,116	0,058	0,676	0,500	-0,151	0,309
HHI 10 km	-0,022	0,119	-0,017	-0,184	0,855	-0,257	0,213
Indikatorwert 52249	-0,337	0,156	-0,161	-2,160	0,032	-0,645	-0,029
Konstante	1,343	0,192		6,975	0,000	0,962	1,723

Die Indikatorergebnisse von Häusern der ersten Größenklasse sind signifikant höher als die der vierten Größenklasse (stand. Beta = 0,345, p = 0,002). Darüber hinaus ist das Ergebnis des Qualitätsindikators 52249 (Kaiserschnitte) signifikant negativ mit dem Ergebnis des Indikators 51901 assoziiert (stand. Beta = -0,161, p = 0,032), ebenso wie der Status als akademisches Lehrkrankenhaus (stand. Beta = -0,159, p = 0,035). Es liegt keine Heteroskedastizität vor ($p_{Koenker}$ = 0,381), die übrigen Annahmen der Regression sind erfüllt. Das Modell wurde auf Mediatoreffekte getestet, solche waren nicht vorhanden.

Der Indikator 51901 umfasst sechs unerwünschte Ereignisse mit hoher Relevanz für das Neugeborene. Er ist damit am ehesten geeignet, die Qualität in der Versorgung von VLBWI insgesamt sichtbar zu machen. Die Ergebnisse bei diesem Indikator stehen nicht im Widerspruch zu den anderen vorher genannten Indikatoren, die zum Teil in die Berechnung dieses Qualitätsindex eingehen (51837: Mortalität VLBWI und 50053: Bronchopulmonale Dysplasien).

Zumindest für die erste Größenklasse lässt sich ein Volume-Outcome-Effekt darstellen. In dieser sind Krankenhäuser mit einem Fallzahlvolumen von maximal 54 VLBWI enthalten. Die aktuelle Mindestmenge liegt bei 14 VLBWI pro Jahr, eine Mindestmenge in Höhe von 30 wurde durch das BSG für unwirksam erklärt. Ein Erhöhen der Mindestmenge von 14 auf 54 wäre ein enorm weitreichender Schritt, der die Schließung zahlreicher Perinatalzentren zur Folge hätte. In Schweden liegt die mittlere Fallzahl an VLBWI pro Zentrum jedoch in ganz anderen Dimensionen. Die jährlich etwas über 900 sehr unreifen Frühgeborene werden dort in lediglich sechs Perinatalzentren betreut, was einer mittleren jährlichen Fallzahl von etwa 150 VLBWI entspricht.[482] Es kann also in den Ergebnissen dieser Studie auch im internationalen Vergleich ein Hinweis darauf gesehen werden, dass die bestehenden Mindestmengen bei VLBWI zu niedrig angesetzt sind und somit erhöht werden sollten.

Wie bereits bei anderen Indikatoren zuvor gezeigt werden konnte, scheint der Status als akademisches Lehrkrankenhaus die Ergebnisqualität insgesamt zu verbessern. Darüber hinaus scheinen Krankenhäuser mit einer höheren Kaiserschnittneigung eher zu besseren Ergebnissen zu gelangen.

6.4.4 Ergebniszusammenfassung auf Ebene der Strukturen und Prozesse

Weshalb Krankenhäuser mit einem höheren Leistungsvolumen oftmals eine höhere Qualität erzielen, ist nach wie vor unklar. Im Folgenden soll diskutiert werden, inwiefern die Datenlage für einen Effekt des Behandlungsvolumens spricht und ob darüber hinaus Effekte von Strukturen und Prozessen zu beobachten waren.

6.4.4.1 Einfluss des Behandlungsvolumens

Um der Verzerrung der Qualitätsberichte entgegenzuwirken, wurde eine Stichprobe gewählt, die nur aus vergleichsweise großen Krankenhäusern besteht. Selbst unter diesen großen Krankenhäusern scheinen Volume-Outcome-Effekte zu wirken; mit Ausnahme des Indikators 51181 (Schwere Dammrisse) lässt sich bei allen Qualitätsindikatoren ein signifikant negativer Einfluss der ersten Größenklasse finden. Unter Zugrundelegung der vorsichtigsten Schätzung gehören

---

482 Zur Rate an VLBWI-Geburten in Schweden vgl. Zeitlin et al. 2018, S. 126. Zur Anzahl der Perinatalzentren in Schweden vgl. bspw. AOK-Bundesverband; Wissenschaftliches Institut der AOK (WIdO) 2018, S. 2.

Einrichtungen mit 50 VLBWI auf jeden Fall zur ersten Größenklasse. Bei den Indikatoren 50050 (Schwere Hirnblutungen VLBWI) und 51837 (Mortalität VLBWI) lassen sich darüber hinaus weitergehende Einflüsse des Leistungsvolumens konstatieren. Hier schneiden alle Krankenhäuser schlechter ab, wenn sie nicht der größten Größenklasse angehören, also unterhalb eines jährlichen Volumens von 135 (Indikator 50050) bzw. 128 (Indikator 51837) VLBWI bleiben. In dieser Arbeit kann somit ein Hinweis gesehen werden, dass die bestehenden Mindestmengen erheblich zu niedrig angesetzt sind.

Darüber hinaus ist auch bei Risikogeburten ein Volume-Outcome-Effekt denkbar, denn bei den Indikatoren 50048 und 51119 schneiden kleinere Krankenhäuser schlechter ab, wenn sie unterhalb einer Schwelle von ungefähr 425 Risikogeburten pro Jahr liegen. In Folgestudien, in denen auf Daten mit einer höheren Konsistenz zurückgegriffen werden kann, sollte untersucht werden, inwiefern dieser Zusammenhang bestätigt werden kann. Sollte auch in weiteren Studien ein solcher Effekt gezeigt werden können, so sind die bestehenden Mindestmengen dergestalt zu erweitern, dass auch für Risikogeburten eine Mindestmenge festgelegt wird.

6.4.4.2 *Einfluss von Prozessmängeln*

Die Variable, ob bei einem Krankenhaus im Rahmen des *Strukturierten Dialoges* Mängel bei einem Prozessindikator der Geburtshilfe festgestellt worden sind, erweist sich bei vier Indikatoren des Leistungsbereiches Neonatologie als signifikanter Prädiktor des Indikatorergebnisses. Dies betrifft die Indikatoren 50048 (Todesfälle bei Risikogeburten (exkl. Verlegung)), 50050 (schwere Hirnblutungen VLBWI), 51119 (Todesfälle bei Risikogeburten (inkl. Verlegung)) sowie 51837 (Mortalität VLBWI). Darin kann aufgrund des Studiendesigns kein Aufzeigen einer Kausalkette im engeren Sinne gesehen werden. Allerdings wurde bereits in der Literatur diskutiert, inwiefern sich Teile dieser Indikatoren als Tracer-Indikatoren eignen. Bei Auffälligkeiten sollte ein Leistungsausschluss erfolgen.[483] Auch wenn in dieser Arbeit also kein Aufzeigen der Funktionsweise dieser Indikatoren gesehen werden kann, liefern die vorliegenden Befunde durchaus Grund zur Annahme, dass diese als Indikatoren eine Tracer-Funktion erfüllen können. Gleichwohl wurde hier keine Analyse vorgenommen, bei welchen Häusern ein Alpha-Fehler vorgelegen hat, also zwar Prozessmängel konstatiert wurden, diese aber nicht zu einer schlechteren Ergebnisqualität geführt haben. Derlei Fragestellungen können in weiteren Studien untersucht werden.

---

483 Vgl. Obermöller und Gruhl 2018, S. 24–25.

6.4.4.3 Einfluss der Kaiserschnittneigung

Krankenhäuser mit größerer Kaiserschnittneigung konnten bei zahlreichen Indikatoren signifikant bessere Ergebnisse erzielen. Dies betraf die Indikatoren 51397 (Azidosen Reifgeborene), 50050 (Schwere Hirnblutungen VLBWI) sowie 51901 (Qualitätsindex VLBWI) und damit Leistungen, bei denen Perinatalzentren ersten Levels regelmäßig die entlassenden Einrichtungen sind. Perinatalzentren ersten Levels haben insgesamt eine erhöhte Kaiserschnittrate im Vergleich zu anderen Krankenhäusern. Die vorliegenden Ergebnisse sprechen also dafür, dass höhere Kaiserschnittraten, wie sie sich in Perinatalzentren ersten Levels zeigen, auch medizinisch angezeigt sind.

6.4.4.4 Einfluss des Levels des Perinatalzentrums

Bei zahlreichen Indikatoren des Fachbereiches Neonatologie ist das Level des Perinatalzentrums gar nicht als Variable angegeben, weil die den Indikatoren zugrundeliegenden Leistungen im Grundsatz ohnehin nur in Perinatalzentren ersten Levels erbracht werden (dürfen). Beim Indikator 50048 (Todesfälle bei Risikogeburten (exkl. Verlegung)) schneiden Perinatalzentren ersten Levels signifikant besser ab. Hier ist jedoch die Besonderheit gegeben, dass diejenigen Häuser, die kein Perinatalzentrum sind, einen Status als universitäres Herzzentrum aufweisen und die Neonaten vermutlich schwer kardiologisch erkrankt waren. Daher ist die neonatale Versorgung im Vergleich zur kardiologischen als nachrangig einzustufen. Insofern ist jedoch auch die Risikoadjustierung in diesem Fall als unzureichend einzustufen, weil sie diese Herzzentren benachteiligt. Hier sollte bereits auf Ebene der Einschlusskriterien überlegt werden, ob nicht Neonaten mit primär kardiologischer Versorgung aus der Qualitätsberichterstattung (zumindest bei diesem Indikator) ausgeschlossen werden.

Im Leistungsbereich Geburtshilfe finden sich zwei Indikatoren, bei denen die Ergebnisse von Perinatalzentren signifikant von denen der Referenzkategorie abweichen: Kaiserschnitte (52249) und schwere Dammrisse (51181). Die beiden Indikatoren stehen in einem wechselseitigen Verhältnis: Mit einem Kaiserschnitt lässt sich ein schwerer Dammriss regelmäßig vermeiden. Perinatalzentren ersten Levels haben eine höhere Kaiserschnittneigung als die Referenzkategorie, vermögen es jedoch gleichzeitig, schwere Dammrisse zu vermeiden. In diesem Ergebnis kann ein Hinweis darauf gesehen werden, dass Perinatalzentren ersten Levels besser einschätzen können, wann ein Kaiserschnitt indiziert ist. Gleichwohl erlauben die vorliegenden Daten das Testen einer solchen Hypothese nicht, weil hierzu Angaben auf Fallebene notwendig wären.

Weshalb Perinatalzentren dritten Levels eine geringere Kaiserschnittneigung aufweisen als die Referenzkategorie, kann durch die vorliegende Arbeit nicht geklärt werden. Bei den übrigen Indikatoren zeigten sich keine Auffälligkeiten in Bezug auf solche Perinatalzentren, sodass auch Anknüpfungspunkte für eine Interpretation fehlen.

6.4.4.5 Einfluss der personellen Ausstattung

Es war im Rahmen dieser Studie nicht möglich, den Einfluss der personellen Ausstattung im gewünschten Umfang zu eruieren. Diese Studie beschränkt sich vielmehr auf die Ausstattung mit Hebammen und den Leistungsbereich Geburtshilfe, wobei unterschieden wird, ob die Krankenhäuser ihre Hebammen fest anstellen oder nach dem Belegsystem arbeiten. Die Korrelationen sind noch einmal in Tabelle 57 zusammengetragen.

Tabelle 57: Zusammenfassende Darstellung der Korrelationen zwischen personeller Ausstattung und dem Indikatorergebnis.

Indikator	Anstellungsart	Korrelation	Sig.	n
52249: Kaiserschnitte	Anstellung	-0,058	0,223	490
	Freiberuflich	-0,098	0,201	158
51181: Schwere Dammrisse	Anstellung	-0,198	0,000	332
	Freiberuflich	-0,058	0,589	88
51397: Schwere Azidosen	Anstellung	-0,130	0,258	77
	Freiberuflich	-0,635	0,066	9
51803: Qualitätsindex Reifgeborene	Anstellung	-0,190	0,001	290
	Freiberuflich	-0,348	0,003	73

Die Ergebnisse zeigten sich insgesamt konsistent, jedoch in anderer Wirkrichtung als vermutet. Der Zusammenhang stellte sich insgesamt dergestalt dar, dass das risikoadjustierte Indikatorergebnis umso besser ausfällt, je mehr Fälle eine Hebamme zu betreuen hat. Allerdings waren die Daten für zahlreiche Krankenhäuser nicht vorhanden und auch nur bei zwei Indikatoren (51181: Schwere Dammrisse sowie 51803: Qualitätsindex Reifgeborene) war dieses Ergebnis signifikant. Die Tendenz war jedoch bei allen Indikatoren identisch zulasten einer niedrigeren Auslastung der Hebammen.

Die Korrelationen sprechen in ihrer Gesamtschau widerspruchsfrei für einen Volume-Outcome-Effekt. Dieser scheint sich nicht nur auf institutioneller, sondern auch auf individueller Ebene zu manifestieren. Je mehr Geburten eine Hebamme in einem Haus zu betreuen hat, desto besser fällt das Indikatorergebnis aus. Bei freiberuflichen Hebammen mit einer geringen Anzahl an Geburten pro Jahr ist davon auszugehen, dass diese die Schwangeren während der kompletten Schwangerschaft betreuen, also auch Vorsorge und Wochenbettbetreuung übernehmen. In dieser Arbeit ist ein deutlicher Hinweis darauf zu sehen, dass dieses Modell die Ergebnisqualität insgesamt senkt und unerwünschte Ereignisse, insbesondere das Neugeborene betreffend, eher auftreten.

Diese Argumentation wird darüber hinaus durch den Umstand gestützt, dass bei den Indikatoren 52249 (Kaiserschnitte) und 51181 (Schwere Dammrisse) solche Krankenhäuser schlechter abschneiden, die nach dem Belegsystem arbeiten. Nach dem Belegsystem arbeitende Krankenhäuser schaffen es also weder Kaiserschnitte noch schwere Dammrisse in besonderem Maße zu vermeiden. Im Gegenteil: Sie sind in Bezug auf beide Indikatoren unterdurchschnittlich. Es könnte also folgendes Fazit gezogen werden, das insgesamt eine Practice-Makes-Perfect-Hypothese darstellt: Je eher ein Krankenhaus nach dem Belegsystem arbeitet, desto eher wird eine Hebamme nur wenige Geburten pro Jahr betreuen. Je weniger Geburten eine Hebamme jährlich betreut, desto eher leidet die Ergebnisqualität, gemessen im Auftreten von Kaiserschnitten und maternaler Morbidität. Nachdem schon im Rahmen der Münchner Perinatalstudie in den 1970er Jahren geburtshilfliche Belegabteilungen im Fokus standen, liefert diese Studie Hinweise darauf, dass die Qualität solcher Abteilungen noch stärker hinterfragt werden sollte.[484]

6.4.4.6 Einfluss der Spezialisierung des Hauses

Bei den Indikatoren 50050 (Schwere Hirnblutungen VLBWI), 50062 (Pneumothoraces unter/nach Beatmung) und 51803 (Qualitätsindex Reifgeborene) zeigte sich ein negativer Effekt der Spezialisierung eines Hauses. Das Modell wurde ohne positiven Befund auf Mediatoreffekte getestet, weswegen nicht angenommen werden kann, dass die Spezialisierung deshalb als negativer Prädiktor wirkt, weil kleinere Häuser spezialisierter sind. Weshalb solch ein unerwarteter Zusammenhang auftritt, kann nur gemutmaßt werden. Denkbar wäre, dass die Anwesenheit von potenziell konsultierbaren Unterstützungsabteilungen (bspw. Pneumologie) positiv auf die Outcomes wirkt und diese Abteilungen in

---

484 Vgl. Kapitel 3.3.1.

spezialisierten Häusern eher fehlen. Letztlich muss jedoch auch betont werden, dass ein hoher Grad an Spezialisierung nicht bedeutet, dass die Spezialisierung im Bereich der Perinatalmedizin erfolgt ist. Dies könnte vielmehr auch bedeuten, dass ein Krankenhaus eine große Drittabteilung aufweist und entsprechend auf diese Abteilung spezialisiert ist, wohingegen die Perinatalmedizin nur einen geringen Anteil an den Basis-DRGs ausmacht. Darüber hinaus ist anzumerken, dass in der Neonatologie tendenziell sehr wenige DRGs mit hohem Kostengewicht abgerechnet werden, weswegen eine Neonatologie immer klein erscheint, wenn die Spezialisierung anhand der Anzahl der Basis-DRGs bestimmt wird und das Relativgewicht keine Berücksichtigung findet.

6.4.4.7 Einfluss der Trägerschaft

In Bezug auf die Trägerschaft liegen widersprüchliche Ergebnisse vor. Beim Indikator 50053 schneiden private Krankenhäuser im Vergleich zu öffentlichen Häusern (= Referenzkategorie) signifikant besser ab, wobei angemerkt werden muss, dass diese Aussage auf den Werten von lediglich fünf Prozent des Fallzahlvolumens beruht. Freigemeinnützige Häuser erreichen beim Indikator 50050 (Schwere Hirnblutungen VLBWI) bessere Indikatorergebnisse als öffentliche Krankenhäuser. Auch dieses Ergebnis beruht lediglich auf 16 Prozent des Leistungsvolumens, das in Häusern mit freigemeinnütziger Trägerschaft stattgefunden hat.[485] Bei allen weiteren Indikatoren zeigt sich kein Einfluss der Trägerschaft auf die Ergebnisse. Aus den Qualitätsberichten lassen sich somit in der Gesamtschau zumindest im Bereich der perinatalen Versorgung keine Aussagen ableiten, dass Krankenhäuser mit bestimmter Trägerschaft insgesamt eine bessere Ergebnisqualität erbringen.

6.4.4.8 Einfluss der Wettbewerbskonzentration

Lediglich beim Indikator 52249 war die Wettbewerbskonzentration ein signifikanter Schätzer des Indikatorergebnisses. Hier spricht die Datenlage dafür, dass Krankenhäuser, die in einem weniger kompetitiven Umfeld agieren, auch weniger Kaiserschnitte durchführen. Es könnte der finanzielle Druck für nicht ausschließlich medizinisch indizierte Kaiserschnitte eher entfallen, wenn sich die Krankenhäuser nicht gegenüber Konkurrenten behaupten müssen.

---

485 Vgl. Tabelle 40.

Tatsächlich handelt es sich bei der Wettbewerbskonzentration um einen Parameter, der die Qualität allenfalls sehr indirekt zu beeinflussen vermag. In der Literatur konnte hier v.a. gezeigt werden, dass in einem sehr kompetitiven Umfeld neuere Geräte eher adaptiert werden, um sich von den Krankenhäusern abzugrenzen, insbesondere bei Operationstechniken.[486] Im Bereich der perinatalen Versorgung spielt die apparativ-chirurgische Ausstattung eher eine untergeordnete Rolle. Entsprechend überrascht das Fehlen von signifikanten Ergebnissen nicht.

6.4.4.9 Einfluss des Status als akademisches Lehrkrankenhaus

Bei zwei Indikatoren (50053 (Bronchopulmonale Dysplasien) und 51901 (Qualitätsindex VLBWI)) zeigte sich ein positiver Einfluss des Status als akademisches Lehrkrankenhaus. Beide Indikatoren gehören zum Leistungsbereich Neonatologie. Ein negativer Einfluss zeigte sich nie. Die Kompetenz, die zur Ausbildung junger Ärzte notwendig ist, dürfte sich demnach insgesamt positiv auf die Ergebnisqualität auswirken, zumindest schadet die Lehrverpflichtung nicht.

6.5 Beziehung zwischen dem Leistungsvolumen und den Strukturen/Prozessen

6.5.1 Stichprobenbeschreibung

In Tabelle 58 sind die institutionellen Einflussgrößen auf die Outcomes dargestellt. Für jede Einflussgröße ist angegeben, wie vielen Stationen ein gültiger Wert zugeordnet werden konnte. Darüber hinaus sind Mittelwerte und Standardabweichungen der Stichprobe angegeben, sofern es sich um metrische Variablen handelt.

---

486 Vgl. Kapitel 4.3.2.5.

Tabelle 58: Stichprobenbeschreibung für institutionelle Einflussgrößen.

Institutionelle Einflussgrößen auf Outcomes	Anzahl Stationen mit gültigen Werten		Mittelwert aller gültigen Werte	Standardabweichung aller gültigen Werte
	GebH	NEO		
Leistungsvolumen Geburtshilfe	734		972,07	680,53
Leistungsvolumen Neonatologie		431	235,64	220,21
Gini-Koeffizient	676	397	0,83	
HHI 10 km	691	409	0,70	
Information zum Träger	734	431		
davon freigemeinnützig	288	156		
davon öffentlich	330	205		
davon privat	116	70		
Information zum Perinatalzentrum	734	431		
davon Level I	173	179		
davon Level II	72	71		
davon Level III	105	94		
davon kein Perinatalzentrum	384	87		
Information zu auffälligem Prozessindikator	734	431		
davon mindestens ein Indikator auffällig	73	38		
davon auffälliger Indikator 318	47	16		
davon auffälliger Indikator 330	24	22		
davon auffälliger Indikator 1058	6	2		
Information zum Hebammensystem (nur GebH)	728	./.		
davon Angestelltensystem	493	./.		
davon Belegsystem	158	./.		
davon gemischtes System	77	./.		
Hebammen mit Festanstellung (Vollzeitäquivalente)	492		11,19	6,46
Geburten pro VZÄ (bei Angestelltensystem)	492		87,61	29,33

Die hier angegebenen Werte decken sich im Wesentlichen mit Werten aus anderen Studien und Publikationen, die zur Querverprobung der Stichprobe genutzt wurden.[487] Insgesamt befinden sich 1.165 einzelne Abteilungen an 770 Standorten in der Stichprobe. 734 Krankenhausstandorte haben eine Geburtshilfe, davon haben 395 eine Geburtshilfe und eine Neonatologie gemeinsam. Mit Ausnahme

---

487 Herangezogen wurden Bauer et al. 2017 sowie Statistisches Bundesamt 2016.

von 36 Häusern (universitäre Herzzentren mit eigener IK-Nummer, Uniklinika ohne Geburtshilfe sowie Kinderkliniken) hatte beinahe jedes Krankenhaus mit neonatologischer Abteilung auch eine geburtshilfliche Abteilung vor Ort.

Interessant ist ein Vergleich des perinatalen Leistungsgeschehens mit dem Leistungsgeschehen in den Krankenhäusern insgesamt. Im Jahre 2015 bildeten Krankenhäuser in privater Trägerschaft mit 35,8 % den größten Anteil.[488] Private Krankenhausträger sind jedoch diejenigen, die am wenigsten am Leistungsgeschehen im Bereich Geburtshilfe (15,80 %) beteiligt sind. Hier dominieren öffentliche Träger den Markt (44,96 %). Im Leistungsbereich Neonatologie zeigt sich ein ähnliches Bild. Es wäre denkbar, dass öffentliche Krankenhausträger eher bereit sind, geburtshilfliche Abteilungen, die gerade im ländlichen Bereich zu einem überdurchschnittlichen Anteil nicht kostendeckend arbeiten, trotz des Defizits weiter zu betreiben.[489]

Tabelle 59: Level des Perinatalzentrums und mittlere neonatale sowie geburtshilfliche Fallzahl.

Level Perinatalzentrum	n GebH n NEO	Mittlere Fallzahl GebH Mittlere Fallzahl NEO	Standardabweichung GebH Standardabweichung NEO
Level I	173 179	1.761,35 410,79	720,76 223,28
Level II	72 71	1167,46 220,11	614,84 95,63
Level III	105 94	757,90 109,87	441,12 58,26
Kein Perinatalzentrum	384 87	638,40 23,83	342,56 37,73
Gesamt	**734** **431**	**972,07** **235,64**	**680,53** **220,21**

Ein Vergleich der Anzahl an auffälligen Prozessindikatoren zwischen Geburtsklinika mit und ohne Berichtsverpflichtung im Leistungsbereich Neonatologie gibt für die Indikatoren 318 (Anwesenheit eines Pädiaters bei Frühgeburten) und 1058 (E-E-Zeit über 20 Minuten bei Notkaiserschnitt) einen Hinweis darauf, dass regelmäßig die bloße Anwesenheit einer Pädiatrie mit einem geringeren

---

488 Vgl. Statistisches Bundesamt 2016, S. 9.
489 Zur wirtschaftlichen Situation vgl. Deutsche Krankenhausgesellschaft 2014 sowie Augurzky et al. 2015.

Anteil an Prozessmängeln assoziiert ist. Für den Indikator 330 (Antenatale Kortikosteroidtherapie bei drohender Frühgeburt) ist dieser Effekt nicht zu beobachten, weil Frühgeburten nur in Krankenhäusern zu erwarten sind, die auch eine pädiatrische Fachabteilung vorweisen.

Schließlich zeigen die vorliegenden Daten, dass Hebammen meist direkt am Klinikum angestellt sind. Vergleichsweise wenige Krankenhäuser arbeiten ausschließlich mit Beleghebammen zusammen oder arbeiten nach einem gemischten System.

6.5.2 Ergebnisbeschreibung

Zunächst wird eruiert, inwiefern Krankenhäuser mit bestimmten kategorialen Merkmalsausprägungen von Struktur- und Prozessvariablen sich hinsichtlich ihrer mittleren Fallzahl unterscheiden. Anschließend wird untersucht, ob bestimmte Merkmalsausprägungen von Struktur- oder Prozessvariablen mit einer anderen personellen Ausstattung einhergehen. Schließlich folgen weitere Zusammenhänge, die nicht den beiden anderen Kategorien zuzuordnen sind.

Fallzahl
Tabelle 59 zeigt die Unterschiede in der mittleren neonatalen und geburtshilflichen Fallzahl bei Perinatalzentren unterschiedlichen Levels. In beiden Leistungsbereichen ist ein streng monotoner Anstieg des Leistungsvolumens bei zunehmendem Level des Perinatalzentrums zu erkennen. Bei den 87 Krankenhäusern, die zwar Fallzahlen im Leistungsbereich Neonatologie ausweisen, jedoch kein Perinatalzentrum sind, handelt es sich im Wesentlichen um Krankenhäuser, die von Rückverlegungen betroffen sind, in denen ein Neugeborenes verstorben ist oder um Spezialabteilungen zur Betreuung von Neugeborenen ohne Status als Perinatalzentrum (bspw. Kardiologie).[490]

Die in der Tabelle dargestellten Mittelwertsunterschiede sind nach Kruskal-Wallis[491] für beide Leistungsbereiche signifikant (p < 0,001, $\eta^2 = 0,4560$, $d_{Cohen} = 1,83$ für Geburtshilfe und p < 0,000, $\eta^2 = 0,673$, $d_{Cohen} = 2,87$ für Neonatologie). Dass die verschiedenen Level der Perinatalzentren hinsichtlich ihrer

---

490 Für die detaillierten Filterkriterien vgl. AQUA-Institut 2014b.
491 Die Varianzhomogenitätsannahme ist nach Durchführung eines Levene-Tests für beide Leistungsbereiche in signifikanter Weise verletzt (jeweils p < 0,001), weswegen auf einen parameterfreien Test zurückgegriffen wird.

mittleren Fallzahl identisch sind, ist somit als Nullhypothese abzulehnen.[492] Es liegt hier bei beiden Leistungsbereichen ein großer Effekt vor.

Im Bereich der Geburtshilfe zeigen sich alle Paarungen auf einem Niveau von p < 0,001 signifikant unterschiedlich, mit Ausnahme des Vergleichs zwischen Krankenhäusern ohne Status als Perinatalzentrum und Krankenhäusern mit Status als Perinatalzentrum Level III. Hier muss die Nullhypothese beibehalten werden, dass die mittlere Fallzahl identisch ist (p = 0,196). Beim neonatalen Leistungsvolumen sind alle Paarungen signifikant unterschiedlich (p < 0,001).

In Tabelle 60 ist die neonatale und geburtshilfliche Fallzahl nach Trägern aufgeschlüsselt angegeben. Es zeigt sich, dass öffentliche und freigemeinnützige Krankenhäuser ein deutlich höheres mittleres Leistungsvolumen aufweisen als private Krankenhausträger.

Tabelle 60: Träger und mittlere neonatale sowie geburtshilfliche Fallzahl.

Träger	n GebH n NEO	Mittlere Fallzahl GebH Mittlere Fallzahl NEO	Standardabweichung GebH Standardabweichung NEO
Freigemeinnützig	288 156	1.011,63 207,71	640,85 191,06
Öffentlich	330 205	1.002,00 280,05	734,87 249,34
Privat	116 70	788,67 167,83	584,41 155,20
Gesamt	734 431	972,07 235,64	680,53 220,21

Die Nullhypothese, ist hier nach Kruskal-Wallis[493] für den Leistungsbereich Geburtshilfe abzulehnen (p = 0,01, $\eta^2 = 0{,}016$, $d_{Cohen} = 0{,}256$), ebenso für den Leistungsbereich Neonatologie (p = 0,01, $\eta^2 = 0{,}025$, $d_{Cohen} = 0{,}319$). Die verschiedenen Träger sind nicht hinsichtlich ihrer Fallzahl gleich.[494] Es liegt ein

---

492 Die Nullhypothese zum Kruskal-Wallis-Test lautet leicht abweichend: Die Verteilung der Variable Fallzahl ist über die Ausprägungen der Variable Level des Perinatalzentrums identisch.
493 Alle Aussagen aus letztgenannter Fußnote gelten auch für den Zusammenhang zwischen Trägerschaft und der mittleren Fallzahl.
494 Die hier getestete parameterfreie Nullyhpothese lautet, dass die Verteilung der Variable Fallzahl über die Ausprägungen der Variable Trägerschaft identisch ist. Im Folgenden wird durchgängig die Nullyhpothese für parametrische Verfahren verwendet, um

kleiner Effekt vor. Gleichzeitig zeigen Post-Hoc-Tests, dass sich öffentliche und freigemeinnützige Häuser nicht hinsichtlich des geburtshilflichen Volumens voneinander unterscheiden, die privaten Häuser im Mittel jedoch durchaus von den anderen beiden Trägern.[495] Beim neonatalen Leistungsvolumen kann kein Unterschied zwischen privaten und freigemeinnützigen Häusern festgestellt werden, alle übrigen Paarungen zeigen sich signifikant unterschiedlich.

Tabelle 61: Nach Abschluss des *Strukturierten Dialoges* als auffällig bewerteter Prozessindikator (318, 330, 1058) und Krankenhausgröße.

Auffälligkeit Indikator	n GebH n NEO	Mittlere Fallzahl GebH Mittlere Fallzahl NEO	Stabw. GebH Stabw. NEO
Keiner der drei Indikatoren 318, 330 oder 1058 auffällig	661 393	970,56 238,55	697,17 223,98
Zumindest einer der drei Indikatoren 318, 330 oder 1058 auffällig	73 38	985,70 205,58	509,12 176,13
Gesamt	734 431	972,07 235,64	680,53 220,21

Tabelle 61 zeigt die Unterschiede im mittleren Fallzahlvolumen in Bezug auf Krankenhäuser mit und ohne auffällig bewertetes Ergebnis bei den Indikatoren 318, 330 oder 1058. Die Unterschiede im Leistungsbereich Geburtshilfe stellen sich nach Durchführung eines Mann-Whitney-U-Tests nicht signifikant dar ($p = 0{,}139$), ebenso wenig wie im Leistungsbereich Neonatologie ($p = 0{,}374$) nach Durchführung eines t-Tests.[496] Es muss also die Nullhypothese beibehalten werden, dass die Krankenhäuser die identische Fallzahl aufweisen, wenn danach unterschieden wird, ob mindestens einer der Indikatoren 318, 330 oder 1058 als auffällig markiert wurde.

---

eine Lesbarkeit sicherzustellen. Sofern es sich um einen parameterfreien Test handelt, gelten entsprechend diese Hypothesen.
495 Geburtshilfe: Privat-Öffentlich: $p = 0{,}02$, Privat-Freigemeinnützig: $p < 0{,}001$, Öffentlich-Freigemeinnützig: $p = 0{,}329$.
Neonatologie: Privat-Öffentlich: $p = 0{,}04$, Privat-Freigemeinnützig: $p = 0{,}805$, Öffentlich-Freigemeinnützig: $p = 0{,}019$.
496 Im Leistungsbereich Geburtshilfe lag nach Levene eine signifikante Varianzheterogenität vor ($p = 0{,}049$), weswegen auf einen parameterfreien Mann-Whitney-U-Test zurückgegriffen wurde. Im Leistungsbereich Neonatologie war dies nicht notwendig ($p = 0{,}379$).

Tabelle 62: Nach Abschluss des *Strukturierten Dialoges* als auffällig bewerteter Prozessindikator 318 (Anwesenheit Pädiater bei Frühgeburten) und Krankenhausgröße.

Auffälligkeit Indikator	n GebH n NEO	Mittlere Fallzahl GebH Mittlere Fallzahl NEO	Stabw. GebH Stabw. NEO
Indikator 318 (Anwesenheit Pädiater bei Frühgeburten) nicht auffällig	685 384	938,15 238,48	697,17 218,46
Indikator 318 (Anwesenheit Pädiater bei Frühgeburten) auffällig	47 16	823,15 103,19	432,00 155,13
Bewertung nicht vorhanden	2 31	675,00 268,84	268,84 251,22
Gesamt	734 431	972,07 235,64	680,53 220,21

Gleiches gilt für Unterschiede hinsichtlich des Leistungsvolumens im Fachbereich Geburtshilfe, wenn nur nach einem auffälligen Ergebnis des Indikators 318 (Anwesenheit Pädiater bei Frühgeburten) differenziert wird (p = 0,394).[497] Die Unterschiede in den Fallzahlen sind in Tabelle 62 dargestellt. In Bezug auf das Leistungsvolumen des Fachbereiches Neonatologie sind die Unterschiede jedoch signifikant (p = 0,015, d_{Cohen} = 0,625). Die Häuser mit einem auffälligen Indikatorergebnis haben ein kleineres Leistungsvolumen. Es liegt hier ein mittelgroßer Effekt vor.

In Tabelle 63 ist die mittlere Fallzahl für Krankenhäuser mit und ohne als auffällig bewerteten Indikator 330 dargestellt. Die mittlere Fallzahl ist je nach Leistungsbereich unterschiedlich verteilt. In beiden Leistungsbereichen sind Krankenhäuser ohne auffälligen Indikator kleiner.

Tabelle 63: Nach Abschluss des *Strukturierten Dialoges* als auffällig bewerteter Prozessindikator 330 (Antenatale Kortikosteroidtherapie) und Krankenhausgröße.

Auffälligkeit Indikator	n GebH n NEO	Mittlere Fallzahl GebH Mittlere Fallzahl NEO	Stabw. GebH Stabw. NEO
Indikator 330 (Antenatale Kortikosteroidtherapie) nicht auffällig	706 378	960,18 230,91	683,29 220,89
Indikator 330 (Antenatale Kortikosteroidtherapie) auffällig	24 22	1.347,50 270,18	492,96 163,45
Bewertung nicht vorhanden	2 31	675,00 268,84	268,84 251,22
Gesamt	734 431	972,88 233,07	681,15 217,76

---

497 Aufgrund heterogener Varianzen (p = 0,007) wurde im Leistungsbereich Geburtshilfe auf einen Mann-Whitney-U-Test zurückgegriffen. Im Leistungsbereich Neonatologie war dies nicht notwendig (p = 106).

Die Unterschiede sind nach Durchführung von t-Tests jedoch ausschließlich im Bereich Geburtshilfe signifikant (p = 0,006, d_{Cohen} = 0,611). Hier kann die Alternativhypothese angenommen werden: Krankenhäuser mit auffälligem Indikator 330 sind signifikant größer. Es liegt ein mittelgroßer Effekt vor. Im Leistungsbereich Neonatologie sind die Unterschiede hingegen nicht signifikant (p = 0,412) und die Nullhypothese muss beibehalten werden, dass keine Unterschiede in den Fallzahlen bestehen. Für beide Leistungsbereiche lag keine signifikante Verletzung der Varianzhomogenitätsforderung vor.

In Tabelle 64 sind die mittlere Fallzahl und die Standardabweichung der beiden Leistungsbereiche angegeben. Es wird unterschieden, ob ein Krankenhaus beim Indikator 1058 (E-E-Zeit über 20 Minuten) auffällig oder nicht auffällig war.

Tabelle 64: Nach Abschluss des *Strukturierten Dialoges* als auffällig bewerteter Prozessindikator 1058 (E-E-Zeit über 20 Minuten) und Krankenhausgröße.

Auffälligkeit Indikator	n GebH n NEO	Mittlere Fallzahl GebH Mittlere Fallzahl NEO	Stabw. GebH Stabw. NEO
Indikator 1058 (E-E-Zeit über 20 Minuten) nicht auffällig	726 398	973,98 233,04	686,303 218,27
Indikator 1058 (E-E-Zeit über 20 Minuten) auffällig	6 2	840 239,00	329,707 82,02
Bewertung nicht vorhanden	2 31	675,00 268,84	268,84 251,22
Gesamt	734 431	972,88 233,07	681,15 217,76

Für beide Leistungsbereiche muss die Nullhypothese beibehalten werden (Geburtshilfe p = 0,632, Neonatologie p = 0,696). Die Voraussetzungen zur Durchführung von parametrischen Tests waren erfüllt. Eine Assoziation zwischen dem Leistungsvolumen und einem auffälligen Indikator 1058 kann nicht angenommen werden. Es ist zu vermuten, dass dies zumindest im Leistungsbereich Geburtshilfe auf die hohe Standardabweichung einerseits und auf die geringe Diskriminanzfähigkeit des Indikators andererseits zurückzuführen ist. Wenn lediglich bei sechs Krankenhäusern auffällige Ergebnisse konstatiert werden, schlagen Hypothesentests nur sehr schwer an. Im Leistungsbereich Neonatologie scheinen keine Unterschiede zu bestehen. Interessant ist jedoch auch, dass es deutlich weniger Probleme hinsichtlich der E-E-Zeit zu geben scheint, wenn ein Haus eine Neonatologie angeschlossen hat. Dies zeigt ein Vergleich der Stichprobengröße. Insgesamt wird sechs Häusern nach Abschluss des

Strukturierten Dialoges ein Qualitätsdefizit bescheinigt. Lediglich zwei dieser Häuser haben eine angeschlossene Neonatologie. Das Vorhandensein einer Neonatologie könnte also positiv auf die E-E-Zeiten wirken. Womöglich vollzieht sich die Wirkung indirekt: Krankenhäuser mit Neonatologie sind größer und haben damit eher die Möglichkeit, schnell auf das zum Notfallkaiserschnitt notwendige Personal zuzugreifen. Gleichwohl ist die Anzahl der betreffenden Häuser so klein, dass statistisch signifikante Effekte nicht berichtet werden können. Bei derart wenigen Häusern könnte bspw. eine Auswertung der Hinweise aus den *Strukturierten Dialogen* in Folgestudien Aufschluss geben.

Personelle Ausstattung

In Tabelle 65 sind die mittlere Anzahl an Hebammen-Vollzeitäquivalenten dargestellt, wobei nach Level des Perinatalzentrums differenziert wurde. Es wurden nur Krankenhäuser berücksichtigt, die nach dem Angestelltensystem arbeiten.

Tabelle 65: Level des Perinatalzentrums und mittlere Anzahl an festangestellten Hebammen (Vollzeitäquivalente) sowie Geburten pro Vollzeitäquivalent.

Level Perinatalzentrum	n	Mittelwert VZÄ	Stabw. VZÄ	Mittelwert Geburten pro VZÄ	Stabw. Geburten pro VZÄ
Level I	135	17,27	7,26	110,49	28,21
Level II	57	10,89	4,07	100,58	26,25
Level III	75	8,21	4,02	90,72	25,98
Kein Perinatalzentrum	225	8,61	4,35	82,74	27,05
Gesamt	**492**	**11,19**	**6,47**	**93,63**	**29,51**

Aufgrund der höheren Fallzahl bei aufsteigendem Level des Perinatalzentrums (s.o.) fällt die absolute Anzahl an Vollzeitäquivalenten erwartungsgemäß in Perinatalzentren höheren Levels auch höher aus. Allerdings zeigt sich auch dann noch ein Unterschied, wenn man die Geburten in Relation zur personellen Ausstattung setzt. Dieser Unterschied ist in einer Varianzanalyse als signifikant ($p < 0{,}001$) und in seiner Effektstärke als klein zu bewerten ($\eta^2 = 0{,}160$).[498] Alle Paarungen zeigen sich in Post-Hoc-Tests unterschiedlich voneinander ($p < 0{,}001$ bis $0{,}039$). Je höher das Level des Perinatalzentrums, desto höher fällt die Anzahl der Geburten aus, die ein Hebammen-Vollzeitäquivalent pro Jahr

---

[498] Eine signifikante Heterogenität der Varianzen kann nach dem Levene-Test nicht angenommen werden ($p = 0{,}981$).

betreuen muss. Darüber hinaus korreliert das Leistungsvolumen auch ohne eine Differenzierung nach Perinatalzentren positiv mit der Anzahl an Geburten pro Vollzeitäquivalent, wenn nur Krankenhäuser betrachtet werden, die nach dem Angestelltensystem arbeiten ($r_{Pearson}$ = 0,508, p < 0,001).

Die analoge Berechnung der personellen Ausstattung und Auslastung erfolgt für Beleghebammen in Tabelle 66. Es sind nur solche Krankenhäuser enthalten, die ausschließlich mit Beleghebammen zusammenarbeiten.

Tabelle 66: Level des Perinatalzentrums und mittlere Anzahl an Beleghebammen (Köpfe) sowie Geburten pro Beleghebamme.

Level Perinatalzentrum	n	Mittlere Anzahl Beleghebammen	Stabw. Anzahl Beleghebammen	Mittelwert Geburten pro Beleghebamme	Stabw. Geburten pro Beleghebamme
Level I	20	16,55	8,51	96,61	33,64
Level II	8	17,00	7,31	72,19	23,21
Level III	13	9,85	4,26	74,42	31,55
Kein Perinatalzentrum	117	8,10	3,52	68,82	26,34
Gesamt	158	9,77	5,68	72,97	28,88

Wie bei angestellten Hebammen auch, zeigt sich in der Tendenz eine Zunahme der Anzahl an zu betreuenden Geburten je Beleghebamme bei aufsteigendem Level des Perinatalzentrums, wobei Perinatalzentren zweiten Levels leicht nach unten abweichen. Der Unterschied zwischen den verschiedenen Leveln an Perinatalzentren ist signifikant (p = 0,001), die Effektstärke erreicht ein geringes Ausmaß ($\eta^2 = 0,101$) und die Voraussetzungen für die Varianzanalyse sind erfüllt (Levene-Test: p = 0,571). In Post-Hoc-Tests zeigt sich lediglich der Unterschied zwischen Level-I-Perinatalzentren und allen anderen Leveln signifikant (p = 0,002). Es ist anzumerken, dass die Auswertung zum Teil (Perinatalzentrum Level II) nur auf wenigen Merkmalsausprägungen beruht und daher verzerrt sein könnte. Überdies korreliert das Leistungsvolumen eines Krankenhauses mit der Anzahl an Geburten, die eine Beleghebamme zu betreuen hat, auch dann, wenn nicht nach dem Level des Perinatalzentrums differenziert wird ($r_{Pearson}$ = 0,493, p < 0,001).

Darüber hinaus arbeiten Krankenhäuser unterschiedlicher Größe auch in einer unterschiedlichen Art und Weise mit ihren Hebammen zusammen. Dies ist in Tabelle 67 dargestellt.

Tabelle 67: Mittleres Leistungsvolumen, differenziert nach Anstellungsart der Hebammen.

Anstellungsart der Hebammen	n	Mittlere Fallzahl GebH	Standardabweichung GebH
Hebammen angestellt	492	1.053,64	700,87
Hebammen freiberuflich tätig	158	714,86	551,88
Gemischtes System	77	1.046,16	651,15
Gesamt	727	979,22	679,63

Die Unterschiede sind hinsichtlich des geburtshilflichen Leistungsvolumens signifikant (p < 0,001). Die Stärke des Effekts ist als mittelgroß zu bewerten ($\eta^2 = 0{,}064$, $d_{Cohen} = 0{,}521$). Krankenhäuser, die nach dem Belegsystem arbeiten, haben eine signifikant verringerte Fallzahl im Vergleich zu den beiden anderen Gruppen (jeweils p < 0,001). Die Unterschiede in der Fallzahl zwischen nach Angestelltensystem und gemischtem System arbeitenden Krankenhäusern sind jedoch nicht signifikant (p = 0,605).

Fallzahlvolumen, Wettbewerbskonzentration, Spezialisierung und Trägerschaft

Das Fallzahlvolumen des Leistungsbereiches Geburtshilfe korreliert signifikant und negativ (p < 0,001) mit dem 10-km-Hirschmann-Index ($r_{Pearson} = -0{,}422$). Ein höheres Leistungsvolumen geht einher mit einem niedrigeren Hirschmann-Index. Größere Geburtskliniken stehen also oft in unmittelbarer Nähe zu anderen Krankenhäusern, meist dürfte diese Konstellation in einem städtischen Gebiet zu finden sein. Beim Leistungsbereich Neonatologie besteht ein solcher Zusammenhang ebenfalls, die Korrelation fällt bei gleichem Signifikanzniveau jedoch deutlich geringer aus ($r_{Pearson} = -0{,}286$).

Interessant ist, dass sich die Träger sehr deutlich hinsichtlich ihrer Standortwahl unterscheiden. Dies ist in Abbildung 19 zu erkennen.

Beziehung zwischen dem Leistungsvolumen und den Strukturen/Prozessen 235

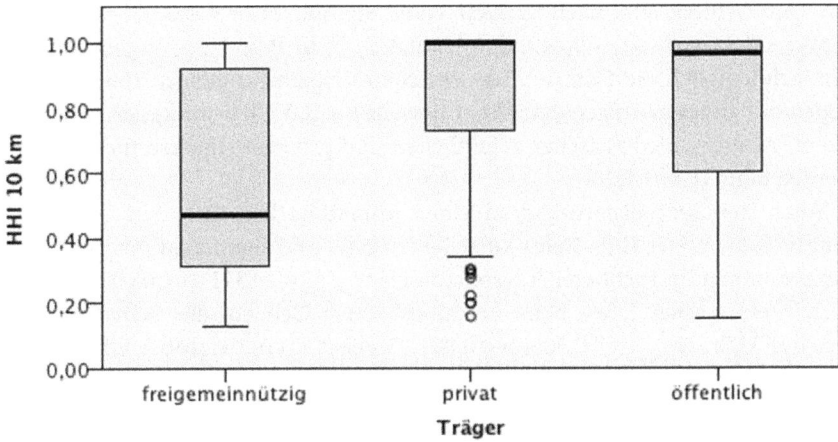

Abbildung 19: Boxplot 10-km-Hirschmann-Index nach Träger von Geburtskliniken.

Private Krankenhausträger betreiben vergleichsweise kleine Krankenhäuser (vgl. Tabelle 60) primär in einem nicht kompetitiven Umfeld, vermutlich v.a. auf dem Land, was daran zu erkennen ist, dass der Median des 10-km-Hirschmann-Index mit dem Maximum in Höhe von 1 zusammenfällt. Mindestens 50 % der privaten Häuser agieren also in einem Umfeld völlig ohne Konkurrenz im Umkreis von 10 Kilometern. Besonders bei freigemeinnützigen Trägern ist eine komplett andere Strategie zu erkennen. Dies zeigt einerseits der von dem der privaten Häuser stark abweichende Median des Hirschmann-Indexes in Höhe von ungefähr 0,5. Andererseits unterscheiden sich auch die Mittelwerte des Hirschmann-Indexes stark, was die Daten in Tabelle 68 zeigen:

Tabelle 68: Hirschmann-Index von Geburtskliniken nach Träger.

Träger	n	Mittelwert HHI 10 km	Standardabweichung HHI 10 km
Freigemeinnützig	275	0,56	0,29
Öffentlich	313	0,80	0,27
Privat	103	0,85	0,25
Gesamt	**691**	**0,70**	**0,30**

Die Unterschiede sind nach Kruskal-Wallis signifikant (p < 0,001), es liegt ein großer Effekt vor ($\eta^2 = 0{,}149$, $d_{Cohen} = 0{,}837$).[499] In Post-Hoc-Vergleichen zeigen sich lediglich die Unterschiede zwischen freigemeinnützigen Häusern und denen der anderen Träger signifikant (jeweils p < 0,001), wohingegen ein signifikanter Unterschied zwischen öffentlichen und privaten Häusern nicht gezeigt werden kann (p = 0,421).

Auch der Spezialisierungsgrad eines Klinikums korreliert mit dem Leistungsvolumen. Der Gini-Index korreliert negativ und signifikant mit dem Leistungsvolumen im Fachbereich Neonatologie ($r_{Pearson} = -0{,}371$, p < 0,001), ebenso besteht ein solcher Effekt beim Leistungsbereich Geburtshilfe, beinahe in der gleichen Höhe ($r_{Pearson} = -0{,}309$, p < 0,001). Es liegt ein mittelgroßer Effekt vor.

6.5.3 Ergebnisinterpretation

Im internationalen Vergleich bietet die Deutsche Versorgungslandschaft den Schwangeren eine sehr große Auswahl an möglichen Geburtsklinika. Es bestehen deutliche Unterschiede zwischen den verschiedenen Anbietern, die im Folgenden herausgearbeitet werden.

Trägerschaft und Leistungsvolumen

Private Krankenhausträger haben nicht nur vergleichsweise wenige am perinatalen Leistungsgeschehen teilnehmende Stationen, die entsprechenden geburtshilflichen Abteilungen sind auch eher klein. Private Träger agieren jedoch in einem weniger kompetitiven Umfeld als die anderen beiden Trägertypen. Die Ergebnisse dieser Studie stehen damit denen von Tiemann et al. entgegen, die privaten Krankenhausträgern krankheitsbildübergreifend ein Agieren in kompetitiven Märkten attestieren.[500] Fraglich ist nun, warum sich im Bereich der perinatalen Versorgung eher ein anderes Bild zeigt. Denkbar wäre einerseits, dass private Krankenhäuser bei der Übernahme von kleinen und ländlichen Einrichtungen die Auflage erhalten haben, die Geburtshilfe weiter zu betreiben oder sich ein solcher Versorgungsauftrag aus dem Landeskrankenhausplan ergibt. Eine Schließung von urbanen Einrichtungen der Geburtshilfe nach einer Übernahme dürfte hingegen zu weniger Widerständen in der Bevölkerung oder bei den Aufsichtsbehörden führen. Kleinere Einrichtungen auf dem Land könnten darüber hinaus ein profitables Geschäftsmodell darstellen, weil diese

---

499 Aufgrund von signifikanter Verletzung der Varianzhomogenitätsannahme im Levene-Test ist ein nichtparametrischer Test durchzuführen.
500 Vgl. Kapitel 4.3.2.4.

Einrichtungen keinem Verdrängungswettbewerb ausgesetzt sind und damit eine konstante Auslastung (bei niedriger Bettenzahl) realisieren können. Allerdings ist der Break-Even-Point generell nicht abhängig von der Wettbewerbskonzentration. Auch die Literatur trifft derlei Unterscheidungen nicht, wenn es um die Formulierung einer Mindestgröße geht, unterhalb derer eine Geburtsklinik nicht wirtschaftlich zu betreiben ist.[501]

Dass private Krankenhäuser eher klein sind, erklärt auch, weshalb private Krankenhausträger einen derart geringen Anteil an den eingeschlossenen Stationen in den Regressionsmodellen des vorherigen Kapitels stellen. Es ist somit nach dem derzeitigen Datenstand der Krankenhausqualitätsberichte praktisch unmöglich, eine verlässliche vergleichende Qualitätsbeurteilung verschiedener Krankenhausträger unter Einbezug der Krankenhausgröße und Einhaltung aller Regressionsvoraussetzungen vorzunehmen, weil zu wenige private Häuser bzw. Patienten in den Regressionsmodellen enthalten sind, um zufällige Effekte mit hinreichender Sicherheit ausschließen zu können.

Prozesse und Leistungsvolumen
Krankenhäuser, welche die Anwesenheit eines Pädiaters bei Frühgeburten nicht gewährleisten können, haben ein signifikant geringeres Fallzahlvolumen im Leistungsbereich Neonatologie als Krankenhäuser, für welche die Erfüllung dieser Qualitätsanforderung kein Problem darstellt. Dass bei diesem Indikator die Größe der Neonatologie und nicht der Geburtshilfe ausschlaggebend ist, ist eingängig, denn der Pädiater dürfte regelmäßig aus der angrenzenden Neonatologie hinzugezogen werden und nicht in der Geburtshilfe beschäftigt sein. Allerdings treten Prozessprobleme hinsichtlich der Gabe von Kortikosteroiden bei drohender Frühgeburt primär in Häusern mit einer vergleichsweise hohen Anzahl an Geburten auf.

Es ergibt sich somit kein eindeutiges Bild in Bezug auf den Zusammenhang zwischen Prozessqualität und Größe der Einrichtung. Zum Teil haben Krankenhäuser mit niedrigem Leistungsvolumen eher Probleme mit ihren Prozessen, zum Teil sind es größere Häuser.

In den Regressionsanalysen aus dem vorherigen Kapitel konnte allerdings gezeigt werden, dass bei vielen Indikatoren sowohl ein niedriges Leistungsvolumen als auch Probleme in den Prozessen mit schlechterer Ergebnisqualität assoziiert sind. Hier ist in der Gesamtschau eher eine potenzielle Wirkkette zwischen Strukturen, Prozessen und dem Ergebnis zu sehen. Da keine Daten auf Fallebene vorliegen, die Datenlage sich nicht vollständig konsistent zeigt und es sich bei

---

501 Vgl. Balling 2017, S. 216.

der vorliegenden Studie nicht um eine Interventionsstudie handelt, kann eine solche jedoch nicht mit der ausreichenden Sicherheit dargestellt werden.

Leistungsvolumen und Ausstattung mit Hebammen
Je höher das Level des Perinatalzentrums, desto mehr Geburten muss eine Hebamme pro Jahr betreuen. Gleichzeitig steigt das absolute Aufkommen an Geburten je Hebamme, je höher das Level des Perinatalzentrums ausfällt. Es ist anzunehmen, dass durch ein höheres Volumen an Geburten die Leerzeiten des in der Geburtshilfe tätigen Personals deutlich reduziert werden können; eine höhere Anzahl an Geburten geht einher mit einer höheren Effizienz. Gleichzeitig finden sich in dieser Studie keine Hinweise darauf, dass der geringere Personalschlüssel in größeren Einrichtungen eine verminderte Ergebnisqualität nach sich zieht. Im Gegenteil: Perinatalzentren hohen Levels sind ebenso wie das Leistungsvolumen insgesamt mit höherer Ergebnisqualität assoziiert. In diesen Einrichtungen mit hohem Leistungsvolumen wiederum ist das Personal stärker ausgelastet, was die Qualität nicht zu beeinträchtigen, sondern eher zu fördern scheint. Folgt man der Practice-Makes-Perfect-Hypothese, so ist anzunehmen, dass eine höhere Auslastung des Personals auch zu einer Ausbildung besserer Fähigkeiten der Hebammen beiträgt. Eine solche Vermutung kann hier ebenfalls angestellt werden.

Die Interpretation, was Practice-Makes-Perfect konkret bedeuten könnte, kann anhand einer Studie von Niemeyer et al. aus dem Jahre 2018 vorgenommen werden. In dieser Studie wurden schwere Schadensfälle bei Geburten unter Beteiligung von Beleghebammen vor dem Hintergrund derer steigenden Haftpflichtprämien untersucht. Es wird von den Autoren darauf hingewiesen, dass beim Auftreten von Notfällen ein schnelles und zielgerichtetes Handeln eines interprofessionellen Teams notwendig ist. Es ist bei solchen Notfällen essenziell, dass das Team über eingespielte Routinen verfügt und sich darüber hinaus gegenseitig respektiert und informiert. Funktionierende Kommunikation ist allerdings gerade in Notfallsituationen besonders störanfällig. So kommt es vor, dass die Ärzteschaft zu spät über Notfälle informiert wird, weil diese Notfälle entweder wegen einer fehlerhaften Einordnung der Lage (bspw. wegen einer nicht korrekten Interpretation des CTGs) zu spät von den Hebammen erkannt werden oder weil Hebammen sich als Beschützerinnen der Gebärenden gegenüber dem Berufsstand der Ärzte sehen und insbesondere pathologische CTGs daher nicht oder nicht schnell genug weitergemeldet werden.[502] Practice-Makes-Perfect

---

502 Vgl. Niemeyer et al. 2018, S. 121–123.

könnte also im Bereich der Hebammenversorgung bedeuten, dass Hebammen, welche viele Geburten betreuen, einerseits mit einer höheren Wahrscheinlichkeit ein CTG korrekt interpretieren können und andererseits eine hohe Einbindung in das interprofessionelle Team aufweisen und sich schnell mit der Ärzteschaft austauschen. Im Vergleich dazu zeigt die genannte Studie, dass die Wahrscheinlichkeit für einen geringen Grad der Einbindung in ein Team und eine fehlerhafte Interpretation von klinischen Parametern erhöht ist, wenn eine Hebamme nur wenige Geburten betreut und/oder auch außerhalb der Geburtshilfe im engeren Sinne tätig ist (bspw. in der Wochenbettbetreuung oder der Vorsorge).[503]

Neben der effizienteren Ressourcennutzung von Standardressourcen (hier: Hebammen), könnte die Fähigkeit zum Abruf von Vorhalteleistungen (bspw. Pädiater bei Frühgeburten, bestimmte apparative Ausstattung) den Perinatalzentren einen Qualitätsvorteil bieten. Wenn in einem Qualitätswettbewerb davon ausgegangen werden kann, dass bei höherer Strukturqualität auch eine höhere Ergebnisqualität vorherrscht, sollte dies wiederum langfristig zu einem höheren Patientenaufkommen führen (Selective Referral). Es ist jedoch anzunehmen, dass dieser steuernde Effekt im Bereich der Geburtshilfe nicht zu beobachten ist. Dies hängt damit zusammen, dass dem Public-Reporting andere Qualitätsanforderungen zugrunde liegen als sie Patientinnen formulieren. Wenn angenommen werden kann, dass eine höhere Auslastung der Hebammen zu einer effizienteren Ressourcennutzung führt, die in der Möglichkeit der Bereitstellung von Vorhalteleistungen einerseits und einer Ausbildung von effektiveren Fähigkeiten der Hebammen andererseits führt, dann werden dies die werdenden Mütter vermutlich gerade nicht honorieren, sondern im Gegenteil eher bestrafen:

Studien zeigen, dass Schwankungen in der Patientensicherheit zwischen verschiedenen Krankenhäusern insgesamt sehr gut von den Schwangeren bei der Auswahl der Geburtsklinik toleriert werden.[504] Als Qualitätsanforderung von werdenden Müttern wird jedoch immer wieder genannt, dass die (bereits bekannte) Hebamme möglichst in einem 1:1-Setting verfügbar sein sollte, auf die individuellen Bedürfnisse der Patientin eingehen und so die Geburt zu einem persönlichen Erlebnis werden soll.[505] Auch scheint es das Bedürfnis vieler

---

503 Vgl. ebd.
504 Vgl. Gourevitch et al. 2017.
505 Vgl. Floris et al. 2018, Gourevitch et al. 2017, Della Forster et al. 2016 sowie die Studie von Aiken et al. 2018, die nahelegt, dass primär die personelle Ausstattung mit der Patientenzufriedenheit assoziiert ist.

werdender Mütter zu sein, die geburtshilfliche Vor- und Nachsorge von der gleichen Hebamme zu erhalten wie die Geburt selbst.[506] Krankenhäuser, die diesem Bedürfnis nachkommen, sind im Mittel kleiner, wie die vorliegende Studie zeigt.

Im Ergebnis ist anzunehmen, dass eine erhöhte Rate an unerwünschten Ereignissen sich für Krankenhäuser kaum in einem niedrigen Patientenaufkommen äußern dürfte, wohingegen ein hoher Betreuungsschlüssel und/oder die Betreuung durch die eigene Hebamme einen Wettbewerbsvorteil darstellen sollte. Exakt dieses Geschäftsmodell wird eher von kleineren Krankenhäusern angeboten.

In einem systematischen Review aus dem Jahre 2006 wird hingegen von einer fehlenden Evidenz für die Wichtigkeit einer kontinuierlichen Betreuung für die Schwangeren berichtet. Ebenso wenig kann davon ausgegangen werden, dass die kontinuierliche Betreuung durch eine einzige Hebamme ein Prädiktor der Patientenzufriedenheit ist. Der Autor lässt offen, ob dies auf ein Fehlen von qualitativ hochwertigen Studien oder auf eine mangelnde Bedeutung der kontinuierlichen Betreuung zurückzuführen ist. Eine durchgängige Betreuung scheint lediglich einen Einfluss auf die Arbeitszufriedenheit von Hebammen auszuüben. Vgl. Freeman 2006.

506 Vgl. Holten et al. 2018, S. 1894, Fawsitt et al. 2017, S. 69–70 sowie Dahlberg und Aune 2013. In den genannten Studien wird der positive Effekt von nicht wechselndem Personal herausgearbeitet, zum Teil unter Einbezug der antenatalen Versorgung.

7 Konsequenzen unvollständiger Qualitätsinformation

7.1 Limitierungen der Erhebung

Zahlreiche Aspekte mindern die Aussagekraft der vorliegenden Arbeit. Zum Teil sind diese Gründen der Praktikabilität geschuldet, zum Teil hängen sie mit der Datenquelle zusammen. Insbesondere sind folgende Aspekte zu nennen:

Vollständigkeit der Risikoadjustierung

Risikoadjustierungen sind per se immer unvollständig.[507] Das hier verwendete Verfahren der Risikoadjustierung könnte die Ergebnisse in systematischer Weise verzerrt haben. Da es sich um eine Sekundärdatenanalyse handelt, ist die Frage letztlich, ob die Risikoadjustierungsverfahren des IQTIG überarbeitet werden sollten. Hierzu liefert die vorliegende Arbeit lediglich einen Hinweis: In Perinatalzentren ersten Levels ist die Kaiserschnittrate erhöht. Bereits in den 1970er Jahren wurde eine Studie publiziert, aus der sich ableiten lässt, dass Frühgeborene bei einer Sectioentbindung eine niedrigere Mortalität aufweisen.[508] Seitdem hat sich die Studienlage hierzu praktisch nicht verändert.[509]

Zurechenbarkeit des Qualitätsergebnisses

Durch Verlegungseffekte wird die Aussagekraft der Studie eingeschränkt. Das entlassende Krankenhaus muss das Qualitätsergebnis berichten. Bei perinatalen Verlegungen dürfte die Geburt oft in einem anderen als dem berichtenden Krankenhaus stattgefunden haben. Bei einem Teil der Indikatoren war eine solche Verzerrung (zusammen mit der Datenschutzverzerrung) sehr gut sichtbar, es treten derartige Verzerrungen jedoch auch bei anderen Indikatoren auf und mindern damit den Erklärungsgehalt dieser Arbeit.

Datenschutzverzerrung nicht vollständig bereinigbar

Mit dem vorliegenden Filterverfahren konnte die Datenschutzverzerrung zwar abgemildert, jedoch nicht gänzlich eliminiert werden. Insofern ist die vorliegende Stichprobe nicht repräsentativ und aus ihr abgeleitete Aussagen können nicht verallgemeinert werden.

---

507 Vgl. Kapitel 3.2.
508 Vgl. Williams und Chen 1982.
509 Vgl. hierzu bspw. die Studie von Gamaleldin et al. 2019, bei der die Häufigkeit von Hirnblutungen von VLBWI in Abhängigkeit des Geburtsmodus untersucht wurden.

Qualitätsindikatoren für derartige Vergleiche nicht ausgelegt
Mit der vorliegenden Arbeit wurde ein Vergleich zwischen verschiedenen Leistungsanbietern unternommen. Die Qualitätsindikatoren sind allerdings nicht für Vergleiche dieser Gestalt konzipiert worden. Vielmehr ging es bei der Konzeption der Indikatoren darum, Krankenhäuser mit schlechter Qualität identifizieren zu können, also eben gerade nicht darum, zwischen gut, sehr gut, mittelmäßig etc. zu differenzieren oder verschiedene Häuser anhand ihrer Ergebnisse zu vergleichen. Gewollt und zulässig ist ausschließlich eine Differenzierung darüber, ob ein einzelnes Krankenhaus *im Toleranzbereich* oder *nicht im Toleranzbereich* liegt. Bei Vorliegen von sehr großen Datenmengen können derartige Limitierungen jedoch ansatzweise aufgelöst und auch graduelle Abstufungen dargestellt werden.

Beobachtungsstudien und Kausalität
Bei der vorliegenden Arbeit handelt es sich lediglich um eine retrospektive Beobachtungsstudie. Es sind daher keine Aussagen über Kausalzusammenhänge möglich. Stattdessen können nur Korrelationen berichtet werden. Es ist jedoch anzumerken, dass Studien mit höherer Qualität (insbesondere (randomisierte) Interventionsstudien) für derlei Fragestellungen in der Praxis nicht umsetzbar sind.

Zum Teil geringe Anzahl an Merkmalsausprägungen je Variable in Regressionsmodellen
In der Literatur wird regelmäßig gefordert, dass je Variable mindestens zehn bis 30 Merkmalsausprägungen vorhanden sind.[510] Diese Idealforderung wurde insbesondere durch das Filterverfahren verletzt, wodurch Effekte, die allein durch Zufall zu erklären sind, mit einer vergleichsweise hohen Wahrscheinlichkeit aufgetreten sein dürften. Insbesondere um derartige Zufallseinflüsse abzumildern, wurde für jede Variable noch einmal eine indikatorübergreifende Interpretation und Kontextualisierung der Ergebnisse vorgenommen. Durch diese kann die Verletzung der Forderung nach einer Mindestanzahl an Merkmalsausprägungen jedoch nur zum Teil geheilt werden.

---

510 Vgl. Schneider 2017, S. 78. In Teilen der Literatur finden sich derartige Forderungen nicht, andere Autoren fordern lediglich, dass die Anzahl der Beobachtungen das 20-fache der Anzahl der Variablen nicht unterschreiten sollte. Auch diese Forderung wurde jedoch nicht in jedem Modell eingehalten. Vgl. Schneider et al. 2010, S. 781.

Möglichkeiten der Einflussnahme auf Indikatorergebnisse über Gaming
Gerade bei sehr guter Kenntnis der Qualitätsindikatoren und deren Rechenregeln besteht für das behandelnde Krankenhaus eine gewisse Möglichkeit, das Qualitätsergebnis mittels Gaming zu beeinflussen.[511] Wenn bspw. beim Indikator 50050 (Hirnblutungen) beim Neonaten keine Sonografie vorgenommen wird, ist dies als ein Prozessmangel zu sehen, der geeignet ist, die Ergebnisqualität negativ zu beeinflussen, weil potenziell Hirnblutungen übersehen werden. Unterbleibt jedoch eine solche Sonografie bei einem Neonaten mit Hirnblutung, verbessert sich das Qualitätsergebnis des Krankenhauses, weil das unerwünschte Ereignis nicht gezählt werden kann. Ferner könnte beim Indikator 51181 über die Vornahme von zahlreichen präventiven Episiotomien, die ihrerseits unerwünschte Ereignisse darstellen, schwere Dammrisse vermieden werden, wodurch sich die Ergebnisqualität des Krankenhauses in den Qualitätsberichten zwar verbessert, die Frauen allerdings potenziell einem zusätzlichen Schaden ausgesetzt sein könnten.

Darüber hinaus kann auch über eine Ausweitung der Indikationsstellung auf die Qualitätsergebnisse eingewirkt werden. Beispielsweise führt ein niedrigeres Gestationsalter oder Geburtsgewicht bei zahlreichen Indikatoren zu einer höheren Expected-Rate, was die eigenen Qualitätsergebnisse in einem besseren Licht erscheinen lässt. Es besteht also für Krankenhäuser neben einem ökonomischen Anreiz auch ein Anreiz aus der Qualitätsberichterstattung, bei Neonaten ein möglichst geringes Gestationsalter oder Geburtsgewicht auszuweisen. Ferner könnte ein Krankenhaus durch Entlassungen und Verlegungen unterbinden, dass ein Fall mit schlechtem Qualitätsergebnis in den eigenen Qualitätsbericht eingeht.

7.2 Selbstbewertung der Güte der Studie

In der Literatur haben sich Gütekriterien für Volume-Outcome-Studien etabliert. Erstmalig wurden diese von Halm et al. formuliert und schließlich von Mesman et al. zu einem Punktesystem weiterentwickelt.[512] Dieses wird an dieser Stelle kurz eingeführt, um im Anschluss daran darstellen zu können, wie eine möglichst hohe Punktzahl nach diesen Kriterien erreicht werden kann:

---

511 Maass et al. 2011, S. 412–413 für eine Diskussion über mögliche Gründe von Inkonsistenzen in den Daten der esQs.
512 Vgl. Halm et al. 2002, S. 512–513 sowie Mesman et al. 2015, S. 1057.

Tabelle 69: Gütekriterien für Volume-Outcome-Studien. Eigene Darstellung in starker Anlehnung an Mesman et al. 2015, S. 1057.

Kriterium	Mögliche Ausprägungen	Bewertung
Repräsentativität	Nicht repräsentativ	0
	Repräsentativ	1
Anzahl der Krankenhäuser bzw. Ärzte	Weniger als 20 Krankenhäuser und 50 Ärzte	0
	Mehr als 20 Krankenhäuser oder 50 Ärzte	1
	Mehr als 20 Krankenhäuser und 50 Ärzte	2
Fallzahl	Kleiner 1.000	0
	Größer 1.000	1
Anzahl der unerwünschten Ereignisse in der Stichprobe	Weniger als 20	0
	21–100	1
	Mehr als 100	2
Untersuchungseinheit	Krankenhaus oder Arzt	0
	Krankenhaus und Arzt getrennt voneinander	1
	Krankenhaus und Arzt zusammen	2
	Krankenhaus und Arzt zusammen + weitere Komponente(n)	3
Behandlungsindikation gegeben	Wird untersucht	0
	Wird nicht untersucht	1
	Wird untersucht und analysiert	2
Größenkategorien	Zwei Kategorien	0
	Mehr als zwei Kategorien	1
Risikoadjustierung	Keine	0
	Aufgrund administrativer Daten	1
	Aufgrund klinischer Daten	2
	Aufgrund klinischer Daten bei positivem Hosmer/Lemeshow-Test	3
Einbezug klinischer Prozesse	Kein Einbezug	0
	Einbezug eines Prozesses	1
	Einbezug mehr als eines Prozesses	2
Untersuchte Outcomes	Messung eines einzelnen Outcomes	0
	Messung von mehr als einem Outcome	1

Im Folgenden wird das methodische Vorgehen kurz zusammengefasst und mithilfe der Qualitätskriterien aus Tabelle 69 bewertet. Es ergibt sich ein gewisser Interpretationsspielraum, je nach Bewertung der Risikoadjustierung.

1. Als Datenbasis dienen die Qualitätsberichte. Grundsätzlich sollten die Qualitätsberichte repräsentative Daten aufweisen, da hierin alle Fälle mit der jeweiligen Behandlungsindikation enthalten sind, sofern das Krankenhaus einen Qualitätsbericht veröffentlichen muss. Da die Berichte jedoch erheblich

verzerrt sind (siehe Kapitel 6.3), kann von einer repräsentativen Stichprobe nicht ausgegangen werden (0 Punkte für Repräsentativität).
2. Deutlich mehr als 20 Häuser konnten indikatorübergreifend betrachtet werden (1 Punkt für die Anzahl der Krankenhäuser).
3. Bei jedem Indikator lag die Fallzahl über 1.000 Fällen (1 Punkt für die Fallzahlen).
4. Bei allen Indikatoren lag die Anzahl an unerwünschten Ereignissen über 100 (2 Punkte für die unerwünschten Ereignisse).
5. Es ist anhand der Qualitätsberichte nicht möglich, den behandelnden Arzt eindeutig zuzuordnen, weswegen ein einzelnes Krankenhaus als Untersuchungseinheit diente, auch konnte die Indikationsstellung nicht untersucht werden (0 Punkte für Untersuchungseinheit und Indikationsstellung).
6. Die Krankenhäuser wurden in 4 Größenklassen eingeteilt (1 Punkt für Größenkategorien).[513]
7. Die Punktwertung für die Risikoadjustierung kann entweder als 0, 1 oder als 3 vorgenommen werden. Die Risikoadjustierung erfolgte aufgrund klinischer Daten bei entsprechender Qualität dieser, allerdings durch das IQTIG. Es wurde auf bereits risikoadjustierte Daten zurückgegriffen.
8. Ein Einbezug klinischer Prozesse im engeren Sinne war nicht möglich, obgleich versucht wurde, die Prozessperspektive zu berücksichtigen (0 Punkte für Prozessperspektive).
9. Es wurde mehr als ein Outcome untersucht (1 Punkt für die Anzahl).

Je nach Bewertung der Risikoadjustierung wurde mit diesem Vorgehen ein Wert zwischen 6 und 9 von 18 möglichen Punkten erreicht. In Anbetracht der Tatsache, dass bei den Studien, die im systematischen Review von Mesman et al. untersucht wurden, ein mittlerer Qualitätsindex (Median) von 8 (Maximum: 13, Minimum: 4) erreicht wurde, erscheint dieser Wert als angemessen.[514]

Konformität mit dem STROSA 2-Standard
Es wurde versucht, das Design dieser Arbeit soweit als möglich nach dem konsentierten Berichtsstandard für Sekundärdatenanalysen in der zweiten Revision zu erstellen.[515] Abweichungen zu den Anforderungen bestehen nach Einschätzung des Autors nicht. Es wird erklärt, dass den Ausführungen zu

---

513 Sofern die Krankenhausgröße Untersuchungsgegenstand ist (was bei der ersten und dritten Fragestellung zutrifft).
514 Vgl. Mesman et al. 2015, S. 1058.
515 Vgl. Swart et al. 2016.

medizinischen Diagnosen die ICD-10 in der deutschen Modifikation des Jahres 2015 zugrunde liegt.

7.3 Einordnung der Ergebnisse in den Forschungsstand

Zunächst ist bezüglich der Datenquelle Qualitätsbericht anzumerken, dass bereits von anderen Autoren von Inkonsistenzen und Problemen bei der Sekundärdatenanalyse berichtet wurde.[516] So berichtet bspw. Schneider von „schwerwiegenden Problemen"[517] bei der Nutzung der Daten der externen stationären Qualitätssicherung. Diese stehen im Wesentlichen im Einklang mit denjenigen Schwierigkeiten, die im Rahmen dieser Studie aufgetreten sind. Gleichzeitig wurde die hier beschriebene systematische Verzerrung der Qualitätsberichte zugunsten kleinerer Leistungserbringer im Schrifttum bisher nicht explizit behandelt.

Hinsichtlich des Zusammenhangs zwischen dem Leistungsvolumen und der Qualität in der Perinatalen Versorgung konnte der Stand der Literatur dergestalt zusammengefasst werden, dass im Bereich der Neonatologie (insb. bei der Versorgung von VLBWI) von einem Volume-Outcome-Effekt ausgegangen werden kann. In der regulären Geburtshilfe ist die Studienlage weniger eindeutig, solche Zusammenhänge erscheinen jedoch zunehmend wahrscheinlich. In der vorliegenden Arbeit konnte dieses Ergebnis in seiner Gesamtheit eher bestätigt werden, obgleich die Beschaffenheit der Daten eine gewisse Vorsicht bei der Interpretation erforderlich macht.

Gleiches gilt für die beiden Fragen, ob gewisse Träger besser abschneiden als andere und ob das Level des Perinatalzentrums einen höheren Einfluss auf die Outcomes ausübt als das Leistungsvolumen. Eindeutige Tendenzen finden sich weder in der Literatur noch im Rahmen dieser Arbeit.

Dass Prozess- und Ergebnisqualität miteinander verknüpft sind, ist eine der zentralen Aussagen der eher theoretischen Überlegungen Donabedians.[518] Obwohl in der Kette aus Struktur-, Prozess- und Ergebnisqualität die Prozesse näher am Ergebnis liegen, wird dieser Zusammenhang zwischen Prozessen und Ergebnissen vergleichsweise selten in Studien untersucht. Dies dürfte dem Umstand geschuldet sein, dass Prozessqualität deutlich schwieriger messbar ist als Strukturqualität. Die wenigen vorhandenen Studien sprechen eher für einen solchen Zusammenhang, ebenso die vorliegende.

---

516 Vgl. Kraska et al. 2015 sowie Schneider 2017, S. 78–80.
517 Schneider 2017, S. 78.
518 Vgl. Kapitel 2.2.

Der Zusammenhang zwischen dem Leistungsvolumen sowie den Strukturen und Prozessen wird in Volume-Outcome-Studien nur sehr selten thematisiert.[519] Auch über diesen Studientyp hinaus sind derlei Untersuchungen dem Autor nicht bekannt, sondern lassen sich eher indirekt aus Registerdaten ableiten. Entsprechend wurden auch primär solche zur Verprobung der Ergebnisse benutzt. Erhebliche Widersprüche sind nicht erkennbar.

Hinsichtlich der personellen Ausstattung lässt sich zunächst ein gewisser Widerspruch in der Literatur feststellen. Auf der einen Seite spricht die Studienlage eher dafür, dass ein hoher intrapartaler Betreuungsschlüssel qualitätsförderlich wirkt, obgleich andere Berufsgruppen (insb. das Pflegepersonal) eher im Fokus solcher Studien stehen.[520] Auf der anderen Seite wird der Volume-Outcome-Effekt zumeist mit der Practice-Makes-Perfect-Hypothese erklärt, womit sich folglich eine höhere Auslastung des Personals rechtfertigen ließe. Durch diese Arbeit lässt sich eher letztere Erklärung stützen, die Studien, in denen ein positiver Effekt einer hohen personellen Ausstattung gezeigt werden konnte, jedoch nicht.

Aufgrund der vielfältigen Wechselbeziehungen zwischen dem Leistungsvolumen, dem Level des Perinatalzentrums und der Auslastung des Personals, wäre es denkbar, dass Mediatoreffekte zwischen diesen Variablen wirken, die im Rahmen dieser Studie unentdeckt geblieben sind, weil die personelle Ausstattung aufgrund der Datenbeschaffenheit nicht in die Regressionsanalysen einbezogen werden konnte. Ein bei den vorliegenden Daten durchaus realistisches Szenario ist in Abbildung 20 dargestellt.

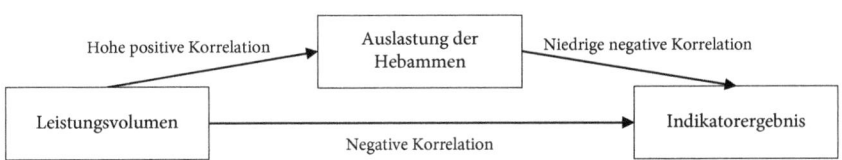

Abbildung 20: Potenzieller Mediatoreffekt zwischen Leistungsvolumen, Auslastung der Hebammen und Indikatorergebnis.

Die Darstellung eines Kausalzusammenhangs ist schon allein aufgrund des vorliegenden Studiendesigns nicht möglich. In der negativen Korrelation zwischen

---

519 Vgl. Mesman et al. 2015, S. 1057–1058.
520 Vgl. Kapitel 4.3.2.2 sowie die Literaturangaben in Fußnote 505, S. 178.

der Auslastung an Hebammen und dem Indikatorergebnis eine Bestätigung der Practice-Makes-Perfect-Hypothese zu sehen, könnte jedoch auch aus einem anderen Grund zu kurz greifen. Weil das Leistungsvolumen einerseits mit der Auslastung der Hebammen und andererseits mit dem Indikatorergebnis assoziiert ist, könnte der Effekt des Leistungsvolumens denjenigen Effekt überstrahlen, der von der Auslastung der Hebammen ausgeht. Kann also dargestellt werden, dass eine hohe Auslastung der Hebammen mit besseren Indikatorergebnissen assoziiert ist, so könnte dies lediglich bedeuten, dass solche Krankenhäuser besser abschneiden, in denen eine solch hohe Auslastung realisiert wird und der Grund dafür in Strukturspezifika des Krankenhauses zu suchen ist, nicht aber in der Auslastung der Hebammen.

Auf diese Weise ließe sich auch der Widerspruch in der Literatur einerseits und zwischen der Literatur und dieser Arbeit andererseits auflösen: Übung macht den Meister, allerdings wird der individuelle vom institutionellen Effekt überstrahlt. Schlussendlich muss auch an dieser Stelle darauf hingewiesen werden, dass das dieser Arbeit zugrundeliegende Qualitätsmodell unvollständig ist. Selbst wenn eine stärkere Auslastung der Hebammen tatsächlich die Rate an unerwünschten Ereignissen senken würde (was mit dem aktuellen Studiendesign nicht vollständig aufgeklärt werden kann), ist daraus nicht zwingend abzuleiten, dass einzelne Leistungserbringer oder politische Entscheider auf eine hohe Auslastung hinwirken sollten. Dies ergibt sich aus abweichenden Qualitätsanforderungen von Gebärenden.

7.4 Weiterentwicklung der Qualitätsberichterstattung

Die konkrete Ausgestaltung der Qualitätsberichte steht den Anforderungen der primären Adressaten (Patienten/Einweiser), der erstellenden Krankenhäuser und des Normgebers gegenüber.[521] Die Adressaten wünschen sich verständliche Berichte, die Krankenhäuser wollen ihre Qualität korrekt wiedergegeben sehen und der Normgeber möchte, dass die Qualitätsergebnisse valide ausfallen. Mindestens zwischen Validität und Verständlichkeit besteht ein großes Spannungsverhältnis. Ein solches Spannungsverhältnis besteht ebenso zwischen der Anforderung des Normgebers, dass die Berichte regelkonform erstellt werden, und denen der Patienten, dass die Berichte relevant für sie sein sollten. Beiden

---

521 Vgl. Überlegungen aus einem Vortrag von Sellge bei der 10. Qualitätssicherungskonferenz des G-BA im Jahre 2018, ebenso solche aus der Vorjahreskonferenz. Die Folien sind zu finden unter Sellge 2018.

Anforderungen steht das Bedürfnis der erstellenden Krankenhäuser entgegen, die Berichte ohne größeren Aufwand erstellen zu können.

Ausweitung des Betrachtungszeitraums
Die Qualitätsberichte umfassen mit einem Kalenderjahr einen zu kurzen Zeitraum, in dem eine Messung der Qualität in der perinatalen Versorgung bei vielen Indikatoren kaum möglich erscheint. Gleichermaßen dauert ihre Erstellung und Publikation zu lange, um das Versorgungsgeschehen in einer relevanten Weise abbilden zu können. Ein solches Spannungsverhältnis zwischen Aktualität, niedrigem Erstellungsaufwand und statistischer Sicherheit besteht wohl beinahe bei jeder Art von Bericht, sei es eine Bilanz, ein Lagebericht oder eben ein Qualitätsbericht.

Um dieses Dilemma aufzulösen, sollte zunächst darüber nachgedacht werden, den Betrachtungszeitraum in den Qualitätsberichten zumindest in denjenigen Leistungsbereichen oder bei denjenigen Indikatoren zu verlängern, bei denen bedingt durch eine Kombination von niedrigen Inzidenzraten und niedrigen Fallzahlen eine Qualitätsbeurteilung erschwert oder unmöglich gemacht wird.[522] Dies ist im Fachbereich Neonatologie regelmäßig der Fall, ebenso bei Teilen der Indikatoren des Leistungsbereiches Geburtshilfe (insb. bei Azidosen). Beispielsweise könnte die Regel eingeführt werden, dass ein Krankenhaus, das bei einem bestimmten Indikator sein Ergebnis aufgrund des Datenschutzes nicht veröffentlichen darf, stattdessen das Indikatorergebnis bezogen auf einen Dreijahreszeitraum ausweisen muss. Auch wäre es denkbar, den Berichtszeitraum generell auf zwei oder drei Erfassungsjahre auszuweiten, um die statistischen Unsicherheiten zu minimieren.

Unterlassen des Nicht-Ausweisens von Daten aus Gründen des Datenschutzes
Letztlich stellt sich darüber hinaus die Frage, ob ein Nicht-Ausweisen von einer Fallzahl unter vier überhaupt notwendig ist. Es bedarf schon eines beträchtlichen Wissens der Vorgänge in einem Klinikum und der Krankheitsgeschichte von spezifischen Personen, um die Daten eines Qualitätsberichtes einzelnen Personen zuordnen zu können. Wenn ein solches Hintergrundwissen besteht, dann ist anzunehmen, dass die in einem Qualitätsbericht zu findenden Angaben keinen Erkenntnisgewinn für den Leser darstellen.

---

522 Dimick et al. 2004, S. 849–851. In dieser Studie diskutieren die Autoren das Problem der zu geringen Stichprobengröße bei der Qualitätsberichterstattung von chirurgischen Interventionen.

Unterschiedliche Anforderungen an das Aggregationsniveau der Qualitätsinformationen
Die Beurteilung von Qualität ist niemals anhand einer einzigen Kennzahl möglich. Auch sind möglichst detailreiche Informationen für das interne Qualitätsmanagement eine hinreichende Bedingung, um Verbesserungspotenziale ableiten zu können. Die Patienten haben jedoch andere Informationsbedürfnisse als die Fachöffentlichkeit oder das interne Qualitätsmanagement. Insbesondere sind die sozialen und kommunikativen Fähigkeiten des Personals sowie die Zeit, die sich das Personal für die Patienten nimmt, entscheidende Kriterien.[523] Eine bloße Ergänzung des bisherigen Public Reportings um diese Informationen dürfte die dort enthaltenen Informationen noch unübersichtlicher erscheinen lassen. Es bedarf vielmehr einer stärkeren Aggregation von Indikatoren, um Einzelinformationen zu bündeln und sie auf diese Weise für die Patienten schnell erfassbar und für einen Qualitätsvergleich zugänglich zu machen. Es besteht also ein Spannungsverhältnis zwischen möglichst umfangreichen Informationen für das interne Qualitätsmanagement einerseits und aggregierten Informationen unter Einbezug von weiteren Merkmalen der Prozessqualität andererseits. Das Spannungsverhältnis lässt sich kaum in einem Berichtsformat auflösen. Es ist vielmehr notwendig, die relevanten Patienteninformationen für diese Gruppe separat aufzubereiten. Einen entsprechenden Weg hat der G-BA nun mit einem Qualitätsportal eingeschlagen. Die entsprechende Konzeption und Nutzung ist zum Zeitpunkt des Erscheinens der Arbeit noch nicht absehbar, obgleich der G-BA bei der Beauftragung des IQTIG die Bildung von Indizes und die Aggregation der Daten zur Befriedigung der Informationsbedürfnisse der Nutzer berücksichtigt hat und als Ziel formuliert, anhand von vergleichenden Übersichten in einer für die Allgemeinheit verständlichen Form über die Behandlungsqualität zu informieren.[524] Insofern kann davon ausgegangen werden, dass der G-BA die bisherige Form der Datenaggregation aus Patientensicht als ähnlich kritisch beurteilt. Auch das IQTIG hat sein Methodenpapier unlängst entsprechend angepasst und dabei eine besondere Aufmerksamkeit auf die Datenaggregation und Indexbildung gelegt.[525]

Weiterentwicklung von Prüfregeln
Die zuvor durchgeführten Berechnungen basierten auf den Qualitätsberichten des Datenjahres 2015. Zum Zeitpunkt des Erscheinens dieser Arbeit sind

---

523 Vgl. Romppel und Grande 2014, S. 32.e1 sowie Cruppé und Geraedts 2017, S. 5–8.
524 Vgl. Gemeinsamer Bundesausschuss 2019a, S. 2, 4.
525 Vgl. IQTIG 2019, S. 192–196.

bereits die Qualitätsberichte des Jahres 2017 erschienen, für die der Gemeinsame Bundesausschuss zahlreiche Prüfregeln erlassen hat. Diese Regeln adressieren überwiegend den B-Teil der Qualitätsberichte, also die Selbstangaben der Krankenhäuser zur Strukturqualität. Bei einer derart großen Anzahl an berichtspflichtigen Häusern ist solch eine maschinelle und über eine Schemavalidierung hinausgehende Prüfung der Selbstangaben wichtig. Sie greift aber zu kurz, weil die Angaben zu den Qualitätsindikatoren im C-Teil selbst nicht geprüft werden. Diese Angaben werden von den Landesstellen für Qualitätssicherung erstellt, insofern ist hier eine höhere Datenkonsistenz zu vermuten, als wenn eine vierstellige Anzahl von Leistungserbringern Selbstangaben macht und dabei eigene Interessen verfolgt (bspw. Zeitersparnis, Darstellung der eigenen Strukturen in einem bestimmten Licht). Allerdings haben die Konsistenzprüfungen im Rahmen dieser Arbeit gezeigt, dass allein aufgrund der Datenmenge und der unterschiedlichen Softwareprogramme, mit denen die Landesstellen arbeiten, inkonsistente Daten auch im C-Teil der Berichte zu erwarten sind, die es vermögen, Patienten in die Irre zu leiten.

7.5 Politik als wichtigster Adressat von Qualitätsinformationen

Wohl hunderttausendfach jährlich stehen werdende Eltern in Deutschland vor Fragen wie der solchen: *Sollen wir zur Entbindung ein heimatnahes, für seine individuelle und persönliche Betreuung unter der Geburt vielfach gelobtes Krankenhaus mit geringen Fallzahlen wählen oder entscheiden wir uns zur Absicherung aller Eventualitäten für ein Krankenhaus mit hoher Fallzahl und angeschlossener Kinderklinik, obwohl wir hierfür eine vergleichsweise weite Fahrstrecke in Kauf nehmen müssten und schon viele Menschen aus dem Bekanntenkreis über den schlechten Betreuungsschlüssel in der Versorgung mit Hebammen geklagt haben?*

Das durch diese hypothetischen Gedanken gezeichnete Bild der deutschen Versorgungslandschaft ist keinesfalls unrealistisch; Patientinnen haben regelmäßig die Wahl zwischen verschiedenen Krankenhäusern mit geburtshilflicher Station, gerade wenn sie im urbanen Umfeld wohnen. Doch auch zahlreiche Schwangere in ländlichen Lebensräumen können de facto zumeist zwischen mehreren Krankenhäusern wählen. Dies zeigt sich nicht zuletzt an einer vergleichsweise hohen Dichte an geburtshilflichen Stationen und vergleichsweise kurzen Wegezeiten. Gleichzeitig sind heimatnahe Grund- und Regelversorger ihrem Wesen nach oft klein.[526] Es konnte darüber hinaus im Rahmen dieser

---

526 Vgl. Schmola und Rapp 2014, S. 23–24.

Arbeit gezeigt werden, dass die Auslastung der Hebammen in kleinen Krankenhäusern oft geringer ausfällt, was sich für die Schwangeren in einem Gefühl einer persönlichen und individuellen Betreuung niederschlagen dürfte. Im Vergleich dazu sind Geburtskliniken mit größerem Leistungsvolumen eher Perinatalzentren, lasten jedoch ihre Hebammen stärker aus, was sich für die werdenden Mütter tendenziell in einem Gefühl von Kälte, Alleingelassen-Werden und industriellen Abläufen äußern dürfte.

Der Gesetzgeber sieht die Patientinnen imstande, derlei Fragen wie die oben skizzierte zu beantworten. Dabei versteht er die Krankenhausqualitätsberichte als ein Instrument, mit dem die Patientinnen befähigt werden sollen, Wahlentscheidungen in rationaler Weise zu treffen.[527] Auf Makro-Ebene soll ein Qualitätswettbewerb induziert werden, welcher für den einzelnen Leistungserbringer den Anreiz setzt, seine eigene Qualität stetig weiterzuentwickeln; der Qualitätswettbewerb soll als Korrektiv zum durch das Fallpauschalensystem ausgelösten Effizienzwettbewerb wirken. Dieser Ansatz kann jedoch als gescheitert gelten. Hierfür sind die Konzeption und die Ausgestaltung der Krankenhausqualitätsberichte in der im Jahre 2015 vorliegenden Fassung mitverantwortlich. Auch unter Zuhilfenahme eines Qualitätsberichtes ist es gerade nicht möglich, Fragen wie die oben skizzierte zu beantworten. Hierfür sind mehrere Gründe maßgeblich:

Zunächst ist zu konstatieren, dass die in den Qualitätsberichten veröffentlichten Daten nicht aktuell sind und lediglich das historische Leistungsgeschehen abbilden: Auf das Erfassungsjahr folgt ein weiteres Jahr, in dem die Berichte erstellt werden, und selbst im darauffolgenden Erscheinungsjahr sind noch Korrekturen möglich. Mithilfe des finalen Datenstandes lassen sich somit im günstigsten Fall Aussagen über das Leistungsgeschehen vor anderthalb bis vor zweieinhalb Jahren treffen. In derartigen Zeiträumen werden auf Mikro- (bspw. Prozessveränderungen) und Makroebene (bspw. Schließung von Abteilungen) zahlreiche Veränderungen vorgenommen, die dazu führen können, dass die aus den Daten abgeleiteten Aussagen als teilweise obsolet betrachtet werden müssen.

Obwohl eine Veröffentlichungspflicht für die Krankenhäuser besteht, ist anzunehmen, dass Patienten zu einem erheblichen Anteil nicht in der Lage sind, die für sie relevanten Informationen innerhalb des Qualitätsberichtes aufzufinden. Interessieren sich bspw. werdende Eltern für eine Geburt am Klinikum Nürnberg, so müssen sie zunächst den Qualitätsbericht des Klinikums Nürnberg Süd heraussuchen. Die Struktur- und Leistungsdaten der geburtshilflichen Abteilung

---

527 Vgl. Kapitel 3.3 sowie § 1 Qb-R.

befinden sich auf den Seiten 103 bis 112. Die Qualitätsergebnisse beginnen auf Seite 135, innerhalb der unbeschränkt zur Veröffentlichung empfohlenen Indikatoren erfolgt keine Gliederung nach Leistungsbereich. Die Ergebnisindikatoren zum Leistungsbereich Geburtshilfe befinden sich erst auf Seite 181, werdende Eltern müssen also in diesem Beispiel rund 45 Seiten überfliegen, um relevante Informationen im Ergebnisteil vorzufinden. Die Informationen aus dem Bereich Geburtshilfe reichen bis zur Seite 194, Informationen zur Qualität der neonatologischen Versorgung starten auf Seite 234, also erst rund 40 Seiten später. Hier könnten weitere Gliederungsebenen und andere Reihungen (Zusammenfassung von Geburtshilfe und Neonatologie) sinnvoll sein.

Insbesondere die Krankenkassen wenden viele Ressourcen auf, um Krankenhaussuchmaschinen derart zu gestalten, dass die relevanten Informationen leichter für die Patienten auffindbar sind als es in einer statischen PDF je möglich wäre. Allerdings führt die Pflicht, die Qualitätsberichte vollständig wiederzugeben dazu, dass auch bei dieser Form der Aufbereitung angenommen werden muss, dass Patienten nur schwerlich an die für sie wichtigen Auskünfte gelangen.[528]

Selbst unter der Annahme, dass die relevanten Informationen aufgefunden werden können, ist vielfach belegt, dass die Qualitätsinformationen von den Patienten nicht verstanden werden.[529] Um dem entgegenzuwirken, bieten Krankenhausvergleichsportale Orientierungshilfen an, etwa wenn begleitend zum Indikatorergebnis die Information übermittelt wird, dass eine höhere O/E-Rate für schlechtere Ergebnisqualität steht, und dass der Wert 1 den Normwert darstellt. Allerdings führen derlei Informationen in die Irre, wenn die veröffentlichten Daten fehlerhaft sind. Von Patienten kann nicht erwartet werden, dass sie erkennen, dass der Ergebniswert einer O/E-Rate in Höhe von 77, wie er bspw. zeitweise im Qualitätsbericht eines Hamburger Krankenhauses angezeigt wurde, so ungewöhnlich hoch ist, dass vermutlich kein schlechtes Qualitätsergebnis vorliegt, sondern die Daten fehlerhaft berechnet oder ausgewiesen worden sein müssen. Der Patient müsste erkennen, dass es sich bei einem so hohen Wert nicht um ein unzureichendes Ergebnis, sondern um ein hervorragendes Ergebnis (im vorliegenden Fall: 0,77) handeln muss. Andernfalls könnte er von diesem Krankenhaus mit hervorragender Qualität absehen, weil er fälschlicherweise eine erheblich unzureichende Qualität annimmt.

---

528 Vgl. Austin et al. 2015.
529 Vgl. bspw. Sander et al. 2017, Sander et al. 2016 sowie Emmert et al. 2014.

Darüber hinaus verhindern Datenschutzeffekte eine Qualitätsbewertung nicht nur (über ein Unterbleiben der Berichterstattung bei einem bis drei Fällen), sondern sie verzerren etwaige Qualitätsbeurteilungen der Patienten im Regelfall zugunsten kleinerer Häuser. Kleinere Häuser mit unzureichender Ergebnisqualität müssen ihre Indikatorergebnisse oftmals gar nicht erst berichten, kleinere Häuser mit hervorragender Qualität dürfen dies jedoch durchaus.

Die Krankenhausqualitätsberichte sind zusammenfassend in ihrer derzeitigen Form nicht aktuell, die dort enthaltenen Informationen sind schlecht auffindbar, sie sind teilweise fehlerhaft und/oder unvollständig und dadurch in ihrer Aussagekraft in systematischer Art und Weise verzerrt.

Selbst wenn die Qualitätsberichte fehlerfrei, vollständig, verständlich und patientenfreundlich aufbereitet wären, muss die Politik auch berücksichtigen, ob sie mit diesem Instrument die wichtigsten Patientengruppen überhaupt erreicht. Es konnte gezeigt werden, dass v.a. bei bestehender Frühgeburtlichkeit die Charakteristika einer Einrichtung entscheidend sind; niedrige Mortalität und Morbidität von Frühgeborenen scheinen mit einem hohen Level des Zentrums und einem hohen Leistungsvolumen assoziiert. Bei der sehr komplexen Frühgeborenenversorgung sind die Qualitätsunterschiede zwischen den Leistungserbringern besonders stark ausgeprägt, entsprechend wichtig ist es bei der Versorgung von Frühgeborenen, eine Wahlentscheidung zugunsten eines Krankenhauses mit hoher Qualität zu treffen.[530] Wichtigster Adressat der Qualitätsberichterstattung in der Perinatalmedizin sind also die Eltern von Frühgeborenen. Frühgeburtlichkeit trifft allerdings überdurchschnittlich häufig Eltern mit niedrigem sozioökonomischem Status.[531] Gerade diese Patientengruppe dürfte mit einer höheren Wahrscheinlichkeit nur unzureichende Kenntnis über die medizinischen Versorgungsstrukturen besitzen. Dafür spricht erstens eine Studie, in der gezeigt werden konnte, dass in geringeren sozioökonomischen Schichten die Nähe des Krankenhauses häufiger das entscheidende Kriterium bei der Wahl des Krankenhauses ist als in anderen Schichten und zweitens eine Übersichtsarbeit, in der herausgearbeitet wurde, dass Patienten mit geringem sozioökonomischen Status zwar einen hohen Informationsbedarf aufweisen, im Spektrum des Nutzerkreises des Public Reportings jedoch unterrepräsentiert sind.[532] Gerade für

---

530 Vgl. Kapitel 4.2.2.
   In die weiteren Ausführungen fließen auch lediglich mündlich explizierte Gedanken aus einem Vortrag von Hecken an der Universität Bayreuth ein. Vgl. Hecken 2018.
531 Vgl. Becker-Grünig et al. 2016 sowie Joseph et al. 2007.
532 Vgl. Pilkington et al. 2012 sowie Schaeffer 2006.

die Kinder dieser Patientengruppe, die mit einer höheren Wahrscheinlichkeit Frühgeborene sind, wäre es allerdings von besonderer Wichtigkeit, dass ihre Eltern ein Krankenhaus nach der Qualität auswählen, denn bei Frühgeburtlichkeit sind die Qualitätsunterschiede zwischen den Leistungserbringern besonders deutlich.

Zusammenfassend informieren Qualitätsberichte also nur unzureichend über das Leistungsgeschehen in der Perinatalmedizin. Umfassende Informationen über die Qualität einer Geburtsklinik bräuchten v.a. Patienten, denen eine vergleichsweise geringe Nutzung der Qualitätsberichte unterstellt werden dürfte. Rational Choice zur Steuerung des Krankenhausmarktes kann unter diesen Bedingungen nicht funktionieren. Es sind also nicht nur die Patienten am Zuge, auch für die Politik gilt es, die Ergebnisqualität in der perinatalen Versorgung zu interpretieren und hieraus etwaige Schlüsse zu ziehen. Es stellen sich v.a. die Fragen, ob ein Volume-Outcome-Effekt existiert, dieser auch für Geburten mit niedrigem Risikoprofil anzunehmen ist und ob die Politik aus diesen Gründen stärker als bisher steuernd in das Leistungsgeschehen eingreifen sollte. Falls eine solche Steuerung angezeigt erscheint, ist fraglich, auf welche Weise die Steuerung geschehen sollte. Instrumente, die im aktuellen politischen Diskurs Berücksichtigung finden, sind insbesondere höhere Mindestmengen und Mindestpersonalvorgaben.

Existenz des Volume-Outcome-Effekts
Werden die Ergebnisse dieser Arbeit zusammen mit der vorhandenen Studienlage betrachtet, dürfte die Existenz eines Volume-Outcome-Effekts im Leistungsbereich Neonatologie insgesamt als vorhanden eingeschätzt werden. Insbesondere die Versorgung von VLBWI ist eine Leistung, bei der es auf das Können des gesamten Teams über einen längeren Zeitraum ankommt. Schwere Komplikationen dürften hier eher erkannt und damit auch früher behandelt werden.

Bedeutung des Leistungsvolumens für Geburten mit niedrigem Risikoprofil
In der vorliegenden Arbeit können leichte Hinweise darauf gesehen werden, dass auch bei Geburten mit niedrigem Risikoprofil ein höheres Leistungsvolumen mit einer besseren Ergebnisqualität einhergeht. Die Kaiserschnittrate ist in Krankenhäusern mit hohem Leistungsvolumen signifikant erniedrigt. Darüber hinaus ist die Rate an schweren Dammrissen in kleinsten Häusern signifikant höher als in den größten Häusern. Beim Qualitätsindex für Reifgeborene, über den (metabolische) Azidosen, ein niedriger Apgar-Score sowie die kindliche Mortalität abgebildet werden können, ist in der Gesamtschau zu vermuten, dass die Ergebnisse, die sich den Patienten in den Qualitätsberichten zeigen, durch

Verlegungs- und Datenschutzeffekte verzerrt sind. Nachdem die Daten weitestmöglich um diese Effekte bereinigt wurden, zeigt sich auch hier ein Volume-Outcome-Effekt zulasten der kleinsten Größenklasse. Darüber hinaus sind Krankenhäuser, die Probleme haben, die Anwesenheit eines Pädiaters bei Frühgeburten sicherzustellen, eher klein. Ein solcher Prozessmangel dürfte ebenfalls negativ auf die Ergebnisqualität wirken.

Erfordernis von Maßnahmen der Politik
Am Zusammenhang zwischen den Prozessindikatoren und dem Fallzahlvolumen lässt sich das Dilemma der Politik besonders gut aufzeigen. Aus der Tatsache, dass Krankenhäuser mit Prozessproblemen im Mittel kleiner sind, lässt sich eben gerade nicht der Umkehrschluss ziehen, dass kleinere Krankenhäuser per se eine schlechtere Prozess- oder Ergebnisqualität aufweisen. In einem Kollektiv von Krankenhäusern mit unzureichender mittlerer Ergebnisqualität werden immer auch Krankenhäuser mit zureichender Qualität sein, die nicht leichtfertig durch staatliche Maßnahmen von der Versorgung ausgeschlossen werden dürfen.

Eine Lösung könnte es sein, Krankenhäuser mit nachweislich unzureichender Qualität vom Versorgungsgeschehen auszuschließen. Die Messung von unzureichender Qualität hat durch Indikatoren zu erfolgen. Genau dieser Weg wird durch die planungsrelevanten Qualitätsindikatoren nun beschritten. Allerdings ist ein statistisch signifikanter Nachweis von unzureichender Qualität gerade bei Krankenhäusern mit geringem Fallzahlvolumen sehr schwierig und nur bei sehr seltenen Datenkonstellationen überhaupt möglich. Umgekehrt dürfte es kleineren Krankenhäusern praktisch nie mit der ausreichenden statistischen Sicherheit gelingen, ihre hervorragende Qualität nachzuweisen. Der Ansatz, schlechte Krankenhäuser über Indikatoren zu bestimmen und solche mit erheblich unzureichender Qualität über einen längeren Zeitraum vom Versorgungsgeschehen auszuschließen, stößt jedoch schon allein deshalb an seine Grenzen, weil zahlreiche Bundesländer angekündigt haben, ihn nicht anzuwenden. Die Mehrzahl der Bundesländer beabsichtigt, die Wirksamkeit der planungsrelevanten Indikatoren aufzuheben, einzuschränken oder sich einen Ermessensvorbehalt einzuräumen.[533] Das Leistungsgeschehen über Indikatoren zu steuern, scheint somit nicht in ausreichendem Maße geeignet, eine höhere Ergebnisqualität zu erreichen.

Obwohl es grundsätzlich begrüßenswert erscheint, über planungsrelevante Indikatoren steuernd in das Leistungsgeschehen einzugreifen, die praktische

---

533 Vgl. Fahlenbrach und Poppinga 2019, S. 42.

Wirkung dieses Ansatzes allerdings aus den genannten Gründen eher gering ausfallen dürfte, stellt sich die Frage, welche Maßnahmen stattdessen ergriffen werden sollten.

Aktuell werden bspw. von der Opposition Maßnahmen zur Sicherstellung eines verbindlichen Betreuungsschlüssels in Höhe von 1:1 bei der Betreuung von Schwangeren durch Hebammen gefordert.[534] Der vorliegenden Studie kann kein Hinweis entnommen werden, dass eine solche Maßnahme die Ergebnisqualität erhöhen würde. Allerdings ist das dieser Studie zugrunde gelegte Qualitätsmodell stark abweichend von dem vieler Patienten, die sich eher eine individuelle Betreuung unter der Geburt wünschen, möglichst von nicht wechselndem Personal.[535]

Als weiteres Mittel stehen der Politik Mindestmengen zur Verfügung. Solche scheinen in der derzeitigen Situation angezeigt, weil andere Maßnahmen keine ausreichende Wirkung entfalten. Die bestehenden Mindestmengenregelungen sollten moderat ausgeweitet werden. Dabei sollte auch in Kauf genommen werden, dass einige Krankenhäuser mit hervorragender Ergebnisqualität vom Markt verschwinden, weil nur mit dieser Maßnahme die körperliche Unversehrtheit der Ungeborenen hinreichend geschützt werden kann.

Zunächst sind die Mindestmengen für VLBWI zu erhöhen. Sowohl in dieser Studie als auch in der übrigen Literatur finden sich deutliche Hinweise, die einen Zusammenhang mit Leistungsmenge und Qualität über die aktuelle Mindestmenge in Höhe von 14 hinaus wahrscheinlich erscheinen lassen. Weder aus dieser Studie noch aus anderen Studien ist das Herleiten von exakten Grenzen möglich. Das Festlegen eines Grenzwertes ist letztlich eine politische Entscheidung. Allerdings dürfte eine Mindestmenge im Bereich zwischen 30 und 40 VLBWI pro Jahr vollständig durch die bestehende Evidenz gedeckt sein.

Darüber hinaus erscheint es auch angebracht, die Mindestmengen nicht allein auf die Indikation VLBWI zu beschränken. Vielmehr liefert die Arbeit im Gleichklang mit der Literatur Hinweise darauf, dass auch bei Risikogeburten nach der Definition der externen stationären Qualitätssicherung ein besonderer Zusammenhang zwischen der Leistungsmenge und der Versorgungsqualität bestehen dürfte. Ferner sind Risikogeburten als planbare Leistung einzustufen,

---

534 Vgl. Deutscher Bundestag 2018, S. 9. Das BMG hält im Gegensatz dazu das vorliegende Zahlenmaterial für nicht ausreichend, um beurteilen zu können, wie hoch die Arbeitsbelastung für Hebammen ausfällt und hat eine entsprechende Studie in Auftrag gegeben. Vgl. Bundesministerium für Gesundheit 2019, S. 1.
535 Vgl. Holten et al. 2018, S. 1894, Fawsitt et al. 2017, S. 69–70, Dahlberg und Aune 2013.

womit die Voraussetzungen zur Anwendung einer Mindestmengenregelung gegeben sind. Entsprechend sollte die Einführung einer Mindestmenge auch für Risikogeburten erwogen werden. Gleichwohl bestehen Schnittmengen zwischen Risikogeburten und VLBWI (VLBWI sind auch Risikogeburten), sodass die Erfüllung einer solchen Mindestmenge für die Krankenhäuser durch die Entbindung von VLBWI oder Geburten von Kindern mit schweren Fehlbildungen möglich wäre.[536]

Überdies spricht einiges dafür, auch eine Mindestmenge für reguläre Geburten einzuführen. Die Schätzung eines Schwellenwertes ist hier deutlich schwieriger vorzunehmen als im Leistungsbereich Neonatologie. Qualitätsdefizite zeigten sich bei den kleinsten Leistungserbringern der ersten Größenklasse des Indikators 51803, in der ersten Größenklasse des Indikators 51181 und in der ersten Größenklasse des Indikators 52249. In der Gesamtschau betrifft das Häuser mit einem Leistungsvolumen von unter 600 Geburten. In der Literatur wird ebenfalls berichtet, dass unterhalb einer Schwelle von 600 Geburten eine Geburtsabteilung nicht wirtschaftlich zu betreiben ist.[537] Vermutlich sind zumindest unterhalb dieser Schwelle auch Qualitätsprobleme wahrscheinlicher.

Allerdings sollte im Bereich der regulären Geburtshilfe die Mindestmengenregelung nur greifen, wenn parallel Strukturen in größeren Häusern aufgebaut werden und durch die Zentralisierung die Erreichbarkeit der Häuser nicht eingeschränkt wird.[538] Eine Erreichbarkeit ist primär in ländlichen Gebieten kritisch. Häuser mit kleiner Fallzahl befinden sich allerdings häufig in unmittelbarer Nähe zu einem anderen Klinikum.[539] Die Mindestmenge dürfte also überwiegend Häuser in städtischem Gebiet treffen und eine dortige Überversorgung mindern. Damit die Erreichbarkeit in ländlichen Gebieten trotzdem nicht gefährdet wird, sollten einer etwaigen Mindestmenge auch Ausnahmetatbestände beigefügt werden, etwa in Form von Fahrtzeitanalysen. Würden durch Anwendung einer Mindestmenge einer entscheidenden Anzahl an Patienten zu lange Fahrtwege entstehen (der G-BA hält 40 Minuten für unbedenklich), so sollten für die betreffenden Krankenhäuser eher Sicherstellungszuschläge nach

---

536 Vgl. IQTIG 2016d, S. 9–11 für die Rechenregeln und Einschlusskriterien für eine Risikogeburt.
537 Vgl. Balling 2017, S. 216.
538 Zum Problem des fehlenden Aufbaus von Kapazitäten in größeren Einrichtungen beim Schließen von kleineren Einrichtungen vgl. bspw. Seelbach-Göbel 2018, S. 326.
539 Vgl. hierzu die Korrelation zwischen dem 10-km-Hirschmann-Index und dem Fallzahlvolumen, die in Kapitel 6.5.2 dargestellt ist.

§ 163c Abs. 3 Nr. 1 SGB V gezahlt werden. Diese sollten allerdings an die Einhaltung von Strukturqualitätsmerkmalen gekoppelt werden, die über den Umfang der bisherigen Anforderungen (Kooperation mit einem Facharzt für Kinder- und Jugendmedizin) hinausgehen.[540] Solche könnten bspw. eine permanente Präsenz (nicht nur Rufbereitschaft oder Kooperation) von Fachärzten für Anästhesie und Pädiatrie und Beatmungsplätze für Neugeborene sein. Entsprechende Ausarbeitungen zur Anforderung an Perinatalzentren unterschiedlichen Levels können die Grundlage bilden.

Mit dem KHSG hat der Gesetzgeber insbesondere planungsrelevante Qualitätsindikatoren, Qualitätszu- und -abschläge sowie Mindestmengen eingeführt bzw. neu gesetzlich verankert. Damit verbunden ist ein enormer Kompetenzzuwachs für den Bund, der beide Säulen der dualistischen Krankenhausfinanzierung betrifft. Dass die Länder sich die Möglichkeit ausbedungen haben, die Bundesregelungen zumindest im Bereich der planungsrelevanten Indikatoren nicht anzuwenden, ist eine notwendige Folge des föderalen Systems. Es ist verständlich, dass Länder nicht ihre Gestaltungsmöglichkeiten an den Bund abgeben möchten, wenn sie verantwortlich für die Finanzierung der Investitionen sind. Es liegt auch in der Natur der Sache, dass sich Politiker an den Interessen ihrer Wähler orientieren. Im bayerischen Landtagswahlkampf des Jahres 2018 stellten bspw. alle in den Landtag gewählten Parteien die besondere Bedeutung einer heimatnahen Versorgung mit Geburtskrankenhäusern heraus.[541] Im Koalitionsvertrag findet sich darüber hinaus explizit das Ziel, kleinere Krankenhäuser zu erhalten.[542] Diese Vorstellung einer heimatnahen Versorgung deckt sich mit dem Qualitätsmodell vieler Schwangerer.[543] Es ist Politikern nicht anzulasten, dass sie sich für die Interessen ihrer Wähler einsetzen und entsprechende Strukturen fordern.

Un- und Neugeborene sind jedoch keine Wähler, ihre Sicherheit wird im aktuellen politischen Diskurs nicht ausreichend berücksichtigt. Es sollte daher

---

540 Vgl. § 5 Abs. 4 der Regelungen für die Vereinbarung von Sicherstellungszuschlägen gemäß § 136c Absatz 3 SGB V.
541 Vgl. Alternative für Deutschland Landesverband Bayern 2018, S. 62, Bündnis 90/ Die Grünen Landesverband Bayern 2018, S. 46, CSU-Landesleitung 2018, S. 4, Freie Demokraten Partei (FDP) FDP Landesverband Bayern 2018, S. 63, Landesvereinigung FREIE WÄHLER Bayern e. V. 2018, S. 67, BayernSPD Landesverband 2018, S. 34.
542 Vgl. Seite 23 des unter Bayerische Staatskanzlei 2018 zu findenden Koalitionsvertrags.
543 Vgl. Cruppé und Geraedts 2017, S. 5–8 zu den Qualitätsanforderungen von Patienten bei der Krankenhauswahl im Allgemeinen sowie Pilkington et al. 2012 zur Bedeutung der Fahrtwege für Schwangere bei der Auswahl ihrer Geburtsklinik im Besonderen.

überlegt werden, die Landeskrankenhausplanung und damit auch die Investitionskostenfinanzierung einem eher technokratischen und überparteilichen Gremium zu übertragen, das zwar demokratische Legitimation besitzt, jedoch nicht fürchten muss, durch das Treffen von unpopulären Entscheidungen abgewählt zu werden. Es stellt sich also die Frage, ob der Bundesebene, bspw. vertreten durch den G-BA, größerer Gestaltungsspielraum in der Krankenhausplanung eingeräumt werden sollte, verbunden mit einer Kompetenzverlagerung der Krankenhausplanung und Investitionskostenfinanzierung.[544] Ansonsten ist anzunehmen, dass die Länder Ausnahmetatbestände des KHSG in Bezug auf Mindestmengen und Planungsrelevante Qualitätsindikatoren in einer Intensität nutzen, durch die der Zweck des Gesetzes, das Durchsetzen einer Qualitätsorientierten Marktbereinigung, gänzlich unterlaufen wird.

---

544 Vgl. hierzu insbesondere auch die Überlegungen in Kumar und Schönstein 2013, S. 21.

8 Zusammenfassung

Im internationalen Vergleich ist die Menge an Leistungserbringern in der deutschen Geburtshilfe groß, die perinatale Versorgung erscheint insgesamt fragmentiert. Mit der vorliegenden Arbeit wurde der Versuch einer vergleichenden Qualitätsbeurteilung anhand von Struktur- und Prozessspezifika unternommen, wobei das Qualitätsmodell Donabedians als theoretischer Ausgangspunkt diente und deutsche Krankenhausqualitätsberichte des Jahres 2015 als Datengrundlage herangezogen wurden.

Als Outcomes zur Beurteilung der Qualität dienten Indikatoren der perinatalen Versorgung, welche insgesamt das Abbilden mehrerer Perspektiven der Ergebnisqualität vermögen sollten (maternal/neonatal, Morbidität/Mortalität, Reif-/Frühgeborene). Es wurde sich auf solche Indikatoren beschränkt, welche sowohl mittels logistischer Regression risikoadjustiert als auch in der Ärzteschaft hinreichend konsentiert sind, weswegen ein Einschluss nur bei einer uneingeschränkten Empfehlung des G-BA zur Veröffentlichung in den Qualitätsberichten stattfand.

Als Einflussgrößen, welche potenziell auf die Qualität wirken, wurden neben dem Leistungsvolumen das Level des Perinatalzentrums, der Status als Akademisches Lehrkrankenhaus, die Wettbewerbskonzentration, die Spezialisierung, im Strukturierten Dialog identifizierte Prozessmängel, die Kaiserschnittrate sowie die Trägerschaft eines Hauses identifiziert. Im Leistungsbereich Geburtshilfe wurden darüber hinaus das System bei der Beschäftigung von Hebammen (Angestellten- oder Belegsystem) sowie die Anzahl an Geburten, die eine Hebamme jährlich zu betreuen hatte, als Einflussfaktoren berücksichtigt. Grundlage für diese Auswahl war der derzeitige Forschungsstand sowie die Verfügbarkeit entsprechender Daten in den Qualitätsberichten oder der Krankenhaus-Directory des WIdO.

Die fragliche Konsistenz und fehlende Vollständigkeit der Qualitätsberichte erschweren eine vergleichende Qualitätsbeurteilung und minderten damit die Aussagekraft und Generalisierbarkeit dieser Studie. Ob die Qualitätsberichte bei der Wahl eines qualitativ hochwertigen Krankenhauses unterstützend wirken können, erscheint aufgrund von Datenschutzverzerrungen und niedriger Datenqualität fraglich. Die Qualitätsberichte besitzen aufgrund fehlerhafter Daten auch das Potenzial, Patienten in ihrer Wahlentscheidung zu verunsichern. Außerdem dürfte der tendenziell stattfindende Ausschluss von kleinen Häusern mit schlechten Ergebnissen und großen Häusern mit guten Ergebnissen die

Qualitätsergebnisse für die Öffentlichkeit insgesamt verzerrt zulasten von großen Krankenhäusern erscheinen lassen. Zur Abmilderung dieser verzerrenden Effekte wird einerseits empfohlen, die Daten vollständig zu veröffentlichen (also Krankenhäuser mit kleinen Fallzahlen nicht auszuschließen), andererseits sollten auch im C-Teil der Qualitätsberichte Prüfregeln etabliert werden, die bereits im B-Teil implementiert wurden und weiter ausgebaut werden sollen.

Gerade im Leistungsbereich Neonatologie ist in der Zusammenschau der Ergebnisse dieser Studie und des Standes der Literatur insgesamt von einem Volume-Outcome-Effekt auszugehen. Eine stärkere Zentralisierung erscheint angezeigt. Auch für Geburten mit niedrigem Risikoprofil liegen unter Berücksichtigung der Ergebnisse dieser Studie und des Schrifttums Hinweise darauf vor, dass eine weitere Konzentration des Leistungsgeschehens die Qualität insgesamt erhöhen dürfte. In dieser Studie wurden Volume-Outcome-Effekte allerdings erst sichtbar, nachdem der Versuch einer Bereinigung um verzerrende Effekte vorgenommen wurde. Die Bereinigung könnte ihrerseits zu anderen Verzerrungen geführt haben.

Es gibt Ansatzpunkte in dieser Studie dafür, dass Krankenhäuser mit Prozessproblemen auch eher zu Problemen bei der Ergebnisqualität neigen. Insofern konnte das Modell Donabedians auch ein Stück weit empirisch nachvollzogen werden, wobei dies nicht bei allen Indikatoren eindeutig möglich war.

In dieser Studie sind ferner insgesamt Hinweise darauf zu sehen, dass sich durch eine hohe Auslastung von Hebammen unerwünschte Ereignisse im Leistungsbereich Geburtshilfe vermeiden lassen könnten. Dem könnte ein doppelter Practice-Makes-Perfect-Effekt zugrunde liegen: Hebammen mit hoher Auslastung könnten effektivere Fähigkeiten ausbilden, wobei diese besonders oft in Krankenhäusern mit hohem Leistungsvolumen zu finden sind, die ihrerseits strukturelle und prozessuale Merkmale aufweisen, die eher mit höherer Ergebnisqualität assoziiert sind.

In Bezug auf die Kaiserschnittneigung lässt sich abbilden, dass Perinatalzentren eher zu Kaiserschnitten tendieren, Krankenhäuser mit einer höheren Kaiserschnittneigung es aber auch vermögen, weitere unerwünschte Ereignisse zu vermeiden. Insofern ist die derzeitige Risikoadjustierung kritisch zu hinterfragen. Bei weiteren Strukturspezifika sind die Ergebnisse zum Teil weniger eindeutig, paradox oder bedürften weiterer Analysen.

Es konnte gezeigt werden, dass deutliche Unterschiede in den Strategien der Anbieter bestehen. Während freigemeinnützige und öffentliche Anbieter eher in einem urbanen Raum mit vergleichsweise hoher Wettbewerbskonzentration agieren, sind Geburtskliniken mit privatem Träger eher in weniger kompetitiven Regionen vertreten und weisen signifikant geringere Fallzahlen auf. Bestimmte

Trägerschaften sind jedoch nicht eindeutig mit besserer oder schlechterer Qualität assoziiert.

Auch zwischen größeren und kleineren Krankenhäusern bestehen Unterschiede in Bezug auf die strukturellen und prozessualen Gegebenheiten. Größere Häuser stellen ihre Hebammen eher fest an, lasten diese im Mittel stärker aus und sind eher als Perinatalzentrum hohen Levels zertifiziert.

Eine Qualitätsbewertung erfolgte anhand der Abwesenheit von unerwünschten Ereignissen und damit im Gleichklang mit wesentlichen Teilen der Qualitätsberichte und der Fachöffentlichkeit. Schwangere scheinen bei der Krankenhauswahl allerdings ein anderes Qualitätsmodell zugrunde zu legen und wünschen sich tendenziell eine individuelle Betreuung unter der Geburt von einer bekannten Hebamme in einem heimatnahen Krankenhaus. Dies erschwert die Ableitung von politischen Implikationen.

9 Literaturverzeichnis

Adams, Nicole; Gibbons, Kristen S.; Tudehope, David (2017): Public-private differences in short-term neonatal outcomes following birth by prelabour caesarean section at early and full term. In: *The Australian & New Zealand journal of obstetrics & gynaecology* 57 (2), S. 176–185. DOI: 10.1111/ajo.12591.

Aiken, Linda H.; Sloane, Douglas; Griffiths, Peter; Rafferty, Anne Marie; Bruyneel, Luk; McHugh, Matthew et al. (2016): Nursing skill mix in European hospitals: cross-sectional study of the association with mortality, patient ratings, and quality of care. In: *BMJ quality & safety* 26 (7), S. 559–568. DOI: 10.1136/bmjqs-2016-005567.

Aiken, Linda H.; Sloane, Douglas M.; Ball, Jane E.; Bruyneel, Luk; Rafferty, Anne Marie; Griffiths, Peter (2018): Patient satisfaction with hospital care and nurses in England: an observational study. In: *BMJ open* 8 (1), e019189. DOI: 10.1136/bmjopen-2017-019189.

Akibu, Mohammed; Tekelab, Tesfalidet; Amano, Abdella; Besho, Merga; Grutzmacher, Stephanie; Tadese, Mesfin; Habtewold, Tesfa Dejenie (2018): Adherence to prenatal iron-folic acid supplementation in low- and middle-income countries (LMIC): a protocol for systematic review and meta-analysis. In: *Systematic reviews* 7 (1), S. 107. DOI: 10.1186/s13643-018-0774-x.

Al-Mufti, R.; McCarthy, A.; Fisk, N. M. (1996): Obstetricians' personal choice and mode of delivery. In: *Lancet (London, England)* 347 (9000), S. 544.

Alsfasser, Guido; Leicht, Hanna; Günster, Christian; Rau, Bettina; Schillinger, Gerhard; Klar, Ernst (2016): Volume-outcome relationship in pancreatic surgery. In: *The British journal of surgery* 103 (1), S. 136–143. DOI: 10.1002/bjs.9958.

Alternative für Deutschland Landesverband Bayern (2018): Bayern. Aber sicher! Wahlprogramm Landtagswahl Bayern 2018. Nürnberg. Online verfügbar unter https://cdn.afd.tools/sites/170/2018/07/17192701/2018_AfD_Bayern_Wahlprogramm2.pdf, zuletzt aktualisiert am 07/2018, zuletzt geprüft am 08.02.2019.

AOK-Bundesverband; BKK Bundesverband; IKK-Bundesverband; See-Krankenkasse; Bundesverband der landwirtschaftlichen Krankenkassen; Bundesknappschaft et al. (2003): Vereinbarung gemäß § 137 Abs. 1 Satz 3 Nr. 6 SGB V über Inhalt und Umfang eines strukturierten Qualitätsberichts für nach § 108 SGB V zugelassene Krankenhäuser. Online verfügbar unter http://www.dkgev.de/media/file/2473.Vereinbarung_Strukt._QB__03.12.2003__-_Unterschriftenverfa_205.pdf, zuletzt geprüft am 23.01.2017.

AOK-Bundesverband; Forschungs- und Entwicklungsinstitut für das Sozial- und Gesundheitswesen Sachsen-Anhalt; HELIOS Kliniken; Wissenschaftliches Institut der AOK (WIdO) (2007): Qualitätssicherung der stationären Versorgung mit Routinedaten (QSR). Abschlussbericht. Anhang I. Bonn. Online verfügbar unter http://www.qualitaetssicherung-mit-routinedaten.de/imperia/md/qsr/publikationen/wido_kra_qsr-abschlussbericht_0407.pdf, zuletzt geprüft am 07.08.2017.

AOK-Bundesverband; Wissenschaftliches Institut der AOK (WIdO) (2018): Stärkere Strukturierung und Zentralisierung von Geburtshilfe und Frühgeborenen-Versorgung verbessert die Versorgungsqualität. Pressekonferenz zum Qualitätsmonitor 2019. Online verfügbar unter https://www.aok-bv.de/imperia/md/aokbv/presse/pressemitteilungen/archiv/2018/07_pk_qualitaetsmonitor_2019_statement_rossi_web.pdf, zuletzt geprüft am 10.02.2018.

AQUA-Institut (2010): Geburtshilfe. Indikatoren 2009. Göttingen. Online verfügbar unter https://sqg.de/upload/CONTENT/Themen/2009/Indikatoren_2009_PDF/16n1-GEBH.pdf, zuletzt aktualisiert am 09.03.2010, zuletzt geprüft am 27.12.2018.

AQUA-Institut (2012): Qualitätsreport 2010. AQUA-Institut. Online verfügbar unter http://www.sqg.de/sqg/upload/CONTENT/Qualitaetsberichte/2010/AQUA-Qualitaetsreport-2010.pdf, zuletzt geprüft am 21.04.2019.

AQUA-Institut (2014a): Anwenderinformation QS-Filter. Datensatz Geburtshilfe (16/1). Göttingen. Online verfügbar unter https://www.sqg.de/downloads/2015/V03/Anwenderinformationen/Anwenderinformation_GEB.html, zuletzt aktualisiert am 03.11.2014, zuletzt geprüft am 22.04.2019.

AQUA-Institut (2014b): Anwenderinformation QS-Filter. Datensatz Neonatologie (NEO). Göttingen. Online verfügbar unter https://sqg.de/downloads/2015/V03/Anwenderinformationen/Anwenderinformation_NEO.html, zuletzt aktualisiert am 03.11.2014, zuletzt geprüft am 22.04.2019.

AQUA-Institut (2015): Allgemeine Methoden im Rahmen der sektorenübergreifenden Qualitätssicherung im Gesundheitswesen nach §137a SGB V. Version 4.0. Göttingen. Online verfügbar unter https://sqg.de/sqg/upload/CONTENT/Hintergrund/Methodenpapier/AQUA-Methodenpapier-4.0.pdf, zuletzt aktualisiert am 17.02.2015, zuletzt geprüft am 22.04.2019.

Archampong, David; Borowski, David; Wille-Jorgensen, Peer; Iversen, Lene H. (2012): Workload and surgeon's specialty for outcome after colorectal cancer surgery. In: *The Cochrane database of systematic reviews* 3, CD005391. DOI: 10.1002/14651858.CD005391.pub3.

Aristoteles (Hg.) (2014): Aristoteles: Metaphysik – Die Substanzbücher (Z,H,O). Berlin: Akademie Verlag (Klassiker auslegen, Band 4).

Arkin, Nicole; Lee, Peter H. U.; McDonald, Kathryn; Hernandez-Boussard, Tina (2014): Association of Nurse-to-Patient Ratio with mortality and preventable complications following aortic valve replacement. In: *Journal of cardiac surgery* 29 (2), S. 141–148. DOI: 10.1111/jocs.12284.

Ash, Arlene S.; Shwartz, Michael; Peköz, Erol A. (2013): Comparing Outcomes across Providers. In: Lisa I. Iezzoni (Hg.): Risk adjustment for measuring health care outcomes. Fourth edition. Arlington, VA: AUPHA, S. 335–378.

Auerbach, Andrew D.; Hilton, Joan F.; Maselli, Judith; Pekow, Penelope S.; Rothberg, Michael B.; Lindenauer, Peter K. (2009): Shop for quality or volume? Volume, quality, and outcomes of coronary artery bypass surgery. In: *Annals of internal medicine* 150 (10), S. 696–704.

Auerbach, Andrew D.; Hilton, Joan F.; Maselli, Judith; Pekow, Penelope S.; Rothberg, Michael B.; Lindenauer, Peter K. (2010a): Case volume, quality of care, and care efficiency in coronary artery bypass surgery. In: *Archives of internal medicine* 170 (14), S. 1202–1208. DOI: 10.1001/archinternmed.2010.237.

Auerbach, Andrew D.; Maselli, Judith; Carter, Jonathan; Pekow, Penelope S.; Lindenauer, Peter K. (2010b): The relationship between case volume, care quality, and outcomes of complex cancer surgery. In: *Journal of the American College of Surgeons* 211 (5), S. 601–608. DOI: 10.1016/j.jamcollsurg.2010.07.006.

Augurzky, B.; Kreienberg, R.; Mennicken, R. (2015): Zukunft der stationären Versorgung in Gynäkologie und Geburtshilfe. In: *Gynäkologe* 48 (7), S. 495–500. DOI: 10.1007/s00129-015-3722-z.

Austin, Matthew; Jha, Ashish K.; Romano, Patrick S.; Singer, Sara J.; Vogus, Timothy J.; Wachter, Robert M.; Pronovost, Peter J. (2015): National hospital ratings systems share few common scores and may generate confusion instead of clarity. In: *Health Affairs* 34 (3), S. 423–430. Online verfügbar unter http://content.healthaffairs.org/content/34/3/423, zuletzt geprüft am 21.04.2019.

Balling, Stephan (2017): Finanzierung der Geburtshilfe. Prinzip Zufall darf nicht entscheiden. In: *f & w – führen und wirtschaften im Krankenhaus* (3), S. 216–219.

Bartels, Claus (2016): Qualitätsorientierte Vergütung. Jetzt an die Risikoadjustierung denken! In: *kma* 21 (8), S. 34–35.

Bartels, D. B.; Kreienbrock, L.; Dammann, O.; Wenzlaff, P.; Poets, C. F. (2005): Population based study on the outcome of small for gestational age newborns. In: *Archives of disease in childhood. Fetal and neonatal edition* 90 (1), S. F53–59. DOI: 10.1136/adc.2004.053892.

Bartels, Dorothee B.; Wypij, David; Wenzlaff, Paul; Dammann, Olaf; Poets, Christian F. (2006): Hospital volume and neonatal mortality among very low birth weight infants. In: *Pediatrics* 117 (6), S. 2206–2214. DOI: 10.1542/peds.2005-1624.

Battin, Malcolm R.; Knight, David B.; Kuschel, Carl A.; Howie, Ross N. (2012): Improvement in mortality of very low birthweight infants and the changing pattern of neonatal mortality: the 50-year experience of one perinatal centre. In: *Journal of paediatrics and child health* 48 (7), S. 596–599. DOI: 10.1111/j.1440-1754.2012.02425.x.

Bauer, Jan; Groneberg, David A.; Maier, Werner; Manek, Roxanne; Louwen, Frank; Brüggmann, Dörthe (2017): Accessibility of general and specialized obstetric care providers in Germany and England: an analysis of location and neonatal outcome. In: *International journal of health geographics* 16 (1), S. 16–44. DOI: 10.1186/s12942-017-0116-6.

Baumann, W.; Farin, E.; Menzel-Begemann, A.; Meyer, T. (2016): Memorandum IV. Theoretische und normative Fundierung der Versorgungsforschung. In: *Gesundheitswesen (Bundesverband der Ärzte des Öffentlichen Gesundheitsdienstes (Germany))* 78 (5), S. 337–352. DOI: 10.1055/s-0042-105511.

Bayerische Staatskanzlei (2018): Koalitionsvertrag „Für ein bürgernahes Bayern". München. Online verfügbar unter https://www.bayern.de/staatsregierung/koalitionsvertrag-2018-bis-2023/, zuletzt geprüft am 08.02.2019.

BayernSPD Landesverband (2018): Zukunft im Kopf, Bayern im Herzen. Programm zur Landtagswahl 2018. München. Online verfügbar unter https://bayernspd.de/workspace/media/static/programm_ltw2018-5b27b5e455589.pdf, zuletzt geprüft am 08.02.2019.

Becker, Andreas; Stausberg, Jürgen; Fischer, Burkhard; Carstanjen, Dirk; Weyermann, Maria (2016): Risikoadjustierung von Qualitätsindikatoren. Eine Positionsbestimmung der DKG-Expertengruppe „Qualitätsmessung und Risikoadjustierung". In: *Das Krankenhaus* (11), S. 954–963.

Becker, Helmut E. (2017): Das Sozialwirtschaftliche Sechseck. Grundzüge. In: Helmut E. Becker (Hg.): Das Sozialwirtschaftliche Sechseck. Soziale Organisationen zwischen Ökonomie und Sozialem. 2. Auflage. Wiesbaden: Springer Fachmedien Wiesbaden (Perspektiven Sozialwirtschaft und Sozialmanagement), S. 13–107.

Becker, Jörg; Kugeler, Martin; Rosemann, Michael (Hg.) (2012): Prozessmanagement. Ein Leitfaden zur prozessorientierten Organisationsgestaltung. Siebte, korrigierte und erweiterte Auflage. Berlin, Heidelberg: Springer Gabler.

Becker-Grünig, Tabea; Schneider, Sven; Sonntag, Diana; Jarczok, Marc N.; Philippi, Heike; Bock, Freia de (2016): Elterlicher Sozialstatus und andere Determinanten von Lebensqualität und Verhaltensauffälligkeiten: Eine Analyse deutscher Frühgeborener der Jahrgänge 1987–2004.

In: *Bundesgesundheitsblatt, Gesundheitsforschung, Gesundheitsschutz* 59 (2), S. 166–180. DOI: 10.1007/s00103-015-2276-5.

Behar, Benjamin I.; Guth, Clemens; Salfeld, Rainer (2016): Modernes Krankenhausmanagement. 3. Aufl. Berlin, Heidelberg: Springer.

Berwick, Donald M.; James, Brent; Coye, Molly Joel (2003): Connections between quality measurement and improvement. In: *Medical care* 41 (1 Suppl), S. I30–38.

Bidder, Benjamin; Teevs, Christian (2016): Kleinere Krankenhäuser kosten Patientenleben. Hamburg. Online verfügbar unter http://www.spiegel.de/wirtschaft/soziales/krankenhaeuser-experten-fordern-radikale-klinikschliessungen-a-1118588.html, zuletzt aktualisiert am 27.10.2016, zuletzt geprüft am 03.03.2019.

Billingsley, Kevin G.; Morris, Arden M.; Dominitz, Jason A.; Matthews, Barbara; Dobie, Sharon A.; Barlow, William et al. (2007): Surgeon and hospital characteristics as predictors of major adverse outcomes following colon cancer surgery: understanding the volume-outcome relationship. In: *Archives of surgery (Chicago, Ill.: 1960)* 142 (1), 23–32. DOI: 10.1001/archsurg.142.1.23.

Billingsley, Kevin G.; Morris, Arden M.; Green, Pamela; Dominitz, Jason A.; Matthews, Barbara; Dobie, Sharon A. et al. (2008): Does surgeon case volume influence nonfatal adverse outcomes after rectal cancer resection? In: *Journal of the American College of Surgeons* 206 (6), S. 1167–1177. DOI: 10.1016/j.jamcollsurg.2007.12.042.

Birkmeyer, John D.; Sun, Yating; Goldfaden, Aaron; Birkmeyer, Nancy J. O.; Stukel, Therese A. (2006): Volume and process of care in high-risk cancer surgery. In: *Cancer* 106 (11), S. 2476–2481. DOI: 10.1002/cncr.21888.

Boyce, N. (1996): Using outcome data to measure quality in health care. In: *International journal for quality in health care: journal of the International Society for Quality in Health Care / ISQua* 8 (2), S. 101–104.

Bozic, Kevin J.; Maselli, Judith; Pekow, Penelope S.; Lindenauer, Peter K.; Vail, Thomas P.; Auerbach, Andrew D. (2010): The influence of procedure volumes and standardization of care on quality and efficiency in total joint replacement surgery. In: *The Journal of bone and joint surgery. American volume* 92 (16), S. 2643–2652. DOI: 10.2106/JBJS.I.01477.

BQS (2005): Qualität sichtbar machen. BQS-Qualitätsreport 2004. Düsseldorf. Online verfügbar unter www.bqs-qualitaetsreport.de/2004/ergebnisse/pdf/Langversion-2005-08-01.pdf, zuletzt geprüft am 23.12.2017.

British Association of Perinatal Medicine (2010): Service Standards for hospitals providing neonatal care. London. Online verfügbar unter https://www.bapm.

org/sites/default/files/files/Service_Standards%20for%20Hospitals_Final_Aug2010.pdf, zuletzt geprüft am 29.12.2018.

Bucholz, Emily M.; Butala, Neel M.; Ma, Shuangge; Normand, Sharon-Lise T.; Krumholz, Harlan M. (2016): Life Expectancy after Myocardial Infarction, According to Hospital Performance. In: *New England Journal of Medicine* 375 (14), S. 1332–1342. DOI: 10.1056/NEJMoa1513223.

Bundesministerium für Gesundheit (2019): Eckpunktepapier. Sofortmaßnahmen zur Stärkung der Geburtshilfe. Berlin. Online verfügbar unter https://www.bundesgesundheitsministerium.de/fileadmin/Dateien/3_Downloads/Gesetze_und_Verordnungen/GuV/H/Eckpunktepapier_Sofortmassnahmen_Geburtshilfe.pdf, zuletzt aktualisiert am 02.01.2019, zuletzt geprüft am 13.02.2019.

Bundesverband Das Frühgeborene Kind e.V. (2010): POSITION des Bundesverbandes „Das frühgeborene Kind" e.V. zur Kontroverse um die Einführung höherer Mindestmengen in der Neonatologie für Perinatalzentren Level1. Frankfurt am Main. Online verfügbar unter https://www.fruehgeborene.de/sites/default/files/field_story_file/Position_BV_Mindestmengen_12-10.pdf, zuletzt geprüft am 21.04.2019.

Bündnis 90/Die Grünen Landesverband Bayern (2018): Mit uns die Zukunft! Landtagswahlprogramm Bayern 2018. München. Online verfügbar unter https://gruene-bayern.de/wp-content/uploads/2018/07/B90-DieGruenen-Bayern_Landtagswahlprogramm-2018_BARRIEREFREI.pdf, zuletzt geprüft am 21.04.2019.

Busse, Reinhard; Ganten, Detlev; Huster, Stefan; Reinhardt, Erich R.; Suttorp, Norbert; Wiesing, Urban (2016): Zum Verhältnis von Medizin und Ökonomie im deutschen Gesundheitssystem. 8 Thesen zur Weiterentwicklung zum Wohle der Patienten und der Gesellschaft. Unter Mitarbeit von Reinhard Busse, Detlev Ganten, Stefan Huster, Erich R. Reinhardt, Norbert Suttorp und Urban Wiesing. Hg. v. Jörg Hacker (7). Online verfügbar unter https://www.leopoldina.org/uploads/tx_leopublication/Leo_Diskussion_Medizin_und_Oekonomie_2016.pdf, zuletzt geprüft am 22.04.2019.

Campbell, Katherine H.; Illuzzi, Jessica L.; Lee, Henry C.; Lin, Haiqun; Lipkind, Heather S.; Lundsberg, Lisbet S. et al. (2018): Optimal maternal and neonatal outcomes and associated hospital characteristics. In: *Birth (Berkeley, Calif.)*, S. 1–11. DOI: 10.1111/birt.12400.

Chassin, Mark R.; Galvin, R. W. (1998): The urgent need to improve health care quality. Institute of Medicine National Roundtable on Health Care Quality. In: *JAMA* 280 (11), S. 1000–1005.

Chen, Innie; Opiyo, Newton; Tavender, Emma; Mortazhejri, Sameh; Rader, Tamara; Petkovic, Jennifer et al. (2018): Non-clinical interventions for reducing unnecessary caesarean section. In: *The Cochrane database of systematic reviews* 9, CD005528. DOI: 10.1002/14651858.CD005528.pub3.

Chen, Kesi; Cheung, Kevin; Sosa, Julie A. (2012): Surgeon volume trumps specialty: outcomes from 3596 pediatric cholecystectomies. In: *Journal of pediatric surgery* 47 (4), S. 673–680. DOI: 10.1016/j.jpedsurg.2011.10.054.

Chung, Judith H.; Phibbs, Ciaran S.; Boscardin, W. John; Kominski, Gerald F.; Ortega, Alexander N.; Gregory, Kimberly D.; Needleman, Jack (2011): Examining the effect of hospital-level factors on mortality of very low birth weight infants using multilevel modeling. In: *Journal of perinatology: official journal of the California Perinatal Association* 31 (12), S. 770–775. DOI: 10.1038/jp.2011.29.

Chung, Judith H.; Phibbs, Ciaran S.; Boscardin, W. John; Kominski, Gerald F.; Ortega, Alexander N.; Needleman, Jack (2010): The effect of neonatal intensive care level and hospital volume on mortality of very low birth weight infants. In: *Medical care* 48 (7), S. 635–644. DOI: 10.1097/MLR.0b013e3181dbe887.

Clarke, Sean P.; Donaldson, N. E. (2008): Nurse Staffing and Patient Care Quality and Safety. In: R. G. Hughes (Hg.): Patient Safety and Quality: An Evidence-Based Handbook for Nurses. Rockville (MD): Agency for Healthcare Research and Quality (US), Kapitel 25. Online verfügbar unter https://www.ncbi.nlm.nih.gov/books/NBK2676/, zuletzt geprüft am 15.12.2018.

Cobb, Benjamin T.; Lane-Fall, Meghan B.; Month, Richard C.; Onuoha, Onyi C.; Srinivas, Sindhu K.; Neuman, Mark D. (2019): Anesthesiologist Specialization and Use of General Anesthesia for Cesarean Delivery. In: *Anesthesiology* 130 (2), S. 237–246. DOI: 10.1097/ALN.0000000000002534.

Conrad, Fried (1977): Die Münchner Perinatalstudie. Versuch einer ärztlichen Selbstkontrolle. In: *Deutsches Ärzteblatt* 74 (51), S. 3015–3020. Online verfügbar unter https://www.aerzteblatt.de/archiv/149991/Die-Muenchner-Perinatalstudie, zuletzt geprüft am 21.04.2019.

Corsten, Hans (1985): Die Produktion von Dienstleistungen. Grundzüge einer Produktionswirtschaftslehre des tertiären Sektors. Berlin: Schmidt (Betriebswirtschaftliche Studien, 51).

Cruppé, Werner de; Geraedts, Max (2017): Hospital choice in Germany from the patient's perspective: a cross-sectional study. In: *BMC health services research* 17 (1), S. 720. DOI: 10.1186/s12913-017-2712-3.

Cruppé, Werner de; Malik, Marc; Geraedts, Max (2014): Achieving minimum caseload requirements: an analysis of hospital quality control reports from 2004-2010. In: *Deutsches Ärzteblatt international* 111 (33–34), S. 549–555. DOI: 10.3238/arztebl.2014.0549.

CSU-Landesleitung (2018): Ja zu Bayern. Das Programm zur Bayernwahl der Christlich-Sozialen Union. München. Online verfügbar unter https://www.csu.de/common/csu/content/csu/hauptnavigation/dokumente/2018/CSU-Wahlprogramm_JA_ZU_BAYERN.pdf, zuletzt geprüft am 08.02.2019.

Dahlberg, Unn; Aune, Ingvild (2013): The woman's birth experience. The effect of interpersonal relationships and continuity of care. In: *Midwifery* 29 (4), S. 407–415. DOI: 10.1016/j.midw.2012.09.006.

Dahlen, Hannah G.; Tracy, Sally; Tracy, Mark; Bisits, Andrew; Brown, Chris; Thornton, Charlene (2014): Rates of obstetric intervention and associated perinatal mortality and morbidity among low-risk women giving birth in private and public hospitals in NSW (2000-2008): a linked data population-based cohort study. In: *BMJ open* 4 (5), e004551. DOI: 10.1136/bmjopen-2013-004551.

David, R. J.; Siegel, E. (1983): Decline in neonatal mortality, 1968 to 1977: better babies or better care? In: *Pediatrics* 71 (4), S. 531–540.

Della Forster, A.; McLachlan, Helen L.; Davey, Mary-Ann; Biro, Mary Anne; Farrell, Tanya; Gold, Lisa et al. (2016): Continuity of care by a primary midwife (caseload midwifery) increases women's satisfaction with antenatal, intrapartum and postpartum care: results from the COSMOS randomised controlled trial. In: *BMC pregnancy and childbirth* 16, S. 28. DOI: 10.1186/s12884-016-0798-y.

Deutsche Gesellschaft für Gynäkologie und Geburtshilfe (1995): Mindestanforderungen an prozessuale, strukturelle und organisatorische Voraussetzungen für geburtshilfliche Abteilungen. In: *Der Frauenarzt* 36 (1), S. 27–28. Online verfügbar unter https://www.awmf.org/fileadmin/user_upload/Die_AWMF/Service/Gesamtarchiv/QS-Empfehlung/Mindesanforderungen_fuer_geburtshilfliche_Abteilungen.pdf, zuletzt geprüft am 13.04.2019.

Deutsche Gesellschaft für Gynäkologie und Geburtshilfe; Arbeitsgemeinschaft Medizinrecht (2010): S1-Leitlinie: Absolute und relative Indikationen zur Sectio caesarea. AWMF Registernummer: 015/054. Berlin. Online verfügbar unter https://www.dggg.de/fileadmin/documents/leitlinien/archiviert/federfuehrend/015054_Absolute_und_relative_Indikationen_zur_Sectio_caesarea/015054_2010.pdf, zuletzt aktualisiert am 08/2010, zuletzt geprüft am 13.04.2019.

Deutsche Gesellschaft für Neonatologie und Pädiatrische Intensivmedizin; Deutsche Gesellschaft für Gynäkologie und Geburtshilfe, Deutsche Gesellschaft für Kinderheilkunde und Jugendmedizin; Deutsche Gesellschaft für Perinatale Medizin (1996): S1-Leitlinie: Verlegung von Früh- und Reifgeborenen in Krankenhäuser der adäquaten Versorgungsstufe. AWMF-Registernummer: 024/002. Berlin. Online verfügbar unter http://www.awmf.org/

uploads/tx_szleitlinien/024-002l_S1_Verlegung_von_Früh-_und_Reifgeborenen_in_Krankenhäuser_der_adäquaten_Versorgungsstufe_2013-04.pdf, zuletzt aktualisiert am 01.04.2013, zuletzt geprüft am 13.12.2017.

Deutsche Gesellschaft für Perinatale Medizin (2016): S1-Leitlinie 087-001: Empfehlungen für die strukturellen Voraussetzungen der perinatologischen Versorgung in Deutschland. In: *Anästhesiologie und Intensivmedizin* 57 (07/08), S. 465–471. Online verfügbar unter https://www.awmf.org/uploads/tx_szleitlinien/087-001l_S1_Perinatologische_Versorgung_2015-05.pdf, zuletzt geprüft am 13.04.2019.

Deutsche Krankenhausgesellschaft (2012): Datenübermittlung nach § 301 Abs. 3 SGB V. 10. Fortschreibung ergänzt um Festlegungen der Vereinbarung nach § 120 Abs. 3 SGB V. Online verfügbar unter http://www.dkgev.de/media/file/11433.RS134-12_Anlage2-SGBV_v301_ges_korr2.pdf, zuletzt aktualisiert am 01.01.2012, zuletzt geprüft am 06.05.2018.

Deutsche Krankenhausgesellschaft (2014): 42 Prozent der Krankenhäuser machen Verluste. DKG zum Krankenhaus-Barometer 2014. Berlin. Online verfügbar unter https://www.dkgev.de/dkg.php/cat/38/aid/12712, zuletzt geprüft am 30.01.2019.

Deutscher Bundestag, 16. Wahlperiode (2007): Bericht des Ausschusses für Gesundheit (14. Ausschuss). Drucksache 16/4247. Berlin. Online verfügbar unter http://dipbt.bundestag.de/dip21/btd/16/042/1604247.pdf, zuletzt geprüft am 21.04.2019.

Deutscher Bundestag, 18. Wahlperiode (2016): Beschlussempfehlung und Bericht des Ausschusses für Gesundheit (14. Ausschuss). Drucksache 18/6586. Berlin. Online verfügbar unter http://dipbt.bundestag.de/dip21/btd/18/065/1806586.pdf.

Deutscher Bundestag, 19. Wahlperiode (2018): Antwort der Bundesregierung auf die Kleine Anfrage der Abgeordneten Dr. Kirsten Kappert-Gonther, Annalena Baerbock, Katja Dörner, weiterer Abgeordneter und der Fraktion BÜNDNIS 90/DIE GRÜNEN. Drucksache 19/1619. Angebote für klinische und außerklinische Geburtshilfe in Deutschland. Berlin. Online verfügbar unter http://dipbt.bundestag.de/dip21/btd/19/019/1901924.pdf, zuletzt geprüft am 22.01.2019.

Deutsches Ärzteblatt (2016): Sterblichkeit ist in Krankenhäusern höher, die Mindestmengen-vorgaben nicht einhalten. Online verfügbar unter https://www.aerzteblatt.de/nachrichten/70761/Sterblichkeit-ist-in-Krankenhaeusern-hoeher-die-Mindestmengenvorgaben-nicht-einhalten, zuletzt geprüft am 21.04.2019.

Deutsches Netzwerk Versorgungsforschung (2016): Stellungnahme des Deutschen Netzwerk Versorgungsforschung (DNVF) e.V. zum Vorbericht

Planungsrelevante Qualitätsindikatoren des Institutes für Qualitätssicherung und Transparenz im Gesundheitswesen (IQTIG) in der Fassung vom 18.7.2016 gemäß Auftrag des Gemeinsamen Bundesausschusses vom 17.3.2016. Köln. Online verfügbar unter http://www.netzwerk-versorgungsforschung.de/uploads/Stellungnahmen/DNVF-Stellungnahme_IQTIG_PlanQI.pdf, zuletzt aktualisiert am 30.07.2016, zuletzt geprüft am 22.04.2019.

Dickstein, Rian J.; Barone, Joseph G.; Liao, J. G.; Burd, Randall S. (2006): The effect of surgeon volume and hospital characteristics on in-hospital outcome after ureteral reimplantation in children. In: *Pediatric surgery international* 22 (5), S. 417–421. DOI: 10.1007/s00383-006-1679-7.

Dimick, Justin B.; Welch, Gilbert; Birkmeyer, John D. (2004): Surgical mortality as an indicator of hospital quality. The problem with small sample size. In: *JAMA* 292 (7), S. 847–851. DOI: 10.1001/jama.292.7.847.

DIN Deutsches Institut für Normung e. V. (104): Qualitätsmanagementsysteme – Grundlagen und Begriffe (ISO 9000:2015). Deutsche und Englische Fassung EN ISO 9000:2015. Berlin.

Doebler, Klaus; Geraedts, Max (2018): Ausgewogenheit der Qualitätsindikatorensets der externen Qualitätssicherung nach §136 SGB V. In: *Zeitschrift für Evidenz, Fortbildung und Qualität im Gesundheitswesen* 134, S. 9–17. DOI: 10.1016/j.zefq.2017.11.004.

Doelfs, Guntram (2018): Pflegeuntergrenzen. Klinikträger fordern Aussetzung. In: *kma* 23 (12), S. 40–41.

Donabedian, Avedis (1966): Evaluating the quality of medical care. In: *The Milbank Memorial Fund quarterly* 44 (3), 166–206.

Donabedian, Avedis (2003): An introduction to quality assurance in health care. Oxford [u.a]: Oxford University Press.

Doubilet, P. M.; Benson, C. B.; Nadel, A. S.; Ringer, S. A. (1997): Improved birth weight table for neonates developed from gestations dated by early ultrasonography. In: *Journal of ultrasound in medicine: official journal of the American Institute of Ultrasound in Medicine* 16 (4), S. 241–249.

Du Prel, Jean-Baptist; Röhrig, Bernd; Hommel, Gerhard; Blettner, Maria (2010): Choosing statistical tests: part 12 of a series on evaluation of scientific publications. In: *Deutsches Ärzteblatt international* 107 (19), S. 343–348. DOI: 10.3238/arztebl.2010.0343.

Dudenhausen, J. W.; Milz, T. (2007): Consequences of intrauterine acidosis for early morbidity of term newborn infants. In: *Zeitschrift für Geburtshilfe und Neonatologie* 211 (4), S. 153–156. DOI: 10.1055/s-2007-960701.

Durand, Wesley M.; Johnson, Joseph R.; Li, Neill Y.; Yang, JaeWon; Eltorai, Adam E. M.; DePasse, J. Mason; Daniels, Alan H. (2018): Hospital competitive intensity and perioperative outcomes following lumbar spinal fusion. In: *The spine journal: official journal of the North American Spine Society* 18 (4), S. 626–631. DOI: 10.1016/j.spinee.2017.08.256.

Edstedt Bonamy, Anna Karin; Zeitlin, Jennifer; Piedvache, Aurélie; Maier, Rolf F.; van Heijst, Arno; Varendi, Heili et al. (2019): Wide variation in severe neonatal morbidity among very preterm infants in European regions. In: *Archives of disease in childhood. Fetal and neonatal edition* 104 (1), S. F36–F45. DOI: 10.1136/archdischild-2017-313697.

Eichhorn, Siegfried (1997): Integratives Qualitätsmanagement im Krankenhaus. Konzeption und Methoden eines qualitäts- und kostenintegrierten Krankenhausmanagements. Stuttgart: Kohlhammer (Kohlhammer Krankenhaus).

Eichhorn, Siegfried; Oswald, Julia (2017): Grundlagen der Krankenhaus-Managementlehre. In: Julia Oswald, Barbara Schmidt-Rettig und Siegfried Eichhorn (Hg.): Krankenhaus-Managementlehre. Theorie und Praxis eines integrierten Konzepts. Stuttgart: Kohlhammer, S. 103–147.

Elting, Linda S.; Pettaway, Curtis; Bekele, B. Nebiyou; Grossman, H. Barton; Cooksley, Catherine; Avritscher, Elenir B. C. et al. (2005): Correlation between annual volume of cystectomy, professional staffing, and outcomes: a statewide, population-based study. In: *Cancer* 104 (5), S. 975–984. DOI: 10.1002/cncr.21273.

Emmert, Martin; Hessemer, Stefanie; Meszmer, Nina; Sander, Uwe (2014): Do German hospital report cards have the potential to improve the quality of care? In: *Health Policy* 118 (3), S. 386–395. DOI: 10.1016/j.healthpol.2014.07.006.

Emmert, Martin; Meszmer, Nina; Jablonski, Lisa; Zinth, Lena; Schöffski, Oliver; Taheri-Zadeh, Fatemeh (2017a): Public release of hospital quality data for referral practices in Germany: results from a cluster-randomised controlled trial. In: *Health economics review* 7 (1), S. 33. DOI: 10.1186/s13561-017-0171-5.

Emmert, Martin; Taheri-Zadeh, Fatemeh; Kolb, Benjamin; Sander, Uwe (2017b): Public reporting of hospital quality shows inconsistent ranking results. In: *Health Policy* 121 (1), S. 17–26.

Erickson, Kevin F.; Zheng, Yuanchao; Ho, Vivian; Winkelmayer, Wolfgang C.; Bhattacharya, Jay; Chertow, Glenn M. (2018): Market Competition and Health Outcomes in Hemodialysis. In: *Health services research* 53 (5), S. 3680–3703. DOI: 10.1111/1475-6773.12835.

Esser, Melanie; Lack, Nicholas; Riedel, Christina; Mansmann, Ulrich; Kries, Ruediger von (2014): Relevance of hospital characteristics as performance indicators for treatment of very-low-birth-weight neonates. In: *European journal of public health* 24 (5), S. 739–744. DOI: 10.1093/eurpub/ckt176.

Fahlenbrach, Claus; Poppinga, Britta (2019): Umsetzungsstand der planungsrelevanten Qualitätsindikatoren. In: Franz Dormann, Jürgen Klauber und Ralf Kuhlen (Hg.): Qualitätsmonitor 2019. Berlin: MWV Medizinisch Wissenschaftliche Verlagsgesellschaft (Qualitätsmonitor), S. 33–45.

Faktenkontor GmbH (2018): Kriterien bei der Klinikwahl. Bevölkerungsbefragung August 2018. Asklepios Kliniken. Beziehbar auf Anfrage an presse@asklepios.com.

Färber, Robert (2004): Qualitätsmanagement- und Zertifizierungsmethoden im Krankenhaus. Ein Handlungsleitfaden. Düsseldorf: Krankenhausgesellschaft Nordrhein-Westfalen.

Faridi, Andree; Willis, Stefan; Schumpelick, Volker; Rath, Werner (2002): Anale Inkontinenz nach vaginaler Geburt. Ein Argument für den Kaiserschnitt auf Wunsch? In: *Deutsches Ärzteblatt* 99 (1–2), S. A42–A48. Online verfügbar unter https://www.aerzteblatt.de/archiv/30024/Anale-Inkontinenz-nach-vaginaler-Geburt-Ein-Argument-fuer-den-Kaiserschnitt-auf-Wunsch, zuletzt geprüft am 19.01.2019.

Fawsitt, Christopher Godfrey; Bourke, Jane; Lutomski, Jennifer E.; Meaney, Sarah; McElroy, Brendan; Murphy, Rosemary; Greene, Richard Anthony (2017): What women want: Exploring pregnant women's preferences for alternative models of maternity care. In: *Health policy (Amsterdam, Netherlands)* 121 (1), S. 66–74. DOI: 10.1016/j.healthpol.2016.10.010.

Finnström, Orvar; Berg, Göran; Norman, Anna; Olausson, Petra Otterblad (2006): Size of delivery unit and neonatal outcome in Sweden. A catchment area analysis. In: *Acta Obstet Gynecol Scand* 85 (1), S. 63–67. DOI: 10.1080/00016340500324225.

Fleßa, Steffen; Greiner, Wolfgang (2013): Grundlagen der Gesundheitsökonomie. Eine Einführung in das wirtschaftliche Denken im Gesundheitswesen. 3., überarbeitete Aufl. 2013. Berlin, Heidelberg, s.l.: Springer (Springer-Lehrbuch).

Floris, Lucia; Irion, Olivier; Bonnet, Jocelyne; Politis Mercier, Maria-Pia; Labrusse, Claire de (2018): Comprehensive maternity support and shared care in Switzerland: Comparison of levels of satisfaction. In: *Women and birth: journal of the Australian College of Midwives* 31 (2), S. 124–133. DOI: 10.1016/j.wombi.2017.06.021.

Freeman, James V.; Wang, Yongfei; Curtis, Jeptha P.; Heidenreich, Paul A.; Hlatky, Mark A. (2012): Physician procedure volume and complications of cardioverter-defibrillator implantation. In: *Circulation* 125 (1), S. 57–64. DOI: 10.1161/CIRCULATIONAHA.111.046995.

Freeman, Lesa M. (2006): Continuity of carer and partnership. A review of the literature. In: *Women and birth: journal of the Australian College of Midwives* 19 (2), S. 39–44. DOI: 10.1016/j.wombi.2006.05.002.

Freie Demokraten Partei (FDP) FDP Landesverband Bayern (2018): Wahlprogramm. Frisches Bayern. München. Online verfügbar unter https://www.fdp-bayern.de/wp-content/uploads/2018/06/180621-LTW-Programm.pdf, zuletzt geprüft am 21.04.2019.

Friedman, Alexander M.; Ananth, Cande V.; Huang, Yongmei; D'Alton, Mary E.; Wright, Jason D. (2016): Hospital delivery volume, severe obstetrical morbidity, and failure to rescue. In: *American journal of obstetrics and gynecology* 215 (6), S. 795.e1–795.e14. DOI: 10.1016/j.ajog.2016.07.039.

Fung, Constance H.; Lim, Yee-Wei; Mattke, Soeren; Damberg, Cheryl; Shekelle, Paul G. (2008): Systematic review: the evidence that publishing patient care performance data improves quality of care. In: *Annals of internal medicine* 148 (2), S. 111–123.

Gamaleldin, Islam; Harding, David; Siassakos, Dimitrios; Draycott, Tim; Odd, David (2019): Significant intraventricular hemorrhage is more likely in very preterm infants born by vaginal delivery: a multi-centre retrospective cohort study. In: *The journal of maternal-fetal & neonatal medicine: the official journal of the European Association of Perinatal Medicine, the Federation of Asia and Oceania Perinatal Societies, the International Society of Perinatal Obstetricians* 32 (3), S. 477–482. DOI: 10.1080/14767058.2017.1383980.

Gandjour, Afschin; Bannenberg, Angelika; Lauterbach, Karl W. (2003): Threshold volumes associated with higher survival in health care: a systematic review. In: *Medical care* 41 (10), S. 1129–1141. DOI: 10.1097/01.MLR.0000088301.06323.CA.

Gemeinsamer Bundesausschuss (2013): Eckpunkte zu einem gemeinsamen Verständnis und Handlungsempfehlungen zur sektorenübergreifenden Qualitätssicherung. Berlin. Online verfügbar unter https://www.g-ba.de/downloads/17-98-3536/Eckpunkte-Handlungsempfehlungen-sQS.pdf, zuletzt geprüft am 22.04.2019.

Gemeinsamer Bundesausschuss (2015): Tragende Gründe zum Beschlussentwurf des Gemeinsamen Bundesausschusses über eine Änderung der Qualitätssicherungsrichtlinie Früh- und Reifgeborene: Änderung der Anlagen 2 und 3. Berlin. Online verfügbar unter https://www.g-ba.de/downloads/40-268-3391/2015-09-17_QFR-RL_Aenderung-Anlagen2-3_TrG.pdf, zuletzt geprüft am 10.01.2019.

Gemeinsamer Bundesausschuss (2016a): Beschluss des Gemeinsamen Bundesausschusses über die Liste der Qualitätsindikatoren gemäß § 136c Abs. 1 SGB V: Liste planungsrelevanter Qualitätsindikatoren. Berlin. Online verfügbar unter https://www.g-ba.de/downloads/39-261-2816/2016-12-15_PlanQI-RL_Liste-planQI_BAnz.pdf, zuletzt geprüft am 21.04.2019.

Gemeinsamer Bundesausschuss (2016b): Glossar. Berlin. Online verfügbar unter https://www.g-ba.de/downloads/17-98-4124/2016-06-16_Erlaeuterung-Qb-R_Glossar.pdf, zuletzt aktualisiert am 01.01.2016, zuletzt geprüft am 22.04.2019.

Gemeinsamer Bundesausschuss (2016c): Qualitätsberichte der Krankenhäuser. Was sie bieten und wie sie sich nutzen lassen. Berlin. Online verfügbar unter https://www.g-ba.de/downloads/17-98-4123/2016-06-16_Erlaeuterung-Qb-R_Langfassung.pdf, zuletzt aktualisiert am 01.01.2016, zuletzt geprüft am 22.04.2019.

Gemeinsamer Bundesausschuss (2016d): Regelungen des Gemeinsamen Bundesausschusses gemäß § 136b Absatz 1 Satz 1 Nummer 3 SGB V über Inhalt, Umfang und Datenformat eines strukturierten Qualitätsberichts für nach § 108 SGB V zugelassene Krankenhäuser. Anhang 1 zu Anlage 1: Datensatzbeschreibung für das Berichtsjahr 2015. Online verfügbar unter https://www.g-ba.de/downloads/62-492-1235/Qb-R_2016-07-21_iK_2016-08-06.pdf, zuletzt aktualisiert am 21.07.2016, zuletzt geprüft am 22.04.2019.

Gemeinsamer Bundesausschuss (2016e): Regelungen des Gemeinsamen Bundesausschusses gemäß § 136b Absatz 1 Satz 1 Nummer 3 SGB V über Inhalt, Umfang und Datenformat eines strukturierten Qualitätsberichts für nach § 108 SGB V zugelassene Krankenhäuser. Anlage 1: Inhalt, Umfang und Datenformat eines strukturierten Qualitätsberichts für das Berichtsjahr 2015. Online verfügbar unter https://www.g-ba.de/downloads/62-492-1235/Qb-R_2016-07-21_iK_2016-08-06.pdf, zuletzt aktualisiert am 21.07.2016, zuletzt geprüft am 22.04.2019.

Gemeinsamer Bundesausschuss (2016f): Servicedateien 2015. XML-Schemadatei zur Datensatzbeschreibung von Teil C-1. Berlin. Online verfügbar unter https://www.g-ba.de/downloads/17-98-4132/8_2_2016-09-07_Qb-2015_XML-Schemadatei-C1.xsd, zuletzt geprüft am 22.04.2019.

Gemeinsamer Bundesausschuss (2017a): Marienhospital Steinfurt. Lesbare Version der an die Annahmestelle übermittelten XML-Daten des strukturierten Qualitätsberichts nach § 136b Abs. 1 Satz 1 Nr. 3 SGB V über das Jahr 2015. Berlin. Online verfügbar unter https://g-ba-qualitaetsberichte.de/api/download/260550938-99-2015-xml.pdf, zuletzt geprüft am 05.01.2019.

Gemeinsamer Bundesausschuss (2017b): Mindestmengenregelungen für stationäre Leistungen grundlegend überarbeitet. Berlin. Online verfügbar unter https://www.g-ba.de/downloads/34-215-715/42_2017-11-17_Mm-R_Aenderungen.pdf, zuletzt geprüft am 22.04.2019.

Gemeinsamer Bundesausschuss (2017c): Pressemitteilung Nr. 19 / 2017. Qualitätsindikatoren für die Krankenhausplanung: IQTIG mit Konzept für Neu- und Weiterentwicklung beauftragt. Berlin. Online verfügbar unter https://www.g-ba.de/downloads/34-215-689/19_2017-05-18_Beauftragung_IQTIG_PlanQI.pdf, zuletzt aktualisiert am 18.05.2017, zuletzt geprüft am 22.04.2019.

Gemeinsamer Bundesausschuss (2019a): Beschluss des Gemeinsamen Bundesausschusses über eine Beauftragung des IQTIG gem. § 137a Absatz 3 Satz 2 Nr. 5 SGB V: Veröffentlichung von einrichtungsbezogenen vergleichenden risikoadjustierten Übersichten über die Qualität in maßgeblichen Bereichen der stationären Versorgung. Berlin. Online verfügbar unter https://www.g-ba.de/downloads/39-261-3650/2019-01-17_IQTIG-Beauftragung_Veroeffentlichung-Uebersichten-stationaer.pdf, zuletzt aktualisiert am 17.01.2019, zuletzt geprüft am 19.02.2019.

Gemeinsamer Bundesausschuss (2019b): G-BA beschließt Grundsätze zur Förderung der Qualität und Durchsetzung von Qualitätsanforderungen. Berlin. Online verfügbar unter https://www.g-ba.de/downloads/34-215-792/09_2019-04-18_Ersfassung_QFD.pdf, zuletzt geprüft am 18.04.2019.

Ghaferi, Amir A.; Birkmeyer, John D.; Dimick, Justin B. (2011): Hospital volume and failure to rescue with high-risk surgery. In: *Medical care* 49 (12), S. 1076–1081. DOI: 10.1097/MLR.0b013e3182329b97.

GKV-Spitzenverband; Sozialversicherung für Landwirtschaft, Forsten und Gartenbau; Knappschaft_Bahn-See; Deutsche Rentenversicherung Bund; Deutsche gesetzliche Untfallversicherung; Bundesagentur für Arbeit (2015): Gemeinsames Rundschreiben Institutionskennzeichen (IK). Online verfügbar unter https://www.gkv-datenaustausch.de/media/dokumente/faq/Gemeinsames_Rundschreiben_IK_2015-03.pdf, zuletzt aktualisiert am 24.03.2015, zuletzt geprüft am 22.04.2019.

Glance, Laurent G.; Kellermann, Arthur L.; Osler, Turner M.; Li, Yue; Li, Wenjun; Dick, Andrew W. (2016): Impact of Risk Adjustment for Socioeconomic Status on Risk-adjusted Surgical Readmission Rates. In: *Annals of surgery* 263 (4), S. 698–704. DOI: 10.1097/SLA.0000000000001363.

Goedereis, Klaus; Bracht, Matthias (2017): Angebotspolitik und Leistungsplanung. In: Julia Oswald, Barbara Schmidt-Rettig und Siegfried Eichhorn (Hg.): Krankenhaus-Managementlehre. Theorie und Praxis eines integrierten Konzepts. Stuttgart: Kohlhammer, S. 468–508.

Goldberger, Zachary D.; Nallamothu, Brahmajee K. (2010): Hospital specialization for coronary artery bypass grafting: anything special about it?

In: *Circulation. Cardiovascular quality and outcomes* 3 (6), S. 571–572. DOI: 10.1161/CIRCOUTCOMES.110.959296.

Gourevitch, Rebecca A.; Mehrotra, Ateev; Galvin, Grace; Karp, Melinda; Plough, Avery; Shah, Neel T. (2017): How do pregnant women use quality measures when choosing their obstetric provider? In: *Birth (Berkeley, Calif.)* 44 (2), S. 120–127. DOI: 10.1111/birt.12273.

Grandi, Carlos; González, Alvaro; Meritano, Javier (2010): Riesgo de morbimortalidad neonatal de recién nacidos < 1500 g asociado al volumen de pacientes, personal médico y de enfermería: una investigación multicéntrica latinoamericana. In: *Archivos argentinos de pediatria* 108 (6), S. 499–510. DOI: 10.1590/S0325-00752010000600005.

Grobman, William A.; Bailit, Jennifer; Sandoval, Grecio; Reddy, Uma M.; Wapner, Ronald J.; Varner, Michael W. et al. (2018): The Association of Decision-to-Incision Time for Cesarean Delivery with Maternal and Neonatal Outcomes. In: *American journal of perinatology* 35 (3), S. 247–253. DOI: 10.1055/s-0037-1606641.

Grönroos, Christian (1984): A Service Quality Model and its Marketing implications. In: *European Journal of Marketing* 18 (4), S. 36–44.

Grüning, Thilo (2017): Qualitätssicherungs-Richtlinie Früh- und Reifgeborene. Die aktuellen G-BA-Beschlüsse zu den Personalanforderungen in der Pflege. In: *Das Krankenhaus* (11), S. 934–942.

Grytten, Jostein; Monkerud, Lars; Skau, Irene; Eskild, Anne; Sørensen, Rune J.; Saugstad, Ola Didrik (2017): Saving Newborn Babies – The Benefits of Interventions in Neonatal Care in Norway over More Than 40 Years. In: *Health economics* 26 (3), S. 352–370. DOI: 10.1002/hec.3314.

Guida, Pietro; Iacoviello, Massimo; Passantino, Andrea; Scrutinio, Domenico (2018): Measures of hospital competition and their impact on early mortality for congestive heart failure, acute myocardial infarction and cardiac surgery. In: *International journal for quality in health care: journal of the International Society for Quality in Health Care / ISQua*, mzy220. DOI: 10.1093/intqhc/mzy220.

Gutenberg, Erich (1983): Grundlagen der Betriebswirtschaftslehre. 24., unveränd. Aufl. Berlin: Springer.

Haist, Fritz; Fromm, Hansjörg (1991): Qualität im Unternehmen. 2. Aufl. München u.a.: Hanser.

Halm, Ethan A.; Lee, Clara; Chassin, Mark R. (2002): Is volume related to outcome in health care? A systematic review and methodologic critique of the literature. In: *Annals of internal medicine* 137 (6), S. 511–520.

Hamilton, K. E.; Redshaw, M. E.; Tarnow-Mordi, W. (2007): Nurse staffing in relation to risk-adjusted mortality in neonatal care. In: *Archives of disease in childhood. Fetal and neonatal edition* 92 (2), S. F99–F103. DOI: 10.1136/adc.2006.102988.

Hansen, Anne Kirkeby; Wisborg, Kirsten; Uldbjerg, Niels; Henriksen, Tine Brink (2008): Risk of respiratory morbidity in term infants delivered by elective caesarean section. Cohort study. In: *BMJ (Clinical research ed.)* 336 (7635), S. 85–87. DOI: 10.1136/bmj.39405.539282.BE.

Haubrock, Manfred (2018): Qualitätsmanagement. In: Manfred Haubrock und Michael Herrmann (Hg.): Betriebswirtschaft und Management in der Gesundheitswirtschaft. 6., vollständig überarbeitete und erweiterte Auflage. Bern: Hogrefe vorm. Verlag Hans Huber, S. 551–575.

Hecken, Josef (2018): Medizinprodukte: Neue regulatorische Ansätze. Lehrstuhl VWL III. Universität Bayreuth, 31.10.2018.

Heller, Günther (2005): Gibt es einen Volume-Outcome-Zusammenhang bei der Versorgung von Neugeborenen mit sehr niedrigem Geburtsgewicht in Deutschland? Eine Analyse mit Routinedaten. Wissenschaftliches Institut der AOK (WIdO). Bonn. Online verfügbar unter https://www.aok-gesundheitspartner.de/imperia/md/gpp/bund/krankenhaus/qualitaetssicherung/mindestmengen/neugeborenenstudie_30_03_2005.pdf, zuletzt geprüft am 22.04.2019.

Heller, Günther (2014): Qualitätsmessung und Qualitätsvergleich in der Gesundheitsversorgung. In: Norbert Roeder, Peter Hensen und Dominik Franz (Hg.): Gesundheitsökonomie, Gesundheitssystem und öffentliche Gesundheitspflege. Ein praxisorientiertes Kurzlehrbuch; mit 39 Tabellen. 2., aktualisierte Aufl. Köln: Dt. Ärzte-Verl., S. 162–174.

Heller, Günther (2018): Optionen der Regionalisierung der Frühgeborenenversorgung: Mindestmengen und Ergebnisqualität – Analysen zu Volume-Outcome-Zusammenhängen und zur Auswirkung einer Einführung von Mindestmengen im Vergleich zu einer Planung über Ergebnisqualität. In: Franz Dormann, Jürgen Klauber und Ralf Kuhlen (Hg.): Qualitätsmonitor 2018. Berlin, Berlin: MWV Medizinisch Wissenschaftliche Verlagsgesellschaft, S. 85–102.

Heller, Günther; Bauer, Erik; Schill, Stefanie; Thomas, Teresa; Louwen, Frank; Wolff, Friedrich et al. (2017): Decision-to-Delivery Time and Perinatal Complications in Emergency Cesarean Section. In: *Deutsches Ärzteblatt international* 114 (35–36), S. 589–596. DOI: 10.3238/arztebl.2017.0589.

Heller, Günther; Borge, Björn; Szecsenyi, Joachim (2014): Spezielle Methoden, Instrumente und Anwendungen. Nutzung von Sekundärdaten in der gesetzlichen Qualitätssicherung. In: Enno Swart, Peter Ihle, Holger Gothe und

David Matusiewicz (Hg.): Routinedaten im Gesundheitswesen. Handbuch Sekundärdatenanalyse: Grundlagen, Methoden und Perspektiven. 2., vollst. überarb. Aufl. Bern: Verlag Hans Huber (Programmbereich Gesundheit), S. 460–485.

Heller, Günther; Günster, Christian; Misselwitz, B.; Feller, A.; Schmidt, S. (2007): Annual patient volume and survival of very low birth weight infants (VLBWs) in Germany – a nationwide analysis based on administrative data. In: *Zeitschrift für Geburtshilfe und Neonatologie* 211 (3), S. 123–131. DOI: 10.1055/s-2007-960747.

Heller, Günther; Richardson, Douglas K.; Schnell, Rainer; Misselwitz, Björn; Künzel, Wolfgang; Schmidt, Stephan (2002): Are we regionalized enough? Early-neonatal deaths in low-risk births by the size of delivery units in Hesse, Germany 1990-1999. In: *International journal of epidemiology* 31 (5), S. 1061–1068.

Hemminki, E.; Heino, A.; Gissler, M. (2011): Should births be centralised in higher level hospitals? Experiences from regionalised health care in Finland. In: *BJOG: an international journal of obstetrics and gynaecology* 118 (10), S. 1186–1195. DOI: 10.1111/j.1471-0528.2011.02977.x.

Hensen, Peter (2014): Qualitäts- und Leistungsberichte. In: Norbert Roeder, Peter Hensen und Dominik Franz (Hg.): Gesundheitsökonomie, Gesundheitssystem und öffentliche Gesundheitspflege. Ein praxisorientiertes Kurzlehrbuch; mit 39 Tabellen. 2., aktualisierte Aufl. Köln: Dt. Ärzte-Verl., S. 175–183.

Hensen, Peter (2016): Qualitätsmanagement im Gesundheitswesen. Grundlagen für Studium und Praxis. Wiesbaden: Springer Gabler (Lehrbuch).

Hentschel, Roland; Guenther, Kilian; Vach, Werner; Bruder, Ingo (2018): Risk-adjusted mortality of VLBW infants in high-volume versus low-volume NICUs. In: *Archives of disease in childhood. Fetal and neonatal edition*. DOI: 10.1136/archdischild-2018-314956.

Hentschker, Corinna; Mennicken, Roman (2014): Selective-referral and unobserved patient heterogeneity. Bias in the volume-outcome relationship; conference paper. Jahrestagung des Vereins für Socialpolitik: Evidenzbasierte Wirtschaftspolitik. Kiel und Hamburg (Beiträge zur Jahrestagung des Vereins für Socialpolitik 2014 Session). Online verfügbar unter http://hdl.handle.net/10419/100299, zuletzt geprüft am 22.04.2019.

Hentschker, Corinna; Mennicken, Roman (2015): The volume-outcome relationship and minimum volume standards. Empirical evidence for Germany. In: *Health economics* 24 (6), S. 644–658.

Hentschker, Corinna; Mennicken, Roman; Reifferscheid, Antonius; Thomas, Dominik; Wasem, Jürgen; Wübker, Ansgar (2016): Der kausale Zusammenhang zwischen Zahl der Fälle und Behandlungsqualität in der

Krankenhausversorgung. Essen: Rheinisch-Westfälisches Institut für Wirtschaftsforschung (Materialien / RWI Diskussionspapier, Heft 101).

Herkner, Harald; Müllner, Marcus (2011): Erfolgreich wissenschaftlich arbeiten in der Klinik. Grundlagen, Interpretation und Umsetzung: Evidence Based Medicine. Dritte, überarbeitete und erweiterte Auflage. Vienna: Springer-Verlag Vienna.

Hermeling, P.; Geraedts, Max (2013): Kennen und nutzen Ärzte den strukturierten Qualitätsbericht? In: *Gesundheitswesen (Bundesverband der Ärzte des Öffentlichen Gesundheitsdienstes (Germany))* 75 (3), S. 155–159. DOI: 10.1055/s-0032-1321744.

Hickey, Patricia; Gauvreau, Kimberlee; Connor, Jean; Sporing, Eileen; Jenkins, Kathy (2010): The relationship of nurse staffing, skill mix, and Magnet recognition to institutional volume and mortality for congenital heart surgery. In: *The Journal of nursing administration* 40 (5), S. 226–232. DOI: 10.1097/NNA.0b013e3181da3f71.

Hollenbeck, Brent K.; Daignault, Stephanie; Dunn, Rodney L.; Gilbert, Scott M.; Weizer, Alon Z.; Miller, David C. (2007a): Getting under the hood of the volume-outcome relationship for radical cystectomy. In: *The Journal of urology* 177 (6), S. 2095–2099. DOI: 10.1016/j.juro.2007.01.153.

Hollenbeck, Brent K.; Wei, Yongliang; Birkmeyer, John D. (2007b): Volume, process of care, and operative mortality for cystectomy for bladder cancer. In: *Urology* 69 (5), S. 871–875. DOI: 10.1016/j.urology.2007.01.040.

Holmgren, Calla; Scott, James R.; Porter, T. Flint; Esplin, M. Sean; Bardsley, Tyler (2012): Uterine rupture with attempted vaginal birth after cesarean delivery: decision-to-delivery time and neonatal outcome. In: *Obstetrics and gynecology* 119 (4), S. 725–731. DOI: 10.1097/AOG.0b013e318249a1d7.

Holten, Lianne; Hollander, Martine; Miranda, Esteriek de (2018): When the Hospital Is No Longer an Option: A Multiple Case Study of Defining Moments for Women Choosing Home Birth in High-Risk Pregnancies in The Netherlands. In: *Qualitative health research* 28 (12), S. 1883–1896. DOI: 10.1177/1049732318791535.

Horenkamp-Sonntag, Dirk; Linder, Roland; Wenzel, Fabian; Gerste, Bettina; Ihle, Peter (2014): Datenzugang und Datenvalidierung. Prüfung der Datenqualität und Validität von GKV-Routinedaten. In: Enno Swart, Peter Ihle, Holger Gothe und David Matusiewicz (Hg.): Routinedaten im Gesundheitswesen. Handbuch Sekundärdatenanalyse: Grundlagen, Methoden und Perspektiven. 2., vollst. überarb. Aufl. Bern: Verlag Hans Huber (Programmbereich Gesundheit), S. 314–330.

Howell, Elizabeth A.; Egorova, Natalia N.; Balbierz, Amy; Zeitlin, Jennifer; Hebert, Paul L. (2016): Site of delivery contribution to black-white severe maternal morbidity disparity. In: *American journal of obstetrics and gynecology* 215 (2), S. 143–152. DOI: 10.1016/j.ajog.2016.05.007.

Howell, Elizabeth A.; Zeitlin, Jennifer; Hebert, Paul L.; Balbierz, Amy; Egorova, Natalia N. (2014): Association between hospital-level obstetric quality indicators and maternal and neonatal morbidity. In: *JAMA* 312 (15), S. 1531–1541. DOI: 10.1001/jama.2014.13381.

Huckman, Robert S.; Zinner, Darren E. (2008): Does focus improve operational performance? Lessons from the management of clinical trials. In: *Strategic Management Journal* 29 (2), S. 173–193. DOI: 10.1002/smj.650.

Huebner, Markus; Gramlich, Nathanja K.; Rothmund, Ralf; Nappi, Luigi; Abele, Harald; Becker, Sven (2013): Fecal incontinence after obstetric anal sphincter injuries. In: *International journal of gynaecology and obstetrics: the official organ of the International Federation of Gynaecology and Obstetrics* 121 (1), S. 74–77. DOI: 10.1016/j.ijgo.2012.10.023.

Hummler, H. D.; Poets, Christian F.; Vochem, M.; Hentschel, R.; Linderkamp, O. (2006): Mortalität und Morbidität sehr unreifer Frühgeborener in Baden-Württemberg in Abhängigkeit von der Klinikgröße. Ist der derzeitige Grad der Regionalisierung ausreichend? In: *Zeitschrift für Geburtshilfe und Neonatologie* 210 (1), S. 6–11. DOI: 10.1055/s-2006-931508.

Hutcheon, Jennifer A.; Riddell, Corinne A.; Strumpf, Erin C.; Lee, Lily; Harper, Sam (2017): Safety of labour and delivery following closures of obstetric services in small community hospitals. In: *CMAJ: Canadian Medical Association journal = journal de l'Association medicale canadienne* 189 (11), S. E431–E436. DOI: 10.1503/cmaj.160461.

ICHOM (2017): Pregnancy & Childbirth. Data Collection Reference Guide, Version 1.0.3. Cambridge, London. Online verfügbar unter http://www.ichom.org/medical-conditions/pregnancy-and-childbirth/, zuletzt aktualisiert am 01.10.2017, zuletzt geprüft am 22.04.2019.

Iezzoni, Lisa I. (2013a): Getting started and defining Terms. In: Lisa I. Iezzoni (Hg.): Risk adjustment for measuring health care outcomes. Fourth edition. Arlington, VA: AUPHA, S. 15–28.

Iezzoni, Lisa I. (2013b): Reasons for Risk Adjustment. In: Lisa I. Iezzoni (Hg.): Risk adjustment for measuring health care outcomes. Fourth edition. Arlington, VA: AUPHA, S. 1–14.

InEK GmbH (2014): Fallpauschalenkatalog 2015. Online verfügbar unter https://www.g-drg.de/Archiv/DRG_Systemjahr_2015_Datenjahr_2013, zuletzt geprüft am 22.04.2019.

Institut für Qualität und Wirtschaftlichkeit im Gesundheitswesen (2008): Zusammenhang zwischen Leistungsmenge und Ergebnis bei der Versorgung von

Früh- und Neugeborenen mit sehr geringem Geburtsgewicht. Abschlussbericht V07-01. IQWiG. Köln. Online verfügbar unter http://www.aok-gesundheitspartner.de/imperia/md/gpp/bund/krankenhaus/qualitaetssicherung/mindestmengen/frueh_neugeborene_iqwig_abschlussbericht_2008_08.pdf, zuletzt aktualisiert am 14.08.2008, zuletzt geprüft am 22.04.2019.

IQTIG (2016a): Anhang 3 zu Anlage 1. Qualitätsindikatoren aus den Verfahren gemäß QSKH-RL für das Berichtsjahr 2015. Berlin. Online verfügbar unter https://iqtig.org/downloads/sqb/2015/Qb-R_Anl1-Anh3_2015.pdf, zuletzt aktualisiert am 22.03.2016, zuletzt geprüft am 22.04.2019.

IQTIG (2016b): Beschreibung der Qualitätsindikatoren für das Erfassungsjahr 2015. Geburtshilfe. Indikatoren 2015. Berlin. Online verfügbar unter Beschreibung der Qualitätsindikatoren für das Erfassungsjahr 2015 geburtshilfe, zuletzt aktualisiert am 04.05.2016, zuletzt geprüft am 22.04.2019.

IQTIG (2016c): Beschreibung der Qualitätsindikatoren für das Erfassungsjahr 2015. Kombinierte Koronar- und Aortenklappenchirurgie. Indikatoren 2015. Online verfügbar unter https://iqtig.org/downloads/auswertung/2015/hchkomb/QSKH_HCH-KOMB_2015_QIDB_V01_2016-05-04.pdf, zuletzt aktualisiert am 04.05.2016, zuletzt geprüft am 22.04.2019.

IQTIG (2016d): Beschreibung der Qualitätsindikatoren für das Erfassungsjahr 2015. Neonatologie. Indikatoren 2015. Berlin. Online verfügbar unter https://iqtig.org/downloads/auswertung/2015/neo/QSKH_NEO_2015_QIDB_V01_2016-05-04.pdf, zuletzt aktualisiert am 04.05.2016, zuletzt geprüft am 22.04.2019.

IQTIG (2016e): Bundesauswertung zum Erfassungsjahr 2015. Geburtshilfe. Berlin. Online verfügbar unter https://iqtig.org/downloads/auswertung/2015/16n1gebh/QSKH_16n1-GEBH_2015_BUAW_V02_2016-07-07.pdf, zuletzt aktualisiert am 07.07.2016, zuletzt geprüft am 22.04.2019.

IQTIG (2016f): Bundesauswertung zum Erfassungsjahr 2015. Neonatologie. Online verfügbar unter https://iqtig.org/downloads/auswertung/2015/neo/QSKH_NEO_2015_BUAW_V02_2016-07-07.pdf, zuletzt aktualisiert am 07.07.2016, zuletzt geprüft am 22.04.2019.

IQTIG (2016g): Datensatz Geburtshilfe. 16/1 (Spezifikation 2017 V03). Online verfügbar unter https://iqtig.org/downloads/spezifikation/2017/V03/Anwenderinformationen/unzipped/dokuboegen/16-1.pdf, zuletzt geprüft am 21.11.2016.

IQTIG (2016h): Indikatoren in den Strukturierten Qualitätsberichten (2015). IQTIG. Berlin. Online verfügbar unter https://iqtig.org/downloads/sqb/2015/Qualitaetsindikatoren_SQB_2015.pdf, zuletzt geprüft am 25.07.2016.

IQTIG (2016i): Planungsrelevante Qualitätsindikatoren. Abschlussbericht zur Auswahl und Umsetzung. Erstellt im Auftrag des Gemeinsamen

Bundesausschusses. Online verfügbar unter https://iqtig.org/dateien/berichte/2016/IQTIG_Planungsrelevante-Qualitaetsindikatoren_Abschlussbericht.pdf, zuletzt aktualisiert am 31.08.2016, zuletzt geprüft am 15.12.2019.

IQTIG (2016j): Qualitätsreport 2015. Berlin. Online verfügbar unter https://iqtig.org/downloads/berichte/2015/IQTIG-Qualitaetsreport-2015.pdf, zuletzt geprüft am 17.02.2019.

IQTIG (2017): Methodische Grundlagen V1.0. Berlin. Online verfügbar unter https://iqtig.org/downloads/berichte/2017/IQTIG_Methodische-Grundlagen-V1.0.pdf, zuletzt aktualisiert am 15.09.2017, zuletzt geprüft am 22.04.2019.

IQTIG (2019): Methodische Grundlagen V1.1. Berlin. Online verfügbar unter https://iqtig.org/dateien/dasiqtig/grundlagen/IQTIG_Methodische-Grundlagen-V1.1_2019-04-15.pdf, zuletzt aktualisiert am 15.04.2019, zuletzt geprüft am 17.04.2019.

Jang, Woonji; Flatley, Christopher; Greer, Ristan M.; Kumar, Sailesh (2017): Comparison between public and private sectors of care and disparities in adverse neonatal outcomes following emergency intrapartum cesarean at term – A retrospective cohort study. In: *PloS one* 12 (11), e0187040. DOI: 10.1371/journal.pone.0187040.

Jarman, B.; Gault, S.; Alves, B.; Hider, A.; Dolan, S.; Cook, A. et al. (1999): Explaining differences in English hospital death rates using routinely collected data. In: *BMJ (Clinical research ed.)* 318 (7197), S. 1515–1520.

Jaster, Hans-Joachim (Hg.) (1997): Qualitätssicherung im Gesundheitswesen. Unter Mitarbeit von Frank Daumann. Stuttgart, New York: Thieme.

Jensen, Erik A.; Lorch, Scott A. (2015): Effects of a Birth Hospital's Neonatal Intensive Care Unit Level and Annual Volume of Very Low-Birth-Weight Infant Deliveries on Morbidity and Mortality. In: *JAMA pediatrics* 169 (8), e151906. DOI: 10.1001/jamapediatrics.2015.1906.

Jochum, Frank; Untch, Michael (2008): Perinatalzentren: Quantität allein garantiert keine Qualität. In: *Deutsches Ärzteblatt* 105 (30), S. A1605–A1608. Online verfügbar unter https://www.aerzteblatt.de/archiv/60980/Perinatalzentren-Quantitaet-allein-garantiert-keine-Qualitaet, zuletzt geprüft am 31.01.2019.

Johansen, Lars T.; Braut, Geir Sverre; Andresen, Jan Fredrik; Øian, Pål (2018): An evaluation by the Norwegian Health Care Supervision Authorities of events involving death or injuries in maternity care. In: *Acta obstetricia et gynecologica Scandinavica* 97 (10), S. 1206–1211. DOI: 10.1111/aogs.13391.

Johansen, Lars T.; Øian, Pål (2011): Neonatal deaths and injuries. In: *Tidsskrift for den Norske laegeforening: tidsskrift for praktisk medicin, ny raekke* 131 (24), S. 2465–2468. DOI: 10.4045/tidsskr.11.0775.

Joint Commission on Accreditation of Healthcare Organizations (1990): Primer on indicator development and application. Measuring quality in health care. Oakbrook Terrace, Ill.: Joint Commission on Accreditation of Healthcare Organizations.

Joseph, Bellal; Morton, John M.; Hernandez-Boussard, Tina; Rubinfeld, Ilan; Faraj, Chadi; Velanovich, Vic (2009): Relationship between hospital volume, system clinical resources, and mortality in pancreatic resection. In: *Journal of the American College of Surgeons* 208 (4), S. 520–527. DOI: 10.1016/j.jamcollsurg.2009.01.019.

Joseph, K. S.; Liston, Robert M.; Dodds, Linda; Dahlgren, Leanne; Allen, Alexander C. (2007): Socioeconomic status and perinatal outcomes in a setting with universal access to essential health care services. In: *CMAJ: Canadian Medical Association journal = journal de l'Association medicale canadienne* 177 (6), S. 583–590. DOI: 10.1503/cmaj.061198.

Joynt, Karen E.; Orav, E. John; Jha, Ashish K. (2013): Physician volume, specialty, and outcomes of care for patients with heart failure. In: *Circulation. Heart failure* 6 (5), S. 890–897. DOI: 10.1161/CIRCHEARTFAILURE.112.000064.

Juran, J. M. (1989): Juran on leadership for quality. An executive handbook. New York, London: Free Press; Collier Macmillan.

Juran, Joseph M.; Gryna, Frank M. (1993): Quality planning and analysis. From product development through use. New York: McGraw-Hill (McGraw-Hill series in industrial engineering and management science).

Kainer, Franz; Nolden, Annette (2017): Das große Buch zur Schwangerschaft. Umfassender Rat für jede Woche. 10. Aufl. München: Gräfe und Unzer.

Karalis, Elina; Gissler, Mika; Tapper, Anna-Maija; Ulander, Veli-Matti (2016): Effect of hospital size and on-call arrangements on intrapartum and early neonatal mortality among low-risk newborns in Finland. In: *European journal of obstetrics, gynecology, and reproductive biology* 198, S. 116–119. DOI: 10.1016/j.ejogrb.2015.10.020.

Khan, Carmen (2014): Wirksamkeit von Qualitätssicherung und Qualitätsmanagement in der stationären Versorgung. Evaluierte Verfahren und Ergebnisse. Köln. Online verfügbar unter https://repository.publisso.de/resource/frl:5759710-1/data, zuletzt geprüft am 22.04.2019.

Klakow-Franck, Regina (2017): Rede von Dr. Regina Klakow-Franck, unparteiisches Mitglied des Gemeinsamen Bundesausschusses (G-BA) und Vorsitzende des Unterausschusses Qualitätssicherung zur Eröffnung der 9. Qualitätssicherungskonferenz des G-BA am 28. und 29. September 2017 in Berlin. Gemeinsamer Bundesausschuss. Berlin, 28.09.2017. Online verfügbar unter https://www.g-ba.de/downloads/17-98-4360/Klakow-Franck_QS-Konferenz_2017-09-28_Eroeffnungsrede.pdf, zuletzt geprüft am 22.04.2019.

Klakow-Franck, Regina (2018): Umsetzung der KHSG-Qualitätsagenda durch G-BA und IQTIG. In: Franz Dormann, Jürgen Klauber und Ralf Kuhlen (Hg.): Qualitätsmonitor 2018. Berlin, Berlin: MWV Medizinisch Wissenschaftliche Verlagsgesellschaft, S. 3–18.

Klauber, Jürgen; Geraedts, Max; Friedrich, Jörg; Wasem, Jürgen (Hg.) (2016): Krankenhaus-Report 2017. Schwerpunkt: Zukunft gestalten. Stuttgart: Schattauer (Krankenhaus-Report, 2017).

Kofahl, Verena (2012): Strukturqualität in deutschen Intensivstationen: Reevaluation der Strukturdatensätze des DIVI-Registers. Marburg. Online verfügbar unter http://archiv.ub.uni-marburg.de/diss/z2012/0295/pdf/dnvk.pdf, zuletzt geprüft am 22.04.2019.

Kohn, Linda T.; Corrigan, Janet; Donaldson, Molla S. (2000): To err is human. Building a safer health system. Washington, D.C.: National Academy Press (Quality chasm series).

Kolip, Petra; Nolting, Hans-Dieter; Zich, Karsten (2012): Faktencheck Gesundheit. Kaiserschnittgeburten – Entwicklung und regionale Verteilung. Hg. v. Bertelsmann Stiftung. Online verfügbar unter https://faktencheck-gesundheit.de/fileadmin/files/BSt/Publikationen/GrauePublikationen/GP_Faktencheck_Gesundheit_Kaiserschnitt.pdf, zuletzt geprüft am 08.02.2019.

Köster-Steinebach, Ilona (2019): Fallzahl als Parameter in öffentlichen Qualitätsvergleichen. In: Franz Dormann, Jürgen Klauber und Ralf Kuhlen (Hg.): Qualitätsmonitor 2019. Berlin: MWV Medizinisch Wissenschaftliche Verlagsgesellschaft (Qualitätsmonitor), S. 149–162.

Kraska, R. A.; Cruppe, W. de; Geraedts, Max (2015): Probleme bei der Verwendung von Qualitätsberichtsdaten für die Versorgungsforschung. In: *Gesundheitswesen (Bundesverband der Ärzte des Öffentlichen Gesundheitsdienstes (Germany))*. DOI: 10.1055/s-0035-1555953.

Kraska, Rike Antje; Krummenauer, Frank; Geraedts, Max (2016): Impact of public reporting on the quality of hospital care in Germany: A controlled before-after analysis based on secondary data. In: *Health policy (Amsterdam, Netherlands)* 120 (7), S. 770–779. DOI: 10.1016/j.healthpol.2016.04.020.

Krautz, Christian; Nimptsch, Ulrike; Weber, Georg F.; Mansky, Thomas; Grützmann, Robert (2018): Effect of Hospital Volume on In-hospital Morbidity and Mortality Following Pancreatic Surgery in Germany. In: *Annals of surgery* 267 (3), S. 411–417. DOI: 10.1097/SLA.0000000000002248.

Kreienberg, Rolf; Ludwig, Hans (2011): 125 Jahre Deutsche Gesellschaft für Gynäkologie und Geburtshilfe. Werte, Wissen, Wandel. Berlin: Springer.

Kumar, Ankit; Schönstein, Michael (2013): Managing Hospital Volumes: Germany and Experiences from OECD Countries. Hg. v. OECD. Paris

(OECD Health Working Papers, 64). Online verfügbar unter https://www.oecd-ilibrary.org/docserver/5k3xwtg2szzr-en.pdf?expires=1548927301, zuletzt geprüft am 31.01.2019.

Kuntz, Ludwig; Mennicken, Roman; Scholtes, Stefan (2011): Stress on the Ward – An Empirical Study of the Nonlinear Relationship between Organizational Workload and Service Quality. Essen: Rheinisch-Westfälisches Institut für Wirtschaftsforschung (Ruhr Economic Papers). Online verfügbar unter http://www.rwi-essen.de/media/content/pages/publikationen/ruhr-economic-papers/REP_11_277.pdf, zuletzt geprüft am 22.04.2019.

Kuntz, Ludwig; Scholtes, Stefan; Sülz, Sandra (2018): Separate and concentrate – a sustainable business model for general hospitals? Reducing management complexity in patient care. In: *HealthManagement* (4), S. 304–305.

Kuntz, Ludwig; Scholtes, Stefan; Sülz, Sandra (2019): Separate and Concentrate: Accounting for Patient Complexity in General Hospitals. In: *Management Science*. DOI: 10.1287/mnsc.2018.3064.

Kurlansky, Paul A.; Argenziano, Michael; Dunton, Robert; Lancey, Robert; Nast, Edward; Stewart, Allan et al. (2012): Quality, not volume, determines outcome of coronary artery bypass surgery in a university-based community hospital network. In: *The Journal of thoracic and cardiovascular surgery* 143 (2), S. 287–293. DOI: 10.1016/j.jtcvs.2011.10.043.

Kutschmann, Marcus; Bungard, Sven; Kötting, Joachim; Trümner, Andrea; Fusch, Christoph; Veit, Christof (2012): The care of preterm infants with birth weight below 1250 g: risk-adjusted quality benchmarking as part of validating a caseload-based management system. In: *Deutsches Ärzteblatt international* 109 (31-32), S. 519–526. DOI: 10.3238/arztebl.2012.0519.

Kyser, Kathy L.; Lu, Xin; Santillan, Donna A.; Santillan, Mark K.; Hunter, Stephen K.; Cahill, Alison G.; Cram, Peter (2012): The association between hospital obstetrical volume and maternal postpartum complications. In: *American journal of obstetrics and gynecology* 207 (1), S. 42.e1–17. DOI: 10.1016/j.ajog.2012.05.010.

Lake, Eileen T.; Hallowell, Sunny G.; Kutney-Lee, Ann; Hatfield, Linda A.; Del Guidice, Mary; Boxer, Bruce Alan et al. (2016): Higher Quality of Care and Patient Safety Associated With Better NICU Work Environments. In: *Journal of nursing care quality* 31 (1), S. 24–32. DOI: 10.1097/NCQ.0000000000000146.

Landesvereinigung FREIE WÄHLER Bayern e. V. (2018): Für die Zukunft unserer Heimat. Programm zur Landtagswahl 2018. München. Online verfügbar unter https://www.freie-waehler-bayern.de/fileadmin/user_upload/Dokumente/FW_Broschuere_Wahlprogramm_A6_v2_WEB.pdf, zuletzt geprüft am 08.02.2019.

Lang, A. Thomas; Hodge, S. Margaret; Olson, L. Valerie; Romano, L. Patrick; Kravitz, L. Richard (2004): Nurse-Patient Ratios. A Systematic Review on the Effects of Nurse Staffing on Patient, Nurse Employee, and Hospital Outcomes. In: *The Journal of nursing administration* 34 (78), S. 326–337.

Lansky, D. (1998): Measuring what matters to the public. In: *Health affairs (Project Hope)* 17 (4), S. 40–41.

Lasswell, Sarah Marie; Barfield, Wanda Denise; Rochat, Roger William; Blackmon, Lillian (2010): Perinatal regionalization for very low-birth-weight and very preterm infants: a meta-analysis. In: *JAMA* 304 (9), S. 992–1000. DOI: 10.1001/jama.2010.1226.

Leber, Wulf-Dietrich (2018): Personaluntergrenzen. Pflege im Fokus. In: *f & w – führen und wirtschaften im Krankenhaus* 35 (3), S. 222–225. Online verfügbar unter http://wulf-dietrich-leber.de/files/2018-03/f-w-2018-03-leber-personaluntergrenzen-pflege-im-fokus.pdf, zuletzt geprüft am 22.04.2018.

Leber, Wulf-Dietrich; Scheller-Kreinsen, David (2018): Von der Landesplanung zur algorithmischen Marktregulierung. In: Jürgen Klauber, Max Geraedts, Jörg Friedrich und Jürgen Wasem (Hg.): Krankenhaus-Report 2018. Schwerpunkt: Bedarf und Bedarfsgerechtigkeit. Stuttgart: Schattauer (Krankenhaus-Report, 2018), S. 101–130.

Lee, K. S.; Paneth, N.; Gartner, L. M.; Pearlman, M. A.; Gruss, L. (1980): Neonatal mortality: an analysis of the recent improvement in the United States. In: *American Journal of Public Health* 70 (1), S. 15–21.

Lester, Helen E.; Hannon, Kerin L.; Campbell, Stephen M. (2011): Identifying unintended consequences of quality indicators. A qualitative study. In: *BMJ quality & safety* 20 (12), S. 1057–1061. DOI: 10.1136/bmjqs.2010.048371.

Leung, Tak Yeung; Lao, Terence T. (2013): Timing of caesarean section according to urgency. In: *Best practice & research. Clinical obstetrics & gynaecology* 27 (2), S. 251–267. DOI: 10.1016/j.bpobgyn.2012.09.005.

Locke, John (1690): An Essay Concerning Human Understanding. Book II: Ideas. Hg. v. Jonathan Bennet. London. Online verfügbar unter http://www.earlymoderntexts.com/assets/pdfs/locke1690book2.pdf, zuletzt aktualisiert am 01.08.2007, zuletzt geprüft am 22.04.2019.

Loos, Stefan; Albrecht, Martin; Schiffhorst, Guido; Ochmann, Richard; Möllenkamp, Meilin (2016): Faktencheck Krankenhausstruktur. Spezialisierung und Zentrenbildung. Hg. v. Jan Böcken und Thomas Kostera. Bertelsmann Stiftung. Gütersloh. Online verfügbar unter https://www.bertelsmann-stiftung.de/fileadmin/files/Projekte/Faktencheck_Gesundheit/FC_Krankenhausstruktur_Studie_final.pdf, zuletzt geprüft am 22.04.2019.

Lucas, D. N.; Yentis, S. M.; Kinsella, S. M.; Holdcroft, A.; May, A. E.; Wee, M.; Robinson, P. N. (2000): Urgency of caesarean section: a new classification. In: *Journal of the Royal Society of Medicine* 93 (7), S. 346–350. DOI: 10.1177/014107680009300703.

Luft, H. S.; Bunker, J. P.; Enthoven, A. C. (1979): Should operations be regionalized? The empirical relation between surgical volume and mortality. In: *The New England journal of medicine* 301 (25), S. 1364–1369. DOI: 10.1056/NEJM197912203012503.

Lyndon, Audrey; Lee, Henry C.; Gay, Caryl; Gilbert, William M.; Gould, Jeffrey B.; Lee, Kathryn A. (2015): Effect of time of birth on maternal morbidity during childbirth hospitalization in California. In: *American journal of obstetrics and gynecology* 213 (5), 705.e1-11. DOI: 10.1016/j.ajog.2015.07.018.

Maass, C.; Schleiz, W.; Weyermann, M.; Drösler, S. E. (2011): Krankenhaus-Routinedaten zur externen Qualitätssicherung? Vergleich von Qualitätsindikatoren anhand der Daten der gesetzlichen externen Qualitätssicherung (BQS) und Routinedaten. In: *Deutsche medizinische Wochenschrift (1946)* 136 (9), S. 409–414. DOI: 10.1055/s-0031-1274523.

Malin, Gemma L.; Morris, Rachel K.; Khan, Khalid S. (2010): Strength of association between umbilical cord pH and perinatal and long term outcomes. Systematic review and meta-analysis. In: *BMJ (Clinical research ed.)* 340, c1471. DOI: 10.1136/bmj.c1471.

Mansky, Thomas; Drogan, Dagmar; Nimptsch, Ulrike; Günster, Christian (2018): Eckdaten stationärer Versorgungsstrukturen für ausgewählte Behandlungsanlässe in Deutschland. In: Franz Dormann, Jürgen Klauber und Ralf Kuhlen (Hg.): Qualitätsmonitor 2018. Berlin, Berlin: MWV Medizinisch Wissenschaftliche Verlagsgesellschaft, S. 171–224.

Mansky, Thomas; Nimptsch, Ulrike (2018): Strukturprobleme und Notwendigkeit neuer Mindestmengen. Berlin, 24.09.2018. Online verfügbar unter https://www.g-ba.de/downloads/17-98-4650/2018-09-24_QS-Konferenz_PV2-3_Mansky_Nimptsch_Strukturprobleme-Notwendigkeit-neuer-Mm.pdf, zuletzt geprüft am 22.04.2019.

Mansky, Thomas; Robra, Bernt-Peter; Schubert, Ingrid (2012): Qualitätssicherung: Vorhandene Daten besser nutzen. In: *Deutsches Ärzteblatt* 109 (21), S. 1082–1086.

Markar, Sheraz R.; Penna, Marta; Karthikesalingam, Alan; Hashemi, Majid (2012): The impact of hospital and surgeon volume on clinical outcome following bariatric surgery. In: *Obesity surgery* 22 (7), S. 1126–1134. DOI: 10.1007/s11695-012-0639-7.

Marlow, Neil; Bennett, C.; Draper, E. S.; Hennessy, E. M.; Morgan, A. S.; Costeloe, K. L. (2014): Perinatal outcomes for extremely preterm babies in relation to place of birth in England. The EPICure 2 study. In: *Archives of disease in childhood. Fetal and neonatal edition* 99 (3), S. F181-F188. DOI: 10.1136/archdischild-2013-305555.

Maurer, Maureen; Firminger, Kirsten; Dardess, Pam; Ikeler, Kourtney; Sofaer, Shoshanna; Carman, Kristin L. (2016): Understanding Consumer Perceptions and Awareness of Hospital-Based Maternity Care Quality Measures. In: *Health services research* 51 Suppl 2, S. 1188–1211. DOI: 10.1111/1475-6773.12472.

Meilweis, Martin (2003): Klinisches Risikomanagement – Ergänzung oder notwendiger Bestandteil von Qualitätsmanagement. In: Richard Geisen und Bernd H. Mühlbauer (Hg.): Qualitätsmanagement konkret. Die Krankenhauspraxis zwischen externer Zertifizierung und internen Managementkonzepten. Münster: Lit (Management und Humanität im Gesundheitswesen, 7), S. 28–39.

Mercado, Cheryl; Zingmond, David; Karlan, Beth Y.; Sekeris, Evan; Gross, Jenny; Maggard-Gibbons, Melinda et al. (2010): Quality of care in advanced ovarian cancer: the importance of provider specialty. In: *Gynecologic oncology* 117 (1), S. 18–22. DOI: 10.1016/j.ygyno.2009.12.033.

Merlo, Juan; Gerdtham, Ulf-G.; Eckerlund, Ingemar; Hokansson, Stefan; Otterblad-Olausson, Petra; Pakkanen, Milla; Lindqvist, Pelle-G. (2005): Hospital Level of Care and Neonatal Mortality in Low- and High-Risk Deliveries. In: *Medical care* 43 (11), S. 1092–1100. DOI: 10.1097/01.mlr.0000182484.14608.b9.

Merriam, Audrey A.; Wright, Jason D.; Siddiq, Zainab; D'Alton, Mary E.; Friedman, Alexander M.; Ananth, Cande V.; Bateman, Brian T. (2018): Risk for postpartum hemorrhage, transfusion, and hemorrhage-related morbidity at low, moderate, and high volume hospitals. In: *The journal of maternal-fetal & neonatal medicine: the official journal of the European Association of Perinatal Medicine, the Federation of Asia and Oceania Perinatal Societies, the International Society of Perinatal Obstetricians* 31 (8), S. 1025–1034. DOI: 10.1080/14767058.2017.1306050.

Mesman, Roos; Westert, Gert P.; Berden, Bart J.; Faber, Marjan J. (2015): Why do high-volume hospitals achieve better outcomes? A systematic review about intermediate factors in volume-outcome relationships. In: *Health policy (Amsterdam, Netherlands)* 119 (8), S. 1055–1067. DOI: 10.1016/j.healthpol.2015.04.005.

Messner, Martin; Scheytt, Tobias; Becker, Albrecht (2007): Messen und Managen: Controlling und die (Un-)Berechenbarkeit des Managements. In: Andrea Mennicken und Hendrik Vollmer (Hg.): Zahlenwerk. Kalkulation,

Organisation und Gesellschaft. Wiesbaden: VS Verlag für Sozialwissenschaften | GWV Fachverlage GmbH Wiesbaden (Organisation und Gesellschaft), S. 87–104.

Metcalfe, David; Rios Diaz, Arturo J.; Olufajo, Olubode A.; Massa, M. Sofia; Ketelaar, Nicole Abm; Flottorp, Signe A.; Perry, Daniel C. (2018): Impact of public release of performance data on the behaviour of healthcare consumers and providers. In: *The Cochrane database of systematic reviews* 9, CD004538. DOI: 10.1002/14651858.CD004538.pub3.

Milland, Maria; Mikkelsen, Kim L.; Christoffersen, Jens K.; Hedegaard, Morten (2015): Severe and fatal obstetric injury claims in relation to labor unit volume. In: *Acta Obstet Gynecol Scand* 94 (5), S. 534–541. DOI: 10.1111/aogs.12606.

Molina, George; Weiser, Thomas G.; Lipsitz, Stuart R.;Esquivel, Micaela M.; Uribe-Leitz, Tarsicio; Azad, Tej et al. (2015): Relationship Between Cesarean Delivery Rate and Maternal and Neonatal Mortality. In: *JAMA* 314 (21), S. 2263–2270. DOI: 10.1001/jama.2015.15553.

Morris, Theresa; McNamara, Kelly; Morton, Christine H. (2017): Hospital-ownership status and cesareans in the United States: The effect of for-profit hospitals. In: *Birth (Berkeley, Calif.)* 44 (4), S. 325–330. DOI: 10.1111/birt.12299.

Myers, David G. (2014): Psychologie. 3., vollständig überarbeitete und erweiterte Auflage. Berlin, Heidelberg: Springer (SpringerLink: Bücher).

Needleman, Jack; Buerhaus, Peter; Pankratz, V. Shane; Leibson, Cynthia L.; Stevens, Susanna R.; Harris, Marcelline (2011): Nurse staffing and inpatient hospital mortality. In: *The New England journal of medicine* 364 (11), S. 1037–1045. DOI: 10.1056/NEJMsa1001025.

Neto, Maria Teresa (2006): Perinatal care in Portugal: effects of 15 years of a regionalized system. In: *Acta paediatrica (Oslo, Norway: 1992)* 95 (11), S. 1349–1352. DOI: 10.1080/08035250600615135.

Niemeyer, Anna; Holzäpfel, Sonja; Gruber, Patricia; Lampmann, Eva; Lütje, Wolf; Beckedorf, Irina et al. (2018): Gutachten zu den Ursachen von Geburtsschäden bei von freiberuflich tätigen Hebammen betreuten Geburten. Hamburg. Online verfügbar unter https://www.bundesgesundheitsministerium.de/fileadmin/Dateien/5_Publikationen/Gesundheit/Berichte/Hebammen-Gutachten_Abschlussbericht.pdf, zuletzt aktualisiert am 04.04.2018, zuletzt geprüft am 28.01.2019.

Nightingale, Florence (1863): Notes on Hospitals. 3. erweiterte und überarbeitete Auflage. London: Savill and Edwards.

Nimptsch, Ulrike; Mansky, Thomas (2017): Hospital volume and mortality for 25 types of inpatient treatment in German hospitals: observational study using complete national data from 2009 to 2014. In: *BMJ open* (09/2017), S. 1–19. DOI: 10.1136/bmjopen-2017-016184.

Nimptsch, Ulrike; Mansky, Thomas (2018): Volume-Outcome-Zusammenhänge in Deutschland. In: Franz Dormann, Jürgen Klauber und Ralf Kuhlen (Hg.): Qualitätsmonitor 2018. Berlin, Berlin: MWV Medizinisch Wissenschaftliche Verlagsgesellschaft, S. 55–70.

Obermöller, Bernd; Gruhl, Matthias (2018): Stand und Perspektiven der Umsetzung des Krankenhausstrukturgesetzes aus Landessicht. In: Franz Dormann, Jürgen Klauber und Ralf Kuhlen (Hg.): Qualitätsmonitor 2018. Berlin, Berlin: MWV Medizinisch Wissenschaftliche Verlagsgesellschaft, S. 19–36.

Obladen, M. (2007): Minimum patient volume in care for very low birthweight infants: a review of the literature. In: *Zeitschrift für Geburtshilfe und Neonatologie* 211 (3), S. 110–117. DOI: 10.1055/s-2007-960745.

Ochs, Andreas; Jahn, Rebecca; Matusiewicz, David (2016): Gesundheitssysteme: ein internationaler Überblick. In: Jürgen Wasem, Susanne Staudt und David Matusiewicz (Hg.): Medizinmanagement. Grundlagen und Praxis des Managements in Gesundheitssystem und Versorgung. 1., Studienausgabe der 1. Auflage 2013, neue Ausgabe. Berlin: MWV Medizinisch Wissenschaftliche Verlagsgesellschaft, S. 11–48.

OECD; EU (2018): Health at a Glance: Europe 2018: OECD.

Paneth, N.; Kiely, J. L.; Wallenstein, S.; Susser, M. (1987): The choice of place of delivery. Effect of hospital level on mortality in all singleton births in New York City. In: *American journal of diseases of children (1960)* 141 (1), S. 60–64.

Parasuraman, A.; Zeithaml, Valarie A.; Berry, Leonard L. (1985): A Conceptual Model of Service Quality and Its Implications for Future Research. In: *Journal of Marketing* 49 (4), S. 41–50. DOI: 10.2307/1251430.

Park, Henry S.; Roman, Sanziana A.; Sosa, Julie A. (2009): Outcomes from 3144 adrenalectomies in the United States: which matters more, surgeon volume or specialty? In: *Archives of surgery (Chicago, Ill.: 1960)* 144 (11), S. 1060–1067. DOI: 10.1001/archsurg.2009.191.

Paterson, Charlotte; Dieppe, Paul (2005): Characteristic and incidental (placebo) effects in complex interventions such as acupuncture. In: *BMJ (Clinical research ed.)* 330 (7501), S. 1202–1205. DOI: 10.1136/bmj.330.7501.1202.

Peschke, Dirk; Nimptsch, Ulrike; Mansky, Thomas (2014): Achieving minimum caseload requirements – an analysis of hospital discharge data from 2005–2011. In: *Deutsches Ärzteblatt international* 111 (33-34), S. 556–563. DOI: 10.3238/arztebl.2014.0556.

Peters, Lilian L.; Thornton, Charlene; Jonge, Ank de; Khashan, Ali; Tracy, Mark; Downe, Soo et al. (2018): The effect of medical and operative birth interventions on child health outcomes in the first 28 days and up to 5 years of age: A linked data population-based cohort study. In: *Birth (Berkeley, Calif.)* 45 (4), S. 347–357. DOI: 10.1111/birt.12348.

Phibbs, Ciaran S. (2002): Commentary: Does patient volume matter for low-risk deliveries? In: *International journal of epidemiology* 31 (5), S. 1069–1070.

Phibbs, Ciaran S.; Baker, Laurence C.; Caughey, Aaron B.; Danielsen, Beate; Schmitt, Susan K.; Phibbs, Roderic H. (2007): Level and volume of neonatal intensive care and mortality in very-low-birth-weight infants. In: *The New England journal of medicine* 356 (21), S. 2165–2175. DOI: 10.1056/NEJMsa065029.

Pilkington, Hugo; Blondel, Béatrice; Drewniak, Nicolas; Zeitlin, Jennifer (2012): Choice in maternity care: associations with unit supply, geographic accessibility and user characteristics. In: *International journal of health geographics* 11, S. 35. DOI: 10.1186/1476-072X-11-35.

Poets, C. F.; Bartels, D. B.; Wallwiener, D. (2004): Volumen- und Ausstattungsmerkmale als peri- und neonatale Qualitätsindikatoren: Eine Übersicht über Daten der letzten 4 Jahre. In: *Zeitschrift für Geburtshilfe und Neonatologie* 208 (6), S. 220–225. DOI: 10.1055/s-2004-835868.

Poets, Christian F.; Abele, H. (2012): Geburt per Kaiserschnitt oder Spontangeburt. In: *Monatsschrift Kinderheilkunde* 160 (12), S. 1196–1203. DOI: 10.1007/s00112-012-2727-0.

Porter, Michael E. (2010a): What is value in health care? In: *The New England journal of medicine* 363 (26), S. 2477–2481. DOI: 10.1056/NEJMp1011024.

Porter, Michael E. (2010b): What is value in health care? Appendix 2: Measuring Health Outcomes: The Outcome Hierarchy. In: *The New England journal of medicine* 363 (26), S. 2477–2481. DOI: 10.1056/NEJMp1011024.

Porter, Michael E.; Guth, Clemens (2012): Chancen für das deutsche Gesundheitssystem. Von Partikularinteressen zu mehr Patientennutzen. Berlin, Heidelberg: Springer.

Porter, Michael E.; Lee, Thomas H. (2013): The strategy that will fix health care. In: *Harvard Business Review* 91 (10), S. 50–70.

Powell, S. L.; Holt, V. L.; Hickok, D. E.; Easterling, T.; Connell, F. A. (1995): Recent changes in delivery site of low-birth-weight infants in Washington: impact on birth weight-specific mortality. In: *American journal of obstetrics and gynecology* 173 (5), S. 1585–1592.

Pyykönen, A.; Gissler, M.; Jakobsson, Maija; Petäjä, J.; Tapper, Anna-Maija (2014): Determining obstetric patient safety indicators: the differences in neonatal outcome measures between different-sized delivery units. In: *BJOG: an international journal of obstetrics and gynaecology* 121 (4), S. 430–437. DOI: 10.1111/1471-0528.12507.

Pyykönen, Aura; Gissler, Mika; Jakobsson, Maija; Lehtonen, Lasse; Tapper, Anna-Maija (2013): The rate of obstetric anal sphincter injuries in Finnish obstetric units as a patient safety indicator. In: *European journal of obstetrics, gynecology, and reproductive biology* 169 (1), S. 33–38. DOI: 10.1016/j.ejogrb.2013.01.027.

Ravelli, A. C. J.; Tromp, M.; van Huis, M.; Steegers, E. A. P.; Tamminga, P.; Eskes, M.; Bonsel, G. J. (2009): Decreasing perinatal mortality in The Netherlands, 2000–2006: a record linkage study. In: *Journal of epidemiology and community health* 63 (9), S. 761–765. DOI: 10.1136/jech.2008.080440.

Reerink, Evert (1990): Defining Quality of Care: Mission Impossible? In: *International journal for quality in health care: journal of the International Society for Quality in Health Care / ISQua* 2 (3-4), S. 197–202.

Roberts, Devender; Brown, Julie; Medley, Nancy; Dalziel, Stuart R. (2017): Antenatal corticosteroids for accelerating fetal lung maturation for women at risk of preterm birth. In: *The Cochrane database of systematic reviews* 3, CD004454. DOI: 10.1002/14651858.CD004454.pub3.

Rochow, Niels; Landau-Crangle, Erin; Lee, Sauyoung; Schünemann, Holger; Fusch, Christoph (2016): Quality Indicators but Not Admission Volumes of Neonatal Intensive Care Units Are Effective in Reducing Mortality Rates of Preterm Infants. In: *PloS one* 11 (8), e0161030. DOI: 10.1371/journal.pone.0161030.

Roemer, V. M.; Heger-Römermann, G. (1993): Der Notfall-Kaiserschnitt — Basisdaten. In: *Arch Gynecol Obstet* 254 (1-4), S. 1545–1547. DOI: 10.1007/BF02266521.

Rogowski, Jeannette A.; Staiger, Douglas; Patrick, Thelma; Horbar, Jeffrey; Kenny, Michael; Lake, Eileen T. (2013): Nurse staffing and NICU infection rates. In: *JAMA pediatrics* 167 (5), S. 444–450. DOI: 10.1001/jamapediatrics.2013.18.

Rogozińska, Ewelina; Marlin, Nadine; Jackson, Louise; Rayanagoudar, Girish; Ruifrok, Anneloes E.; Dodds, Julie et al. (2017): Effects of antenatal diet and physical activity on maternal and fetal outcomes: individual patient data meta-analysis and health economic evaluation. In: *Health technology assessment (Winchester, England)* 21 (41), S. 1–158. DOI: 10.3310/hta21410.

Romppel, Matthias; Grande, Gesine (2014): Qualität der Gesundheitsversorgung – Was wollen Patienten wissen? In: *Public Health Forum* 22 (2), S. 239. DOI: 10.1016/j.phf.2014.03.020.

Ross, Joseph S.; Normand, Sharon-Lise T.; Wang, Yun; Ko, Dennis T.; Chen, Jersey; Drye, Elizabeth E. et al. (2010): Hospital volume and 30-day mortality for three common medical conditions. In: *The New England journal of medicine* 362 (12), S. 1110–1118. DOI: 10.1056/NEJMsa0907130.

Rossi, Rainer; Poets, Christian F.; Jorch, Gerhard (2015): Maximale Sicherheit für Mutter und Kind anstreben. Ein Vergleich mit Schweden und Finnland zeigt, dass eine flächendeckende Versorgung durch wenige und große Kliniken gut gelingen kann. In: *Deutsches Ärzteblatt* 112 (1–2), S. A18–A20. Online verfügbar unter https://www.aerzteblatt.de/pdf.asp?id=167105, zuletzt geprüft am 31.01.2019.

Rossi, Rainer; Zimmer, Klaus-Peter; Poets, Christian F. (2018): Rationale Versorgung und Versorgungsstrukturen für Reif- und Frühgeborene. In: Franz Dormann, Jürgen Klauber und Ralf Kuhlen (Hg.): Qualitätsmonitor 2018. Berlin, Berlin: MWV Medizinisch Wissenschaftliche Verlagsgesellschaft, S. 71–84.

Sander, Uwe; Kolb, B.; Christoph, C.; Emmert, M. (2016): Verständlichkeit der Texte von Qualitätsvergleichen zu Krankenhausleistungen. In: *Gesundheitswesen (Bundesverband der Ärzte des Öffentlichen Gesundheitsdienstes (Germany))* 78 (12), S. 828–834. DOI: 10.1055/s-0034-1396848.

Sander, Uwe; Kolb, Benjamin; Taheri, Fatemeh; Patzelt, Christiane; Emmert, Martin (2017): Verstehen Laien Informationen über die Krankenhausqualität? Eine empirische Überprüfung am Beispiel der risikoadjustierten Mortalität. In: *Zeitschrift für Evidenz, Fortbildung und Qualität im Gesundheitswesen* 127–128, S. 21–29. DOI: 10.1016/j.zefq.2017.09.010.

Sanghera, Ranveer S.; Boyle, Elaine M. (2019): Outcomes of infants born near term: not quite ready for the "big wide world"? In: *Minerva pediatrica* 71 (1), S. 47–58. DOI: 10.23736/S0026-4946.18.05406-3.

Schaeffer, Doris (2006): Bedarf an Patienteninformationen über das Krankenhaus. Eine Literaturanalyse. Hg. v. Bertelsmann Stiftung. Online verfügbar unter https://www.weisse-liste.de/export/sites/weisseliste/de/.content/pdf/service/xcms_bst_dms_20028_20029_2.pdf, zuletzt geprüft am 09.03.2019.

Schemann, Kathrin; Patterson, Jillian A.; Nippita, Tanya A.; Ford, Jane B.; Roberts, Christine L. (2015): Variation in hospital caesarean section rates for women with at least one previous caesarean section: a population based cohort study. In: *BMC pregnancy and childbirth* 15, S. 179. DOI: 10.1186/s12884-015-0609-x.

Schlesinger, Mark; Grob, Rachel; Shaller, Dale (2015): Using Patient-Reported Information to Improve Clinical Practice. In: *Health services research* 50 Suppl 2, S. 2116–2154. DOI: 10.1111/1475-6773.12420.

Schlüchtermann, Jörg (2016): Betriebswirtschaft und Management im Krankenhaus. Grundlagen und Praxis. 2. Auflage, rev. Ausg. Berlin: MWV Medizinisch Wissenschaftliche Verlagsgesellschaft.

Schmitt, Jochen; Bieber, Anja; Heinrich, Luise; Küster, Denise; Walther, Felix; Rüdiger, Mario (2019): Neue Volume-Outcome-Ergebnisse in der Perinatalmedizin. In: Franz Dormann, Jürgen Klauber und Ralf Kuhlen (Hg.): Qualitätsmonitor 2019. Berlin: MWV Medizinisch Wissenschaftliche Verlagsgesellschaft (Qualitätsmonitor), S. 105–132.

Schmola, Gerald; Rapp, Boris (2014): Grundlagen des Krankenhausmanagements. Betriebswirtschaftliches und rechtliches Basiswissen. 1. Aufl. s.l.: Kohlhammer Verlag.

Schneider, Astrid; Hommel, Gerhard; Blettner, Maria (2010): Linear regression analysis: part 14 of a series on evaluation of scientific publications. In: *Deutsches Ärzteblatt international* 107 (44), S. 776–782. DOI: 10.3238/arztebl.2010.0776.

Schneider, Paul Peter (2017): Assoziation zwischen der Personalausstattung und der Qualität der Versorgung in deutschen Krankenhäusern. Witten/Herdecke. Online verfügbar unter https://repository.publisso.de/resource/frl:6405376/data, zuletzt geprüft am 22.04.2019.

Schönig, Annette (2008): Öffentlich-rechtliche Instrumente der Qualitätssicherung im stationären Sektor. Der Umgang des SGB V mit medizinischen Verfahren und Kategorien am Beispiel der externen vergleichenden Qualitätssicherung. 1. Auflage 2008. Baden-Baden: Nomos (Gesundheitsrecht und Gesundheitswissenschaften, 19).

Schrader, P.; Rath, T. (2005): Mindestmengen in der Kniegelenkendoprothetik. Evidenzbericht und Modellrechnung zur Versorgungssituation. In: *Der Orthopäde* 34 (3), S. 198–209. DOI: 10.1007/s00132-005-0763-3.

Schrader, P.; Rath, T. (2007): Mindestmengen in der Hüftgelenksendoprothetik bei Coxarthrose und Schenkelhalsfraktur – Evidenzbericht und Modellrechnung zur Auswirkung auf die flächendeckende Versorgung. In: *Zeitschrift für Orthopädie und Unfallchirurgie* 145 (3), S. 281–290. DOI: 10.1055/s-2007-965347.

Schrappe, Matthias (2010a): Qualitätsmanagement. Indikatoren. In: Karl W. Lauterbach (Hg.): Gesundheitsökonomie, Management und Evidence based medicine. Handbuch für Praxis, Politik und Studium; mit 71 Tabellen. 3., völlig neu bearb. und erw. Aufl. Stuttgart: Schattauer, S. 329–349.

Schrappe, Matthias (2010b): Qualitätsmanagement. Terminologie, Verständnis und gesetzliche Grundlagen. In: Karl W. Lauterbach (Hg.): Gesundheitsökonomie, Management und Evidence based medicine. Handbuch für Praxis,

Politik und Studium; mit 71 Tabellen. 3., völlig neu bearb. und erw. Aufl. Stuttgart: Schattauer, 259-291.

Schrappe, Matthias (2015): Qualität 2030. Die umfassende Strategie für das Gesundheitswesen. Berlin: MWV Medizinisch Wissenschaftliche Verlagsgesellschaft.

Schrappe, Matthias; Pfaff, Holger (2017): Einführung in Konzept und Grundlagen der Versorgungsforschung. In: Holger Pfaff, Edmund A. M. Neugebauer, Gerd Glaeske und Matthias Schrappe (Hg.): Lehrbuch Versorgungsforschung. Systematik – Methodik – Anwendung. 2. Auflage, revidierte Ausgabe. Stuttgart: Schattauer, S. 1–68.

Schreyögg, Jonas; Milstein, Ricarda (2016): Expertise zur Ermittlung des Zusammenhangs zwischen Pflegeverhältniszahlen und pflegesensitiven Ergebnisparametern in Deutschland. Hamburg. Online verfügbar unter https://www.bundesgesundheitsministerium.de/fileadmin/Dateien/5_Publikationen/Pflege/Berichte/Gutachten_Schreyoegg_Pflegesensitive_Fachabteilungen.pdf, zuletzt geprüft am 22.04.2019.

Schubert, Esther (2013): Die Prozessanalyse mittels Service Blueprinting als Grundlage für ein Redesign der Prozesse eines OP-Bereiches. In: Ricarda B. Bouncken, Mario A. Pfannstiel und Andreas J. Reuschl (Hg.): Dienstleistungsmanagement im Krankenhaus I. Wiesbaden: Springer Gabler (SpringerLink: Bücher), S. 35–69.

Seelbach-Göbel, Birgit (2018): Die Probleme mit der Geburtshilfe in Krankenhäusern außerhalb der Zentren. In: *Bayerisches Ärzteblatt* (6), S. 326–327. Online verfügbar unter http://www.bayerisches-aerzteblatt.de/fileadmin/aerzteblatt/ausgaben/2018/06/einzelpdf/BAB_6_2018_326_327.pdf, zuletzt geprüft am 31.01.2019.

Selbmann, Hans-Konrad (1977): Münchner Perinatal-Studie 1975. Analyse von 18.000 Geburten des Jahres 1975. Köln-Lövenich: Dt. Ärzte-Verl. (Schriftenreihe / Zentralinstitut für die Kassenärztliche Versorgung in der Bundesrepublik Deutschland, 8).

Sellge, Eva (2018): Der Qualitätsbericht der Zukunft. Vom neuen Verständnis, das sich aus den Anforderungen an Inhalt, Aktualität und Darstellung ergibt und welche Rolle die Digitalisierung dabei spielt. Gemeinsamer Bundesausschuss. Berlin, 24.09.2018. Online verfügbar unter https://www.g-ba.de/downloads/17-98-4660/2018-09-24_QS-Konferenz_PV7-3_Sellge_Q-Bericht.pdf, zuletzt geprüft am 13.01.2019.

Sens, Brigitte; Fischer, Burkhard; Bastek, Angelika; Eckardt, Jörg; Kaczmarek, Dirk; Paschen, Ulrich et al. (2007): Begriffe und Konzepte des Qualitätsmanagements – 3. Auflage. Doc05. In: *GMS Medizinische Informatik, Biometrie und Epidemiologie* 3 (1). Online verfügbar unter http://www.egms.de/static/de/journals/mibe/2007-3/mibe000053.shtml, zuletzt geprüft am 22.04.2019.

Sens, Brigitte; Pietsch, Barbara; Fischer, Burkhard; Hart, Dieter; Kahla-Witzsch, Heike Anette; Friedrichs, Verena von et al. (2018): Begriffe und Konzepte des Qualitätsmanagements. In: *GMS Medizinische Informatik, Biometrie und Epidemiologie* (14), Doc04. DOI: 10.3205/mibe000182.

Serenius, Fredrik; Blennow, Mats; Maršál, Karel; Sjörs, Gunnar; Källen, Karin (2015): Intensity of perinatal care for extremely preterm infants. Outcomes at 2.5 years. In: *Pediatrics* 135 (5), S. 1163–1172. DOI: 10.1542/peds.2014-2988.

Sethi, Rosh K. V.; Henry, Antonia J.; Hevelone, Nathanael D.; Lipsitz, Stuart R.; Belkin, Michael; Nguyen, Louis L. (2013): Impact of hospital market competition on endovascular aneurysm repair adoption and outcomes. In: *Journal of vascular surgery* 58 (3), S. 596–606. DOI: 10.1016/j.jvs.2013.02.014.

Shah, P. S.; Mirea, L.; Ng, E.; Solimano, A.; Lee, S. K. (2015): Association of unit size, resource utilization and occupancy with outcomes of preterm infants. In: *Journal of Perinatology* 35 (7), S. 522. DOI: 10.1038/jp.2015.4.

Shaw, Joshua J.; Santry, Heena P.; Shah, Shimul A. (2013): Specialization and utilization after hepatectomy in academic medical centers. In: *The Journal of surgical research* 185 (1), S. 433–440. DOI: 10.1016/j.jss.2013.04.072.

Shekelle, Paul G. (2013): Nurse-patient ratios as a patient safety strategy: a systematic review. In: *Annals of internal medicine* 158 (5 Pt 2), S. 404–409. DOI: 10.7326/0003-4819-158-5-201303051-00007.

Sherenian, Michael; Profit, Jochen; Schmidt, Barbara; Suh, Sanghee; Xiao, Rui; Zupancic, John A. F.; DeMauro, Sara B. (2013): Nurse-to-patient ratios and neonatal outcomes: a brief systematic review. In: *Neonatology* 104 (3), S. 179–183. DOI: 10.1159/000353458.

Smith, Adam; Recktenwald, Horst Claus (Hg.) (2013): Der Wohlstand der Nationen. Eine Untersuchung seiner Natur und seiner Ursachen. Vollständige Ausgabe nach der 5. Auflage (letzte Hand), London 1789. München: Dt. Taschenbuch-Verl. (Dtv, 30149).

Solomon, Daniel H.; Losina, Elena; Baron, John A.; Fossel, Anne H.; Guadagnoli, Edward; Lingard, Elizabeth A. et al. (2002): Contribution of hospital characteristics to the volume-outcome relationship: dislocation and infection following total hip replacement surgery. In: *Arthritis and rheumatism* 46 (9), S. 2436–2444. DOI: 10.1002/art. 10478.

Statistisches Bundesamt (2016): Grunddaten der Krankenhäuser. Fachserie 12 Reihe 6.1.1, 2015. Wiesbaden. Online verfügbar unter https://www.destatis.de/GPStatistik/servlets/MCRFileNodeServlet/DEHeft_derivate_00031004/2120611157004.pdf, zuletzt aktualisiert am 05.10.2016, zuletzt geprüft am 22.04.2019.

Statisches Bundesamt (2018): Grunddaten der Krankenhäuser 2017. Fachserie 12 Reihe 6.1.1. Online verfügbar unter https://www.destatis.de/GPStatistik/servlets/MCRFileNodeServlet/DEHeft_derivate_00041114/2120611177004_Korr01112018.pdf, zuletzt aktualisiert am 01.11.2018, zuletzt geprüft am 22.04.2019.

Staudt, Susanne; Grabein, Kristin (2016): Rehabilitation. In: Jürgen Wasem, Susanne Staudt und David Matusiewicz (Hg.): Medizinmanagement. Grundlagen und Praxis des Managements in Gesundheitssystem und Versorgung. 1., Studienausgabe der 1. Auflage 2013, neue Ausgabe. Berlin: MWV Medizinisch Wissenschaftliche Verlagsgesellschaft, S. 267–289.

Sving, Eva; Idvall, Ewa; Högberg, Hans; Gunningberg, Lena (2014): Factors contributing to evidence-based pressure ulcer prevention. A cross-sectional study. In: *International journal of nursing studies* 51 (5), S. 717–725. DOI: 10.1016/j.ijnurstu.2013.09.007.

Swart, E.; Bitzer, E. M.; Gothe, H.; Harling, M.; Hoffmann, F.; Horenkamp-Sonntag, Dirk et al. (2016): STandardisierte BerichtsROutine für Sekundärdaten Analysen (STROSA) – ein konsentierter Berichtsstandard für Deutschland, Version 2. In: *Gesundheitswesen (Bundesverband der Ärzte des Öffentlichen Gesundheitsdienstes (Germany))* 78 (S 01), e161. DOI: 10.1055/s-0042-112008.

Synnes, Anne R.; Macnab, Ying C.; Qiu, Zhenguo; Ohlsson, Arne; Gustafson, Paul; Dean, Charmaine B.; Lee, Shoo K. (2006): Neonatal intensive care unit characteristics affect the incidence of severe intraventricular hemorrhage. In: *Medical care* 44 (8), S. 754–759. DOI: 10.1097/01.mlr.0000218780.16064.df.

Teig, N.; Wolf, H.-G.; Bücker-Nott, H.-J. (2007): Mortalität bei Frühgeborenen < 32 Schwangerschaftswochen in Abhängigkeit von Versorgungsstufe und Patientenvolumen in Nordrhein-Westfalen. In: *Zeitschrift für Geburtshilfe und Neonatologie* 211 (3), S. 118–122. DOI: 10.1055/s-2007-960746.

Teig, Norbert (2013): One-sided calculation. In: *Deutsches Arzteblatt international* 110 (7), S. 116–117. DOI: 10.3238/arztebl.2013.0116b.

Thiemann, D. R.;Coresh, J.; Oetgen, W. J.; Powe, N. R. (1999): The association between hospital volume and survival after acute myocardial infarction in elderly patients. In: *The New England journal of medicine* 340 (21), S. 1640–1648. DOI: 10.1056/NEJM199905273402106.

Thomas, Dominik; Reifferscheid, Antonius; Pomorin, Natalie; Focke, Axel; Schillo, Sonja (2016): Krankenhausversorgung. In: Jürgen Wasem, Susanne Staudt und David Matusiewicz (Hg.): Medizinmanagement. Grundlagen und Praxis des Managements in Gesundheitssystem und Versorgung. 1., Studienausgabe der 1. Auflage 2013, neue Ausgabe. Berlin: MWV Medizinisch Wissenschaftliche Verlagsgesellschaft, S. 223–265.

Tiemann, Oliver; Schreyögg, Jonas (2009): Effects of Ownership on Hospital Efficiency in Germany. In: *Bus Res* 2 (2), S. 115–145. DOI: 10.1007/BF03342707.

Tolcher, Mary C.; Johnson, Rebecca L.; El-Nashar, Sherif A.; West, Colin P. (2014): Decision-to-incision time and neonatal outcomes. A systematic review and meta-analysis. In: *Obstetrics and gynecology* 123 (3), S. 536–548. DOI: 10.1097/AOG.0000000000000132.

Totten, Annette M.; Wagner, Jesse; Tiwari, Arpita; O'Haire, Christen; Griffin, Jessica; Walker, Miranda (2012): Closing the quality gap: revisiting the state of the science (vol. 5: public reporting as a quality improvement strategy). In: *Evidence report/technology assessment* (208.5), S. 1–645.

Trotter, A.; Pohlandt, F. (2010): Aktuelle Ergebnisqualität der Versorgung von Frühgeborenen <1500 g Geburtsgewicht als Grundlage für eine Regionalisierung der Risikogeburten. In: *Zeitschrift für Geburtshilfe und Neonatologie* 214 (2), S. 55–61. DOI: 10.1055/s-0030-1249640.

Tsai, Alexander C.; Votruba, Mark; Bridges, John F. P.; Cebul, Randall D. (2006): Overcoming bias in estimating the volume-outcome relationship. In: *Health services research* 41 (1), S. 252–264. DOI: 10.1111/j.1475-6773.2005.00461.x.

Tucker, Janet (2002): Patient volume, staffing, and workload in relation to risk-adjusted outcomes in a random stratified sample of UK neonatal intensive care units: a prospective evaluation. In: *Lancet (London, England)* 359 (9301), S. 99–107.

Urban, Dieter; Mayerl, Jochen (2018): Angewandte Regressionsanalyse: Theorie, Technik und Praxis. 5., überarbeitet Aufl. 2018. Wiesbaden: Springer Fachmedien Wiesbaden (Studienskripten zur Soziologie).

van den Heede, Koen; Lesaffre, Emmanuel; Diya, Luwis; Vleugels, Arthur; Clarke, Sean P.; Aiken, Linda H.;Sermeus, Walter (2009): The relationship between inpatient cardiac surgery mortality and nurse numbers and educational level: analysis of administrative data. In: *International journal of nursing studies* 46 (6), S. 796–803. DOI: 10.1016/j.ijnurstu.2008.12.018.

Veit, Christof (2007): Qualität sichtbar machen. BQS-Qualitätsreport 2006. Düsseldorf: Bundesgeschäftsstelle Qualitätssicherung.

Vernooij, Flora; Heintz, A. Peter M.; Coebergh, Jan-Willem; Massuger, Leon; Witteveen, Petronella O.; van der Graaf, Yolanda (2009): Specialized and high-volume care leads to better outcomes of ovarian cancer treatment in the Netherlands. In: *Gynecologic oncology* 112 (3), S. 455–461. DOI: 10.1016/j.ygyno.2008.11.011.

Vetter, Klaus (2010): Perinatalzentren. In: *Gynäkologe* 43 (3), S. 229–230. DOI: 10.1007/s00129-009-2485-9.

Vetter, Klaus; Malzahn, Jürgen (2019): Ein Blick in die Zukunft der Perinatalmedizin – Patientensicherheit erfordert die Gestaltung regionaler perinatalmedizinischer Kompetenzverbünde. In: Franz Dormann, Jürgen Klauber und Ralf Kuhlen (Hg.): Qualitätsmonitor 2019. Berlin: MWV Medizinisch Wissenschaftliche Verlagsgesellschaft (Qualitätsmonitor), S. 133–148.

Watson, S. I.; Arulampalam, W.; Petrou, S.; Marlow, Neil; Morgan, A. S.; Draper, E. S.; Modi, N. (2016): The effects of a one-to-one nurse-to-patient ratio on the mortality rate in neonatal intensive care: a retrospective, longitudinal, population-based study. In: *Archives of disease in childhood. Fetal and neonatal edition* 101 (3), S. F195-F200. DOI: 10.1136/archdischild-2015-309435.

Weltgesundheitsorganisation (2003): Adherence to long-therm therapies. Evidence for action. Geneva.

WIdO (2016): Krankenhaus-Directory 2016: DRG-Krankenhäuser im Vergleich. In: Jürgen Klauber, Max Geraedts, Jörg Friedrich und Jürgen Wasem (Hg.): Krankenhaus-Report 2017. Schwerpunkt: Zukunft gestalten. Stuttgart: Schattauer (Krankenhaus-Report, 2017).

Williams, R. L.; Chen, P. M. (1982): Identifying the sources of the recent decline in perinatal mortality rates in California. In: *The New England journal of medicine* 306 (4), S. 207–214. DOI: 10.1056/NEJM198201283060404.

Williamson, John W.; Wilson, Renate (Hg.) (1978): Assessing and improving health care outcomes. The health accounting approach to quality assurance. Cambridge, Mass.: Ballinger Pub. Co.

Wooldridge, Jeffrey M. (2013): Introductory econometrics. A modern approach. 5. ed., internat. ed. Mason Ohio: South-Western Cengage Learning.

Wright, Jason D.; Herzog, Thomas J.; Shah, Monjri; Bonanno, Clarissa; Lewin, Sharyn N.; Cleary, Kirsten et al. (2010): Regionalization of care for obstetric hemorrhage and its effect on maternal mortality. In: *Obstetrics and gynecology* 115 (6), S. 1194–1200. DOI: 10.1097/AOG.0b013e3181df94e8.

Wright, Jason D.; Tergas, Ana I.; Hou, June Y.; Burke, William M.; Chen, Ling; Hu, Jim C. et al. (2016): Effect of Regional Hospital Competition and Hospital Financial Status on the Use of Robotic-Assisted Surgery. In: *JAMA surgery* 151 (7), S. 612–620. DOI: 10.1001/jamasurg.2015.5508.

Zapp, Winfried; Dorenkamp, Annette (2002): Anwendungsorientierte Prozessgestaltung im Krankenhaus. Bericht über ein Forschungsprojekt. Unter Mitarbeit von Uwe Bettig und Oliver Torbecke. In: Winfried Zapp und Gregor Aleff (Hg.): Prozessgestaltung im Krankenhaus. Heidelberg: Economica-Verl. (Wirtschaft in der Praxis), S. 1–136.

Zeitlin, Jennifer; Alexander, Sophie; Barros, Henrique; Blondel, Béatrice; Delnord, Marie; Durox, Melanie et al. (2018): European Perinatal Health Report.

Core indicators of the health and care of pregnant women and babies in Europe in 2015. Euro-Peristat-Projekt. Paris. Online verfügbar unter https://www.europeristat.com/images/EPHR2015_Euro-Peristat.pdf, zuletzt geprüft am 10.02.2019.

Zeitlin, Jennifer; Mohangoo, Ashna; Delnord, Marie (2010): European Perinatal Health Report. Health and Care of Pregnant Women and Babies in Europe in 2010. Brüssel. Online verfügbar unter http://www.europeristat.com/images/doc/EPHR2010_w_disclaimer.pdf, zuletzt geprüft am 22.04.2019.

Zinkstok, Sanne M.; Beenen, Ludo F.; Luitse, Jan S.; Majoie, Charles B.; Nederkoorn, Paul J.; Roos, Yvo B. (2016): Thrombolysis in Stroke within 30 Minutes: Results of the Acute Brain Care Intervention Study. In: *PloS one* 11 (11), e0166668. DOI: 10.1371/journal.pone.0166668.

10 Rechtsquellenverzeichnis

Abkürzung	Fassung	Vollzitat
DeQS-RL	19.07.2018	Richtlinie zur datengestützten einrichtungsübergreifenden Qualitätssicherung. Erstfassung vom 19.07.2018, veröffentlicht am Dienstag, 18. Dezember 2018.
Fallpauschalengesetz	23.04.2002	Gesetz zur Einführung eines diagnose-orientierten Fallpauschalensystems für Krankenhäuser (Fallpauschalengesetz FPG). Bundesgesetzblatt Jahrgang 2002 Teil I Nr. 27, ausgegeben zu Bonn am 29.04.2002.
GKV-FQWG	21.07.2014	Gesetz zur Weiterentwicklung der Finanzstruktur und der Qualität in der gesetzlichen Krankenversicherung. Bundesgesetzblatt Jahrgang 2014 Teil I Nr. 33, ausgegeben zu Bonn am 24.07.2014.
GKV-WSG	26.03.2007	Gesetz zur Stärkung des Wettbewerbs in der gesetzlichen Krankenversicherung. Bundesgesetzblatt Jahrgang 2007 Teil I Nr. 11, ausgegeben zu Bonn am 30.03.2007.
IfSGuaÄndG	28.07.2011	Gesetz zur Änderung des Infektionsschutzgesetzes und weiterer Gesetze. Bundesgesetzblatt Jahrgang 2011 Teil I Nr. 41, ausgegeben zu Bonn am 03.08.2011.
KHEntgG	a.F.	Krankenhausentgeltgesetz vom 23. April 2002 (BGBl. I S. 1412, 1422), das zuletzt durch Artikel 14a des Gesetzes vom 6. Mai 2019 (BGBl. I S. 646) geändert worden ist.
KHG	a.F.	Krankenhausfinanzierungsgesetz in der Fassung der Bekanntmachung vom 10. April 1991 (BGBl. I S. 886), das zuletzt durch Artikel 14 des Gesetzes vom 6. Mai 2019 (BGBl. I S. 646) geändert worden ist.
KHSG	10.12.2015	Gesetz zur Reform der Strukturen der Krankenhausversorgung. Bundesgesetzblatt Jahrgang 2015 Teil I Nr. 51, ausgegeben zu Bonn am 17.12.2015.
KHStatV	a.F.	Krankenhausstatistik-Verordnung vom 10. April 1990 (BGBl. I S. 730), die durch Artikel 1 der Verordnung vom 10. Juli 2017 (BGBl. I S. 2300) geändert worden ist

Abkürzung	Fassung	Vollzitat
Mm-R	a.F.	Regelungen des Gemeinsamen Bundesausschusses gemäß § 136b Absatz 1 Satz 1 Nummer 2 SGB V für nach § 108 SGB V zugelassene Krankenhäuser (Mindestmengenregelungen, Mm-R) in der Fassung vom 20. Dezember 2005 veröffentlicht im Bundesanzeiger 2006 (S. 1373) in Kraft getreten am 20. Dezember 2005 in der 1. Neufassung vom 21. März 2006 veröffentlicht im Bundesanzeiger 2006 (S. 5389) in Kraft getreten am 21. März 2006 zuletzt geändert am 5. Dezember 2018 veröffentlicht im Bundesanzeiger (BAnz AT 14.12.2018 B4) in Kraft getreten am 1. Januar 2019.
Qb-R	a.F.	Regelungen des Gemeinsamen Bundesausschusses gemäß § 136b Absatz 1 Satz 1 Nummer 3 SGB V über Inhalt, Umfang und Datenformat eines strukturierten Qualitätsberichts für nach § 108 SGB V zugelassene Krankenhäuser (Regelungen zum Qualitätsbericht der Krankenhäuser, Qb-R) in der Neufassung vom 16. Mai 2013 veröffentlicht im Bundesanzeiger (BAnz AT 24.07.2013 B5) in Kraft getreten am 25. Juli 2013 zuletzt geändert am 20. Dezember 2018 veröffentlicht im Bundesanzeiger BAnz AT 11.03.2019 B1) in Kraft getreten am 12. März 2019.
Qesü-RL	a.F.	Richtlinie des Gemeinsamen Bundesausschusses nach § 92 Abs. 1 Satz 2 Nr. 13 i. V. m. § 136 Abs. 1 Nr. 1 SGB V über die einrichtungs- und sektorenübergreifenden Maßnahmen der Qualitätssicherung (Richtlinie zur einrichtungs- und sektorenübergreifenden Qualitätssicherung – Qesü-RL) in der Fassung vom 19. April 2010 veröffentlicht im Bundesanzeiger 2010 (S. 3 995) in Kraft getreten am 2. Dezember 2010 zuletzt geändert am 21. Juni 2018 veröffentlicht im Bundesanzeiger (BAnz AT 18.09.2018 B3) in Kraft getreten am: 1. Januar 2019.
QFR-RL	19.12.2013	Richtlinie des Gemeinsamen Bundesausschusses über Maßnahmen zur Qualitätssicherung der Versorgung von Früh- und Reifgeborenen gemäß § 136 Absatz 1 Nummer 2 SGB V in Verbindung mit § 92 Abs. 1 Satz 2 Nr. 13 SGB V in der Fassung vom 20. September 2005 veröffentlicht im Bundesanzeiger 2005 S. 15 684 in Kraft getreten am 1. Januar 2006 zuletzt geändert am 19. Dezember 2013 veröffentlicht im Bundesanzeiger BAnz AT vom 9. Januar 2014 B2 in Kraft getreten am 1. Januar 2014.

Abkürzung	Fassung	Vollzitat
QFR-RL	a.F.	Richtlinie des Gemeinsamen Bundesausschusses über Maßnahmen zur Qualitätssicherung der Versorgung von Früh- und Reifgeborenen gemäß § 136 Absatz 1 Nummer 2 SGB V in Verbindung mit § 92 Abs. 1 Satz 2 Nr. 13 SGB V in der Fassung vom 20. September 2005 veröffentlicht im Bundesanzeiger 2005 S. 15 684 in Kraft getreten am 1. Januar 2006 zuletzt geändert am 17. Mai 2018 veröffentlicht im Bundesanzeiger BAnz AT vom 24. August 2018 B4 in Kraft getreten am 1. Januar 2019.
QM-RL	a.F.	Richtlinie des Gemeinsamen Bundesausschusses über grundsätzliche Anforderungen an ein einrichtungsinternes Qualitätsmanagement für Vertragsärztinnen und Vertragsärzte, Vertragspsychotherapeutinnen und Vertragspsychotherapeuten, medizinische Versorgungszentren, Vertragszahnärztinnen und Vertragszahnärzte sowie zugelassene Krankenhäuser (Qualitätsmanagement-Richtlinie/QM-RL) in der Fassung vom 17. Dezember 2015 veröffentlicht im Bundesanzeiger (BAnz AT 15.11.2016 B2) in Kraft getreten am 16. November 2016.
QSKH-RL	a.F.	Richtlinien des Gemeinsamen Bundesausschusses gemäß § 136 Abs. 1 SGB V i.V.m. § 135a SGB V über Maßnahmen der Qualitätssicherung für nach § 108 SGB V zugelassene Krankenhäuser in der Fassung vom 15. August 2006 veröffentlicht im Bundesanzeiger Nr. 178 (S. 6 361) vom 20. September 2006 in Kraft getreten am 1. Januar 2007 zuletzt geändert am 22. März 2019 veröffentlicht im Bundesanzeiger (BAnz AT vom 31.05.2019 B1) in Kraft getreten am 1. Juni 2019.
SGB V	a.F.	Das Fünfte Buch Sozialgesetzbuch – Gesetzliche Krankenversicherung – (Artikel 1 des Gesetzes vom 20. Dezember 1988, BGBl. I S. 2477, 2482), das zuletzt durch Artikel 7 des Gesetzes vom 11. Dezember 2018 (BGBl. I S. 2394) geändert worden ist.

11 Anhang 1: VBA-Code zur Prüfung der Datenkonsistenz von O/E-Indikatoren

```
Sub Datenvalidierung()
' Beginn Hinweise zum Datenformat:
' Die Berechnungen werden im aktiven Dataset durchgeführt
' In Spalte O muss das vom Krankenhaus angegebene Ergebnis der O/E-Rate stehen, beginnend ab Zeile 2
' In Spalte P muss die vom Krankenhaus angegebene Grundgesamtheit stehen, beginnend ab Zeile 2
' In Spalte Q muss die vom Krankenhaus angegebene Anzahl beobachteter Ereignisse stehen, beginnend ab Zeile 2
' In Spalte R muss die vom Krankenhaus angegebene Anzahl erwarteter Ereignisse stehen, beginnend ab Zeile 2
' In Spalte AH erfolgt die Ausgabe, ob das Ergebnis nachvollzogen werden kann
' Ende Hinweise zum Datenformat

' Beginn Variablendeklaration
Dim ergebnis, beobachtet, erwartet, grundgesamtheit As Double ' Zu validierende Variablen
Dim ergebnisKorrekt As Integer ' Wert zur Überprüfung der Qualität der originären Daten
Dim  erwartetUntereRundungsToleranz, erwartetObereRundungsToleranz As Double ' Hilfsvariablen zur Bestimmung der Rundungstoleranzen
Dim erwartetNachkommastellen As Integer
Dim obereErgebnisToleranzgrenze, untereErgebnisToleranzgrenze As Double ' Variablen zur Bestimmung der Rundungstoleranzen
Dim i As Integer ' Zählvariable zur Ermittlung der Zeile
Dim Zeilenanzahl As Integer ' Zählvariable zur Ermittlung der Anzahl aller Datenzeilen
' Ende Variablendeklaration

Zeilenanzahl = ActiveSheet.Cells(Rows.Count, 15).End(xlUp).Row ' Bestimme die Menge aller Datenzeilen
For i = 2 To Zeilenanzahl ' Führe nachfolgende Anweisungen für alle Datenzeilen aus
ergebnis = Cells(i, 15)
```

```
grundgesamtheit = Cells(i, 16)
beobachtet = Cells(i, 17)
erwartet = Cells(i, 18)
erwartetNachkommastellen = Len(CStr(erwartet)) - 1 - Len(CStr(Int(erwartet)))
ergebnisNachkommastellen = Len(CStr(ergebnis)) - 1 - Len(CStr(Int(ergebnis)))
If erwartetNachkommastellen = -1 Then
erwartetNachkommastellen = 0
End If
If ergebnisNachkommastellen = -1 Then
ergebnisNachkommastellen = 0
End If
If erwartet <> 0 Then ' Vermeidung von Div/0

' Beginn Berechnung Rundungstoleranzen
erwartetUntereRundungsToleranz = erwartet - (5.54 / (10 ^ (erwartetNachkommastellen + 1)))
erwartetObereRundungsToleranz = erwartet + (4.44 / (10 ^ (erwartetNachkommastellen + 1)))
obereErgebnisToleranzgrenze = (beobachtet / grundgesamtheit) / (erwartetUntereRundungsToleranz / grundgesamtheit)
untereErgebnisToleranzgrenze = (beobachtet / grundgesamtheit) / (erwartetObereRundungsToleranz / grundgesamtheit)
obereErgebnisToleranzgrenze2 = ergebnis - (5 / (10 ^ (ergebnisNachkommastellen + 1)))
untereErgebnisToleranzgrenze2 = ergebnis + (4 / (10 ^ (ergebnisNachkommastellen + 1)))
' Ende Berechnung Rundungstoleranzen

obereErgebnisToleranzgrenze = Round(obereErgebnisToleranzgrenze, 2)
untereErgebnisToleranzgrenze = Round(untereErgebnisToleranzgrenze, 2)

' Beginn Prüfung, ob Berechnung vom Krankenhaus aus der Berechnung Zähler/Nenner nachvollzogen werden kann
If ergebnis <= obereErgebnisToleranzgrenze And ergebnis >= untereErgebnisToleranzgrenze Then
ergebnisKorrekt = 1
ElseIf obereErgebnisToleranzgrenze2 <= obereErgebnisToleranzgrenze And
```

obereErgebnisToleranzgrenze2 >= untereErgebnisToleranzgrenze Then
ergebnisKorrekt = 2
ElseIf untereErgebnisToleranzgrenze2 <= obereErgebnisToleranzgrenze And untereErgebnisToleranzgrenze2 >= untereErgebnisToleranzgrenze Then
ergebnisKorrekt = 3
Else
ergebnisKorrekt = 0
End If
' Ende Prüfung, ob Berechnung vom Krankenhaus aus der Berechnung Zähler/Nenner nachvollzogen werden kann

If ergebnis = erwartet Then
Cells(i, 34) = „Plausibilitätsprüfung II negativ (Ergebnis = Erwartet)"
End If
Cells(i, 33) = (beobachtet / grundgesamtheit) / (erwartet / grundgesamtheit)
Cells(i, 34) = ergebnisKorrekt
Else
Cells(i, 34) = „Datensatz unvollständig oder erwartet = 0, bitte manuell plausibilisieren"
End If
Next
End Sub

12 Anhang 2: Korrigierte O/E-Indikatoren im Vergleich zum beim G-BA hinterlegten Datenstand

Link	Nach-liefe-rung	Originale Fassung				Verwendete Fassung			
		O/E	GG	(O)	(E)	O/E	GG	(O)	(E)
261101015-0-50048-35	0	1,3	1131	13	13,12	1,3	1131	17	13,12
261101015-0-50050-35	0	0,5	158	9	8,52	0,5	158	4	8,52
261101015-0-50052-35	0	1,1	105	5	5,21	1,1	105	6	5,21
261101015-0-50053-35	0	1,5	112	14	13,82	1,5	112	21	13,82
261101015-0-50062-35	0	0,6	562	27	27,09	0,6	562	16	27,09
261101015-0-50778-1	0	0,5	53	9	8,53	0,5	53	4	8,53
261101015-0-50778-17	0	1,9	51	7	7,42	1,9	51	14	7,42
261101015-0-50778-19	0	1,4	133	15	15,25	1,4	133	21	15,25
261101015-0-50778-9	0	1,5	38	4	4,08	1,5	38	6	4,08
261101015-0-50778-14	0	1	216	19	18,7	1	216	19	18,7
261101015-0-51119-35	0	1,4	1233	15	14,83	1,4	1233	21	14,83
261101015-0-51181-34	0	1,2	871	11	11,23	1,2	871	13	11,23
261101015-0-51181-34	0	0,7	1806	19	19,08	0,7	1806	13	19,08
261101015-0-51397-34	0	1,4	2878	6	5,61	1,4	2878	8	5,61
261101015-0-51803-34	0	1,4	1323	10	9,88	1,4	1323	14	9,88
261101015-0-51803-34	0	1,3	2979	22	22,33	1,3	2979	29	22,33
261101015-0-51837-35	0	1,5	162	8	8,18	1,5	162	12	8,18
261101015-0-51901-35	0	1,2	164	29	28,94	1,2	164	35	28,94
261101015-0-52009-99	0	1,1	116475	667	666,6	1,1	116475	733	666,6
261101015-0-52249-34	0	1,1	1534	506	506,4	1,1	1534	557	506,4
261101015-0-52249-37	0	1,1	8	7	6,54	1,1	8	7	6,54
261101015-0-52249-34	0	1,1	3363	1137	1136,84	1,1	3363	1251	1136,84
261101015-0-52273-38	0	0,9	103	17	17,17	0,9	103	15	17,17
261101015-0-52273-36	0	0,8	196	34	34,21	0,8	196	27	34,21
261101015-0-52341-11	0	2	1177	19	19,02	2	1177	38	19,02
261101015-0-52341-9	0	0,4	1377	17	16,57	0,4	1377	7	16,57
261101015-0-52342-11	0	1,8	842	25	25,21	1,8	842	45	25,21
261101015-0-52342-9	0	0,3	1346	31	30,89	0,3	1346	9	30,89

Link	Nach-liefe-rung	Originale Fassung				Verwendete Fassung			
		O/E	GG	(O)	(E)	O/E	GG	(O)	(E)
261101878-4-50062	0	0,8	180	9	8,8	0,8	180	7	8,8
261101878-4-50778	0	1,6	594	68	67,9	1,6	594	109	67,9
261101878-4-51181	0	1	1917	26	26,41	1	1917	26	26,41
261101878-4-51397	0	1,5	2610	5	5,44	1,5	2610	8	5,44
261101878-4-51803	0	0,9	2664	20	20,14	0,9	2664	18	20,14
261101878-4-51901	0	0,6	75	12	12,5	0,6	75	8	12,5
261101878-4-52009	0	1,9	35835	139	138,59	1,9	35835	263	138,59
261101878-4-52249	0	0,8	2924	1048	1047,86	0,8	2924	838	1047,86
261101878-4-52341	0	1,9	998	13	12,65	1,9	998	24	12,65
261101878-4-52342	0	2,1	734	16	16,05	2,1	734	34	16,05
261101878-10-50062	0	0,8	180	9	8,8	0,8	180	7	8,8
261101878-10-50778	0	1,6	594	68	67,9	1,6	594	109	67,9
261101878-10-51181	0	1	1917	26	26,41	1	1917	26	26,41
261101878-10-51397	0	1,5	2610	5	5,44	1,5	2610	8	5,44
261101878-10-51803	0	0,9	2664	20	20,14	0,9	2664	18	20,14
261101878-10-51901	0	0,6	75	12	12,5	0,6	75	8	12,5
261101878-10-52009	0	1,9	35835	139	138,59	1,9	35835	263	138,59
261101878-10-52249	0	0,8	2924	1048	1047,86	0,8	2924	838	1047,86
261101878-10-52341	0	1,9	998	13	12,65	1,9	998	24	12,65
261101878-10-52342	0	2,1	734	16	16,05	2,1	734	34	16,05
261101300-0-50048	0	1,7	489	5	4,72	1,7	489	8	4,72
261101300-0-50053	0	0,9	62	4	4,33	0,9	62	4	4,33
261101300-0-50062	0	1,2	217	10	9,99	1,2	217	12	9,99
261101300-0-50778	0	0,9	391	44	43,68	0,9	391	39	43,68
261101300-0-51119	0	1,7	506	5	4,72	1,7	506	8	4,72
261101300-0-51181	0	1,1	1795	27	26,86	1,1	1795	30	26,86
261101300-0-51397	0	1,1	2411	5	4,57	1,1	2411	5	4,57
261101300-0-51803	0	1,2	2487	18	17,93	1,2	2487	22	17,93
261101300-0-51901	0	1	81	10	10,41	1	81	10	10,41
261101300-0-52009	0	0,7	39386	164	163,56	0,7	39386	114	163,56
261101300-0-52249	0	0,9	2762	974	974,23	0,9	2762	877	974,23
261101300-0-52273	0	1	250	33	32,76	1	250	33	32,76
261101300-0-52341	0	1,5	835	8	7,5	1,5	835	11	7,5
261101300-0-52342	0	1,4	564	11	11,33	1,4	564	16	11,33

Anhang 2

Link	Nach-liefe-rung	Originale Fassung				Verwendete Fassung			
		O/E	GG	(O)	(E)	O/E	GG	(O)	(E)
261101527-0-50062	0	0,6	320	13	13,16	0,6	320	8	13,16
261101527-0-50778	0	1,1	383	43	43,36	1,1	383	48	43,36
261101527-0-51181	0	1,2	2401	34	33,74	1,2	2401	40	33,74
261101527-0-51397	0	1,4	3200	6	6,43	1,4	3200	9	6,43
261101527-0-51803	0	1	3265	24	24,01	1	3265	24	24,01
261101527-0-52009	0	0,6	21587	81	81,22	0,6	21587	49	81,22
261101527-0-52249	0	0,7	3501	1119	1119,43	0,7	3501	784	1119,43
261101527-0-52273	0	0,8	279	47	46,64	0,8	279	37	46,64
261101527-0-52341	0	1,1	1129	13	12,74	1,1	1129	14	12,74
261101527-0-52342	0	1	836	27	26,91	1	836	27	26,91
261101878-6-50048	0	1,9	583	6	6,34	1,9	583	12	6,34
261101878-6-50050	0	1,5	123	6	5,52	1,5	123	8	5,52
261101878-6-50062	0	0,3	319	15	15,47	0,3	319	5	15,47
261101878-6-50778	0	1,4	482	41	41,45	1,4	482	58	41,45
261101878-6-51119	0	2	583	6	6,06	2	583	12	6,06
261101878-6-51181	0	0,4	2261	27	27,17	0,4	2261	11	27,17
261101878-6-51397	0	2,8	3210	7	6,78	2,8	3210	19	6,78
261101878-6-51803	0	1,8	3290	25	25,39	1,8	3290	46	25,39
261101878-6-51837	0	1,3	124	5	4,75	1,3	124	6	4,75
261101878-6-51901	0	0,9	124	18	17,85	0,9	124	16	17,85
261101878-6-52009	0	1,4	42452	195	195,43	1,4	42452	274	195,43
261101878-6-52249	0	0,9	3651	1234	1233,52	0,9	3651	1110	1233,52
261101878-6-52341	0	0,9	910	24	23,6	0,9	910	21	23,6
261101878-6-52342	0	0,7	1126	53	52,96	0,7	1126	37	52,96
261101311-0-50778	0	1,7	406	51	50,76	1,7	406	86	50,76
261101311-0-51181	0	1,6	641	10	9,99	1,6	641	16	9,99
261101311-0-51803	0	2,3	934	7	7,09	2,3	934	16	7,09
261101311-0-52009	0	1,6	20497	94	94,08	1,6	20497	151	94,08
261101311-0-52249	0	0,8	965	275	274,71	0,8	965	220	274,71
261101311-0-52273	0	1,3	201	30	30,39	1,3	201	40	30,39
261101311-0-52341	0	2,2	703	9	9,19	2,2	703	20	9,19
261101311-0-52342	0	1,3	628	18	17,98	1,3	628	23	17,98
261101878-11-50778	0	1,4	278	27	26,52	1,4	278	37	26,52
261101878-11-51181	0	0,8	767	11	10,6	0,8	767	8	10,6

Link	Nach-liefe-rung	Originale Fassung			Verwendete Fassung		
		O/E	GG	(O)	(E)	O/E	GG	(O)	(E)
261101878-11-51803	0	0,8	1088	8	8,03	0,8	1088	6	8,03
261101878-11-52009	0	1,5	12386	54	53,55	1,5	12386	80	53,55
261101878-11-52249	0	0,8	1120	362	362,07	0,8	1120	290	362,07
261101878-3-50778	0	1,2	429	35	34,57	1,2	429	41	34,57
261101878-3-51181	0	1,3	1095	15	14,73	1,3	1095	19	14,73
261101878-3-52009	0	1,3	25828	77	77,19	1,3	25828	100	77,19
261101878-3-52249	0	0,6	1481	393	393,4	0,6	1481	236	393,4
261101878-3-52273	0	0,8	325	54	54,27	0,8	325	43	54,27
261101878-3-52341	0	1,7	901	6	5,88	1,7	901	10	5,88
261101878-3-52342	0	1,9	1047	12	11,77	1,9	1047	22	11,77
261101561-0-50778	0	0,9	214	25	25,26	0,9	214	23	25,26
261101561-0-51181	0	1,2	1398	19	19,41	1,2	1398	23	19,41
261101561-0-51397	0	1,9	2234	5	4,68	1,9	2234	9	4,68
261101561-0-51803	0	1,8	2312	18	17,54	1,8	2312	32	17,54
261101561-0-52009	0	0,8	21042	60	59,66	0,8	21042	48	59,66
261101561-0-52249	0	0,8	2497	864	864,11	0,8	2497	691	864,11
261101561-0-52273	0	0,9	173	28	28,21	0,9	173	25	28,21
261101561-0-52341	0	0,8	755	10	9,91	0,8	755	8	9,91
261101561-0-52342	0	1	747	20	20,33	1	747	20	20,33
261101878-1-50778	0	1,6	244	24	24,3	1,6	244	39	24,3
261101878-1-51181	0	1,7	933	13	12,61	1,7	933	21	12,61
261101878-1-51803	0	0,9	1442	10	10,32	0,9	1442	9	10,32
261101878-1-52009	0	1,1	23049	83	83,24	1,1	23049	92	83,24
261101878-1-52249	0	0,9	1504	447	446,96	0,9	1504	402	446,96
261101878-1-52341	0	2,3	635	6	6,22	2,3	635	14	6,22
261101878-1-52342	0	1,2	618	13	12,96	1,2	618	16	12,96
261110049-0-50778	0	1	194	17	16,67	1	194	17	16,67
261110049-0-51803	0	2,3	1201	9	8,84	2,3	1201	20	8,84
261110049-0-52009	0	1,3	12567	56	55,64	1,3	12567	72	55,64
261110049-0-52249	0	0,6	1280	415	415,38	0,6	1280	249	415,38
261110049-0-52273	0	1,2	120	20	20,11	1,2	120	24	20,11
261110049-0-52342	0	0,5	1055	16	15,63	0,5	1055	8	15,63
261101220-0-51119	0	1,2	109	6	5,63	1,2	109	7	5,63
261101220-0-51191	0	1,3	209	4	3,87	1,3	209	5	3,87

Anhang 2

Link	Nach-liefe-rung	Originale Fassung				Verwendete Fassung			
		O/E	GG	(O)	(E)	O/E	GG	(O)	(E)
261101220-0-52009	0	2,1	6769	71	70,58	2,1	6769	148	70,58
261101220-0-52341	0	3,2	1435	11	11,07	3,2	1435	35	11,07
261101220-0-52342	0	3,3	849	5	4,82	3,3	849	16	4,82
261100321-0-50778	0	1,7	233	21	20,82	1,7	233	35	20,82
261100321-0-51181	0	1,1	571	8	8,1	1,1	571	9	8,1
261100321-0-51803	0	0,7	882	7	7,02	0,7	882	5	7,02
261100321-0-52249	0	1	896	270	269,89	1	896	270	269,89
261100321-0-52273	0	2,5	248	37	37,39	2,5	248	93	37,39
261100321-0-52342	0	1	233	7	7,07	1	233	7	7,07
261100263-0-50053	0	1,7	26	4	3,61	1,7	26	6	3,61
261100263-0-50062	0	1,1	95	5	4,78	1,1	95	5	4,78
261100263-0-50778	0	1	309	41	41,41	1	309	41	41,41
261100263-0-51181	0	1,4	1434	17	16,9	1,4	1434	24	16,9
261100263-0-51397	0	2	1871	4	3,56	2	1871	7	3,56
261100263-0-51803	0	1,6	1910	14	13,79	1,6	1910	22	13,79
261100263-0-51901	0	0,9	52	9	9,01	0,9	52	8	9,01
261100263-0-52009	0	0,8	16646	62	62,14	0,8	16646	50	62,14
261100263-0-52249	0	0,7	2105	641	641,32	0,7	2105	449	641,32
261100263-0-52273	0	0,8	307	41	40,77	0,8	307	33	40,77
261101878-2-50778	0	1,2	647	71	70,81	1,2	647	85	70,81
261101878-2-51803	0	0,4	1223	9	9,27	0,4	1223	4	9,27
261101878-2-52009	0	1,5	25279	95	94,68	1,5	25279	142	94,68
261101878-2-52249	0	0,8	1261	378	377,6	0,8	1261	302	377,6
261101878-2-52341	0	0,8	880	6	6,45	0,8	880	5	6,45
261101878-2-52342	0	0,8	830	15	15,35	0,8	830	12	15,35
261101264-0-50778	0	1	252	33	32,91	1	252	33	32,91
261101264-0-51181	0	0,5	1386	23	23,25	0,5	1386	12	23,25
261101264-0-51803	0	0,8	1806	13	12,68	0,8	1806	10	12,68
261101264-0-52009	0	0,5	11814	50	49,89	0,5	11814	25	49,89
261101264-0-52249	0	0,6	1861	495	495,29	0,6	1861	297	495,29
261101264-0-52341	0	1,1	640	9	8,56	1,1	640	9	8,56
261101264-0-52342	0	1	639	13	13,31	1	639	13	13,31
261101878-9-50778	0	1,2	494	60	59,85	1,2	494	72	59,85
261101878-9-52009	0	2	20887	96	96,3	2	20887	193	96,3

Anhang 2

Link	Nach-liefe-rung	Originale Fassung				Verwendete Fassung			
		O/E	GG	(O)	(E)	O/E	GG	(O)	(E)
261101878-9-52341	0	2,9	506	4	3,74	2,9	506	11	3,74
261101878-9-52342	0	1,4	699	12	11,78	1,4	699	16	11,78
261100310-0-50778	0	0,8	342	47	47,05	0,8	342	38	47,05
261100310-0-51803	0	0,5	1472	11	11,12	0,5	1472	6	11,12
261100310-0-52009	0	0,7	12189	42	41,62	0,7	12189	29	41,62
261100310-0-52249	0	1,1	1524	413	413,31	1,1	1524	455	413,31
261100310-0-52273	0	1,1	224	37	36,65	1,1	224	40	36,65
261110083-0-50778	0	1	474	41	40,66	1	474	41	40,66
261110083-0-52009	0	1,5	16860	76	76,28	1,5	16860	114	76,28
261110083-0-52341	0	0,6	709	11	10,73	0,6	709	6	10,73
261110083-0-52342	0	0,8	638	17	16,6	0,8	638	13	16,6
261100081-0-50778	0	0,9	284	44	44,12	0,9	284	40	44,12
261100081-0-52009	0	0,5	15252	64	64,15	0,5	15252	32	64,15
261100081-0-52341	0	0,4	1681	19	18,61	0,4	1681	7	18,61
261100081-0-52342	0	0,8	2357	40	39,71	0,8	2357	32	39,71
261100855-0-50062	0	0,8	230	10	9,92	0,8	230	8	9,92
261100855-0-50778	0	0,8	209	20	19,98	0,8	209	16	19,98
261100855-0-51181	0	0,7	2348	34	33,8	0,7	2348	24	33,8
261100855-0-51397	0	2	3367	7	6,88	2	3367	14	6,88
261100855-0-51803	0	1	3517	27	26,81	1	3517	27	26,81
261100855-0-52009	0	0,7	16086	54	54,4	0,7	16086	38	54,4
261100855-0-52249	0	0,7	3849	1506	1506,28	0,7	3849	1054	1506,28
261101754-0-50778	0	0,9	362	44	44,17	0,9	362	40	44,17
261101754-0-52009	0	0,3	22855	137	137,11	0,3	22855	41	137,11
261101754-0-52341	0	1,1	647	16	15,71	1,1	647	17	15,71
261101754-0-52342	0	1	1091	38	37,56	1	1091	38	37,56
261100229-0-50778	0	0,9	199	31	30,54	0,9	199	27	30,54
261100229-0-52009	0	0,6	12814	51	50,91	0,6	12814	31	50,91
261100456-0-50778	0	0,8	139	23	22,63	0,8	139	18	22,63
261100456-0-51181	0	1,3	565	8	7,57	1,3	565	10	7,57
261100456-0-51803	0	0,6	890	7	6,92	0,6	890	4	6,92
261100456-0-52009	0	0,5	9658	27	26,99	0,5	9658	13	26,99
261100456-0-52249	0	1	934	298	298,13	1	934	298	298,13
261100456-0-52273	0	1,1	330	52	51,56	1,1	330	57	51,56

Link	Nach-liefe-rung	Originale Fassung				Verwendete Fassung			
		O/E	GG	(O)	(E)	O/E	GG	(O)	(E)
261110027-2-50778	0	1,8	373	33	32,62	1,8	373	59	32,62
261110027-2-52009	0	1,8	10448	46	46,15	1,8	10448	83	46,15
261110027-2-52342	0	1,1	452	11	10,72	1,1	452	12	10,72
261101878-8-50778	0	1,1	347	43	43,02	1,1	347	47	43,02
261101878-8-52009	0	2,8	9875	55	55,36	2,8	9875	155	55,36
261101878-8-52341	0	1,8	324	4	3,99	1,8	324	7	3,99
261101878-8-52342	0	1,5	335	7	6,59	1,5	335	10	6,59
261102323-0-50778	0	0,8	171	19	19,12	0,8	171	15	19,12
261102323-0-52009	0	0,6	10509	37	37,42	0,6	10509	22	37,42
261101479-0-50778	0	1,1	268	48	47,8	1,1	268	53	47,8
261101479-0-52009	0	0,8	15013	62	62,4	0,8	15013	50	62,4
261110027-1-50778	0	0,8	242	23	23,44	0,8	242	19	23,44
261110027-1-52009	0	0,6	12545	39	39,08	0,6	12545	23	39,08
261100025-0-50778	0	1,2	235	18	18,02	1,2	235	22	18,02
261100025-0-52009	0	1,7	6861	23	22,62	1,7	6861	38	22,62
261100822-0-50778	0	1,7	207	21	21,06	1,7	207	36	21,06
261100822-0-52009	0	2,1	7753	38	38	2,1	7753	80	38
261101721-0-50778	0	0,9	294	57	56,71	0,9	294	51	56,71
261101721-0-52009	0	0,9	14594	55	55,43	0,9	14594	50	55,43
261101721-0-52273	0	1,2	146	20	20,45	1,2	146	25	20,45
261100070-0-50778	0	1,5	118	16	15,71	1,5	118	24	15,71
261100070-0-52009	0	1,6	9730	35	35,15	1,6	9730	56	35,15
261100036-0-50778	0	0,9	82	11	10,55	0,9	82	9	10,55
261100036-0-52009	0	1,1	6304	27	27,33	1,1	6304	30	27,33
261100445-0-50778	0	1,1	133	21	21,07	1,1	133	23	21,07
261100445-0-52009	0	1,6	5535	27	26,74	1,6	5535	43	26,74
261100797-0-50778	0	0,7	187	34	33,98	0,7	187	24	33,98
261100797-0-52009	0	0,6	7128	35	34,94	0,6	7128	21	34,94
261100946-0-50778	0	1,2	233	37	36,52	1,2	233	44	36,52
261100946-0-52009	0	0,8	6238	37	37,49	0,8	6238	30	37,49
261100252-0-50778	0	1	89	11	11,2	1	89	11	11,2
261100252-0-52009	0	0,9	1720	10	10,28	0,9	1720	9	10,28
261101685-0-50778	0	1,4	59	9	9,48	1,4	59	13	9,48
261101685-0-52009	0	3,9	1889	11	10,88	3,9	1889	42	10,88

Link	Nach-liefe-rung	Originale Fassung				Verwendete Fassung			
		O/E	GG	(O)	(E)	O/E	GG	(O)	(E)
261102390-0-52009	0	0,8	2010	12	11,74	0,8	2010	9	11,74
261101890-0-52009	0	0,8	1563	10	9,72	0,8	1563	8	9,72
511110107-0-52009	0	1,5	2853	16	15,58	1,5	2853	23	15,58
261101491-0-52009	0	0,5	6288	46	45,72	0,5	6288	23	45,72
261101366-0-52009	0	0,5	4430	9	9,39	0,5	4430	5	9,39
261401416-99-51397-1	0	2,22	1107	5	2,24	2,22	1107	5	2,25
261401063-99-51803	0	1,49	998	11	7,35	1,49	998	11	7,36
261401063-99-51803	0	1,49	998	11	7,35	1,49	998	11	7,36
261401063-1-51803	0	1,49	998	11	7,35	1,49	998	11	7,36
261401063-2-51803	0	1,49	998	11	7,35	1,49	998	11	7,36
261401416-1-51397	0	2,22	1107	5	2,24	2,22	1107	5	2,25
260200035-0-51803	0	49	2567	9	18,27	0,49	2567	9	18,27
260200035-0-52342	1	1,05	425	16	36,88	1,05	425	16	15,27
260200035-0-52009	0	72	32654	107	149,04	0,72	32654	107	149,04
260200035-0-50050	1	1,24	82	6	4,68	1,24	82	6	4,86
260200035-0-51901	0	87	83	15	17,24	0,87	83	15	17,24
260200035-0-50060	0	1,69	8369	21	8,37	1,69	8369	21	12,426
260200035-0-50061	0	1,47	8369	23	8,37	1,47	8369	2,75	1,870748
260200035-0-50062	0	63	146	5	7,97	0,63	146	5	7,97
260200865-1-51803	0	77	1613	9	11,76	0,77	1613	9	11,76
260200865-1-50060	0	1,38	231	6	4,21	1,38	4210	6	4,348
260200865-1-50061	0	1,53	231	8	4,21	1,53	231	8	5,228758
260200865-99-51803	0	77	1611	9	11,76	0,77	1611	9	11,76
260200386-0-52249	0	87	1686	459	525,03	0,87	1686	459	525,03
260200386-0-51181	0	74	1119	10	13,47	0,74	1119	10	13,47
260200386-0-52273	0	86	71	9	10,49	0,86	71	9	10,49
260200386-0-52009	1	2,01	8298	53	25,28	2,1	8298	53	25,28
260200206-0-52249	0	78	1282	279	359,32	0,78	1282	279	359,32
260200206-0-51803	0	70	1211	6	8,54	0,78	1211	6	8,54
260200206-0-52009	0	68	13042	42	61,9	0,68	13042	42	61,9
260200171-1-51803	0	34	2355	6	17,42	0,34	2355	6	17,42
260200171-1-52341	1	0,77	1214	5	6	0,77	1214	5	6,49
260200171-99-52249	0	82	2472	668	816,44	0,82	2472	668	816,44
260200171-99-51803	0	34	2355	6	17,42	0,34	2355	6	17,42

Anhang 2

Link	Nach-liefe-rung	Originale Fassung				Verwendete Fassung			
		O/E	GG	(O)	(E)	O/E	GG	(O)	(E)
260200171-99-52273	0	85	115	15	17,58	0,85	115	15	17,58
260200171-99-52341	1	0,77	1214	5	6	0,77	1214	5	6,49
260200171-99-52009	0	83	27523	114	137,38	0,83	27523	114	137,38
260200079-0-52249	0	1,18	737	256	256	1,18	737	256	217,67
260200079-0-51181	0	1,94	433	10	10	1,94	433	10	5,154639
260200079-0-52009	0	51	31895	76	148,49	0,51	31895	76	148,49
260200079-0-50778	0	62	343	21	33,74	0,62	343	21	33,74
260200400-0-52249	0	98	3305	1157	1182,33	0,98	3305	1157	1182,33
260200400-0-51397	0	79	2814	5	6,35	0,79	2814	5	6,35
260200400-0-51181	0	1	1926	44	30,67	1,43	1926	44	30,67
260200104-0-51803	0	79	879	5	6,29	0,79	879	5	6,29
260200104-0-52009	0	63	19087	58	92,39	0,63	19087	58	92,39
260200104-0-50778	0	95	627	88	92,71	0,95	627	88	92,71
260200013-0-11704	1	9,96	39	5	1,26	1,26	39	5	3,96
260200013-0-11724	0	13667	39	5	0,78	0,78	39	5	6,37
260200013-0-52249	0	76	3141	874	1155,8	0,76	3141	874	1155,8
260200013-0-51181	0	97	1838	28	1,26	0,97	1838	28	28,85
260200013-0-52273	0	74	186	25	33,76	0,74	186	25	33,76
260200013-0-51119	0	83	786	6	7,19	0,83	786	6	7,19
260200013-0-50048	0	73	762	5	6,89	0,73	762	5	6,89
260200013-0-51901	0	84	104	12	14,36	0,84	104	12	14,36
260200013-0-50060	0	74	13664	11	13,66	0,74	13664	11	14,865
260200013-0-50061	0	73	13664	13	13,66	0,73	13664	13	13,66
260200013-0-50062	0	84	307	12	14,33	0,84	307	12	14,33
260200013-0-50778	1	1,8	438	42	38,85	1,08	438	42	38,85
260201194-0-52273	0	43	19	19	43,84	0,43	267	19	43,84
260201194-0-52009	0	77	45	45	58,66	0,77	17774	45	58,66
260200068-0-52249	0	1,01	3092	1095	996,84	1,1	3092	1095	996,84
260200068-0-51803	0	67	2771	13	19,39	0,67	2771	13	19,39
260200068-0-51181	0	65	1772	17	26,17	0,65	1772	17	26,17
260200068-0-52009	0	65	34062	84	128,34	0,65	34062	84	128,34
260200068-0-50778	0	77	723	67	86,96	0,77	723	67	86,96
260200901-0-52249	0	93	746	209	224,67	0,93	746	209	224,67
260200901-0-52009	0	45	13712	25	55	0,45	13712	25	55

Link	Nach-liefe-rung	Originale Fassung				Verwendete Fassung			
		O/E	GG	(O)	(E)	O/E	GG	(O)	(E)
260200990-0-51191	0	43	284	4	9,2	0,43	284	4	9,2
260200990-0-50060	0	5,19	1085	0	2,92	5,19	1085	7	1,349
260200990-0-50061	0	6	1085	0	2,92	6,42	1085	11	1,713395
260200990-0-50062	1	1,06	26	0	1,89	1,06	26	2	1,89
260200024-0-51191	1	2,2	169	4	1,98	2,02	169	4	1,98
260200024-0-52009	0	12	29011	16	128,89	0,12	29011	16	128,89
260200024-0-50778	0	90	201	15	16,62	0,9	201	15	16,62
260200091-0-52009	0	29	23552	18	62,81	0,29	23552	18	62,81
260200091-0-50778	1	1,01	329	47	42,61	1,1	329	47	42,61
260200284-0-52009	0	74	7682	18	24,33	0,74	7682	18	24,33
260200284-0-50778	0	79	82	5	6,33	0,79	82	5	6,33
260201229-0-52009	0	55	10537	19	34,61	0,55	10537	19	34,61
260200422-0-52009	0	30	6268	9	29,52	0,3	6268	9	29,52
260200422-0-50778	0	78	160	16	20,57	0,78	160	16	20,57
260200193-0-50048	0	1,77	620	11	11	1,77	620	11	6,214689
260200193-0-50053	0	86	96	4	8,31	0,86	96	4	4,65
260200319-0-51119	0	94	818	5	5,35	0,94	818	5	5,35
260200319-0-50048	1	1,5	812	5	4,78	1,05	812	5	4,78
260200319-0-50060	0	0,81	723	10	10,2	1,08	10016	10	9,259259
260200319-0-50061	0	1,39	723	15	10,2	1,39	723	15	10,79137
260200319-0-50062	0	40	223	4	9,98	0,4	223	4	9,98
260200547-0-52009	0	84	2609	5	5,96	0,84	2609	5	5,96
260200240-0-50778	0	50	95	6	12,1	0,5	95	6	12,1
260201036-0-52273	0	68	52	6	8,82	0,68	52	6	8,82
260200217-0-52009	0	63	13758	32	50,8	0,63	13758	32	50,8
260200320-0-52009	0	83	6488	15	18,14	0,83	6488	15	18,14
260200375-0-52273	0	75	984	118	157,77	0,75	984	118	157,77
260200193-0-50060	0	0	551	0	12,74	0,670742	12743	9	13,41798
260200193-0-50061	0	0,94	12743	12	12,74	0,766	12743	12	15,65891
260200386-0-50061	0					1,19	2923	2	1,680672
260710010-99-50060-1	0	1,01	4321	4	4,32	1,01	4321	4	3,960396
260710010-99-50061-1	0	0,89	4321	4	4,32	0,89	4321	4	4,494382
260730025-99-50061-1	0	0,71	5005	4	5	0,71	5005	4	5,633803
261000331-99-50060-1	0	1,7	3570	30	3,57	1,7	3570	30	17,64706

Anhang 2

Link	Nach-liefe-rung	Originale Fassung				Verwendete Fassung			
		O/E	GG	(O)	(E)	O/E	GG	(O)	(E)
261000331-99-50061-1	0	2,1	3570	40	3,57	2,1	3570	40	19,04762
260340740-0-50061	0	0,27	422	6	422	0,27	422	6	22,22222
260340740-0-50062	0	0,63	167	6	167	0,63	167	6	9,523810
260340740-0-50060	0	0,34	422	6	422	0,34	422	6	17,64706
260320597-0-50060	0	0,68	399	11	399	0,68	399	11	16,1764
260320597-0-50061	0	0,8	399	16	399	0,8	399	16	20
260320597-0-50062	0	0,64	223	8	223	0,64	223	8	12,5
260340557-0-50062	0	2,22	38	4	38	2,22	38	4	1,801802
260320633-0-50060	0	1,13	183	4	183	1,13	183	4	3,539823
260320633-0-50061	0	1,71	183	7	183	1,71	183	7	4,09356
260320633-0-50062	0	0,89	97	4	97	0,89	97	4	4,494382
260320622-0-50062	0	0,68	125	4	125	0,68	125	4	5,882353
260310766-0-50060	0	1,29	285	6	285	1,29	285	6	4,651163
260310766-0-50062	0	1,74	87	7	87	1,74	87	7	4,022989
260310766-0-50061	0	1,32	285	7	285	1,32	285	7	5,303030
260310209-0-50062	0	0,78	195	7	195	0,78	195	7	8,974359
260310378-0-50061	0	2,08	379	21	379	2,08	379	21	10,09615
260310378-0-50060	0	2,1	379	18	379	2,1	379	18	8,571429
260620011-0-50061	0	0,81	10134	5	61,82	0,81	10134	5	6,182
260330361-0-50062	0	1,78	149	12	149	1,78	149	12	6,741573
260340988-0-50062	0	1,19	131	7	131	1,19	131	7	5,882353
260611236-0-50060	0	2,94	4352	7	23,94	2,94	4352	7	2,394
260611236-0-50061	0	2,97	4352	8	26,98	2,97	4352	8	2,698
260620431-0-50060	0	3,89	5259	11	28,4	3,89	5259	11	2,84
260620431-0-50061	0	5,1	5259	16	31,55	5,1	5259	16	3,155
260610075-0-50060	0	0,75	10088	4	53,47	0,75	10088	4	5,347
260610075-0-50061	0	0,67	10088	4	59,52	0,67	10088	4	5,952
261500597-0-50060	0	5,61	2746	10	2,75	5,61	2746	10	1,782531
261500597-0-50061	0	5,18	2746	10	2,75	5,18	2746	10	1,930502
260612124-0-50060	0	1,98	8530	11	55,45	1,98	8530	11	5,545
260612124-0-50061	0	2,06	8530	13	63,12	2,06	8530	13	6,312
261500677-0-50061	0	0,54	5024	4	5,02	0,54	5024	4	7,407407
260610279-0-50060	0	1,34	12186	10	74,33	1,34	12186	10	7,433
260610279-0-50061	0	1,72	12186	15	87,74	1,72	12186	15	8,774

Link	Nach-liefe-rung	Originale Fassung				Verwendete Fassung			
		O/E	GG	(O)	(E)	O/E	GG	(O)	(E)
260400048-0-50060	0	1,35	8508	17	8,51	1,35	8508	17	12,59260
260400048-0-50061	0	1,1	8508	17	8,51	1,1	8508	17	15,45455
261500702-0-50060	0	2,26	5792	19	5,79	2,26	5792	19	8,407080
261500702-0-50061	0	2,13	5792	22	5,79	2,13	5792	22	10,32864
261601021-0-50060	0	1,07	5785	12	5,79	1,07	5785	12	11,21495
261601021-0-50061	0	0,99	5785	15	5,79	0,99	5785	15	15,15152
261500289-0-50060	0	1,58	7590	15	7,59	1,58	7590	15	9,49367
261500289-0-50061	0	1,76	7590	20	7,59	1,76	7590	20	11,36364
261000386-0-50060	0	0,33	11232	50	11,23	0,33	11232	50	151,5152
261000386-0-50061	0	0,27	11232	50	11,23	0,27	11232	50	185,1852
261000013-0-50060	0	1,42	6036	90	6,04	1,42	6036	90	63,38028
261000013-0-50061	0	1,44	6036	110	6,04	1,44	6036	110	76,38889
261000898-0-50060	0	0,57	3113	10	3,11	0,57	3113	10	17,54386
261000898-0-50061	0	0,52	3113	10	3,11	0,52	3113	10	19,23077
260730161-0-50060	0	0,57	10469	9	10,47	0,57	10469	9	15,78947
260730161-0-50061	0	0,63	10469	13	10,47	0,63	10469	13	20,63492
260730309-0-50060	0	1,16	7577	8	7,58	1,16	7577	8	6,896552
260730309-0-50061	0	1,25	7577	10	7,58	1,25	7577	10	8
260730127-0-50060	0	0,92	4730	4	4,73	0,92	4730	4	4,347826
260730127-0-50061	0	0,78	4730	4	4,73	0,78	4730	4	5,128205
260730321-0-50060	0	1	6898	6	6,9	1	6898	6	6
260730321-0-50061	0	1,33	6898	9	6,9	1,33	6898	9	6,766917
260720034-0-50060	0	1,29	7859	12	7,86	1,29	7859	12	9,302326
260720034-0-50061	0	1,45	7859	16	7,86	1,45	7859	16	11,03448
260340740-0-51901	0	0,67	141	18	141	0,67	141	18	26,86567
260340740-0-51837	0	0,92	138	6	138	0,92	138	6	6,521739
260340740-0-50048	0	0,98	448	8	448	0,98	448	8	8,163265
260340740-0-50053	0	0,49	99	6	99	0,49	99	6	12,2449
260340740-0-51119	0	1,09	482	9	482	1,09	482	9	8,256881
260320597-0-51119	0	1,21	504	17	504	1,21	504	17	14,04959
260320597-0-50050	0	0,96	128	5	128	0,96	128	5	5,208333
260320597-0-51901	0	1,1	136	22	136	1,1	136	22	20
260320597-0-50053	0	0,96	89	9	89	0,96	89	9	9,375
260320597-0-50052	0	1,5	94	4	94	1,5	94	4	2,666667

Anhang 2

Link	Nach-liefe-rung	Originale Fassung				Verwendete Fassung			
		O/E	GG	(O)	(E)	O/E	GG	(O)	(E)
260320597-0-51837	0	1,3	128	9	128	1,3	128	9	6,923077
260320597-0-50048	0	1,12	421	11	421	1,12	421	11	9,821429
260320633-0-51901	0	1,08	37	5	37	1,08	37	5	4,62963
260320622-0-51901	0	0,71	41	5	41	0,71	41	5	7,042254
260310766-0-51901	0	0,88	44	5	44	0,88	44	5	5,681818
260310209-0-50053	0	1,68	48	7	48	1,68	48	7	4,166667
260310209-0-51901	0	1,06	62	10	62	1,06	62	10	9,433962
260310209-0-50052	0	3,23	46	6	46	3,23	46	6	1,857585
260310378-0-51119	0	1,45	433	5	433	1,45	433	5	3,448276
260310378-0-50053	0	1,16	54	5	54	1,16	54	5	4,310345
260310378-0-51901	0	0,81	65	7	65	0,81	65	7	8,641975
260310378-0-50048	0	1,41	398	4	398	1,41	398	4	2,836879
260330361-0-51901	0	1,14	54	8	54	1,14	54	8	7,017544
260340988-0-51901	0	1,16	54	4	54	1,16	54	4	3,448276
260320508-0-50062	0	0,5	208	5	208	0,5	208	5	10
260320508-0-51119	0	0,87	552	5	552	0,87	552	5	5,747126
260320508-0-50048	0	1,11	513	5	513	1,11	513	5	4,504505
260320508-0-50053	0	0,96	58	4	58	0,96	58	4	4,166667
260320508-0-51901	0	0,94	84	10	84	0,94	84	10	10,6383
260320508-0-50060	0	0,63	448	6	448	0,63	448	6	9,52381
260320508-0-50061	0	0,63	448	7	448	0,63	448	7	11,11111
260342183-0-51119	0	1,08	568	4	568	1,08	568	4	3,703707
260342183-0-50048	0	1,08	560	4	560	1,08	560	4	3,703704
260342183-0-50061	0	1,33	537	19	537	1,33	537	19	14,28571
260342183-0-50062	0	0,72	175	6	175	0,72	175	6	8,333333
260342183-0-51901	0	1,62	80	15	80	1,62	80	15	9,259259
260342183-0-50052	0	3,1	58	5	58	3,1	58	5	1,612903
260342183-0-50053	0	2,18	62	10	62	2,18	62	10	4,587156
260342183-0-50060	0	1,47	537	18	537	1,47	537	18	12,2449
260730025-1-50060	0	0,84	5005	4	5	0,84	5005	4	4,761905
260710010-1-50060	0	1,01	4321	4	4,32	1,01	4321	4	3,960396
261101878-4-51181	0	1	1917	26	26,41	1	1917	26	26,41
261101878-4-51397	0	1,5	2610	5	5,44	1,5	2610	8	5,44
261101878-4-52249	0	0,8	2924	1048	1047,86	0,8	2924	838	1047,86

Link	Nach-liefe-rung	Originale Fassung				Verwendete Fassung			
		O/E	GG	(O)	(E)	O/E	GG	(O)	(E)
261101878-6-50048	0	1,9	583	6	6,34	1,9	583	12	6,34
261101878-6-51119	0	2	583	6	6,06	2	583	12	6,06
261101878-6-51181	0	0,4	2261	27	27,17	0,4	2261	11	27,17
261101878-6-51397	0	2,8	3210	7	6,78	2,8	3210	19	6,78
261101878-6-52249	0	0,9	3651	1234	1233,52	0,9	3651	1110	1233,52
261101878-6-52341	0	0,9	910	24	23,6	0,9	910	21	23,6
261101878-6-52342	0	0,7	1126	53	52,96	0,7	1126	37	52,96
261101878-5-51181	0	0,8	767	11	10,6	0,8	767	8	10,6
261101878-3-51181	0	1,3	1095	15	14,73	1,3	1095	19	14,73
261101878-3-52249	0	0,6	1481	393	393,4	0,6	1481	236	393,4
261101878-3-52341	0	1,7	901	6	5,88	1,7	901	10	5,88
261101878-3-52342	0	1,9	1047	12	11,77	1,9	1047	22	11,77
261101878-1-51803	0	0,9	1442	10	10,32	0,9	1442	9	10,32
261101878-1-52249	0	0,9	1504	447	446,96	0,9	1504	402	446,96
261101878-2-51803	0	0,4	1223	9	9,27	0,4	1223	4	9,27
261101878-2-52249	0	0,8	1261	378	377,6	0,8	1261	302	377,6
261101878-2-52341	0	0,8	880	6	6,45	0,8	880	5	6,45
261101878-2-52342	0	0,8	830	15	15,35	0,8	830	12	15,35
261101878-8-52342	0	1,5	335	7	6,59	1,5	335	10	6,59
261000331-1-50060	0	1,7	3570	30	3,57	1,7	3570	30	17,64706
261000331-1-50061	0	2,1	3570	40	3,57	2,1	3570	40	19,04762
260200865-1-50060	0	1,38	231	6	4,21	1,38	4210	6	4,347827
260200865-1-50061	0	1,53	231	8	4,21	1,53	4210	8	5,228758
260200171-2-50060	1	1,38	231	6	4,21	1,38	4210	6	4,347826
260200171-2-50061	1	1,53	231	8	4,21	1,53	4210	8	5,228758
261201506-99-50060-1	0	1,72	347	9	5,12	1,72	5120	9	5,232558
261201506-99-50061-1	0	1,59	347	10	5,12	1,59	5120	10	6,289308
261201061-0-50060	0	1,8	189	4	3,35	1,8	3350	4	2,222222
261201061-0-50061	0	1,66	189	4	3,35	1,66	3350	4	2,409639
261201506-1-50060	0	1,72	347	9	5,12	1,72	5120	9	5,232558
261201506-1-50061	0	1,59	347	10	5,12	1,59	5120	10	6,289308
260730025-1-50061	0	0,71	5005	4	5	0,71	5005	4	5,633803
260710010-1-50061	0	0,89	4321	4	4,32	0,89	4321	4	4,494382
261101878-5-51803	0	0,8	1088	8	8,03	0,8	1088	6	8,03

Link	Nach-liefe-rung	Originale Fassung				Verwendete Fassung			
		O/E	GG	(O)	(E)	O/E	GG	(O)	(E)
261101878-5-52249	0	0,8	1120	362	362,07	0,8	1120	290	362,07
261101878-5-50778	0	1,4	278	27	26,52	1,4	278	37	26,52
261101878-5-52009	0	1,5	12386	54	53,55	1,5	12386	80	53,55
260593600-99-51181-3	0	0,84	814	9	10	0,84	814	9	10,71
260593600-3-51181	0	0,84	814	9	10	0,84	814	9	10,71
260592277-0-51181	0	2,34	147	4	1	2,34	147	4	1,71
260592084-99-51181-1	0	1,3	500	9	6	1,3	500	9	6,92
260592084-1-51181	0	1,3	500	9	6	1,3	500	9	6,92
260591539-0-51181	0	1,72	608	13	7	1,72	608	13	7,56
260591389-0-51181	0	1,04	391	5	4	1,04	391	5	4,81
260591243-0-51181	0	1,23	762	13	10	1,23	762	13	10,57
260591107-99-51181-1	0	1,43	391	7	4	1,43	391	7	4,9
260591107-1-51181	0	1,43	391	7	4	1,43	391	7	4,9
260590981-0-51181	0	1,48	249	4	2	1,48	249	4	2,7
260590969-0-51181	0	1,05	684	10	9	1,05	684	10	9,52
260590743-0-51181	0	1,98	226	5	2	1,98	226	5	2,53
260590696-0-51181	0	2,63	355	12	4	2,63	355	12	4,56
260590457-99-51181-2	0	1,92	232	5	2	1,92	232	5	2,6
260590457-99-51181-1	0	1,92	232	5	2	1,92	232	5	2,6
260590457-2-51181	0	1,92	232	5	2	1,92	232	5	2,6
260590457-1-51181	0	1,92	232	5	2	1,92	232	5	2,6
260590402-0-51181	0	0,53	665	4	7	0,53	665	4	7,55
260590208-0-51181	0	1,06	445	7	6	1,06	445	7	6,6
260571421-99-51181-1	0	2,04	394	10	4	2,04	394	10	4,9
260571421-2-51181	0	2,04	394	10	4	2,04	394	10	4,9
260570896-0-51181	0	2,93	599	23	7	2,93	599	23	7,85
260570692-0-51181	0	1,96	1009	23	11	1,96	1009	23	11,73
260570044-99-51181-1	0	1,21	844	12	9	1,21	844	12	9,92
260570044-1-51181	0	1,21	844	12	9	1,21	844	12	9,92
260570022-99-51181-1	0	1,06	771	9	8	1,06	771	9	8,49
260570022-1-51181	0	1,06	771	9	8	1,06	771	9	8,49
260551837-99-51181-2	0	1,34	214	4	2	1,34	214	4	2,99
260551837-2-51181	0	1,34	214	4	2	1,34	214	4	2,99
260550961-0-51181	0	0,84	544	5	5	0,84	544	5	5,95

Link	Nach-liefe-rung	Originale Fassung				Verwendete Fassung			
		O/E	GG	(O)	(E)	O/E	GG	(O)	(E)
260550701-0-51181	0	0,87	493	5	5	0,87	493	5	5,75
260550621-99-51181-2	0	1,26	316	5	3	1,26	316	5	3,97
260550621-2-51181	0	1,26	316	5	3	1,26	316	5	3,97
260550460-99-51181-3	0	1,1	919	12	10	1,1	919	12	10,91
260550460-1-51181	0	1,1	919	12	10	1,1	919	12	10,91
260550391-0-51181	0	1,13	276	4	3	1,13	276	4	3,54
260550313-0-51181	0	1,86	431	9	4	1,86	431	9	4,84
260550277-0-51181	0	1,11	334	5	4	1,11	334	5	4,5
260550266-99-51181-1	0	0,76	504	5	6	0,76	504	5	6,58
260550266-1-51181	0	0,76	504	5	6	0,76	504	5	6,58
260550244-99-51181-1	0	1,74	217	5	2	1,74	217	5	2,87
260550244-1-51181	0	1,74	217	5	2	1,74	217	5	2,87
260550153-0-51181	0	1,22	444	7	5	1,22	444	7	5,74
260550142-0-51181	0	1,26	810	15	11	1,26	810	15	11,9
260550131-0-51181	0	0,83	717	8	9	0,83	717	8	9,64
260550119-0-51181	0	1,33	402	6	4	1,33	402	6	4,51
260570896-0-51397	0	2,27	934	4	1	2,27	934	4	1,76
260550460-99-51397-3	0	1,9	1314	5	2	1,9	1314	5	2,63
260550460-1-51397	0	1,9	1314	5	2	1,9	1314	5	2,63
260550266-99-51397-1	0	2,44	771	4	1	2,44	771	4	1,64
260550266-1-51397	0	2,44	771	4	1	2,44	771	4	1,64
260592084-99-51803-1	0	1,01	710	5	4	1,01	710	5	4,95
260592084-1-51803	0	1,01	710	5	4	1,01	710	5	4,95
260591403-0-51803	0	2,68	236	4	1	2,68	236	4	1,49
260591107-99-51803-2	0	1,43	368	4	2	1,43	368	4	2,8
260591107-2-51803	0	1,43	368	4	2	1,43	368	4	2,8
260590572-0-51803	0	1,96	1239	17	8	1,96	1239	17	8,67
260590457-99-51803-2	0	2,76	408	8	2	2,76	408	8	2,9
260590457-99-51803-1	0	2,76	408	8	2	2,76	408	8	2,9
260590457-2-51803	0	2,76	408	8	2	2,76	408	8	2,9
260590457-1-51803	0	2,76	408	8	2	2,76	408	8	2,9
260590402-0-51803	0	1,17	1116	9	7	1,17	1116	9	7,69
260590208-0-51803	0	1,5	672	7	4	1,5	672	7	4,67
260571421-99-51803-3	0	1,02	816	6	5	1,02	816	6	5,88

Link	Nach-liefe-rung	Originale Fassung				Verwendete Fassung			
		O/E	GG	(O)	(E)	O/E	GG	(O)	(E)
260571421-1-51803	0	1,02	816	6	5	1,02	816	6	5,88
260570896-0-51803	0	1,49	936	10	6	1,49	936	10	6,71
260570486-99-51803-1	0	0,77	1747	10	12	0,77	1747	10	12,99
260570486-1-51803	0	0,77	1747	10	12	0,77	1747	10	12,99
260570124-99-51803-1	0	0,68	1151	6	8	0,68	1151	6	8,82
260570124-1-51803	0	0,68	1151	6	8	0,68	1151	6	8,82
260551416-0-51803	0	0,82	2127	13	15	0,82	2127	13	15,85
260551381-99-51803-1	0	1,72	499	6	3	1,72	499	6	3,49
260551381-1-51803	0	1,72	499	6	3	1,72	499	6	3,49
260550961-0-51803	0	0,72	892	5	6	0,72	892	5	6,94
260550596-0-51803	0	0,43	1531	5	11	0,43	1531	5	11,63
260550266-99-51803-1	0	1,86	802	11	5	1,86	802	11	5,91
260550266-1-51803	0	1,86	802	11	5	1,86	802	11	5,91
260550108-0-51803	0	1,19	840	7	5	1,19	840	7	5,88
260550095-0-51803	0	0,92	1106	8	8	0,92	1106	8	8,7
260550119-0-51803	0	2,59	574	11	4	2,59	574	11	4,25
260550131-0-51803	0	1,73	1148	14	8	1,73	1148	14	8,09
260550142-0-51803	0	1,07	1170	9	8	1,07	1170	9	8,41
260550905-1-51803	0	2,23	1552	25	11	2,23	1552	25	11,21
260550905-99-51803-1	0	2,23	1552	25	11	2,23	1552	25	11,21
260551837-1-51803	0	1,19	480	4	3	1,19	480	4	3,36
260551837-99-51803-1	0	1,19	480	4	3	1,19	480	4	3,36
260570874-1-51803	0	1,35	1900	18	13	1,35	1900	18	13,33
260570874-99-51803-1	0	1,35	1900	18	13	1,35	1900	18	13,33
260590106-1-51803	0	2,18	707	11	5	2,18	707	11	5,05
260590106-99-51803-1	0	2,18	707	11	5	2,18	707	11	5,05
260590468-0-51803	0	1,1	768	6	5	1,1	768	6	5,45
260590583-0-51803	0	1,92	673	10	5	1,92	673	10	5,21
260590743-0-51803	0	1,66	386	5	3	1,66	386	5	3,01
260590969-0-51803	0	0,6	824	4	6	0,6	824	4	6,67
260591243-0-51803	0	0,69	1034	5	7	0,69	1034	5	7,25
260591345-0-51803	0	0,85	978	6	7	0,85	978	6	7,06
260591619-1-51803	0	1,32	720	7	5	1,32	720	7	5,3
260591619-99-51803-1	0	1,32	720	7	5	1,32	720	7	5,3

Link	Nach-liefe-rung	Originale Fassung				Verwendete Fassung			
		O/E	GG	(O)	(E)	O/E	GG	(O)	(E)
260593085-2-51803	0	0,54	1040	4	7	0,54	1040	4	7,41
260593085-99-51803-1	0	0,54	1040	4	7	0,54	1040	4	7,41
260593600-3-51803	0	0,86	1129	7	8	0,86	1129	7	8,14
260593600-99-51803-3	0	0,86	1129	7	8	0,86	1129	7	8,14
260550131-0-51397	0	2,44	1113	5	2	2,44	1113	5	2,05
260550905-1-51397	0	2,99	1536	9	3	2,99	1536	9	3,01
260550905-99-51397-1	0	2,99	1536	9	3	2,99	1536	9	3,01
260570874-1-51397	0	1,8	1821	6	3	1,8	1821	6	3,33
260570874-99-51397-1	0	1,8	1821	6	3	1,8	1821	6	3,33
260550108-0-51181	0	0,82	488	5	6	0,82	488	5	6,1
260550596-0-51181	0	2,19	1005	29	13	2,19	1005	29	13,24
260550905-1-51181	0	1,12	1104	15	13	1,12	1104	15	13,39
260550905-99-51181-1	0	1,12	1104	15	13	1,12	1104	15	13,39
260551165-2-51181	0	1,65	253	4	2	1,65	253	4	2,42
260551165-99-51181-2	0	1,65	253	4	2	1,65	253	4	2,42
260551381-1-51181	0	1,99	327	8	4	1,99	327	8	4,02
260551381-99-51181-1	0	1,99	327	8	4	1,99	327	8	4,02
260551416-0-51181	0	1,24	1436	24	19	1,24	1436	24	19,35
260570022-3-51181	0	1,64	240	5	3	1,64	240	5	3,05
260570022-99-51181-3	0	1,64	240	5	3	1,64	240	5	3,05
260570088-0-51181	0	1,33	169	4	3	1,33	169	4	3,01
260570124-1-51181	0	3,57	867	40	11	3,57	867	40	11,2
260570124-99-51181-1	0	3,57	867	40	11	3,57	867	40	11,2
260570306-0-51181	0	0,48	854	5	10	0,48	854	5	10,42
260570351-1-51181	0	0,82	582	6	7	0,82	582	6	7,32
260570351-99-51181-1	0	0,82	582	6	7	0,82	582	6	7,32
260570486-1-51181	0	1,4	1309	22	15	1,4	1309	22	15,71
260570486-99-51181-1	0	1,4	1309	22	15	1,4	1309	22	15,71
260570874-1-51181	0	1,66	1279	25	15	1,66	1279	25	15,06
260570874-2-51181	0	1,09	592	9	8	1,09	592	9	8,26
260570874-99-51181-1	0	1,66	1279	25	15	1,66	1279	25	15,06
260570874-99-51181-2	0	1,09	592	9	8	1,09	592	9	8,26
260571421-1-51181	0	1,27	522	9	7	1,27	522	9	7,09
260571421-99-51181-3	0	1,27	522	9	7	1,27	522	9	7,09

Anhang 2

Link	Nach-liefe-rung	Originale Fassung				Verwendete Fassung			
		O/E	GG	(O)	(E)	O/E	GG	(O)	(E)
260590071-2-51181	0	0,55	636	4	7	0,55	636	4	7,27
260590071-99-51181-2	0	0,55	636	4	7	0,55	636	4	7,27
260590139-1-51181	0	1,65	729	12	7	1,65	729	12	7,27
260590139-2-51181	0	1,65	729	12	7	1,65	729	12	7,27
260590139-99-51181-1	0	1,65	729	12	7	1,65	729	12	7,27
260590139-99-51181-2	0	1,65	729	12	7	1,65	729	12	7,27
260590468-0-51181	0	2,24	516	16	7	2,24	516	16	7,14
260590572-0-51181	0	1,84	774	21	11	1,84	774	21	11,41
260590583-0-51181	0	0,93	414	5	5	0,93	414	5	5,38
260590641-0-51181	0	0,83	1070	12	14	0,83	1070	12	14,46
260590958-0-51181	0	1,57	513	10	6	1,57	513	10	6,37
260591345-0-51181	0	0,85	692	8	9	0,85	692	8	9,41
260591506-0-51181	0	1,32	476	7	5	1,32	476	7	5,3
260591517-0-51181	0	1,33	429	8	6	1,33	429	8	6,02
260591619-1-51181	0	1,5	566	12	8	1,5	566	12	8
260591619-99-51181-1	0	1,5	566	12	8	1,5	566	12	8
260593085-2-51181	0	2,56	640	18	7	2,56	640	18	7,03
260593085-99-51181-1	0	2,56	640	18	7	2,56	640	18	7,03
260610393-99-50048	0	0,86	813	6	6,91	0,86	813	6	6,98
260610393-1-50048	0	0,86	813	6	6,91	0,86	813	6	6,98
260610279-0-50048	0	1,68	775	21	12,56	1,68	775	21	12,5
260640505-99-51119-2	0	1,66	286	5	3,03	1,66	286	5	3,01
260640505-2-51119	0	1,66	286	5	3,03	1,66	286	5	3,01
260620011-0-51119	0	1	679	6	6,04	1	679	6	6
260641722-99-51181-3	0	1,57	520	11	6,97	1,57	520	11	7,01
260641722-3-51181	0	1,57	520	11	6,97	1,57	520	11	7,01
260610758-0-51181	0	1,67	262	6	3,62	1,67	262	6	3,59
260610337-0-51181	0	2	880	27	13,55	2	880	27	13,5
260610280-0-51181	0	1,08	329	4	3,68	1,08	329	4	3,7
260610279-0-51181	0	1,2	684	9	7,46	1,2	684	9	7,5
260641722-99-51397-3	0	2,5	850	4	1,62	2,5	850	4	1,6
260641722-3-51397	0	2,5	850	4	1,62	2,5	850	4	1,6
260620431-0-51397	0	1,78	1189	4	2,26	1,78	1189	4	2,25
260620011-0-51397	0	1,18	1667	4	3,33	1,18	1667	4	3,39

Link	Nach-liefe-rung	Originale Fassung				Verwendete Fassung			
		O/E	GG	(O)	(E)	O/E	GG	(O)	(E)
260611258-99-51397-2	0	2,47	1032	5	2,06	2,47	1032	5	2,02
260611258-99-51397-1	0	2,47	1032	5	2,06	2,47	1032	5	2,02
260611258-2-51397	0	2,47	1032	5	2,06	2,47	1032	5	2,02
260611258-1-51397	0	2,47	1032	5	2,06	2,47	1032	5	2,02
260610122-99-51397-1	0	2,01	2692	10	4,85	2,01	2692	10	4,98
260610122-1-51397	0	2,01	2692	10	4,85	2,01	2692	10	4,98
260610042-0-52249	0	1,08	1326	461	424,85	1,08	1326	461	426,85
260610393-99-50060	0	2,93	13426	21	71,16	2,93	13426	21	7,17
260610393-1-50060	0	2,93	13426	21	71,16	2,93	13426	21	7,17
260610393-99-50061	0	3,2	13426	26	81,9	3,2	13426	26	8,13
260610393-1-50061	0	3,2	13426	26	81,9	3,2	13426	26	8,13
260200319-0-50048-1,5	0	1,5	812	5	4,78	1,05	812	5	4,78
260200193-0-51119	0	1,69	649	11	0,42	0	28	0	0,42
260200193-0-51837	0	1,63	121	7	4,32	0	11	0	0,44
260200193-0-50062	1	0,45	12743	0	15,06	0	14	0	0,76
260593030-99-52249-2	0	0,99	499	145	145	0,99	499	145	145,73
260593030-2-52249	0	0,99	499	145	145	0,99	499	145	145,73
260571421-99-52249-3	0	1,02	836	250	243	1,02	836	250	243,9
260571421-1-52249	0	1,02	836	250	243	1,02	836	250	243,9
260570088-0-52249	0	1,31	289	115	87	1,31	289	115	87,79
260550621-99-52249-2	0	1,02	510	175	170	1,02	510	175	170,73
260550621-2-52249	0	1,02	510	175	170	1,02	510	175	170,73
260550095-0-52249	0	1,07	1240	422	392	1,07	1240	422	392,56
260340739-0-50048	0	0	211	0	211	0	211	0	0,55
260330452-0-50048	0	0	208	0	208	0	208	0	0,6
260321510-0-50048	0	0	317	0	317	0	317	0	0,67
260330203-0-51901	0	0	4	0	4	0	4	0	0,09
260341080-0-51901	0	0	5	0	5	0	5	0	0,14
260320336-0-51901	0	0	10	0	10	0	10	0	0,5
260590641-0-50062	0	1,44	116	8	5,53	1,44	116	8	5,54
260330203-0-51837	0	0	4	0	4	0	4	0	0,04
260341080-0-51837	0	0	5	0	5	0	5	0	0,06
260320336-0-51837	0	0	9	0	9	0	9	0	0,11
260340615-0-51837	0	0	9	0	9	0	9	0	0,27

Link	Nach-liefe-rung	Originale Fassung				Verwendete Fassung			
		O/E	GG	(O)	(E)	O/E	GG	(O)	(E)
260340739-0-51837	0	0	9	0	9	0	9	0	0,12
260340535-0-51837	0	0	12	0	12	0	12	0	0,23
260330134-0-51837	0	0	33	0	33	0	33	0	1,18
260340988-0-51837	0	0	53	0	53	0	53	0	0,68
260320336-0-50053	0	0	7	0	7	0	7	0	0,17
260340034-0-50053	0	0	9	0	9	0	9	0	0,22
260340615-0-50053	0	0	9	0	9	0	9	0	0,63
260340557-0-50053	0	0	11	0	11	0	11	0	0,31
260330134-0-50053	0	0	21	0	21	0	21	0	1,16
260330203-0-50050	0	0	4	0	4	0	4	0	0,03
260320336-0-50050	0	0	9	0	9	0	9	0	0,13
260340739-0-50050	0	0	9	0	9	0	9	0	0,15
260340535-0-50050	0	0	12	0	12	0	12	0	0,25
260340557-0-50050	0	0	15	0	15	0	15	0	0,51
260340988-0-50050	0	0	52	0	52	0	52	0	0,95
260340329-0-50062	0	0	8	0	8	0	8	0	0,34
260310686-0-50062	0	0	12	0	12	0	12	0	0,46
260321510-0-50062	0	0	14	0	14	0	14	0	0,61
260330452-0-50062	0	0	18	0	18	0	18	0	0,76
260310367-0-50062	0	0	23	0	23	0	23	0	0,95
260320336-0-50062	0	0	27	0	27	0	27	0	1,18
260340615-0-50062	0	0	46	0	46	0	46	0	1,98
260340034-0-50062	0	0	55	0	55	0	55	0	2,49
260311051-0-50048	0	0	6	0	6	0	6	0	1,62
260330134-0-50048	0	0	325	0	325	0	325	0	1,77
260340535-0-50048	0	0	186	0	186	0	186	0	0,63
260330500-0-50048	0	0	152	0	152	0	152	0	0,61
260320336-0-50048	0	0	140	0	140	0	140	0	0,58
260320520-0-50048	0	0	10	0	10	0	10	0	0,02
260320531-0-50048	0	0	10	0	10	0	10	0	0,08
260311302-0-50048	0	0	18	0	18	0	18	0	0,04
260340283-0-50048	0	0	26	0	26	0	26	0	0,05
260340329-0-50048	0	0	83	0	83	0	83	0	0,18
260310686-0-50048	0	0	85	0	85	0	85	0	0,18

Anhang 2

Link	Nach-liefe-rung	Originale Fassung				Verwendete Fassung			
		O/E	GG	(O)	(E)	O/E	GG	(O)	(E)
260330167-0-50048	0	0	95	0	95	0	95	0	0,21
260341616-0-50048	0	0	98	0	98	0	98	0	0,21
260330793-0-50048	0	0	112	0	112	0	112	0	0,26
260341080-0-50048	0	0	130	0	130	0	130	0	0,42
260321451-0-51119	0	0	4	0	4	0	4	0	0,01
260311051-0-51119	0	0	6	0	6	0	6	0	0,06
260320520-0-51119	0	0	10	0	10	0	10	0	0,03
260320531-0-51119	0	0	10	0	10	0	10	0	0,08
260311302-0-51119	0	0	18	0	18	0	18	0	0,05
260340283-0-51119	0	0	30	0	30	0	30	0	0,13
260340329-0-51119	0	0	85	0	85	0	85	0	0,23
260310686-0-51119	0	0	87	0	87	0	87	0	0,24
260330167-0-51119	0	0	95	0	95	0	95	0	0,24
260341616-0-51119	0	0	100	0	100	0	100	0	0,25
260330793-0-51119	0	0	114	0	114	0	114	0	0,32
260341080-0-51119	0	0	132	0	132	0	132	0	0,49
260320336-0-51119	0	0	141	0	141	0	141	0	0,64
260330500-0-51119	0	0	163	0	163	0	163	0	0,9
260340535-0-51119	0	0	186	0	186	0	186	0	0,68
260340739-0-51119	0	0	221	0	221	0	221	0	0,88
260330452-0-51119	0	0	228	0	228	0	228	0	1,37
260321510-0-51119	0	0	327	0	327	0	327	0	0,87
260200171-2-50062	1	1,37	94	6		1,37	94	6	4,38
260200865-1-50062	1	1,37	94	6		1,37	94	6	4,38
260200865-99-50062	1	1,37	94	6		1,37	94	6	4,38
260200171-2-51181	1	0,35	1035	5		0,35	1035	5	14,29
260200865-1-51181	1	0,35	1035	5		0,35	1035	5	14,29
260200865-99-51181	1	0,35	1035	5		0,35	1035	5	14,29
260200171-2-51397	1	0	1578	0		0	1578	0	3,1
260200865-1-51397	0	0	1578	0		0	1578	0	3,1
260200865-99-51397	0	0	1578	0		0	1578	0	3,1
260960240-1-51803	0	0	168	0	0,28	0	42	0	0,28
260960240-99-51803-1	0	0	168	0	0,28	0	42	0	0,28
260920617-0-51803	0	2,77	852	4	1,45	2,77	213	4	1,45

Anhang 2

Link	Nach-liefe-rung	Originale Fassung				Verwendete Fassung			
		O/E	GG	(O)	(E)	O/E	GG	(O)	(E)
260910911-0-51803	0	0	894	0	1,65	0	224	0	1,65
260920387-0-51803	0	0	954	0	1,88	0	239	0	1,88
260840288-99-51803-3	0	0	1034	0	1,82	0	259	0	1,82
260840288-3-51803	0	0	1034	0	1,82	0	259	0	1,82
260310232-0-51803	0	0	1074	0	1,86	0	269	0	1,86
260911854-0-51803	0	0	1086	0	1,86	0	272	0	1,86
260340773-0-51803	0	0	1156	0	1,99	0	289	0	1,99
260920172-0-51803	0	0	1176	0	2,02	0	294	0	2,02
260930528-99-51803-1	0	0	1340	0	2,38	0	335	0	2,38
260950011-99-51803-3	0	0	1367	0	2,35	0	342	0	2,35
260914868-99-51803-1	0	0	1378	0	2,6	0	345	0	2,6
260912526-0-51803	0	3,57	1298	8	2,24	3,57	325	8	2,24
260930528-1-51803	0	0	1340	0	2,38	0	335	0	2,38
260950011-3-51803	0	0	1367	0	2,35	0	342	0	2,35
260321758-0-51803	0	0	1374	0	2,52	0	344	0	2,52
260310595-0-51803	0	0	1376	0	2,48	0	344	0	2,48
260914868-1-51803	0	0	1378	0	2,6	0	345	0	2,6
260970297-0-51803	0	0	1393	0	2,36	0	348	0	2,36
260921162-99-51803-1	0	1,7	1548	5	2,94	1,7	387	5	2,94
260812649-0-51803	0	0	1401	0	2,62	0	350	0	2,62
260971210-0-51803	0	2,02	1422	5	2,48	2,02	356	5	2,48
260950260-0-51803	0	0	1428	0	2,38	0	357	0	2,38
260310642-0-51803	0	1,8	1466	5	2,78	1,8	367	5	2,78
260950113-0-51803	0	0	1512	0	2,58	0	378	0	2,58
260912490-0-51803	0	0	1531	0	2,66	0	383	0	2,66
260921162-1-51803	0	1,7	1548	5	2,94	1,7	387	5	2,94
260921231-99-51803-1	0	0	1786	0	3,31	0	447	0	3,31
260820353-0-51803	0	4,47	1557	13	2,91	4,47	389	13	2,91
260972233-99-51803-2	0	0	1806	0	3,24	0	452	0	3,24
260330098-0-51803	0	0	1592	0	2,81	0	398	0	2,81
260960569-0-51803	0	0	1598	0	2,77	0	400	0	2,77
260341091-0-51803	0	1,79	1606	5	2,79	1,79	402	5	2,79
260340579-0-51803	0	1,46	1610	4	2,75	1,46	403	4	2,75
260831551-99-51803-2	0	1,14	1917	4	3,5	1,14	479	4	3,5

Link	Nach-liefe-rung	Originale Fassung				Verwendete Fassung			
		O/E	GG	(O)	(E)	O/E	GG	(O)	(E)
260970709-99-51803-1	0	1,67	1938	6	3,58	1,67	485	6	3,58
260832847-0-51803	0	1,61	1673	5	3,11	1,61	418	5	3,11
260910933-99-51803-1	0	1,41	2022	5	3,54	1,41	506	5	3,54
260970549-0-51803	0	1,92	1692	6	3,12	1,92	423	6	3,12
260341057-0-51803	0	0	1716	0	3,23	0	429	0	3,23
260340272-0-51803	0	1,65	1717	5	3,02	1,65	429	5	3,02
260340933-0-51803	0	1,5	1770	5	3,34	1,5	443	5	3,34
260921231-1-51803	0	0	1786	0	3,31	0	447	0	3,31
260972233-2-51803	0	0	1806	0	3,24	0	452	0	3,24
260950419-99-51803-1	0	1,22	2240	5	4,1	1,22	560	5	4,1
260330566-0-51803	0	2,27	1871	8	3,53	2,27	468	8	3,53
260841041-99-51803-1	0	0	2334	0	4,28	0	584	0	4,28
260831551-2-51803	0	1,14	1917	4	3,5	1,14	479	4	3,5
260970709-1-51803	0	1,67	1938	6	3,58	1,67	485	6	3,58
260820284-99-51803-1	0	1,99	2350	8	4,02	1,99	588	8	4,02
260330167-0-51803	0	0	1949	0	3,5	0	487	0	3,5
260950727-0-51803	0	1,15	1970	4	3,49	1,15	493	4	3,49
260811546-0-51803	0	1,15	2010	4	3,47	1,15	503	4	3,47
260913117-99-51803-1	0	0,92	2430	4	4,34	0,92	608	4	4,34
260970457-0-51803	0	2,57	2019	9	3,5	2,57	505	9	3,5
260910933-1-51803	0	1,41	2022	5	3,54	1,41	506	5	3,54
260910739-0-51803	0	4,45	2098	17	3,82	4,45	525	17	3,82
260911707-99-51803-1	0	1,16	2494	5	4,32	1,16	624	5	4,32
260940483-0-51803	0	0	2106	0	3,83	0	527	0	3,83
260930163-0-51803	0	2,44	2118	9	3,68	2,44	530	9	3,68
260940449-99-51803	0	1,89	2502	9	4,75	1,89	626	9	4,75
260911171-0-51803	0	1,31	2172	5	3,82	1,31	543	5	3,82
260311051-0-51803	0	0,96	2178	4	4,16	0,96	545	4	4,16
260840288-99-51803-1	0	0	2584	0	4,79	0	646	0	4,79
260310378-0-51803	0	1,14	2196	5	4,39	1,14	549	5	4,39
260341080-0-51803	0	0,98	2230	4	4,08	0,98	558	4	4,08
260950419-1-51803	0	1,22	2240	5	4,1	1,22	560	5	4,1
260960035-0-51803	0	0	2264	0	4,23	0	566	0	4,23
260833520-99-51803-1	0	1,05	2612	5	4,77	1,05	653	5	4,77

Anhang 2

Link	Nach-liefe-rung	Originale Fassung				Verwendete Fassung			
		O/E	GG	(O)	(E)	O/E	GG	(O)	(E)
260840426-99-51803-1	0	0,8	2628	4	5,03	0,8	657	4	5,03
260821241-0-51803	0	0	2308	0	3,93	0	577	0	3,93
260841041-1-51803	0	0	2334	0	4,28	0	584	0	4,28
260820284-1-51803	0	1,99	2350	8	4,02	1,99	588	8	4,02
260911320-99-51803-1	0	0	2786	0	5,14	0	697	0	5,14
260310686-0-51803	0	1,42	2352	6	4,24	1,42	588	6	4,24
260820683-0-51803	0	1,37	2374	6	4,38	1,37	594	6	4,38
260840949-0-51803	0	1,14	2424	5	4,37	1,14	606	5	4,37
260913117-1-51803	0	0,92	2430	4	4,34	0,92	608	4	4,34
260911945-0-51803	0	0,96	2439	4	4,16	0,96	610	4	4,16
260833449-99-51803-1	0	1,78	2866	10	5,63	1,78	717	10	5,63
260340591-0-51803	0	1,42	2444	6	4,23	1,42	611	6	4,23
260930799-99-51803-1	0	2,31	2988	12	5,2	2,31	747	12	5,2
260911707-1-51803	0	1,16	2494	5	4,32	1,16	624	5	4,32
260940449-1-51803	0	1,89	2502	9	4,75	1,89	626	9	4,75
260940449-2-51803	0	1,89	2502	9	4,75	1,89	626	9	4,75
260821902-0-51803	0	1,29	2520	6	4,66	1,29	630	6	4,66
260930492-0-51803	0	2,37	2526	11	4,64	2,37	632	11	4,64
260340329-0-51803	0	1,8	2540	9	4,99	1,8	635	9	4,99
260910090-0-51803	0	0,83	2544	4	4,84	0,83	636	4	4,84
260912194-0-51803	0	1,31	2576	6	4,59	1,31	644	6	4,59
260840288-1-51803	0	0	2584	0	4,79	0	646	0	4,79
260330112-0-51803	0	0,82	2590	4	4,9	0,82	648	4	4,9
260310744-0-51803	0	0,9	2596	4	4,43	0,9	649	4	4,43
260330599-0-51803	0	1,37	2598	7	5,1	1,37	650	7	5,1
260833520-1-51803	0	1,05	2612	5	4,77	1,05	653	5	4,77
260911137-99-51803-1	0	1,29	3398	8	6,2	1,29	850	8	6,2
260840426-1-51803	0	0,8	2628	4	5,03	0,8	657	4	5,03
260810716-0-51803	0	1	2649	5	4,98	1	662	5	4,98
260820592-99-51803-1	0	1,31	3487	8	6,09	1,31	872	8	6,09
260820592-99-51803-2	0	1,31	3487	8	6,09	1,31	872	8	6,09
260940198-0-51803	0	1,69	2692	8	4,73	1,69	673	8	4,73
260950011-99-51803-1	0	1,33	3496	8	6	1,33	874	8	6
260940358-0-51803	0	1,24	2742	6	4,85	1,24	686	6	4,85

Link	Nach-liefe-rung	Originale Fassung				Verwendete Fassung			
		O/E	GG	(O)	(E)	O/E	GG	(O)	(E)
260911320-1-51803	0	0	2786	0	5,14	0	697	0	5,14
260831481-0-51803	0	0	2789	0	4,98	0	697	0	4,98
260911832-0-51803	0	2,06	2808	11	5,34	2,06	702	11	5,34
260833449-1-51803	0	1,78	2866	10	5,63	1,78	717	10	5,63
260930799-1-51803	0	2,31	2988	12	5,2	2,31	747	12	5,2
260810523-0-51803	0	0,77	2996	4	5,17	0,77	749	4	5,17
260330203-0-51803	0	1,95	3008	11	5,66	1,95	752	11	5,66
260920014-0-51803	0	1,84	3017	10	5,44	1,84	754	10	5,44
260940109-99-51803-1	0	1,52	3828	10	6,58	1,52	957	10	6,58
260831061-0-51803	0	0	3070	0	5,19	0	768	0	5,19
260820013-99-51803-1	0	1,55	3870	11	7,1	1,55	968	11	7,1
260920092-0-51803	0	1,43	3110	8	5,6	1,43	778	8	5,6
260340615-0-51803	0	0,69	3158	4	5,77	0,69	790	4	5,77
260321510-0-51803	0	1,19	3294	7	5,86	1,19	824	7	5,86
260960057-0-51803	0	1,22	3348	7	5,74	1,22	837	7	5,74
260811114-99-51803-1	0	1,19	4178	9	7,53	1,19	1045	9	7,53
260811498-0-51803	0	0,64	3377	4	6,25	0,64	844	4	6,25
260913798-0-51803	0	1,17	3388	7	5,98	1,17	847	7	5,98
260911137-1-51803	0	1,29	3398	8	6,2	1,29	850	8	6,2
260812569-0-51803	0	0,91	3405	6	6,57	0,91	851	6	6,57
260340739-0-51803	0	0,94	3430	6	6,4	0,94	858	6	6,4
260930129-99-51803-1	0	0,83	4516	7	8,44	0,83	1129	7	8,44
260820592-1-51803	0	1,31	3487	8	6,09	1,31	872	8	6,09
260910693-99-51803-1	0	1,1	4620	9	8,18	1,1	1155	9	8,18
260820592-2-51803	0	1,31	3487	8	6,09	1,31	872	8	6,09
260950011-1-51803	0	1,33	3496	8	6	1,33	874	8	6
260310221-0-51803	0	1,09	3512	7	6,44	1,09	878	7	6,44
260911273-0-51803	0	0,57	3550	4	7,05	0,57	888	4	7,05
260820785-0-51803	0	1,1	3598	7	6,34	1,1	900	7	6,34
260341251-0-51803	0	1,51	3633	10	6,61	1,51	908	10	6,61
260940154-0-51803	0	2	3658	13	6,49	2	915	13	6,49
260970630-0-51803	0	1,26	3682	8	6,33	1,26	921	8	6,33
260840916-0-51803	0	1,21	3685	8	6,6	1,21	921	8	6,6
260311302-0-51803	0	0,61	3700	4	6,56	0,61	925	4	6,56

Anhang 2

Link	Nach-liefe-rung	Originale Fassung				Verwendete Fassung			
		O/E	GG	(O)	(E)	O/E	GG	(O)	(E)
260812558-0-51803	0	1,49	3744	10	6,69	1,49	936	10	6,69
260810191-0-51803	0	0	3824	0	6,86	0	956	0	6,86
260940109-1-51803	0	1,52	3828	10	6,58	1,52	957	10	6,58
260820013-1-51803	0	1,55	3870	11	7,1	1,55	968	11	7,1
260330500-0-51803	0	0,55	3898	4	7,33	0,55	975	4	7,33
260840493-0-51803	0	1,1	3938	8	7,26	1,1	985	8	7,26
260330452-0-51803	0	0,75	3978	6	8,01	0,75	995	6	8,01
260812273-99-51803-2	0	1,31	5203	12	9,17	1,31	1301	12	9,17
260321451-0-51803	0	1,47	4036	11	7,49	1,47	1009	11	7,49
260340988-0-51803	0	0,54	4144	4	7,34	0,54	1036	4	7,34
260340034-0-51803	0	0,8	4169	6	7,52	0,8	1042	6	7,52
260811114-5-51803	0	1,19	4178	9	7,53	1,19	1045	9	7,53
260821376-0-51803	0	1,51	4301	12	7,94	1,51	1075	12	7,94
260811192-0-51803	0	1,28	4377	10	7,84	1,28	1094	10	7,84
260310367-0-51803	0	1,06	4416	10	9,46	1,06	1104	10	9,46
260810431-0-51803	0	1,08	4491	9	8,34	1,08	1123	9	8,34
260930129-1-51803	0	0,83	4516	7	8,44	0,83	1129	7	8,44
260910693-1-51803	0	1,1	4620	9	8,18	1,1	1155	9	8,18
260320633-0-51803	0	1,58	4642	14	8,85	1,58	1161	14	8,85
260820865-0-51803	0	0,58	4678	5	8,66	0,58	1170	5	8,66
260340784-0-51803	0	0,72	4680	6	8,38	0,72	1170	6	8,38
260820854-0-51803	0	1,51	4698	13	8,61	1,51	1175	13	8,61
260320336-0-51803	0	1,01	4780	9	8,88	1,01	1195	9	8,88
260811502-0-51803	0	1,23	4791	11	8,91	1,23	1198	11	8,91
260820137-99-51803-1	0	0,9	6260	10	11,14	0,9	1565	10	11,14
260820137-99-51803-2	0	0,9	6260	10	11,14	0,9	1565	10	11,14
260320600-0-51803	0	1,15	4807	10	8,68	1,15	1202	10	8,68
260910637-0-51803	0	0,46	4928	4	8,72	0,46	1232	4	8,72
260340842-0-51803	0	1,01	4934	9	8,87	1,01	1234	9	8,87
260320622-0-51803	0	1,06	4982	10	9,44	1,06	1246	10	9,44
260960046-0-51803	0	1,22	5008	11	9,04	1,22	1252	11	9,04
260913468-0-51803	0	1,17	5010	11	9,4	1,17	1253	11	9,4
260330134-0-51803	0	0,91	5106	8	8,82	0,91	1277	8	8,82
260940029-99-51803	0	1,2	6819	15	12,53	1,2	1705	15	12,53

Link	Nach-liefe-rung	Originale Fassung				Verwendete Fassung			
		O/E	GG	(O)	(E)	O/E	GG	(O)	(E)
260820570-0-51803	0	1,09	5116	10	9,14	1,09	1279	10	9,14
260810738-0-51803	0	0,43	5200	4	9,24	0,43	1300	4	9,24
260812273-2-51803	0	1,31	5203	12	9,17	1,31	1301	12	9,17
260970015-99-51803-1	0	1,1	7023	14	12,74	1,1	1756	14	12,74
260811579-0-51803	0	0,43	5207	4	9,27	0,43	1302	4	9,27
260840028-99-51803-1	0	0,98	7064	12	12,29	0,98	1766	12	12,29
260340740-0-51803	0	0,55	5282	5	9,16	0,55	1321	5	9,16
260833531-99-51803-1	0	1,59	7090	20	12,6	1,59	1773	20	12,6
260820569-0-51803	0	1,04	5393	11	10,61	1,04	1348	11	10,61
260832299-0-51803	0	0,93	5447	9	9,63	0,93	1362	9	9,63
260340831-0-51803	0	0,71	5451	7	9,89	0,71	1363	7	9,89
260920025-99-51803-1	0	0,3	7201	4	13,2	0,3	1800	4	13,2
260330361-0-51803	0	0,93	5510	9	9,72	0,93	1378	9	9,72
260810271-99-51803-1	0	0,72	7216	9	12,47	0,72	1804	9	12,47
260930061-0-51803	0	1,39	5644	14	10,07	1,39	1411	14	10,07
260912434-0-51803	0	1,28	5764	13	10,17	1,28	1441	13	10,17
260970219-0-51803	0	0,67	5766	7	10,46	0,67	1442	7	10,46
260830026-0-51803	0	1,3	5870	14	10,76	1,3	1468	14	10,76
260310766-0-51803	0	0,97	5910	10	10,33	0,97	1478	10	10,33
260831312-99-51803-1	0	0,42	7937	6	14,3	0,42	1984	6	14,3
260810625-0-51803	0	0,48	5914	5	10,52	0,48	1479	5	10,52
260920127-0-51803	0	0,91	5928	10	10,99	0,91	1482	10	10,99
260920069-0-51803	0	0,38	5968	4	10,62	0,38	1492	4	10,62
260970173-0-51803	0	1,03	6121	11	10,7	1,03	1530	11	10,7
260812525-99-51803-2	0	0,6	8302	9	15,03	0,6	2076	9	15,03
260820137-1-51803	0	0,9	6260	10	11,14	0,9	1565	10	11,14
260820137-2-51803	0	0,9	6260	10	11,14	0,9	1565	10	11,14
260830048-0-51803	0	1,36	6370	16	11,74	1,36	1593	16	11,74
260810475-0-51803	0	0,76	6415	9	11,9	0,76	1604	9	11,9
260810794-99-51803-1	0	1,72	9086	28	16,26	1,72	2272	28	16,26
260820466-0-51803	0	1,63	6500	19	11,63	1,63	1625	19	11,63
260913195-0-51803	0	1,01	6604	12	11,9	1,01	1651	12	11,9
260960079-0-51803	0	2,25	6624	28	12,42	2,25	1656	28	12,42
260961025-0-51803	0	1,35	6763	17	12,57	1,35	1691	17	12,57

Link	Nach-liefe-rung	Originale Fassung				Verwendete Fassung			
		O/E	GG	(O)	(E)	O/E	GG	(O)	(E)
260820148-0-51803	0	0,57	6769	7	12,22	0,57	1692	7	12,22
260940029-1-51803	0	1,2	6819	15	12,53	1,2	1705	15	12,53
260940029-2-51803	0	1,2	6819	15	12,53	1,2	1705	15	12,53
260950099-99-51803-2	0	2,16	10822	44	20,34	2,16	2706	44	20,34
260940029-3-51803	0	1,2	6819	15	12,53	1,2	1705	15	12,53
260810545-0-51803	0	1,06	6895	14	13,19	1,06	1724	14	13,19
260970015-1-51803	0	1,1	7023	14	12,74	1,1	1756	14	12,74
260914492-99-51803-2	0	1,56	13980	40	25,64	1,56	3495	40	25,64
260840028-1-51803	0	0,98	7064	12	12,29	0,98	1766	12	12,29
260833531-1-51803	0	1,59	7090	20	12,6	1,59	1773	20	12,6
260960104-0-51803	0	0,97	7102	12	12,4	0,97	1776	12	12,4
260320531-0-51803	0	0,73	7146	9	12,39	0,73	1787	9	12,39
260920025-1-51803	0	0,3	7201	4	13,2	0,3	1800	4	13,2
260810271-1-51803	0	0,72	7216	9	12,47	0,72	1804	9	12,47
260310209-0-51803	0	0,46	7298	6	13,01	0,46	1825	6	13,01
260320520-0-51803	0	1,89	7408	25	13,21	1,89	1852	25	13,21
260831620-0-51803	0	0,97	7670	14	14,49	0,97	1918	14	14,49
260820115-0-51803	0	0,56	7716	8	14,35	0,56	1929	8	14,35
260831312-1-51803	0	0,42	7937	6	14,3	0,42	1984	6	14,3
260950077-0-51803	0	0,86	7980	12	13,96	0,86	1995	12	13,96
260913479-0-51803	0	1,44	8078	21	14,59	1,44	2020	21	14,59
260810647-0-51803	0	1,39	8084	20	14,36	1,39	2021	20	14,36
260812525-4-51803	0	0,6	8302	9	15,03	0,6	2076	9	15,03
260913446-0-51803	0	1,52	8370	23	15,1	1,52	2093	23	15,1
260913037-0-51803	0	0,65	8763	10	15,41	0,65	2191	10	15,41
260950567-0-51803	0	1,21	8958	20	16,53	1,21	2240	20	16,53
260840200-0-51803	0	0,75	8965	13	17,24	0,75	2241	13	17,24
260810794-1-51803	0	1,72	9086	28	16,26	1,72	2272	28	16,26
260320597-0-51803	0	1,51	9185	25	16,54	1,51	2296	25	16,54
260910192-0-51803	0	1,15	9283	20	17,45	1,15	2321	20	17,45
260910546-0-51803	0	0,68	9440	12	17,57	0,68	2360	12	17,57
260912285-0-51803	0	1,19	9460	20	16,84	1,19	2365	20	16,84
260930050-0-51803	0	1,4	9654	24	17,16	1,4	2414	24	17,16
260840108-0-51803	0	1,77	10655	38	21,46	1,77	2664	38	21,46

Link	Nach-liefe-rung	Originale Fassung				Verwendete Fassung			
		O/E	GG	(O)	(E)	O/E	GG	(O)	(E)
260950099-2-51803	0	2,16	10822	44	20,34	2,16	2706	44	20,34
260970060-0-51803	0	1,12	11162	23	20,49	1,12	2791	23	20,49
260950124-0-51803	0	0,72	12098	16	22,1	0,72	3025	16	22,1
260914050-0-51803	0	1,18	12898	29	24,56	1,18	3225	29	24,56
260914492-2-51803	0	1,56	13980	40	25,64	1,56	3495	40	25,64
260100498-0-51803	0	0	154	0	0,25	0	39	0	0,25
260100476-99-51803-2	0	0	851	0	1,57	0	213	0	1,57
260100476-2-51803	0	0	851	0	1,57	0	213	0	1,57
260100911-99-51803-1	0	0	1862	0	3,61	0	466	0	3,61
260100911-1-51803	0	0	1862	0	3,61	0	466	0	3,61
260101865-99-51803-1	0	1,21	3233	7	5,77	1,21	808	7	5,77
260100875-99-51803-2	0	1,54	3364	9	5,83	1,54	841	9	5,83
260102081-0-51803	0	0,81	2720	4	4,96	0,81	680	4	4,96
260101865-1-51803	0	1,21	3233	7	5,77	1,21	808	7	5,77
260100626-99-51803-1	0	2,64	4080	19	7,19	2,64	1020	19	7,19
260101193-0-51803	0	1,39	3314	8	5,77	1,39	829	8	5,77
260100875-2-51803	0	1,54	3364	9	5,83	1,54	841	9	5,83
260100739-99-51803-1	0	0,73	4514	6	8,25	0,73	1129	6	8,25
260101488-0-51803	0	0,97	3498	6	6,18	0,97	875	6	6,18
260100626-1-51803	0	2,64	4080	19	7,19	2,64	1020	19	7,19
260100739-1-51803	0	0,73	4514	6	8,25	0,73	1129	6	8,25
260100023-99-51803-1	0	0,92	6225	10	10,85	0,92	1556	10	10,85
260102354-0-51803	0	0,58	4842	5	8,55	0,58	1211	5	8,55
260102343-0-51803	0	2,45	4942	22	8,98	2,45	1236	22	8,98
260101137-0-51803	0	1,26	4993	11	8,75	1,26	1248	11	8,75
260100023-1-51803	0	0,92	6225	10	10,85	0,92	1556	10	10,85
260100089-0-51803	0	0,48	6953	6	12,4	0,48	1738	6	12,4
260201194-0-51181	1	1,08	16	16	14,87	1,08	888	16	14,87
260620556-1-51803	0	2,15	396	6		2,15	396	6	2,790698
260620475-0-51803	0	1,27	525	5		1,27	525	5	3,937008
260610576-0-51803	0	2,69	538	11		2,69	538	11	4,089219
260610280-0-51803	0	1,01	560	4		1,01	560	4	3,960396
260620180-0-51803	0	0,78	722	4		0,78	722	4	5,128205
260641722-3-51803	0	1,96	862	12		1,96	862	12	6,122449

Anhang 2

Link	Nach-liefe-rung	Originale Fassung				Verwendete Fassung			
		O/E	GG	(O)	(E)	O/E	GG	(O)	(E)
260200104-0-51803	1	0,79	879	5		0,79	879	5	6,329114
260620271-1-51803	0	0,63	881	4		0,63	881	4	6,349206
260611032-0-51803	0	1,53	895	10		1,53	895	10	6,535948
260610133-0-51803	0	1,54	918	10		1,54	918	10	6,493507
260610177-0-51803	0	0,61	930	4		0,61	930	4	6,557377
260640480-0-51803	0	0,94	978	7		0,94	978	7	7,446809
260610428-0-51803	0	1,69	983	12		1,69	983	12	7,100592
260611258-1-51803	0	0,78	1043	6		0,78	1043	6	7,692308
260620157-0-51803	0	0,73	1148	6		0,73	1148	6	8,219178
260610019-0-51803	0	0,46	1177	4		0,46	1177	4	8,695652
260610337-0-51803	0	0,81	1191	7		0,81	1191	7	8,641975
260611383-2-51803	0	0,82	1194	7		0,82	1194	7	8,536585
260610279-0-51803	0	1,18	1202	10		1,18	1202	10	8,474576
260200206-0-51803	1	0,7	1211	6		0,7	1211	6	8,571429
260620431-0-51803	0	1,96	1219	17		1,96	1219	17	8,673469
260640641-1-51803	0	1,14	1233	11		1,14	1233	11	9,649123
260610359-0-51803	0	0,67	1264	6		0,67	1264	6	8,955224
260611225-0-51803	0	1,69	1434	17		1,69	1434	17	10,05917
260610792-1-51803	0	0,58	1482	6		0,58	1482	6	10,34483
260612124-0-51803	0	1,33	1544	15		1,33	1544	15	11,27812
260610439-0-51803	0	1,2	1636	14		1,2	1636	14	11,66667
260620011-0-51803	0	1,26	1733	16		1,26	1733	16	12,69841
260610393-1-51803	0	0,79	1817	10		0,79	1817	10	12,65823
260660839-2-51803	0	0,52	1856	7		0,52	1856	7	13,46154
260610075-0-51803	0	0,44	1883	6		0,44	1883	6	13,63636
260200171-1-51803	1	0,34	2355	6		0,34	2355	6	17,64706
260200035-0-51803	1	0,49	2567	9		0,49	2567	9	18,36735
260200068-0-51803	1	0,67	2771	13		0,67	2771	13	19,40299

www.ingramcontent.com/pod-product-compliance
Ingram Content Group UK Ltd.
Pitfield, Milton Keynes, MK11 3LW, UK
UKHW021842210426
5322IPUK00022B/419